“十二五”职业教育国家规划教材
经全国职业教育教材审定委员会审定
普通高等教育“十一五”国家级规划教材
新世纪高职高专交通运输管理类系列教材

国际多式联运实务

第 2 版

武德春　武　骁　编　著

机 械 工 业 出 版 社

本书是“十二五”职业教育国家规划教材，经全国职业教育教材审定委员会审定。本书简明系统地论述了国际多式联运实务的操作方法。全书共分15章，主要内容有：国际多式联运的形成与发展；国际多式联运价格术语；国际多式联运组织形式；集装箱及多式联运货物交接方式；国际多式联运提单；国际集装箱多式联运码头业务；国际集装箱多式联运出口货运业务；国际集装箱多式联运进口货运业务；国内集装箱运输业务；国际多式联运运费计收；国际多式联运的各种运输方式；国际多式联运货损事故处理；国际多式联运保险；联合国国际货物多式联运公约；国际多式联运相关法规。

本书是高职高专、应用本科交通运输管理、国际航运管理、报关与国际货运、综合运输、集装箱运输管理、物流管理、港航企业管理、国际商务等工商管理类专业的教材；也可作为普通本科工商管理专业的教材或教学参考书；并可供国际港航物流企业，国际船舶、货运代理企业，物流企业，公路运输企业，铁路运输企业，航空运输企业的领导干部、业务人员自学及岗位培训使用。

图书在版编目（CIP）数据

国际多式联运实务/武德春，武骁编著．—2版．—北京：机械工业出版社，2016.1（2024.8重印）

“十二五”职业教育国家规划教材　经全国职业教育教材审定委员会审定　普通高等教育“十一五”国家级规划教材　新世纪高职高专交通运输管理类系列教材

ISBN 978-7-111-52793-0

Ⅰ．①国…　Ⅱ．①武…　②武…　Ⅲ．①国际货运—多式联运—高等职业教育—教材　Ⅳ．①F511.41

中国版本图书馆CIP数据核字（2016）第019946号

机械工业出版社（北京市百万庄大街22号　邮政编码100037）

策划编辑：孔文梅　责任编辑：张　亮　乔　晨

责任校对：周文龙　封面设计：马精明

责任印制：单爱军

北京虎彩文化传播有限公司印刷

2024年8月第2版第7次印刷

184mm×260mm・21印张・513千字

标准书号：ISBN 978-7-111-52793-0

定价：49.80元

电话服务	网络服务
客服电话：010-88361066	机　工　官　网：www.cmpbook.com
010-88379833	机　工　官　博：weibo.com/cmp1952
010-68326294	金　　书　　网：www.golden-book.com
封底无防伪标均为盗版	机工教育服务网：www.cmpedu.com

前言 PREFACE

国际多式联运是以集装箱运输为基础的，如果说国际集装箱运输的发展是国际货物运输技术革命的飞跃，那么，国际多式联运则是国际货物运输组织管理革命的又一次飞跃。

国际多式联运是指由国际多式联运经营人按照多式联运合同，以至少两种不同的运输方式，将货物从一国境内的某一地点运至另一国境内指定地点交货的运输组织形式。这里讲的至少两种不同的运输方式是指水路运输、铁路运输、公路运输、航空运输、管道运输方式中任何两种或两种以上的运输方式。

近年来，随着国际贸易额的不断增加，国际贸易商品结构中技术含量高、价值高的货物所占的比重不断上升，这些货物的货主往往要求全部装箱运输，且要求物流速度加快，交接货物方便，这便对传统的海上运输的单一服务提出了挑战。因此，必须在单一海上运输两个端点港口以外增加多极化的物流服务，以满足货主及收货人全方位的需求。而要实现多极化的物流服务，其关键就是要实现门到门的多式联运服务。

本书自2005年9月第1版出版以来，受到全国高等学校尤其是高职高专广大师生的好评，发行量较大。2006年8月被教育部评为普通高等教育“十一五”国家级规划教材，多次重印时均加以局部修改，2007年10月被南通市人民政府评为社会科学优秀成果二等奖，2009年9月被江苏省教育厅评为江苏省高等学校立项精品教材，2013年8月被教育部评为“十二五”职业教育国家级规划教材选题。由于国际多式联运现代服务的快速发展，根据教育部职业教育“十二五”国家规划教材的要求，武德春教授、武骁博士对《国际多式联运实务》教材进行了修订。

第2版在第1版的基础上，更新了国际多式联运发展信息和实务操作方法，删除了陈旧内容，对各章各节内容进行了改写修订。

本书简明系统地论述了国际多式联运实务的操作方法。全书共分15章，主要内容有：国际多式联运的形成与发展；国际多式联运价格术语；国际多式联运组织形式；集装箱及多式联运货物交接方式；国际多式联运提单；国际集装箱多式联运码头业务；国际集装箱多式联运出口货运业务；国际集装箱多式联运进口货运业务；国内集装箱运输业务；国际多式联运运费计收；国际多式联运的各种运输方式；国际多式联运货损事故处理；国际多式联运保险；联合国国际货物多式联运公约；国际多式联运相关法规。

本书是高职高专及应用本科交通运输管理、集装箱运输管理、国际航运管理、报关与国际货运、综合运输、物流管理、港航企业管理、国际商务等工商管理类专业的教材；也可作为普通本科工商管理类专业的教材或教学参考书；并可供国际港航物流企业，国际船舶、货运代理企业，公路运输企业，铁路运输企业的领导干部、业务人员自学及岗位培训使用。

本书的特点如下：

（1）创新性。本书所述内容为作者长期教学、科研、实践的结晶。

（2）科学性。本书所述的国际多式联运实务操作方法始终是围绕着进一步降低国际物流成本，即物流成本最小化、利润最大化而展开的。

（3）先进性。本书所述实务操作方法体现了当代国际多式联运组织的最新商务方法，所适用的公约法规均为最新版本，保证了实务操作方法的先进性。

（4）实践性。通过企业实地调研，将书中所附的数十种常用的多式联运实务单证样本与文字表述一一对应，增加了本书的实践性，使得"老师教轻松，学生学易懂"。

（5）指导性。本书所述实务内容来源于企业实际，通过研究，使其上升为科学、先进的理论，再用于指导实际操作，效果较好。

本书第1版由南通航运职业技术学院武德春教授、交通部江苏海事局武骁博士编著。武德春撰写第二、四、六、七、八、九、十、十二、十三、十五章；武骁撰写第一、三、五、十一、十四章；全书由武德春统稿。第2版的撰写修订工作由武德春教授、武骁博士共同完成，武德春教授负责统稿。

为方便教学，本书配备电子课件等教学资源。凡选用本书作为教材的教师均可索取，请登录www.cmpedu.com，注册为会员即可下载，咨询电话：010-88379375，QQ：945379158。

本书在编著过程中，参考了大量的专著、论文等文献资料，在书末参考文献处列出，在此向这些文献的作者表示衷心的感谢。并感谢吴文一老师在本书写作过程中的热情帮助。由于作者水平有限，书中难免有不妥之处，本着加强学术交流的目的，敬请广大读者提出宝贵意见，以便再版时修改。

编　者

CONTENT 目录

第一章

Chapter 1

国际多式联运的形成与发展

第一节 国际多式联运概述

一、国际多式联运的概念

在1980年5月于日内瓦通过的《联合国国际货物多式联运公约》对国际多式联运做出如下定义："国际多式联运是指按照国际多式联运合同，以至少两种不同的运输方式，由多式联运经营人将货物从一国境内接管货物的地点运至另一国境内指定交货地点。为履行单一方式货物运输合同所规定的货物接送业务，则不应视为国际多式联运。"

二、国际多式联运的特点

1）发货人与多式联运经营人之间必须有一份多式联运合同。该运输合同是对多式联运经营人与托运人之间权利、义务、责任与豁免的合同关系和运输性质的确定，也是区别多式联运与一般货物运输方式的主要依据。该合同约束整个多式联运过程。

2）国际多式联运全程运输中至少是用两种不同的运输方式，而且是不同运输方式、不同运输区段的连续运输。这里所指的至少两种运输方式可以是海—陆、陆—空、海—空等，这与一般海海、陆陆、空空的联运有着本质的区别。后者是联运，但仍是一种运输工具之间的运输方式，不属于完整的国际多式联运。

3）国际多式联运必须由一个多式联运经营人对货物运输的全程负责。该多式联运经营人不仅是订立多式联运合同的当事人，也是多式联运单证的签发人。当然，在多式联运经营人履行多式联运合同所规定的运输责任的同时，可将全部或部分运输委托他人（分承运人）完成，并订立分运合同。但分运合同的承运人与托运人之间不存在任何合同关系。无论涉及几种运输方式，分为多少个区段，多式联运的全程运输都是由多式联运经营人完成或组织完成的，多式联运经营人都要对运输的全程负责。

4）国际多式联运在运输过程中一般以集装箱作为运输的基本单元。现代集装箱运输的发展与国际多式联运的发展紧密相连。国际集装箱运输的发展是国际多式联运发展的前提、基础，可以这么说，没有国际集装箱运输，就没有国际多式联运，而国际多式联运的发展又促进了国际集装箱运输的发展。国际多式联运必须是国际货物运输。这不仅有别于国内货物运输，更主要的是涉及国际运输法规的适用问题。

5）国际多式联运必须使用一份全程多式联运单证。该单证应满足不同运输方式的需要，并按单一运费率计收全程运费。多式联运实行一票到底、全程单一费率的运输，即发货人只要办理一次托运、一次计费、一次保险，通过一张单证即可实现从起运地到目的地的全程运输。

三、国际多式联运的优点

1. 全程统一，理赔方便

国际多式联运中不论运输全程有多远，不论由几种方式共同完成货物运输，也不论全程分为几个运输区段，经过多少次转换，所有一切运输事项均由多式联运经营人负责办理。托运人只需办理一次托运，订立一份运输合同、一次保险，支付一次费用，从而省去托运人办理托运手续的许多不便。一旦在运输过程中发生货物的灭失和损坏，由多式联运经营人对其负责，从而也可简化理赔手续，节约理赔时间。此外，国际多式联运采用一份货运单证，统一计费，运输过程中各区段的衔接是由多式联运经营人与各实际承运人订立分运合同和与各代理人订立委托合同来完成的。多式联运经营人一般与这些人都订有长期的协议，一般可以从各实际承运人那里取得较优惠的运价。因而简化了制单和结算手续，节省了人力和物力。

2. 运输时间缩短，运输质量提高

在国际多式联运方式下，各个运输环节和各种运输工具之间配合密切，衔接紧凑，货物所到之处中转迅速及时，大大减少货物的在途停留时间，从而保证了货物安全、迅速、准确、及时地运抵目的地，缩短了运输时间。对货主来说，在将货物交由第一承运人后即可取得货运单证，并据以结汇。结汇时间提前，不仅有利于加速货物资金的周转，而且减少了成本的支出。此外，由于货物装载集装箱运输，在一定程度上节省了货物的包装费用和保险费用，且多式联运系通过集装箱为运输单元进行运输，尽管货运途中须经多次转换，但由于使用专业机械装卸，且不涉及箱内货物，因而货损、货差事故大为减少，从而在很大程度上提高了货物的运输质量。

3. 运输组织水平提高，运输更加合理化

在国际多式联运开展之前，各区段运输中各种运输方式的经营各自为政，自成体系，但由不同的运输经营人共同参与多式联运，由一个多式联运经营人统筹全程运输，运输经营的范围可以大大扩展，同时可以最大限度地发挥其现有设备的作用，改善不同运输方式间的衔接工作，选择最佳运输线路，组织合理化运输。

4. 降低运输成本，提高运输经济效益

一批货物从出口国某一地点运到进口国某一地点，要经过多种运输方式，而在多种运输方式中，每一种运输方式都独自单独运输，每一种运输方式都要由托运人办理托运手续，承运人办理承运手续不仅手续繁杂、时间较长，而且成本较高，各种运输方式生产效率低下。而如果采用多式联运组织形式，由无船承运人将各种运输方式联合起来，由一个承运人（无船承运人）与托运人（货主）签订全程运输合同，承运人（无船承运人）再与各种运输方式的实际承运人签订合同。在这种多式联运组织形式下，承托双方商务手续得到了简化，不仅方便了货主（托运人），而且节约了时间，提高了各种运输方式的劳动生产率，降低了全程运输成本，提高了经济效益。

第二节　国际集装箱多式联运的形成与发展

当代国际多式联运就是国际集装箱的多式联运。国际集装箱多式联运是指按照国际集装箱多式联运合同，以至少两种不同的运输方式，由多式联运经营人将集装箱从一国境内接管的地点运至另一国境内指定交付的地点。目前，由于集装箱运输的飞速发展，国际多式联运越来越趋向于国际集装箱多式联运。集装箱运输方便了货物在各种运输方式间的转换，减少了转换所需的时间和费用，并减少了货损、货差，保证了货物运输质量，特别适合国际货物多式联运。

国际集装箱运输与传统的件杂货散运方式相比，具有运输效率高、经济效益好及服务质量优等特点。20世纪60年代末，美国首先试办多式联运业务，受到货主的欢迎，随后国际多式联运在北美、欧洲和远东地区开始采用。随着集装箱运输的飞速发展，20世纪80年代以来集装箱运输已进入国际多式联运时代。国际多式联运将过去互不相连的海、铁、公、空等单一运输方式有机地联合起来，加以有效的组织与管理，来完成国际货物的运输。国际多式联运一般以集装箱为媒介，故常称为国际集装箱货物多式联运。

一、国际集装箱多式联运的形成与发展

国际集装箱多式联运的形成和发展过程可以分为萌芽期、开创期、成长期、扩展期、成熟期五个阶段。

1. 萌芽期

1801年至1955年为国际集装箱运输的萌芽期。该时期的重要标志是：欧美地区的发达国家在国内开始尝试陆上集装箱运输，运输距离较短。后来在欧洲各国之间进行陆上集装箱运输的合作。由于公路和铁路集装箱运输不统一，制约了陆上集装箱运输的发展，集装箱运输发展缓慢。

英国的工业革命促进了运输业的发展，1801年，英国人安德森博士首先提出了集装箱运输的设想。1845年在英国铁路上开始出现了酷似现在集装箱的载货车厢，这是集装箱运输的雏形。

1880年，美国正式试制了第一艘内河用的集装箱船，在密西西比河试航，但这种新型的水路集装箱运输方式没有被人们接受。

1900年，英国铁路正式使用简陋的集装箱。1917年，美国在铁路上试行集装箱运输。1926年，德国出现了集装箱运输。1928年，法国开始集装箱运输。随后，日本和意大利等国也相继试行集装箱运输。

20世纪30年代，公路运输得到迅速发展，公路和铁路集装箱运输产生了激烈竞争。1928年9月在罗马举行了“世界公路会议”，会议探讨了铁路和公路运输相互间合作的最优集装箱运输方案，讨论认为，利用集装箱运输货物，对于协调铁路和公路间的矛盾特别有利，于是成立了国际集装箱运输委员会，研究与集装箱运输有关的问题。同时，欧洲各铁路公司还签订了有关集装箱运输的协议。

1933年，在法国巴黎成立了“国际集装箱运输局”，这是一个民间组织，以协调有关集装箱运输各方面的合作为目的，并进行集装箱的所有人登记业务。

1931年至1939年期间，由于公路和铁路之间的竞争，使这两种运输方式不能紧密配合和相

互协调，致使集装箱运输的优势不能得到充分发挥，在这段时间内，集装箱运输基本上停滞不前，没有发展。

第二次世界大战爆发后，美国陆军需要运输大量的军用物资，为了提高运输效率，成立了军事运输系统课题组，提出了货物运输要实现成组化的原则，实现门到门运输。这一原则被交通运输和工商业者所接受。于是，利用托盘和集装箱作为媒介的成组运输系统被广泛运用起来。1952年，美国陆军开始建立了“军用集装箱快速勤务系统”，实现了使用集装箱运输弹药和其他军用物品。

2. 开创期

1955年至1966年为集装箱运输的开创期。该时期的重要标志是：美国首先用油轮、件杂货轮改装成了集装箱船舶在美国沿海从事海上集装箱运输，并获得良好的经济效益。海上集装箱运输获得成功，为实现国际远洋航线的集装箱运输打下了良好的基础。

1955年，美国人马克林首先提出了集装箱运输必须实现海陆联运的观念，为了便于海陆联运，他主张陆运和海运由一个公司控制和管理。

1956年4月26日，美国泛大西洋轮船公司将一艘T-2型油轮“马科斯屯”号改装后，在甲板上装载了58个集装箱，由美国新泽西州的纽约港驶往得克萨斯州的休斯敦港，进行海上试运。3个月后，试运获得了巨大的经济效益，平均每吨货物的装卸费用由原来的5.83美元降低到0.15美元，仅为普通件杂货船的1/37。

1957年10月，泛大西洋轮船公司又将6艘C-2型件杂货轮船改装成了带有箱格的全集装箱船。第一艘船的船名为“盖脱威城”号，该船上设有集装箱装卸桥，其载重量为9 000t，装载244m×2.59m×10.67m（8ft×8.5ft×35ft）的集装箱226个，每箱总重25t。

美国“盖脱威城”号全集装箱船的正式投入营运，标志着海上集装箱运输方式正式开始了。

1960年4月，美国泛大西洋轮船公司改名为海陆运输公司。1961年5月，该公司又陆续开辟了纽约至洛杉矶、至旧金山等航线。另外，在此期间，美国的马托松等其他轮船公司也先后开辟了夏威夷等航线。

3. 成长期

1966年至1971年为国际集装箱运输的成长期。这一时期的重要标志是：集装箱运输从美国的沿海运输向国际远洋运输发展。从事集装箱运输的船舶为第一代集装箱船，其载箱量在700TEU～1 100TEU之间。有了集装箱专用码头，1965年国际标准化组织ISO颁布了一系列国际标准箱的规格（尺寸），其中长度为6.1m（20ft）和12.2m（40ft）的标准集装箱成为国际集装箱运输中的常用箱。由于集装箱尺寸的标准化，使得装卸集装箱的工夹具具有世界通用性，这些都为集装箱运输向多式联运发展打下了良好的基础。

1966年4月，美国海陆运输公司以经过改装的全集装箱船开辟了纽约至欧洲的国际远洋集装箱运输航线。

1967年9月，美国马托松轮船公司将“夏威夷殖民者”号全集装箱船投入到日本至北美太平洋沿岸的国际远洋航线。

1968年，日本有6家轮船公司在日本至美国加利福尼亚之间开展集装箱远洋运输。随后，日本与欧洲各国的轮船公司也先后在日本、欧洲、美国和澳大利亚等国家和地区之间开展了集装箱运输。

4. 扩展期

1971年至20世纪80年代末为国际集装箱运输的扩展期。扩展期的重要标志是：集装箱运输迅速发展，世界各主要航线开展了集装箱运输。这时期出现了第二代集装箱专用船舶，集装箱专用泊位从无到有，泊位不断增多，港口装卸设施日益专门化、现代化，在运输组织上出现了集装箱多式联运。集装箱管理水平不断提高。

由于集装箱运输具有运输装卸效率高、成本低、效益好、运输质量高且便于开展国际多式联运等优点，因此，集装箱运输深受货主、轮船公司、港口及其他有关部门的欢迎，在1971年至20世纪80年代末发展极其迅速。其国际远洋运输航线从欧美扩展到东南亚、中东及世界各主要航线。

1971年年底，发达国家的海上件杂货运输基本实现了集装箱化，发展中国家的集装箱运输也得到了较大的发展。国际航线上出现了2 000TEU左右的第二代集装箱船。1983年，全世界集装箱船舶运力达到208万TEU。

随着海上集装箱运输的发展，世界各国普遍建设了集装箱专用码头。1983年已达到983个集装箱专用泊位。港口建设不断现代化，许多集装箱码头开始配备了跨运车、集装箱装卸桥及堆场使用的轮胎式龙门起重机。电子计算机开始应用于集装箱运输，集装箱运输管理水平有了很大提高。1980年5月，在日内瓦通过了《联合国国际货物多式联运公约》。

5. 成熟期

20世纪80年代末以来，国际集装箱运输的发展已进入成熟期。其重要标志是：集装箱运输的船舶、码头泊位、装卸机械、集疏运的道路桥梁等硬件设施日臻完善，集装箱运输在全世界得到普及，多式联运得到进一步发展，集装箱运输的经营管理、业务管理的方法和手段等商务软件越来越现代化。船舶大型化、码头深水化、运输组织联运化、竞争激烈化是发展趋势。

20世纪80年代末以来，世界集装箱船舶运力大量增加，以至过剩。单船规模也越造越大。集装箱船舶由扩展期2 000TEU的第二代集装箱船舶经过了第三代集装箱船（3 000TEU）、第四代集装箱船（4 000TEU）、第五代集装箱船（5 000TEU～7 000TEU）发展到目前的第六代集装箱船（8 000TEU）、第七代集装箱船（10 000TEU）以及10 000TEU以上的超大型集装箱船。第八代集装箱船（13 000TEU以上），也是当代最大的集装箱船。例如，2013年3月26日由南通中远川崎船厂建造的，中国远洋运输集团使用的13386TEU的集装箱船交付使用，该船长度366m，型宽51.2m，型深29.85m，见表1-1。

与船舶大型化相适应的现代化集装箱大型深水码头应运而生，而且大型深水现代化的集装箱码头已成为当代国际航运中心的主要硬件设施之一，见表1-2。

表1-1　全球20大集装箱班轮运输公司租赁船队细分及运力排名（截止2013.8.1）

排名	公司（中文）	公司	租赁船（TEU）	船队总计（艘数）	小于1 000 TEU（TEU）	小于1 000 TEU（艘数）	1 000～1 999 TEU（TEU）	1 000～1 999 TEU（艘数）	2 000～2 999 TEU（TEU）	2 000～2 999 TEU（艘数）	3 000～4 699 TEU（TEU）	3 000～4 699 TEU（艘数）	大于4 700 TEU（TEU）	大于4 700 TEU（艘数）
1	地中海航运	Mediterranean Shg Co.	1 334 070	298	12 622	16	100 400	73	142 830	58	118 352	29	959 866	122
2	马士基航运	AFM-Maersk	1 259 420	346	12 697	17	156 912	107	254 231	98	132 499	33	703 081	91
3	达飞轮船	CMAOGM Group	959 784	341	46 805	63	130 463	91	217 742	86	207 324	56	357 450	45
4	中远集运	COSCO Container L	354 012	59	4 355	7	15 505	11			37 978	9	296 174	32
5	长荣海运	Evergreen Line	343 261	98	5 431	7	29 554	19	756 02	29	80 075	20	152 599	23
6	美国总统轮船	AFL	340 276	81	3 977	6	23 767	17	5 112	2	62 032	16	245 383	40
7	韩进海运	Hanjin Shipping	323 963	72	1 741	2	16 876	11	34 319	13	87 065	22	183 962	24
8	赫伯罗特	Hapag-Lloyd	319 329	83	877	1	16 818	12	57 055	22	91 935	23	152 644	25
9	商船三井	MOL	312 450	73	1 327	2	22 346	15	24 894	10	65 830	15	197 553	31
10	川崎汽船	K Line	229 893	48	1 372	2	10 248	6	10 194	4	65 811	15	142 268	21
11	现代商船	Hyundai m.m	226 307	38	1 736	2	2 789	2	17 392	8	8 856	2	195 534	24

（续）

排名	公司（中文）	公司	租赁船（TEU）	船队总计（艘数）	小于1 000 TEU（TEU）	小于1 000 TEU（艘数）	1 000～1 999 TEU（TEU）	1 000～1 999 TEU（艘数）	2 000～2 999 TEU（TEU）	2 000～2 999 TEU（艘数）	3 000～4 699 TEU（TEU）	3 000～4 699 TEU（艘数）	大于4 700 TEU（TEU）	大于4 700 TEU（艘数）
12	以星航运	ZIM	211 876	64	2 157	3	20 626	14	29 655	12	82 705	20	76 733	15
13	南美轮船	CSAV Group	206 851	42			6 922	4	7 550	3	56 176	14	136 203	21
14	汉堡南美	Hamburg sud Group	186 587	56			27 161	17	16 674	6	124 600	30	18 152	3
15	中海集运	CSCL	180 727	60	16 573	24	10 972	8	25 458	10	34 021	8	93 703	10
16	阳明海运	Yang Ming Marine Transport Corp	169 170	43			14 578	10	2 478	1	93 226	22	58 888	10
17	太平船务	PIL（Pacific Int Line）	155 223	65	1 898	4	31 638	21	81 991	32	17 406	4	22 290	4
18	东方海外	OOIL	154 237	44			25 216	18	15 472	6	15 932	4	97 617	16
19	日本邮轮	NYK Line	143 077	46	6 635	9	20 761	15	13 676	5	31 123	8	70 032	9
20	阿拉伯轮船	UASC	84 042	25			12 145	8			65 989	16	5 908	1

表1-2 2015年第一季度全球集装箱吞吐量前十港口排名

排名			港口名称	2015年一季度（万TEU）	同比增长（%）	2014年一季度（万TEU）	同比增长（%）
2015年一季度	2014年一季度	变化					
1	1	→	上海	883.63	7.46%	822.31	6.24%
2	2	→	新加坡	812.48	2.40%	793.44	3.92%
3	3	→	深圳	569.15	8.85%	522.88	–1.09%
5	4	↓	香港	488.1	–8.11%	531.2	–0.52%
4	5	↑	宁波–舟山	511.39	13.59%	450.22	9.50%
6	6	→	釜山	470.910 7	5.75%	445.322 8	4.21%
8	7	↓	广州	375.94	5.06%	357.83	12.44%
7	8	↑	青岛	422.55	1.73%	415.35	6.08%
9	9	→	天津	334.89	5.50%	317.43	5.81%
10	10	→	鹿特丹	312.748 7	7.55%	290.792 5	0.26%

在集装箱运输管理方面，广泛采用了电子信息交换（EDI）系统，实现了集装箱动态跟踪管理，加速了集装箱的周转，降低了集装箱运输中集装箱的用箱成本。在运输组织上，国际集装箱多式联运迅速得到发展，尤以欧亚、北美大陆桥、小陆桥运输最为典型。由于各国运输基础条件的差异，发达国家之间的集装箱运输基本上实现了门到门的多式联运，而发达国家与发展中国家之间的集装箱门到门的多式联运不平衡，发展中国家之间的集装箱多式联运正处于起步阶段。

二、我国集装箱运输的发展

（一）我国国际集装箱运输的发展

我国国际集装箱运输始于1973年。1973年9月开始用件杂货船捎运小型集装箱（8ft[㊀]×8ft×8ft，即2.44m×2.44m×2.44m）海运至日本的横滨、大阪、神户。随着我国国民经济的快速发展，对外贸易不断增长，我国的国际集装箱运输发展较快，综合运力也处于世界各国前列。目前我国国际集装箱运输发展的主要标志如下：

1. 集装箱船舶运力发展迅速，航线不断增多

早在2001年年底，我国从事国际集装箱运输的远洋班轮公司已达到150多家，拥有集装箱船舶1 256艘，48万TEU箱位。其中中国远洋运输集团公司拥有集装箱船舶120多艘，23万TEU箱位，在世界各大集装箱船公司排名第七位。

到2009年年底，我国开辟国际集装箱班轮航线300多条，每月有2 300多个航班，包括国内沿海至日本、中国香港地区、东南亚的远洋航线，国内沿海至美洲、欧洲、地中海等远洋航线，形成了远近洋结合，沿海、长江内支线相互衔接的国际集装箱运输网络。

2009年，我国共完成国际集装箱3 011.03万TEU，货物重量34 578.31万t，其中中远集团完成集装箱843万TEU，货物重量8 123万t。2009年，国内公路集装箱运量达5 281.94万TEU，货运量59 588万t。

2. 加强了基础设施建设，集装箱港口泊位不断增加

截至2009年年底，全国共有集装箱专用泊位280个。2014年，全国港口共完成集装箱吞吐量

㊀ 1ft=0.304 8m。

2.02亿TEU。各港口码头分别配备了能适应接卸和装载大型集装箱船舶的装卸桥，集装箱堆场配置了轮胎式龙门起重机和跨运车。2015年第一季度中国沿海集装箱港口前十名，见表1-3。

表1-3 2015年第一季度中国沿海集装箱港口前十名

港口名称	2015年一季度（万TEU）	同比增速（%）	2014年一季度（万TEU）	同比增速（%）
上海	883.63	7.46%	822.31	6.24%
深圳	569.15	8.85%	522.88	–1.09%
宁波–舟山	511.39	13.59%	450.22	9.50%
青岛	422.55	1.73%	415.35	6.08%
广州	375.04	5.06%	357.83	12.44%
天津	334.89	5.50%	317.43	5.81%
大连	217.18	1.01%	215.01	5.48%
厦门	199.62	7.03%	186.51	6.32%
营口	148.57	5.32%	141.06	6.22%
连云港	125.15	–0.34%	125.58	–6.35%

3. 在沿海及中部地区基本形成了与远洋班轮相配套的内陆中转货运站场运输网络

为了充分发挥集装箱运输的优势，实现整箱货门到门、拼箱货站到站的多式联运，在港口腹地主要港站枢纽附近及国道公路主骨架沿线建成众多的国际集装箱内陆中转货运站，专用集装箱载货汽车已成为内陆集装箱货运站的主要集输运工具，公路运输已成为与远洋运输相衔接的配合港口集疏运的主要运输方式。

4. 国家重视国际集装箱运输，其管理水平有了很大提高

为使集装箱运输事业沿着正确方向健康顺利地发展，在调查研究的基础上，针对集装箱运输工作中存在的问题，国家多部委联合发出了《关于发展我国集装箱运输若干问题的规定》，并先后颁布实施了一批集装箱运输规章和办法，主要有《场站国际集装箱管理办法》和《港口国际集装箱码头管理暂行规则》；为适应国际多式联运的发展，积极开展门到门运输，又发布了《国际集装箱多式联运管理办法》；为加快集装箱周转速度，加强箱务管理，发布了《国际集装箱超期使用费计收办法》；从加强危险品集装箱的管理出发，港务监督部门发布了《集装箱装运包装危险货物监督管理规定》；1990年12月，国务院签发了第68号令——《中华人民共和国海上国际集装箱运输管理规定》，这是我国集装箱运输的第一个综合性法规，对加强集装箱的运输、经营和宏观控制，进一步提高集装箱运输管理具有重大的意义。1992年2月27日，原交通部第五次部长办公会议上通过了《中华人民共和国海上国际集装箱运输管理规定实施细则》，并在同年6月9日由原交通部正式签署发布，自1992年7月1日起施行。但自2002年1月1日《中华人民共和国国际海运条例》施行之日起，《中华人民共和国海上国际集装箱运输管理规定》同时废止。此外，原交通部还曾先后编制了“七五”“八五”“九五”“十五”“十一五”“十二五”国际集装箱运输发展规划建议，为我国今后国际集装箱多式联运的发展提出了明确的奋斗目标。

2002年多部委联合颁布了《关于加快发展我国集装箱运输的若干意见》，并就相关问题提

出了指导性意见。该意见针对各运输方式之间的有机衔接、沿海与内陆地区发展不平衡、口岸环境有待进一步改善、内贸集装箱发展水平较低、信息化管理水平不高等问题，由原经贸委会同有关部门加强对全国集装箱运输工作的综合组织与协调，原各地经贸委或综合交通管理部门会同有关部门做好本地区的组织协调工作，公路、铁路方面将分别提高市场准入技术条件，规范收费管理，加强信息系统建设，水运方面将进一步与国际接轨，实现内、外贸集装箱运输市场的一体化。

（二）我国水路内贸集装箱运输的发展

1. 发展历程

我国水路内贸集装箱运输从1956年开始试运至今历时40多年，比我国开展国际集装箱运输早20多年，与1955年开办的铁路集装箱运输几乎同时开展。但水路集装箱运输缘何几起几落、发展曲折，分析其主要原因是条件不成熟，时机把握不准。每种先进运输方式的应用和推广，无不与经济发展相关，20世纪五六十年代开展的水路内贸集装箱运输超过了当时我国社会生产力发展水平。当时国家财力不足，无力对尚能运转的传统运输方式的设备、设施进行改造或更新，使水路内贸集装箱运输自生自灭，处于无序自发的阶段，而同时计划经济和计划运输的模式又难以满足货主的需求。

我国水路内贸集装箱运输虽然起步较早，但远远没有显示出像国际集装箱运输那样的活力与生机，其发展也远远落后于国际集装箱运输，40年间起落沉浮，没有明显起色，直到1996年内贸集装箱运输才真正进入新的发展阶段。按照发展过程，我国水路内贸集装箱运输的发展大致可分为四个阶段。

第一阶段为尝试阶段。1956年5月1日，我国首次利用铁路箱试办了水路与铁路的集装箱联运，原铁道部和原交通部共同制定了水陆联运试运办法。但由于货源不平衡、空箱率高、设备不适应及组织衔接等方面的问题，试运仅3个月即告中断。1960年，国家项目“水陆联运集装箱一条龙运输研究”试制了4个1.25t集装箱，但仅投入北京至天津且进行一次往返试运后就终止了。1972年，国际上集装箱运输正处于起步发展阶段，其优越性被广泛介绍到国内，引起有关方面的重视。原交通部水运局用297个铁路3t箱投入上海—大连，南京—南通—大连，上海—南通（江海联运）三条航线试运。在这次试运中，集装箱是作为一种成组工具在港口装、拆箱的，货主免费使用箱子，运费按所装实际重量和等级计收。该阶段终因国民经济发展水平低，资金不足，在计划经济环境下货主承受能力差，随着集装箱陆续报废而停顿。

第二阶段为起步阶段。1973年，原交通部组织水运所研制5t水陆联运集装箱，于1976年4月首先在长江上开辟第一条班轮航线：武汉—沙市航线。以后又相继开辟了武汉—上海航线（1980年因上海十六铺码头改建而中断）、武汉—宜昌航线、武汉—黄石航线以及沙市—宜昌航线等。1977年，广州海运局研制出2t集装箱，投入华南沿海货轮运输。1979年，原交通部投资建造国家标准5t集装箱1 000个，投入北方沿海客货班轮运输。同期，长江航务管理局将两艘800t货驳改造成集装箱专用驳船，投入长江运输。20世纪80年代，内贸水路集装箱运输在沿海和长江均有不同程度的发展。沿海集装箱运输主要是利用客货班轮运输，在通用码头上装卸，主要箱型是5t箱和2t箱；长江集装箱运输则利用专用驳船开辟班轮航线，但由于货源、资金和管理体制等方面的原因，长江集装箱运输于1985年中断。20世纪80年代末，即在1986年至1989年，全国共开辟航线17条，集装箱的水运量和港口吞吐量平均每年以5%的增幅发展。在此期间，原交通部根据运输发展的需要制定了水路内贸集装箱运费和港口装卸费收费标准，规范了各运输环节的收费行为，在一定程度上促进了内贸水路集装箱运输的发展。但是由于需求不旺和主要资源都偏重于国际集装箱运输等原因，这阶段的内贸水路集装箱运输在发展速度、运输方式与规模等方面并没有明显的突破。

1985年，我国水路内贸集装箱港口吞吐量完成9.5万箱，货重26万t，而1990年却只完成7.3万箱，货重20万t。

第三阶段为徘徊阶段。针对水路内贸集装箱运输发展存在的问题，原交通部于1990年11月在温州召开了全国水路国内集装箱运输工作会议，提出了积极开拓、重点发展具有优势的集装箱航线、多方面筹集资金、从提高后的运价中提取造箱资金、向货主收取集装箱的使用费、扩大租赁业务、开展多种服务等办法，以保证造箱和修箱的资金。此会议对水路内贸集装箱运输起到了一定推动作用，但由于对市场发展方向把握不准，集装箱运输仍徘徊不前。同时，水路内贸集装箱运输在刚有所发展时，又受到来自公路和航空运输发展的严峻挑战，分流了水上运输的客源，直接冲击了客货班轮运输。由于很多客轮运输航线亏损，航运企业整体效益下降，开始逐步撤线或减少运力的投入，这给主要依靠客货班轮捎带集装箱的水路内贸集装箱运输带来致命的打击，致使利用客货班轮捎带集装箱运输航线只剩下大连—天津、大连—烟台、大连—上海三条航线。内贸集装箱的运输处于停滞或萎缩阶段，再度走入低谷。

1995年全国主要港口完成内贸集装箱吞吐量16万箱，货重51万t，其中5t箱13万个。主要分布在上海、大连、温州和海口等港口，而同期国际集装箱港口吞吐量已经达到610万TEU，货重4 100万t。

第四阶段是发展阶段。水路内贸集装箱运输实现了一个质的飞跃。改革开放以来，由于外贸运输需求旺盛，而且外贸运输与国际水平差距太大，所以从中央到地方，直到相关企业都把资源和精力放在了国际集装箱运输方面，从某种程度上忽视了内贸集装箱运输的开展。同时，国内贸易的格局和运输方式变化不大，发展水平仍然相对落后，对运输质量需求不高，所以内贸集装箱运输没有随着国际集装箱运输的发展而发展。直到近些年来，由于地区产业结构的调整，贸易方式的改变和企业改革，物流在生产和流通中的作用加强，货主对运输服务的需求大大增加，为内贸集装箱运输的广泛开展提供了可能性，加上国际集装箱运输市场竞争十分激烈，资源没有得到充分利用，这也为开展内贸集装箱运输的发展提供了良好的机遇和条件。

随着沿海经济的发展，国内贸易中的中、高值货物交流日益活跃，集装箱专船运输这类货物具有明显优势。为顺应这一需求，广州港货运公司率先在1993年11月投入一条65TEU的专船，开辟了上海—广州全集装箱班轮航线。最初使用5t箱，随着货运量的增加，又逐步使用10t箱，并从1996年开始使用6.1m、12.2m（20ft、40ft）国际标准箱，取得了良好的经济效益及社会效益，为在逆境中发展的内贸集装箱运输找到一条新路子，代表着内贸件杂货集装箱化运输的发展方向。

到1996年年底，由于外贸政策的调整、国际集装箱发展过热及运力过剩以及运输结构变化等原因，为发展水路内贸集装箱运输提供了难得的机遇，发展水路内贸集装箱运输的条件基本成熟。针对市场的需求，航运企业把握时机积极地做出反应，1997年，海口南海青年实业公司经调查研究设计构筑了以上海为枢纽，以长江下游、南北沿海为T字形水路的内贸集装箱运输网络，并与山东通达公司、深圳大洋公司联合开通上海至蛇口、海口、广州的南方航线，上海至南通、江阴、南京的长江下游航线及上海至青岛、天津的北方航线。特别是1997年4月，中海集团投入一艘614TEU的全集装箱船，开辟了广州—蛇口—厦门—上海航线。开通南北沿海全集装箱班轮快运航线，标志着沿海内贸集装箱运输进入一个新的发展时期。

2. 现状

1998年，我国水路内贸集装箱运输继续快速增长，共开辟20条航线，每月开出320航次，当年内贸集装箱总运量达到15万TEU，有8家船公司从事内贸集装箱运输，投入总的运力为40艘船舶、载箱量约为13 000TEU。其中，中国海运集团在投入船舶运力、运网布局和经营管理方面具有较大的规模，处于一定的市场主导地位。另一家比较活跃的公司是南海青年实业公司，共投入15条船舶，开辟6条班轮航线，箱位达到2 775TEU。

中远集装箱运输有限公司也于1998年11月份首次投放680箱位的“聊城”、1 140箱位的“沱河”两艘全集装箱船舶进入国内集装箱运输市场。这表明我国沿海和内河集装箱运输业的快速增长已得到中国远洋运输集团的重视。

1998年，从大连港到海口港、从上海港到长江中下游共有近30个港口开展内贸集装箱运输业务。当年全国内贸集装箱港口吞吐量已达60万TEU，是1997年的近3倍。以上海为代表的华东地区吞吐量为16万TEU，占全国总量的27%；以青岛、天津、大连和营口为代表的北方沿海内贸集装箱吞吐量为15万TEU，占全国的25%；以深圳、广州和海口为代表的华南地区港口吞吐量为21万TEU，占全国的35%。

据不完全统计（上海港等8个主要港口），内贸集装箱港口吞吐量空箱比例为31.3%，平均箱货重为9.99t/TEU，平均重箱货重为14.53t/TEU，6.1m（20ft）箱占62%。可以据此推算出1998年全国内贸集装箱港口吞吐量重箱为42万TEU，货重为600万t。

截至2012年，全国拥有内河集装箱船舶箱位数为10.11万TEU，比上年增长29.4%，船舶功率2 085.31万千瓦，比上年增长2.0%，沿海集装箱箱位数13.27万TEU，比上年增长1.8%，船舶功率1 170.15万千瓦，比上年增长16.8%。

目前，从各公司所经营的航线上看大致可分为四类：

1. 客货班轮捎带航线

主要有大连—天津—烟台—上海和上海—温州航线，使用5t货箱、2t行李箱，由中海集团经营。

2. 杂货班轮航线

主要有大连—温州线和大连—广州线。在大连—温州线上从事内贸集装箱运输的是大连邮电部门的两条2 000～3 000t的杂货船，每周两班，运送部分5t箱。在大连—广州线上从事内贸箱经营的是广东顺峰船务公司的四条杂货船，平均每月四班，运输部分5t、10t箱和6.1m（20ft）箱货物。

3. 全集装箱班轮航线

沿海的全集装箱班轮航线是在1994年以后开辟的，已经有近20条，主要是1997年后新投入营运的。

4. 长江、内河集装箱班轮航线

近年来，长江、内河集装箱班轮航线发展迅速，多为小型集装机动船、分节改装集装箱船。

内贸水路集装箱运输体现了运输质量好、快速方便、总体成本较低和机动灵活的优势，得到用户认可。如上海某电子有限公司，是一家中外合资的大企业，过去发往南方港口的彩电玻壳靠汽车运输，不仅费用高，而且损耗大，改为水路内贸集装箱运输后，每年可节约运费约300万元；上海永新彩色显像管有限公司改水路集装箱运输后运输成本降低40%。相同到发地，水路集装箱的运费比铁路运价低25%左右，比公路运价低50%左右。更值得一提的是永新彩色显像管有限公司采用水路集装箱运输300TEU，货值7 000万元，完好率达100%。青岛啤酒改装集装箱后，一年中装卸1 009TEU，共1 459 090瓶，仅破损12瓶，而过去玻璃瓶酒和显像管的陆路运输损耗率高达5%～8%。这对货主弃陆路走水路具有极大的吸引力，货主的认同和参与是内贸集装箱发展最重要的动力与保障。

我国水路内贸集装箱运输经过开发，逐步形成规模，发展环境日臻完善。1999年水路内贸集装箱吞吐量激增到150万TEU，比1998年增长一倍多。如中国海运集团抓住我国沿海件杂货运输集装箱化发展机遇，从1998年7月开始，将不再适应市场需求的22艘散杂货运输船舶改装为可装运200～1 000箱位的集装箱船舶，首艘1 000多箱位的向平轮已于1998年12月7日投入营运，其余也在2002年陆续投入内贸集装箱运输市场。经原交通部批准，中远集团从2002年8月起从事国内集装箱运输，首期投放多艘集装箱船开辟了国内集装箱运输航线。

原交通部对水路内贸集装箱运输的发展十分重视，在1990年召开了第一次内贸集装箱运输工作会议；随着内贸集装箱运输的发展，于1996年年初颁布了《国内水路集装箱货物运输规则》，明确了承运人、托运人、港口经营人等有关当事人之间的权利和义务关系，使内贸水路集装箱运输有章可循。1997年又召开了第二次水路内贸集装箱运输工作会议，及时总结经验，分析形势，提出奋斗目标，研究发展对策，对我国水路内贸集装箱运输的发展起到了十分积极的引导和推进作用。2000年7月17日经原交通部第八次部长办公会议通过的《国内水路货物运输规则》已自2001年1月1日起施行。

第三节 国际集装箱多式联运的特点

国际集装箱运输主要依靠远洋班轮完成。在21世纪，其发展趋势及其经营特点主要有以下几个方面。

一、船舶大型化

在有充足货源保证的情况下，扩大船舶的规模可降低单位运输成本，实现运输生产的规模经济。所以，集装箱船舶日趋大型化。近年来，在世界上一些主要的集装箱运输航线，如太平洋航线上，出现了运力过剩的情况。在这些航线上经营的船公司为了在激烈的市场竞争中争取有利地位，纷纷订造了一些超大型的集装箱船，试图借此进一步降低单位运输成本。这种状况更加速了船舶大型化的趋势。据统计，截至2014年4月，全球10 000～12 000TEU的集装箱船舶共有48艘，12 000TEU及以上的集装箱船共有161艘；未来5年，全球将至少交付10 000～12 000TEU集装箱船34艘、12 000TEU及以上集装箱船106艘。2014年年底，超大型集装箱船靠泊中国港口的纪录被刷新：12月2日，中海集运的19 100TEU集装箱船 “中海环球”号靠泊天津港，随后正式投入远东—欧洲航线的运营。之后，该船又陆续靠泊了青岛港、上海港、宁波港、南沙港、盐田港等港口。2015年1月1日，中海集运的第二艘19 100TEU集装箱船“中海太平洋”号靠泊厦门港。集装箱船舶的大型化给船舶设计师、工程师、验船师、海事保险业者、相关海事组织以及船上和码头工作人员带来了新的挑战。

二、港口码头现代化

国际集装箱运输船舶的大型化和国际集装箱运输的普及化要求有现代化的集装箱港口（码头）相配合。为了进一步降低集装箱运输成本，集装箱船舶越大，允许停靠在码头的时间相对越短。因此，现代化的集装箱码头至少要具备三个条件：①要有足够的码头水深，才能停靠大型、超大型集装箱船舶；②要有现代化的装卸机械和设备，以达到快装、快卸；③集装箱码头管理系统要现代化、科学化，才能使码头业务人员工作快速、高效地进行。由于件杂货运输的集装箱化，集装箱吞吐量在港口吞吐总量中的比重日益增加。因此，现代化的集装箱码头往往成为国际枢纽大港口的主要标志，也是国际航运中心的重要标志之一。

三、船舶高速化

船舶的航速与船舶的数量之间存在着重要的替代关系。航速高，班轮航线上所需要的船舶数量就少；航速低，班轮航线上需要的船舶数量就多。从数学上测算，在挂靠港数量相同的情况下，下列3种组合，均能保证在北大西洋航线上每周发一次船：

航速9.77～10.29m/s（19～20kn），4艘船。

航速10.8～12.35m/s（21～24kn），3艘船。

航速15.43～16.46m/s（30～32kn），2艘船。

在集装箱运输步入发展时期之初，由于集装箱投资巨大，许多船公司都采取了高速营运的政策，以此来减少船舶投入数量，降低营运成本。这一时期，新建的集装箱船航速一般都在11.32m/s（22kn）左右，海陆公司甚至订购了两艘航速高达16.98m/s（33kn）的SL-7型高速集装箱船。促使许多船公司在这一时期内采用高速营运政策的其他原因还有：当时的石油价格低廉；高速船舶能缩短运输时间，尤其是在长距离的航线上，这种效果更为明显，从而能向客户提供优质的运输服务。

但是，在当前石油价格暴涨后，集装箱船的高速化趋势受到了抑制。大多数船公司为了控制燃油成本，降低了船舶航速。但不管怎么说，集装箱船的航速在总体上仍明显高于传统班轮，一般在10.29m/s（20kn）左右。

四、挂靠港口少

集装箱船舶挂靠的港口相对传统班轮来说要少一些，通常只在航线两端挂靠2～3个港口。例如，台湾长荣公司在远东至北美西海岸的太平洋航线上挂靠旧金山、洛杉矶以及香港、高雄、基隆5个港口；我国至澳大利亚航线上停靠的港口为上海、香港、墨尔本、悉尼。

集装箱船之所以要减少在航线上挂靠的港口数量，原因就在于集装箱船的投资巨大，船舶的固定成本在营运总成本中占有极高的比例，尽可能地减少在港时间，加速集装箱船的周转是提高运输经济效益的关键。例如，据有关数据统计，1 000箱位的全集装箱船，全年的资本成本为860万美元，占总成本的59%。以一年360天计算，每天的资本成本高达2.4万美元左右。这足以说明，减少挂靠港口数量，对提高集装箱的运输经济效益有重要意义。

此外，集装箱船的每天在港成本与其吨位大小成正比。据统计，600TEU、750TEU、1 000TEU、3 000TEU的集装箱船，每天的在港成本分别为7 451英镑、8 349英镑、9 856英镑、13 163英镑。由此可见，在集装箱船日趋大型化的今天，如何缩短船舶的在港时间是集装箱船舶经营成败的关键所在。也许正是由于这个原因，“载运中心港”的设想才被提了出来。

由于集装箱船不再挂靠传统班轮原来挂靠的一些港口，所以在基本港与非基本港之间，用中小型集装箱船开展支线运输是必然趋势，也是集装箱运输的重要环节与有机组成部分。

五、航线班次频繁

传统班轮的航次一般是每月一次、每两周一次或每旬一次。自班轮运输进入集装箱运输时代，班轮的班次日益频繁。目前，在世界大多数航线上，大公司的发船频率普遍达到了每周一次。

导致集装箱船的班次频率增高的原因主要有两个：首先，增加船舶班次能提高集装箱、底盘车、集装箱码头的利用率。因为集装箱运输的投资不仅限于船舶，而且还包括上述各种设备与设施。其次，提高集装箱运输的服务在一定程度上超过了运价成本，对高价值货物来说更是如此。在世界最主要的航线，有些船公司奉行“高服务、高运价”的经营方针，目的就是为了吸引更多的高价值货物。这些船公司在向客户提供的各种服务中，包括了开航与到达时间这项内容，所以增加航线上的班次也是船公司出于竞争上的考虑。

六、竞争激烈

由于集装箱船舶过剩、经营者不愿放弃可以实现的规模经济效益、船舶高度专门化不能装运其他类货物等原因，集装箱船舶在经营中的竞争十分激烈。

与传统班轮相比，集装箱航线上一旦出现运力过剩情况，其持续时间将会更长一些，竞争也更加激烈一些。集装箱船舶运力过剩的时间之所以要长些，是因为它的总投资大，资本成本与固定成本比例高，对市场需求缺乏供给弹性。由于投资大，固定成本高，船公司面对萧条的市场不可能迅速做出调整。由于供给弹性很小，即使因货源不足而使船舶利用率很低，船公司还得继续维持经营，航线上的运力亦不减少。在这种情况下，大多数船公司为了求生存，必然会展开激烈的竞争。各船公司通过大量的市场活动、变换经营方式、提供优质服务等进行着残酷的运价战与揽货战。

2004年是世界航运市场有史以来最为繁荣的年份，不仅超过2003年，而且也超过20世纪航运高峰年（1973年）。更为重要的是，此次航运市场兴旺已持续两年，并非1973年的“昙花一现”（仅维持到当年10月份）。因此，2004年已成为世界航运市场的“黄金年”。2004年集装箱船舶运力市场严重供不应求，以海上运输为核心的多式联运企业获利颇丰。造成这一现状的原因是多方面的，但其主要原因包括以下几点：① 北美地区部分进口国的经济复苏以及亚洲到欧美的出口扩大。② 主要航线上定班服务的密度增加使托运人和买家更愿意采用长途海运的运输方式，信息技术的迅猛发展使买家可以较好地控制从下订单开始到提货的供应链全过程。③ 中国及亚洲其他地区商品质量的提升，使欧美各国的需求量大增。④ 人民币在一定程度上的贬值现象使得中国部分出口产品价格竞争力上升。2005年5月11日，丹麦集装箱航运商A.P莫勒—马士基集团以近30亿美元收购竞争对手铁行渣华，A.P莫勒—马士基集团预计在集装箱运输市场上的占有率将达17%以上，以海上运输为核心的多式联运市场竞争将日趋激烈。

2013年6月，在国际集装箱班轮运输市场全球排名前三的马士基航运、地中海航运和达飞轮船宣布成立P3联盟，其规模之大，被称为史上最强联盟。三家公司在亚欧航线上的市场份额达到45%。根据运力分配，马士基、地中海、达飞三家公司将在亚欧航线的跨太平洋航线和跨大西洋航线的29条航线上投入252艘船舶（260万TEU），其中马士基航运贡献42.4%运力，地中海航运贡献34.4%运力，达飞航运贡献23.2%运力。P3联盟将掌控全球集装箱运输市场38%的运力。

【思考题】

1. 什么是国际多式联运?
2. 简述国际集装箱多式联运的特点。
3. 国际集装箱运输的形成和发展共经历了几个阶段?

第二章

Chapter 2

国际多式联运价格术语

第一节 《2000年国际贸易术语解释通则》对多种价格术语的解释

一、《2000年国际贸易术语解释通则》概述

《2000年国际贸易术语解释通则》（以下简称《2000 通则》）英文为International Rules for Interpretation of Trade Terms，缩写形式为INCOTERMS 2000，它的宗旨是为国际贸易中最普遍使用的贸易术语提供一套解释的国际规则，以避免因各国解释不同而出现的不确定性，或至少在相当程度上减少这种不确定性。最早的通则产生于1936年，后来为适应国际贸易业务的需要，又于1953年、1967年、1976年、1980年和1990年做出修订和补充，现在则是在2000年版本中由国际商会做出补充和修订，以便使这些规则适应当前国际贸易实践的发展。现行《2000 通则》是国际商会根据近十年来形势的变化和国际贸易发展的需要，在《1990 通则》的基础上修订产生的。为了保持其相对稳定性，这次修订在下述两个方面进行了“微调”：① 在FAS和DEQ术语下，办理清关手续和交纳关税的义务。② 在FCA术语下装货和卸货的义务，做出了实质性改变。《2000 通则》已于2000年1月1日起生效。INCOTERMS 2000涵盖的范围只限于销售合同当事人的权利义务中与已售货物（指“有形的”货物，不包括“无形的”货物，如电脑软件）交货有关的事项。

《2000 通则》将所有的术语分为4个不同的类型，即E、F、C、D四个组。第一组“E”组（EXW），指卖方仅在自己的地点为买方备妥货物；第二组“F”组（FCA、FAS和FOB），指卖方需将货物交给买方指定的承运人，从交货地至目的地的运费由买方承担；第三组“C”组（CFR、CIF、CPT和CIP），指卖方须订立运输合同，但对货物灭失或损坏的风险以及装船和启运后发生意外所发生的额外费用，卖方不承担责任；第四组“D”组（DAF、DES、DEQ、DDU和DDP），指卖方须承担把货物交至目的地国所需的全部费用和风险。《2000 通则》术语分类见表2-1。

表2-1 《2000 通则》术语分类

组　别	术语英文名称	术语中文名称
E组（启运）	EXW（EX Works）	工厂交货
F组（运费未付）	FCA（Free Carrier） FAS（Free Alongside Ship） FOB（Free on Board）	货交承运人 装运港船边交货 装运港船上交货
C组（运费已付）	CFR（Cost and Freight） CIF（Cost Insurance and Freight） CPT（Carriage Paid To） CIP（Carriage and Insurance Paid To）	成本加运费 成本、保险加运费 运费付至 运费、保险费付至
D组（到达）	DAF（Delivered at Frontier） DES（Delivered EX Ship） DEQ（Delivered EX Quay） DDU（Delivered Duty Unpaid） DDP（Delivered Duty Paid）	边境交货 目的港船上交货 目的港码头交货 未完税交货 完税后交货

在有关贸易术语的国际惯例中，《2000 通则》是包含内容最多、使用范围最广和影响最大的一种。

二、《2000 通则》对各种贸易术语的解释

在国际商会《2000 通则》中所归纳的13种贸易术语中，根据它们开头字母的不同划分为E组、F组、C组和D组，见表2-2。

表2-2 《2000 通则》的13种贸易术语

贸易术语	交货地点	风险转移界限	出口报关责任、费用负担	进口报关责任、费用负担	适用运输方式
EXW	卖方的工厂仓库	买方处置货物后	买方	买方	任何方式
FCA	出口国指定的交货地点	货交承运人	卖方	买方	任何方式
FAS	出口国装运港指定的船边	货交船边后	卖方	买方	海上运输
FOB	出口国装运港指定的船上	货物越过船舷	卖方	买方	海上运输
CFR	出口国装运港指定的船上	货物越过船舷	卖方	买方	海上运输
CIF	出口国装运港指定的船上	货物越过船舷	卖方	买方	海上运输
CPT	出口国某一地点	货交承运人	卖方	买方	任何方式
CIP	出口国某一地点	货交承运人	卖方	买方	任何方式
DAF	两国边境指定地点	买方处置货物后	卖方	买方	任何方式
DES	目的港指定的船上	买方收货后	卖方	买方	海上运输
DEQ	目的港码头上	买方在码头收货后	卖方	买方	海上运输
DDU	进口国国内指定地点	买方在指定地点收货后	卖方	买方	任何方式
DDP	进口国国内指定地点	买方在指定地点收货后	卖方	卖方	任何方式

1. E 组贸易术语

E组只有一种贸易术语，即EXW，英文全称是EX. Works（...named place），即工厂交货（……指定地点）。

EXW术语代表了在商品的产地或所在地的交货条件。按该术语成交时，卖方要在规定的时间和约定的交货地点将合同规定的货物准备好，由买方自己安排运输工具到交货地点接收货物，并且自己承担一切风险、责任和费用，将货物从交货地点运到目的地。采用EXW条件成交时，卖方承担的风险、责任和费用都是最小的。EXW术语适用于各种运输方式。

2. F 组贸易术语

F组包括FCA[Free Carrier（...named place），即货交承运人（……指定地点）]、FAS[Free Alongside Ship（...named port of shipment），即船边交货（……指定装运港）]和FOB[Free on Board（...named port of shipment），即船上交货（……指定装运港）]三种贸易术语。其共同特点是按这些术语成交时，卖方负责将货物按规定的时间运到双方约定的交货地点，并按约定的方式完成交货。从交货地点到目的地的运输事项由买方安排，运费亦由买方负担。买方要指定承运人，订立从交货地至目的地的运输合同，并通知卖方。而卖方承担的风险和费用均在交货地点同时转移给买方。此外，采用这三种贸易术语成交时，均由卖方负责货物出口的报关手续和费用；由买方负责货物进口的报关手续和费用。FCA适用各种运输方式，FAS、FOB只适用于海上运输。

3. C 组贸易术语

C组贸易术语包括CFR[Cost and Freight（...named port of destination），即成本加运费（……指定目的港）]、CIF[Cost Insurance and Freight（...named port of destination），即成本加保险费和运费（……指定目的港）]、CPT[Carriage paid to（...named port of destination），即运费付至

（……指定目的地）]和CIP[Carriage and Insurance paid to（...named port of destination），即运费和保险费付到（……指定目的地）]四种贸易术语。

C组贸易术语中的CFR和CIF是装运港交货，风险划分均以船舷为界，仅适用于海上运输方式。CPT和CIP则是约定地点向承运人交货，风险划分以货交第一承运人为界，适用各种运输方式。该组术语的共同之处在于卖方在约定的装运港（地）交货后，还要负责货物从装运港（地）到目的港（地）的运输事项，并承担相关费用。

C组术语下，风险划分和费用划分是两个不同的概念。风险划分是在装运港（地），费用划分则是在目的港（地）。也就是说卖方虽然承担从交货地至目的港（地）的运输责任，并承担相关费用，但是，它并不承担从交货地到目的港（地）的运输途中货物可能发生损坏、灭失以及延误的风险。由于卖方承担的风险是在装运港（地）交货时转换，所以，按C组术语成交的合同可称作装运合同。

在装运合同下，卖方凭单交货，买方凭单付款，属于象征性交货。卖方须确保按时完成装运，但无须保证按时到货。

4. D组贸易术语

D组贸易术语包括DAF[Delivered at Frontier（...named place），即边境交货（……指定地点）]、DES[Delivered EX Ship（...named port of destination），即船上交货（……指定目的港）]、DEQ[Delivered EX Quay（...named port of destination），即码头交货（……指定目的港）]、DDU[Delivered Duty Unpaid（...named port of destination），即未完税交货（……指定目的地）]和DDP[Delivered Duty Paid（...named port of destination），即完税后交货（……指定目的地）]五种贸易术语。

在这些术语中，除DAF是在两国边境指定地点交货外，其他四种术语都是在进口国的目的港或目的地交货。按D组术语成交时，卖方负责将货物安全、及时运达指定地点，包括边境地点、目的港口及进口国内地，实际交给买方处置，才算完成交货。卖方要承担货物运至该地点之前的一切风险和费用。因此，按D组术语成交的合同称为到货合同（Arrival Contract），属实际交货，卖方所承担的风险和费用大于前面各组术语。

在D组贸易术语中，DAF主要适用于铁路和公路运输。DES和DEQ是在目的港交货的贸易术语，只适用于海上运输方式。DDU和DDP的交货地点在进口国内的目的地，适用于各种运输方式。

三、关于2010年通则修订实施的说明

2010年9月27日，国际商会公布了新修订的《2010年国际贸易术语解释通则》简称《2010 通则》，于2011年1月1日实施。《2010 通则》更准确地标明了各方承担货物运输风险和费用的责任条款，使船舶管理公司更易理解货物买卖双方支付各种费用时的角色，有助于避免现实经常出现的码头处理费纠纷。此外《2010 通则》增加了大量指导性贸易解释和图示，以及电子交易程序的适用方式。

《2010 通则》与《2000 通则》相比主要不同的地方如下：

1）术语分类的调整：由原来的E、F、C、D四组分为适用于两类：适用于国际多式联运的各种运输方式和适用于港到港运输的传统海运方式。

2）数量由13种变为11种。

3）删除了《2000 通则》中D组的四个贸易术语，即DDU、DES、DEQ、DAF。

4）新增加两种D组的贸易术语，即DAT、DAP。DAT为指定目的地交货，在将货物运至目的地的过程中所涉及的所有费用和风险都由卖方承担。DAP为指定地点交货，在将货物运至指

定地点的过程中所涉及的所有费用和风险都由卖方承担。

E组、F组、C组的贸易术语没有变化，即本书本章重点介绍的FCA、CPT、CIP、FOB、CFR、CIF没有变化。

虽然《2010 通则》于2011年1月1日实施，但并非《2000 通则》就自动作废。因为国际贸易术语是国际贸易惯例，而国际贸易惯例本身不是法律，对国际贸易当事人不产生必然的强制性约束力。国际贸易惯例在适用时间效力上并不存在“新法取代旧法”的说法，即《2010 通则》实施以后，《2000 通则》仍然使用，当事人在使用时可以选择《2000 通则》甚至《1990 通则》。

第二节　传统海运的三种常用价格术语

一、FOB

FOB是Free on Board（...named port of shipment）的简称，意为装运港船上交货（指定装运港）成本价，又称为离岸价格。采用FOB价格术语时，卖方必须在合同规定的装运期内，在约定的装运港，将货物交至买方指定的船上，并负担货物越过船舷以前的一切费用和货物灭失或损坏的风险，买方必须从该点起承担货物灭失或损坏的一切风险。风险转移的界限是装运港越过船舷。FOB术语要求卖方办理货物出口清关手续。

1.《2000 通则》对买卖双方各自承担的责任解释

（1）卖方责任

1）负责在合同规定的装运期内，按港口惯常的装船方式，在指定的装运港将合同规定的货物交到买方指定的船上，并将详细情况通知买方。

2）负责货物在装运港越过船舷以前的一切费用和风险。

3）负责办理货物的出口手续，取得出口许可证及其他必需的出口官方证件。

4）负责提供商业发票与货物已装船的货运单据、单证。

如果买卖双方事先有约定，上述单据、单证可以被具有同等效力的电子信息所替代。

（2）买方责任

1）负责租船订舱，支付运费，并将船期、船名及时通知卖方。

2）负责办理保险，支付保险费。

3）负责办理进口手续，取得进口许可证或其他核准证书，并办理进口以及必要时经由另一国过境运输的一切海关手续。

4）负责货物在装运港越过船舷后的一切费用和风险。

5）接收按合同规定交付的货物，接受有关单据、单证。

6）负责按合同规定支付货物价款。

2. FOB 价格术语的变形

尽管国际惯例对FOB价格术语买卖双方承担的经济责任做了较为明确的规定，但在具体执行时，由于运输条件（营运方式）的不同，常常对装船、理舱、平舱费用的负担问题发生争议。所谓平舱费用是指为了保持装载船舶在航行时的稳定和不损害船舶结构，对成批散装入船舱的大宗货物，如粮食谷物、食盐、矿砂、煤炭等需要进行整理、添平补齐所支出的费用。上述这些费用应由何方负担有争议。

国际船舶运输有使用班轮和租用不定期船两种方式。班轮是管装管卸的，所以有关装船、理舱、平舱费用均已包括在运费之内。在FOB术语下，按《2000 通则》惯例解释，实际上已由承担运输的买方支付。但如果租用不定期船装运，根据国际航运惯例，租船合同上一般规定船方不负担装船费用，所以，买卖双方在进行大宗商品交易需要使用租船时，应在合同中明确装船、理舱、平舱费用由何方负担。

买卖双方在签订国际贸易货物买卖合同时，为了明确装船、理舱、平舱的责任和费用究竟由谁负担，往往在FOB价格术语后边加列一些附加条件，从而使这一价格术语产生了如下变形：

（1）FOB班轮条件（FOB Liner Terms） 其含义是采用班轮运输的做法，即卖方只负责将货物交到码头，然后由船方负责装船和理舱，装船费、理舱费已记入班轮运费。

（2）FOB吊钩下交货（FOB Under Tackle） 其含义是指在承租船运输方式下，装船的有关费用船方不负担，卖方仅负责把货物交到买方指派船只的吊钩所及之处，以后的装船费用由买方负担。

（3）FOB理舱费在内（FOB Stowed） 其含义是指在承租船运输方式下，卖方负责把货物装入船舱并交付包括理舱费在内的装船费用。

（4）FOB平舱费在内（FOB Trimmed） 其含义是指卖方负责把货物装入船舱，并交付包括平舱费在内的装船费用。

（5）FOB理舱费和平舱费在内（FOB Stowed and Trimmed） 其含义是指卖方负责把货物装入船舱，并交付包括理舱费和平舱费在内的装船费用。

上述FOB的各种变形可明确地改变买卖双方关于费用和手续的划分，但不改变交货地点和风险转移的界限，即交货地点仍然是在装运港船上，风险转移的界限仍然是货物越过船舷。

二、CFR

CFR是Cost and Freight（...named port of destination）的缩写，意为装运港船上交货成本加运费价（指定目的港）。在CFR价格术语下，卖方必须在合同规定的装运期限内在装运港将货物交至运往指定目的港的船上。交货后货物灭失或损坏的风险，以及由于各种事件造成的任何额外费用，即由卖方转移到买方。风险转移的界限是装运港越过船舷。

1.《2000 通则》对买卖双方的责任解释

（1）卖方责任

1）负责在合同规定的期限内在装运港将合同规定的货物交至运往目的港的船上，并及时给予买方充分的通知。

2）负担货物在装运港越过船舷以前的一切费用和风险。

3）负责办理货物的出口手续，取得出口许可证及其他必需的出口官方证件。

4）负责提供商业发票和货物运往目的港的已装船的货运单据、单证。如果买卖双方约定，上述单据、单证可以被具有同等效力的电子信息所替代。

5）负责办理租船或订舱，交付至目的港的正常运费。

（2）买方责任

1）负责办理保险，支付保险费。

2）负责办理进口手续，取得进口许可证或其他核准证书。

3）负责货物在装运港越过船舷后的一切费用和风险。

4）接收按合同规定交付的货物，接受有关单据、单证。

5）负责按合同规定支付货物款项。

2. CFR 价格术语的变形

按CFR价格术语成交，卖方负责租船、订舱，将合同规定的货物交至运往目的港的船上并支付运费。但在采用承租船运输的情况下，货物运到目的港后，由谁负担卸货费用的问题并无统一解释（班轮运输的情况下，目的港的卸货由承运人负责，因为班轮运费里包括了装卸货费用），也容易引起争议。为了解决这些问题，可在CFR术语后增加一定的附加条件，这就产生了CFR的变形。

（1）CFR班轮条件（CFR Liner Terms）　其含义是卸货费用按班轮的做法办理，即卸货费用已包括在运费之中，买方不予负担。

（2）CFR卸到岸上（CFR Landed）　其含义是卖方要负担货物卸到岸上为止的卸货费用，包括驳船费与码头费（这一条我国不采用）。

（3）CFR吊钩交货（CFR Ex Tackle）　其含义是卖方负责将货物从船舱吊起，卸离吊钩。如船舶靠不上码头，那么应由买方自费租用驳船，卖方只负责将货卸到驳船上。

（4）CFR舱底交货（CFR Ex Ships Hold）　其含义是指将货物运达目的港后，由买方自负费用，自舱底卸货。

上述CFR的变形只是为了明确买卖双方在卸货费用上的划分，并不改变CFR术语交货地点和风险的划分，即交货地点仍然是在装运港船上，风险转移的界限仍是货物越过船舷。

三、CIF

CIF是Cost Insurance and Freight（...named port of destination）的缩写，意为成本加运费加保险费价（指定目的港），又称为到岸价格。在CIF价格术语下，卖方必须在合同规定的装运期内，在装运港将货物交至运往目的港的船上，风险转移的界限是装运港越过船舷。

1.《2000 通则》对买卖双方的责任解释

（1）卖方责任

1）在合同规定的期限内，在装运港将符合合同规定的货物交至运往目的港的船上，并及时通知买方。

2）负担货物在装运港越过船舷以前的一切费用和风险。

3）负责办理出口手续，取得出口许可证及其他必需的官方证件。

4）负责提供商业发票和货物运往目的港的已装船的货运单据、单证。如果合同买卖双方约定，上述单据、单证可以被具有同等效力的电子信息所替代。

5）负责租船订舱，并交付运费。

6）负责办理保险，支付保险费。

（2）买方责任

1）负责办理进口手续，取得进口许可证及其他核准的证书。

2）负担货物在装运港越过船舷后的一切费用和风险。

3）接收按合同规定交付的货物，接受有关单据、单证。

4）负责按合同规定支付货物的价款。

2. CIF 价格术语的变形

与CFR术语一样，按CIF价格术语成交，卖方负责租船订舱，将合同规定的货物运到指定的目的港并支付运费。为解决在采用租船运输的情况下，卸货费用由谁负担的问题，也产生了CIF的变形。

（1）CIF班轮条件（CIF Liner Terms） 其含义是卸货费用按班轮的做法办理，即卸货费用已包括在运费之中，买方不予负担。

（2）CIF卸到岸上（CIF Landed） 其含义是卖方要负担货物卸到岸上为止的卸货费用，包括驳船费与码头费（这一条我国不适用）。

（3）CIF吊钩交货（CIF Ex Tackle） 其含义是卖方负责将货物从船舱吊起，越过船舷，卸离吊钩。如船舶靠不上码头，那么应由买方自费租用驳船，卖方只负责将货卸到驳船上。

（4）CIF舱底交货（CIF Ex Ship's Hold） 其含义是指货物运达目的港后，由买方自负费用，自舱底卸货。

在CIF变形条件下，交货点仍然是装运港船上，风险转移的界限仍旧是货物越过船舷。

第三节 国际多式联运常用的三种价格术语

一、FCA

FCA是Free Carrier（...named place）的缩写，意为货交承运人（指定地点）。在FCA价格术语下，卖方只要将货物在指定的地点交给买方指定的承运人，并办理了出口清关手续，即完成交货。需要说明的是，交货地点的选择对于在该地点装货和卸货的义务会产生影响。若卖方在其所在地交货，则卖方应负责装货；若卖方在任何其他地点交货，则卖方不负责卸货。

1.《2000 通则》对买卖双方的责任解释

（1）卖方责任

1）提供符合合同规定的货物。卖方必须提供符合销售合同规定的货物和商业发票或有同等作用的电子信息，以及合同可能要求的、证明货物符合合同规定的其他任何凭证。

2）许可证、其他许可和手续。卖方必须自担风险和费用，取得任何出口许可证或其他官方许可，并在需要办理海关手续时，办理货物出口所需要的一切海关手续。

3）在规定的时间、地点，把货物交给买方指定的承运人（多式联运情况下，货物交给第一承运人）。

4）负担货物交给承运人以前的一切与运输、保险相关的责任和费用。

5）卖方必须给予买方说明货物已按照规定交付给承运人的充分通知，若在约定时间承运人未按照规定接收货物，则卖方必须相应地通知买方。

（2）买方责任

1）支付价款。买方必须按照销售合同规定支付价款。

2）许可证、其他许可和手续。买方必须自担风险和费用，取得任进口许可证或其他官方许可，并在需要办理海关手续时，办理货物进口和从他国过境的一切海关手续。

3）负责与承运人签订全程运输合同或指定承运人，支付运费，并及时通知卖方。

4）负担货交承运人之后所有与运输、保险相关的责任和义务。

5）买方必须按照规定将指定的人的名称给予卖方，并根据需要指明运输方式和向该指定的人交货的日期或期限，以及依情况在指定地点内的具体交货点。

该术语解释的承运人是指在运输合同中规定的通过铁路、公路、海洋、航空、内河运输或这些方式的联合运输，承担履行运输或办理运输业务的任何人。该术语适用于任何运输方式，包括国际多式联运。

2. 该术语对不同运输方式的交货方法的解释

1）在铁路运输情况下，如果货物能够装一整车或一个集装箱，卖方要负责装车或装箱，并交给铁路部门，如果货物不够一整车或一个集装箱，卖方则要将货物交到铁路收货地点。

2）在铁路运输情况下，如果在卖方所在地交货，卖方则要将货物装到买方指派的车辆上；如果在承运人办公地点交货，卖方则需将货物交给承运人或其代理人。

3）采用内河运输，如果在卖方所在地交货，卖方要将货物交到买方所指派的船上；如果在承运人办公地点交货，卖方则将货物交给承运人或其代理人。

4）利用海洋运输，如货物是整箱货（FCL），卖方将装货的集装箱交给海运承运人即可；如果是拼箱货（LCL），或者非集装箱货，卖方要将货物运到启运地交给海运承运人或其代理人。

5）如果采用航空方式运输，卖方要将货物交给航空承运人或其代理人。

6）在多式联运方式下，卖方均负责将货物交给承运人。

二、CPT

CPT是Carriage Paid To（...named place of destination）的缩写，意为运费付至指定目的地价。

1.《2000 通则》对买卖双方责任的解释

（1）卖方责任

1）负责与承运人签订全程运输合同，并支付全程运输费用。

2）在规定的时间、地点，把货物交给承运人（在多式联运情况下，交给第一承运人）。

3）办理出口手续，取得出口许可证及其他官方证件。

4）提供商业发票以及货物已交给承运人的货运单证。

5）承担货物交给承运人以前的一切风险和费用。

（2）买方责任

1）负责办理保险，支付全程保险费。

2）负责办理进口手续，取得进口许可证及其他核准证书。

3）接收按合同规定交付的货物，接受有关单证。

4）承担货物交给承运人之后的一切风险，并负担货交承运人之后除运费以外的一切费用，包括到达目的地的卸货费用及进口关税。

5）负责按合同规定支付货物的价款。

2. 其他解释

该术语解释中的承运人是指在承担铁路、公路、航空、海运、内河运输或联合运输任务，办理实际运输业务的任何人。

该术语适用于任何运输方式，包括国际多式联运。卖方交货地点可以是在出口国的内地或港口，风险转移的界限是货物交给承运人时。

三、CIP

CIP是Carriage and Insurance Paid To（…named place of destination）的缩写，意为运费、保险费付至指定目的地价。

1.《2000 通则》对买卖双方的责任解释

（1）卖方责任

1）负责与承运人签订全程运输合同，并支付全程运费。

2）负责办理全程货运保险，并支付保险费。

3）在规定的时间、约定的地点，把货物交给承运人。

4）办理出口手续，取得出口许可证及其他官方证件。

5）提供商业发票以及货物已交给承运人的货运单证。

6）承担货物交给承运人以前的一切风险和费用。

（2）买方责任

1）负责办理进口手续，取得进口许可证及其他核准证书。

2）承担卖方将货物交给承运人之后的一切风险，并负担除运费、保险费以外的一切费用，包括货物到达目的地的卸货费、进口关税等。

3）接收按合同规定交付的货物，接受有关单证。

4）负责按合同规定支付货物的价款。

2. 其他解释

该术语的交货地点是出口国的内地或港口，风险转移的界限是货交承运人时。

所谓承运人是指承担铁路、公路、航空、海运、内河运输或联合运输任务，办理实际运输业务的任何人。该术语适用于任何运输方式，包括国际多式联运。

FOB、CFR、CIF、FCA、CPT、CIP这6种常用价格术语中，买卖双方应承担的责任以及风险和费用划分，见表2-3。

表2-3 常用价格术语买卖双方主要责任、风险和费用划分表

国际代号	含义	交货地点	风险划分界限	责任与费用划分						适用运输方式
				运输工具	办理保险	支付运费	支付保险费	出口税	进口税	海运内河
FOB	装运港船上交货价（成本价）	在出口国装运港指定的船上	越过船舷	买方	买方	买方	买方	卖方	买方	海运内河
CFR	成本加运费价	在出口国装运港指定的船上	越过船舷	卖方	买方	卖方	买方	卖方	买方	海运内河
CIF	成本加运费加保险费价	在出口国装运港指定的船上	越过船舷	卖方	卖方	卖方	卖方	卖方	买方	各种运输方式多式联运
FCA	货交承运人价	在出口国的内陆或港口	货交承运人时	买方	买方	买方	买方	卖方	买方	各种运输方式多式联运
CPT	运费付至指定目的地价	在出口国的内陆或港口	货交承运人时	卖方	买方	卖方	买方	卖方	买方	各种运输方式多式联运
CIP	运费、保险费付至指定目的地价	在出口国的内陆或港口	货交承运人时	卖方	卖方	卖方	卖方	卖方	买方	各种运输方式多式联运

第四节　FCA、CPT、CIP与FOB、CFR、CIF的比较

上述适用于传统港到港海运的三种常用国际贸易价格术语FOB、CFR、CIF与适用于集装箱门到门多式联运的三种常用国际贸易价格术语FCA、CPT、CIP相比较，有相似之处，但它们也有着很大的不同。

1. 适用的运输方式不同

FOB、CFR、CIF只适用于港到港之间的海上运输，而FCA、CPT、CIP适用于包括海洋运输在内的或以海洋运输为主的向两端内陆延伸的多种运输方式的联合运输。尤其适用于以集装箱为基础的门到门国际多式联运。

2. 交货的地点不同

FOB、CFR、CIF卖方交货的地点是出口国装运港船上，而FCA、CPT、CIP卖方交货的地点是出口国内陆的某一地点，如出口国内陆的工厂、仓库、集装箱内陆货运站、集装箱码头货运站、集装箱码头等。

3. 风险转移的界限不同

FOB、CFR、CIF买卖双方风险转移的界限是货物越过船舷，越过船舷以前的风险由卖方承担，越过船舷以后的风险由买方承担，而FCA、CPT、CIP风险转移的界限是卖方在其内陆某一地点将货物交给承运人时。在货物交给承运人以前的风险由卖方承担，在货物交给承运人以后的风险由买方承担。

4. 适用的提单类型不同

FOB、CFR、CIF适用的提单必须是货物装上船后，由船长、承运人或其代理人签发的货物已装船提单，而对于FCA、CPT、CIP，由于卖方交货的地点在其内陆，为方便货主起见，交货时，不一定是货物已装上内陆运载工具，往往是承运人收到货物后就签发提单，这个提单是收货待运提单。

5. 适用的保险险别不同

对于FOB、CFR、CIF，买方或卖方投保的货物运输险别主要是海运险别，如平安险、水渍险、一切险、一般附加险、特殊附加险、特别附加险等，其承保的责任区段也仅仅为港到港之间的海洋运输段。而FCA、CPT、CIP由于承运人的责任区段是门到门或站到站等，所以买方或卖方投保的货物运输险不仅涉及海运，还涉及公路运输、铁路运输、国内水运等运输方式。运输险别除了海洋运输险别外，还要承保内陆的铁路运输险别或公路运输险别或国内水路运输险别等。

第五节　跟单信用证与联合运输单据

一、跟单信用证基本概念

1. 信用证

国际商会第500号出版物《跟单信用证统一惯例》（1993年修订本）简称《UCP500》对信

用证做出了如下定义：

跟单信用证和备用信用证（以下统称信用证）意指一项约定，不论其如何命名或描述，系指一家银行（开证行）应客户（申请人）的要求和指示或以其自身的名义，在与信用证各条款相符的条件下，凭规定的单据：

1）向第三方（受益人）或其指定人付款，或承兑并支付受益人出具的汇票。

2）授权另一家银行付款，或承兑并支付该汇票。

3）授权另一家银行议付。

就本惯例而言，一家银行在不同国家设立的分支机构均视为另一家银行。

2. 信用证结算方式的特点

信用证结算方式，有如下几个特点：

（1）信用证是一份独立文件　信用证是银行与信用证受益人之间存在的一项契约，该契约虽然可以以贸易合同为依据而开立，但是一经开立就不再受到贸易合同的牵制。银行履行信用证付款责任仅以信用证受益人满足了信用证规定的条件为前提，不受贸易合同争议的影响。

（2）信用证结算方式仅以单据为处理对象。在信用证业务中，银行对于受益人履行契约的审查是仅针对受益人交到银行的单据进行的　单据所代表的实物是否完好则不是银行关心的问题。即便实物的确有问题，进口商对出口商提出索赔要求，只要单据没问题，对于信用证而言，受益人就算满足了信用证规定的条件，银行就可以付款。

（3）开证行负第一性的付款责任　在信用证结算方式中，银行是以自己的信用做出付款保证的，所以，一旦受益人（出口商）满足了信用证的条件，就直接向银行要求付款，而无须向开证申请人（进口商）要求付款。开证银行是主债务人，其对受益人负有不可推卸的、独立的付款责任。这就是开证行负第一性付款责任的意思所在。

3. 跟单信用证的内容

跟单信用证的内容主要包括：开证行名称和地址；信用证号码；开证申请人名称和地址；开证日期；信用证金额；信用证的形式；信用证的有效期；付款期限；货物描述；启运地；目的地；装运日期；分批和转运条款；交单期；费用条款；索汇路线；寄单条款；开证行保证付款文字；根据《跟单信用证统一惯例》开立或类似的文字；受益人应提交的单据；开证行名称和签字。

4. 信用证有关当事方

（1）开证申请人（Applicant）　在国际贸易中，信用证的开证申请人是进口商或买方。有时开证申请人也称为开证人，同时还是运输单据的收货人。在开立信用证之前，买卖双方已签有合同，这个合同是买卖双方之间的一种契约。进口商受买卖合同的约束，必须严格遵守合同条款，在合同规定的期限内，向当地一家银行提出开立信用证的书面申请，所开立的信用证内容必须与合同内容一致，信用证必须于装运期前到达卖方手中，使其有足够的时间备货订舱。

进口商又受开证申请书的约束。开证申请书是进口商与开证行之间的一种契约，根据《UCP500》第十八条规定，开证行开立信用证和委托其他银行协助完成此项业务，都是为了执行开证申请人的指示，是代申请人办理的，申请人应支付所有的银行费用，并承担银行为他提供服务时所承担的风险。在开证行向受益人履行付款并通知进口商备款赎单后，进口商应根据开证申请书上的规定，毫不迟疑地前去付款赎单。如果发现单证、单单不一致时，可拒赎单据。但如果事后发现货物与信用证的要求不符时，则不能向开证行追究责任。因为信用证结算方式仅以单据为处理对象。

（2）受益人（Beneficiary） 在国际贸易中，信用证的受益人一般是出口商或卖方。受益人往往还是信用证汇票的出票人、货物运输单据的托运人。

受益人与开证申请人之间存在一份贸易合同，而与开证行之间存在一份信用证。受益人有权依照信用证条款和条件提交汇票及/或单据，要求取得信用证的款项。受益人在收到信用证之后，应将信用证内容逐一与合同内容核对。如发现有与合同内容不一致的条款或无法履行的条款，可以向进口商提出修改要求。如接受信用证全部条款，则应马上备货订舱，使货物在信用证规定的装运期内装运，同时配齐信用证规定的所有单据，并在有效期内提交给银行。尽管信用证是开证行向受益人做出的一种付款承诺，但开证行的付款是有条件的，即提交与信用证条款完全相符的单据。所以受益人提交的单据，既要在名称上符合信用证的规定，又要在内容上与信用证的要求一致，只有这样，收款才有保障。

受益人交单后，如遇开证行倒闭，信用证无法兑现，则受益人有权直接向进口商提出付款要求，进口商仍应负责付款。这是因为开证行只是开证申请人的付款代理，最终付款人还是开证申请人。且按照合同规定，只要受益人提交了与信用证要求一致的单据，开证申请人就必须付款赎单。这时，受益人应将符合原信用证要求的单据通过银行寄交进口商进行托收索款。如果开证行并未倒闭，却无理拒收，受益人或议付行可以诉讼，有权向进口商提出付款要求。

（3）开证行（Issuing Bank） 开证行是指接受开证申请人委托开立信用证的银行。开证行也被称作开证人（Issuer）、允诺人（Grantor）。开证行接受了进口商的开证申请后，应按照开证申请书上的条款，正确及时地开出信用证。开证行在收到单据后，有义务在合理时间内处理完单据，如经审核后未发现任何不符，就应马上对受益人付款，并通知进口商赎单。如发现有不符，则应及时快捷地通知受益人，并说明原因和妥善保管好单据。即使进口商已倒闭无力偿付，开证行也不能推卸付款责任。但当开证行已履行付款而进口商却无力赎单时，开证行有权处理货物，当处理货物的款项还不足以抵消开证行的付款额时，开证行仍有权向进口商追回不足部分。

虽然开证行同时受到开证申请书和信用证本身两个契约的约束，但是根据《UCP500》第三条规定：① 就性质而言，信用证与可能作为其依据的销售合同或其他合同，是相互独立的两种交易。即使信用证中提及该合同，银行亦与该合同完全无关，且不受其约束。因此，一家银行做出付款、承兑并支付汇票或议付及/或履行信用证项下其他义务的承诺，并不受申请人与开证行之间或与受益人之间在已有关系下产生的索偿或抗辩的制约。② 受益人在任何情况下不得利用银行之间或申请人与开证行之间的契约关系。

（4）通知行（Advising Bank） 通知行一般是开证行在出口国的代理行。在信用证业务中，开证行几乎都要将所开立的信用证寄给它在出口地的一家代理行，由这家代理行将信用证通知给受益人，这家将信用证通知给受益人的银行就是通知行。通知行的责任是及时通知或转递信用证，证明信用证的真实性并及时澄清疑点。如通知行不能确定信用证的表面真实性，即无法核对信用证的签署或密押，则应毫不延误地告知从其收到指示的银行，说明其不能确定信用证的真实性。如通知行仍决定通知该信用证，则必须告知受益人它不能核对信用证的真实性。由通知行通知信用证，对受益人来说，可避免收到假信用证而造成经济损失。

（5）保兑行（Confirming Bank） 保兑行是应开证行的要求在不可撤销信用证上加具保兑的银行。通常由通知行作为保兑行。但是，保兑行有权做出是否加保的选择。保兑行一旦对该信用证加具了保兑，就对信用证负独立的、确定的付款责任。如遇开证行无法履行付款时，保兑行履行验单付款的责任。保兑行付款后只能向开证行索偿，因为它是为开证行加保兑的。对受益人来说，加具了保兑的信用证，等于有了双重的（两家银行的）付款承诺，收款更有保障。

（6）议付行（Negotiating Bank） 议付是信用证的一种使用方法，是指收到出口商交来的全套单据的银行，经过对该套单据进行审核，确认单单、单证相符后，对出口商预垫货款的行为。议付又被称作“买单”或“押汇”，买入单据的银行就是议付银行。议付行每议付一笔单据，就收取一笔手续费。议付行垫了款，等于买进了单据，具有了持票人的地位，同时又掌握了货权。在信用证业务中，议付行是接受开证行在信用证中的邀请并且信任信用证中的付款担保，凭出口商提交的包括有代表货权的提单在内的全套出口单证的抵押而买下单据的。议付行议付后，向开证行寄单索偿。在它的垫款得不到偿付的时候，它既可向受益人追索所垫款，也可以处理货物和单据。信用证业务中由出口地的一家银行来议付单据，对受益人来说，不仅方便受益人交单，也能加快受益人的资金周转。

（7）付款行（Paying Bank） 付款行是开证行的付款代理人。开证行在信用证中指定另一家银行为信用证项下汇票的付款人，该银行就是付款行。它可以是通知行或其他银行。如果开证行资信不佳，付款行有权拒绝代为付款。但是，付款行一旦付款，即不得向受益人追索，而只能向开证行索偿。这是因为付款是无追索权的。因为付款行的付款是最终付款，而议付是有追索权的，即议付行在垫的货款得不到偿付的时候，可以向受益人追索。此外，正因为付款行的付款是无追索权的，风险要比议付行的议付大得多，所以付款的相关费用要比议付的相关费用高。

（8）偿付行（Reimbursing Bank） 偿付行是开证行指定的对议付行、付款行或承兑行进行偿付的代理行。为了方便结算，开证行有时委托另一家有账户关系的银行代其向议付行、付款行或承兑行偿付，偿付行只有在开证行存有足够的款项并受到开证行的偿付指示时才付款。偿付行偿付后再向开证行索偿。偿付行的费用以及利息损失一般由开证行承担。

5. 信用证的种类

信用证的种类繁多，较为常见的信用证有如下几种：

（1）光票信用证 光票信用证是指除了要求提供汇票外，不要求提供任何其他单据就可付款的信用证。这类信用证在国际贸易结算中很少使用。

（2）跟单信用证 跟单信用证是指除了要求提供汇票之外（有时不要求提供汇票），还要求提供其他货运单据的信用证。在国际贸易结算中一般使用的都是跟单信用证。

（3）可撤销信用证 可撤销信用证是指可以由开证行随时撤销或修改而不必事先通知受益人的信用证。但是，开证行对在收到撤销或修改之前已经由议付行议付或付款行付款的单据，仍负有必须付款的责任。可撤销信用证对出口商来说，风险很大，不宜使用，一般不宜接受这类信用证。

（4）不可撤销信用证 不可撤销信用证一经开证行开出，它就不能任意修改或撤销。如要修改或撤销，事先必须征得所有当事人的同意。不可撤销信用证才是开证行对受益人的确定付款承诺。信用证均须明确表明是可撤销还是不可撤销的信用证，如没有明确表明，则视为不可撤销信用证。

（5）即期信用证　即期信用证是指开证行收到符合信用证规定的单据后，即行付款的信用证。

（6）远期信用证　远期信用证是指开证行收到符合信用证规定的单据后，不马上付款，而是在信用证规定的期限到期时，再行付款的信用证。延期付款信用证和承兑信用证均属于远期信用证。

（7）承兑信用证　承兑即指远期汇票的付款人确认对汇票的付款责任。要求提交远期汇票的信用证，就是承兑信用证。承兑信用证是远期信用证中的一种。

（8）保兑信用证　不可撤销信用证经由另一家银行加具保兑，就成了保兑信用证。保兑，即指开证行以外的另一家银行对符合信用证条款的单据承担保证付款的责任。

（9）议付信用证　议付信用证是指规定由某一银行议付或任何银行都可议付的信用证，议付银行无需承担付款责任，而仅仅是议付而已。议付银行垫款后，如追索不到相应的款项，可向受益人追索回所垫款项。

（10）付款信用证　付款信用证是指开证行自己或授权其他银行凭规定的单据向受益人或其指定人进行付款的信用证。付款行一经付款，就无追索权，付款信用证都有明确的付款文句。对受益人来说，这种信用证比议付信用证更有利。

（11）预支信用证　预支信用证上有明确的条款，允许出口商在提交单据之前，向当地银行支取部分或全部购买和制造出口商品所必需的资金。然后在出口商交单议付时扣还本息。这实际上是对资金短缺的出口商提供的资金融通。由于信用证上这种授权出口地银行垫款的条款通常是用红字注明的，所以预支信用证又称红条款信用证。

（12）可转让信用证　可转让信用证是指信用证的受益人（第一受益人）可以要求被授权付款、承担延期付款责任、承兑或议付的银行（转让银行），或当信用证是自由议付时，可以要求信用证中被特别授权的转让银行，将该信用证的全部或部分转让给一个或数个受益人（第二受益人）使用的信用证。可转让信用证上必须有明确的“可转让（Transferable）”字样，否则视为不可转让。

（13）背对背信用证　背对背信用证是指信用证上的受益人（一般是中间商）将国外开来的信用证交给它的往来银行作为担保，要求该银行依据此信用证条款重新开出一张以它自己为开证申请人，真正供货人为受益人的信用证。这种信用证是中间商常常采用的。

（14）对开信用证　对开信用证一般用于以货易货交易。甲方申请开立一张以乙方为受益人的信用证，而乙方申请开立一张以甲方为受益人的信用证，这两份信用证互为对开，故称对开信用证。

（15）循环信用证　循环信用证是指信用证金额被部分或全部使用之后，可在一定期限内恢复到原金额再被使用的信用证。这种信用证是进口商为了简化手续和减少费用而使用的。它的内容往往增加了一项循环条款。

（16）分期支取/装运信用证　分期支取/装运信用证是指信用证上有规定在指定的不同期限内分期支款及/或分期装运条款者，如果其中任何一期未按信用证所规定的期限支款及/或装运，则以后各期均视为无效。

二、《跟单信用证统一惯例》下的运输单据

1.《跟单信用证统一惯例》

早期的信用证缺少一个统一的国际准则，导致了各种争议、纠纷甚至诉讼不断发生，客观上严重地妨碍了信用证的普遍使用。在1926年3月5日的国际商会第20次会议上，美国委员会提出了一项统一信用证规则的报告。报告指出，如果能够将信用证的规则与有关术语统一化，将能消除国际信用证业务的各种争议，有利于国际银行业与国际贸易的发展。国际商会对这一报告给予了高度的重视，并于1926年10月20日的会议上决定由“汇票与支票常委会”起草信用证统一规则草稿。该常委会于1927年2月初拟出初稿，并发往世界各国银行界和商业界征求意见，于1929年正式写成信用证统一惯例，即《跟单信用证统一惯例》（国际商会第74号出版物），在国际商会于1929年7月举行的阿姆斯特丹大会上正式通过，并建议各国银行采用。1931年，国际商会对其做了第一次修改。修订本于1933年国际商会维也纳大会上正式通过，名为《跟单信用证统一惯例》1933年修订本（国际商会第82号出版物）。第二次修订本，即《跟单信用证统一惯例》1951年修订本（国际商会第151号出版物），对1933年修订本并无实质性的修改，只是对“可转让信用证”做了更加详尽的规定，仍未对信用证的含义进行明确的规定。在1962年国际商会第19次常委会上通过的第三次修订本，即《跟单信用证统一惯例》1962年修订本（国际商会第222号出版物），第一次明确规定了信用证的定义。国际商会理事会在1983年6月21日的第144次会议上正式通过了《跟单信用证统一惯例》1983年修订本（国际商会第400号出版物），并于1984年10月1日正式实施。1993年再次修订，为国际商会500号出版物（简称《UCP500》），于1994年1月1日实施。

2. 多式运输单据

《UCP500》第二十六条中提出了多式运输单据的概念。多式运输至少包括两种不同的运输方式。多式运输单据容易与联运提单混淆。可流通形式的多式运输单据的部分运程为海运，其作用也与海运提单相同，即具有货物收据、运输合约、物权凭证的作用，可以背书转让。不可流通形式的多式运输单据只起到货物收据和运输合约的作用，不是物权凭证。它们的区别在于：① 前者的第一程运输可以是海运，也可以是陆运、空运等；而后者的第一程运输一般是海运。② 前者是由多式运输经营人签发的，多式运输经营人的责任是从接收货物起至交付货物止，而后者一般是由第一程的船公司签发的。此外，适合多式运输的价格术语主要是FCA、CPT、CIP，并以接管的日期作为装运日期，而FOB、CFR、CIF贸易条件一般不适合于多式运输。

3.《UCP500》下的运输单据条款

《UCP500》中第二十三条关于海洋运输提单的规定如下：

1）如信用证要求提交港至港运输提单者，除非信用证另有规定，银行将接受下述单据，不论其称谓如何：

① 表面注明承运人的名称，并由下列人员签字或以其他方式证实的：

a. 承运人或作为承运人的具名代理或代表。

b. 船长或作为船长的具名代理或代表。

承运人或船长的任何签字或证实，必须表明“承运人”或“船长”的身份。代理人代表承运人或船长签字或证实时，也必须表明他所代表的委托人的名称和身份，即注明代理人是代表

承运人或船长签字或证实的。

② 提单上注明货物已装船或已装具名船只的。

已装船或已装具名船只的内容，可由提单上印就的“货物已装上具名船只”或“货物已装运具名船只”的词语来表示，在此情况下，提单的出具日期即视为装船日期与装运日期。在所有其他情况下，装上具名船只这一内容，必须以提单上注明货物装船日期的批注来证实，在此情况下，装船批注日期即视为装运日期。

当提单上含有“预期船”字样或类似有关限定船只的词语时，装上具名船只这一内容必须由提单上的装船批注来证实。该项装船批注除注明货物已装船的日期外，还应包括实际装货的船名，即使实际装货船只的名称为“预期船”，亦应如此。

如提单上注明的收货地或接收监管地与装货港不同，货已装船的批注仍须注明信用证规定的装货港和实际装货船名，即使已装货船只的名称与提单注明的船只名称一致，亦应如此。本规定还适用于任何由提单上印定的船词语来表示装船情况。

③ 注明信用证规定的装货港和卸货港，尽管提单上可能有下述情况。

a. 注明不同于装货港的货物接收监管地及/或不同于卸货港的最终目的地。

b. 含有“预期”或类似有关限定装货港，及/或卸货港的标注者，只要单据上表示了信用证规定的装货港及/或卸货港。

④ 开立全套正本提单可以是仅有一份正本提单或者是一份以上正本提单。

⑤ 含有全部承运条件或部分承运条件须参阅提单以外的某一出处或文件（属简式/背面空白提单）者，银行对此类承运条件的内容不予审核。

⑥ 未注明受租船合约约束及/或未注明承运船只仅以风帆为动力者。

⑦ 在所有其他方面均符合信用证规定者。

2）就本条文而言，转运指在信用证规定的装货港到卸货港之间的海运过程中，将货物由一艘船卸下再装上另一艘船的运输。

3）除非信用证禁止转运，否则只要同一提单包括了海运全程运输，银行将接受注明货物将转运的提单。

4）即使信用证禁止转运，银行对下列单据仍予以接受：

① 对注明将发生转运者，只要提单上证实有关货物已由集装箱、拖车及/或子母船运输，并且同一提单包括海运全程运输。

② 含有承运人声明保留转运权利条款者。

《UCP500》中第二十四条关于非转让的海运单的规定如下：

1）如信用证要求提供的是港至港非转让海运单者，除非信用证另有相反规定，否则银行将接受下述单据，不论其称谓如何：

① 表面注明承运人名称，并由下列人员签字或以其他方式证实：

a. 承运人或作为承运人的具名代理或代表。

b. 船长或作为船长的具名代理或代表。

承运人或船长的任何签字或证实，必须表明“承运人”或“船长”的身份。代理人代表承运人或船长签字或证实时，也必须表明他所代表的委托人的名称和身份，即注明代理人是代表承运人或船长签字或证实的。

② 注明货物已装船或已装具名船只。货物已装船或已装具名船只的内容，可由非转让海运单上印就的“货物已装上具名船只”或“货物已装具名船只”的词语来表示，在此情况下，非转让海运单的出具日期即视为装船日期与装运日期。

在所有其他情况下，货物装上具名船只的内容，必须以非转让海运单上注明货物装船日期的批注加以证实。在此情况下，装船批注日期即视为装运日期。

如非转让海运单含有“预期船”或类似有关限定船只的词语时，货物装上具名船只的内容必须由非转让海运单上的装船批注来证实，该项装船批注除注明货物已装船日期外，还应包括载货的船名。即使实际装货船只的名称为“预期船”亦应如此。

如果非转让海运单上注明的收货地或货物接收监管地与装货港不同，已装船批注中仍须注明信用证规定的装货港和实际装货船名，即使装货船只的名称与非转让海运单上注明的船只一致，亦应如此。本规定适用于任何由非转让海运单上印就的装船词语来表示装船情况。

③ 注明信用证规定的装货港和卸货港，尽管非转让海运单可能有下述情况：

a. 注明不同于装运港的货物接收监管地及/或不同于卸货港的最终目的地。

b. 含有“预期”或类似有关限定装运港及/或卸货港的标注者，只要单据上表示了信用证规定的装运港及/或卸货港。

④ 开立全套正本运单可以是仅有一份正本或者是一份以上正本。

⑤ 含有全部承运条件或部分承运条件须参阅非转让海运单以外的某一出处或文件（属简式/背面空白的非转让海运单）者，银行对此类承运条件的内容不予审核。

⑥ 未注明受租船合约约束及/或未注明承运船只仅以风帆为动力者。

⑦ 在所有其他方面均符合信用证规定者。

2）就本条款而言，转运意指在信用证规定的装货港到卸货港之间的海运过程中，将货物由一艘船卸下再装上另一艘船的运输。

3）除非信用证上有禁止转运的条款，否则，只要同一非转让海运单包括了海运全程运输，银行将接受注明货物将转运的非转让海运单。

4）即使信用证禁止转运，银行将接受下列非转让海运单：

① 对注明将发生转运者，只要非转让海运单证实有关货物已由集装箱、拖车及/或子母驳船运输，并且同一非转让海运单包括海运全程运输。

② 含有承运人声明保留转运权利的条款者。

《UCP500》中第二十五条关于租船合约提单的规定如下。

1）如果信用证要求提交或允许提交租船合约提单，除非信用证另有相反规定，否则，银行将接受下述单据，不论其称谓如何：

① 含有受租船合约约束的任何批注。

② 已由下列人员签字或以其他方式证实：

a. 船长或作为船长的具名代理或代表。

b. 船东或作为船东的具名代理或代表。

船长或船东的任何签字或证实，必须表明“船长”或“船东”的身份。代理人代表船长或船东签字或证实时，亦须表明他所代表的委托人的名称和身份，即注明代理人是代表船长或船东签字或证实的。

③ 注明或不注明承运人的名称。

④ 注明货物已装船或已装具名船只。

货物已装船或已装具名船只的内容，可由提单上印定的“货物已装上具名船只”或“货物已装运具名船只”的词语来表示，在此情况下，提单的出单日期将视为装船日期与装运日期。

在所有其他情况下，装上具名船只的内容，必须以在提单上注明的货物装船日期的批注来证实，在此情况下，装船批注日期即视为装运日期。

⑤ 注明信用证规定的装货港和卸货港。

⑥ 开立的全套正本提单可以是仅有一份正本提单或者是一份以上正本提单。

⑦ 未注明承运船只仅以风帆为动力者。

⑧ 在所有其他方面均符合信用证规定者。

2）即使信用证要求提交与租船合约提单有关的租船合约，银行对该租船合约也不予审核，但将予以照转而不承担责任。

《UCP500》中第二十六条关于多式运输单据的规定如下：

1）如信用证要求提供至少包括两种不同运输方式（即多式运输）的运输单据，除非信用证另有相反规定，否则，银行将接受下述运输单据，不论其称谓如何：

① 表面注明承运人的名称或多式运输营运人的名称，并由下列人员签字或以其他方式证实：

a. 承运人或多式运输营运人或作为承运人或多式运输营运人的具名代理或代表。

b. 船长或作为船长的具名代理或代表。

承运人或多式运输营运人或船长的任何签字或证实，必须分别表明“承运人”或“多式运输营运人”或“船长”的身份。代理人代表承运人或多式运输营运人或船长签字或证实时，也必须注明他所代表的委托人的名称和身份，即注明代理人是代表承运人或多式运输营运人或船长签字或证实的。

② 注明货物已发运、已接收监管或已装载者。

发运、接收监管或装载，可在多式运输单据上以文字表明，且出单日期即视为发运、接收监管或装载日期及装运日期。然而，如果单据以盖章或其他方式标明发运、接收监管或装载日期，则此类日期即视为装运日期。

③

a. 注明信用证规定的货物接收监管地，该接收监管地可以不同于装货港、装货机场和装货地，及/或注明信用证规定的最终目的地，该最终目的地可以与卸货港、卸货机场或卸货地不同。

b. 含有“预期”或类似限定有关船只及/或装货港及/或卸货港的批注。

④ 开立的全套正本提单可以是仅有一份正本提单或者是一份以上正本提单。

⑤ 含有全部承运条件或部分承运条件须参阅多式运输单据以外的某一出处或文件（属简式/背面空白的多式运输单据）者，银行对此类承运条件的内容不予审核。

⑥ 未注明受租船合约约束及/或未注明承运船只仅以风帆为动力者。

⑦ 在所有其他方面均符合信用证规定者。

2）即使信用证禁止转运，银行也将接受注明转运将发生或可能发生的多式运输单据，只要同一多式运输单据包括运输全程即可。

《UCP500》中第二十七条关于空运单据的规定如下：

1）如果信用证要求提供空运单据，除非信用证另有相反规定，否则，银行将接受下列单据，不论其称谓如何：

① 表面注明承运人名称并由下列人员签字或以其他方式证实：

a. 承运人。

b. 作为承运人的具名代理或代表。

承运人的任何签字或证实，亦须表明他承运人的身份。代理人代表承运人签字或证实亦须表明所代表的委托人的名称和身份，即表明代理人是代表承运人签字或证实者。

② 注明货物已收妥待运。

③ 如信用证要求注明实际发运日期，则应对此日期做出专项批注。在空运单据上如此表示的发运日期，即视为装运日期。

就本条款而言，在空运单据的方格（标明“仅供承运人使用”或类似说明）内所表示的有关航班号和起飞日的信息不能视为发运日期的专项批注。

在所有其他情况下，空运单据的签发日期即视为装运日期。

④ 空运单上注明信用证规定的发运机场及目的地机场。

⑤ 空运单上开给委托人/发货人的正本空运单据，即使信用证规定全套正本，或有类似意义的词语。

⑥ 空运单上含有全部承运条件，或其中某些承运条件须参阅空运单以外的某一出处或文件。银行对此类承运条件的内容将不予审核。

⑦ 所有其他方面均符合信用证规定。

2）就本条款而言，转运指在信用证规定的起飞机场到目的地机场的运输过程中，将货物从一架飞机上卸下再装到另一架飞机上的运输。

3）即使信用证禁止转运，银行也将接受上面注明将发生或可能发生转运的空运单据，只要是同一空运单据包括运输全程即可。

《UCP500》中第二十八条关于公路、铁路或内河运输单据的规定如下：

1）如果信用证要求提供公路、铁路或内河运输单据，除非信用证另有相反规定，否则银行将接受所要求的类型的运输单据，不论其称谓如何：

① 单上注明承运人的名称并且已由承运人或作为承运人的具名代理或代表签字或以其他方式证实，及/或载有承运人或作为承运人的具名代理或代表的货物收妥印章或其他收妥的标志。

承运人的任何签字、证实、收妥印章或其他收妥标志，表面须表明承运人的身份。代表承运人签字或证实，亦须表明其所代表的委托人的名称和身份，即注明代理人是代表承运人签字或证实的。

② 单上注明货物已收妥待运、发运或承运或类似意义的词语，除非运输单据上盖有收妥印章，否则运输单据的出具日期即视为装运日期。在加盖收妥印章的情况下，盖章的日期即视为装运日期。

③ 单上注明信用证规定的装运地和目的地。

④ 所有其他方面均符合信用证规定。

2）如运输单据未注明出具份数，银行将接受所提交的运输单据，并视之为全套正本。不论运输单据上是否注明为正本，银行将作为正本予以接受。

3）就本条款而言，转运指在信用证规定的装运地到目的地之间的运输过程中，以不同的运输方式，从一种运输工具卸下再装至另一种运输工具的运输。

4）即使信用证禁止转运，银行也将接受单据上注明货物将转运或可能发生转运的公路、铁路或内河运输单据，只要运输的全过程包括在同一运输单据内，并使用同一运输方式即可。

《UCP500》中第二十九条关于专递及邮政收据的规定如下：

1）如果信用证要求提供邮政收据或投递证明，除非信用证另有相反规定，银行将接受下述邮政收据或投递证明：

① 正面有信用证规定的装运地或发运地戳记或以其他方式证实并加注日期者，该日期即视为装运日期或发运日期。

② 所有其他各方面均符合信用证规定。

2）如信用证要求由专递或快递机构出具证明收到待运货物的单据，除非信用证另有相反规定，否则银行将接受下列单据，不论其称谓如何：

① 正面注明专递/快递机构的名称，并由该具名的专递/快递机构盖戳、签字或以其他方式证实的单据（除非信用证特别规定由指定的专递/快递机构出具单据，否则银行将接受由任何专递/快递机构出具的单据）。

② 上面注明取件或收件日期或同义词语者，此日期即视为装运或发运日期。

③ 所有其他各方面均符合信用证规定。

《UCP500》中第三十条关于运输行出具的运输单据的规定如下：

除非信用证另有授权，否则银行仅接受运输行出具的具有注明下列内容的运输单据：

① 注明作为承运人或多式运输营运人的运输行的名称，并由作为承运人或多式运输营运人的运输行签字或以其他方式证实。

② 注明承运人或多式运输营运人的名称并由作为承运人或多式运输营运人的具名代理或代表的运输行签字或以其他方式证实。

《UCP500》中第三十一条关于货装舱面、发货人装载并计数、发货人名称的相关规定如下：

除非信用证另有相反规定，否则银行将接受下列运输单据：

① 海运或包括海运在内的一种以上的运输方式，未注明货物已装舱面或将装于舱面。然而，运输单据内有货物可能装于舱面的规定，但未特别注明货物已装舱面或将装舱面，银行对该种运输单据予以接受。

② 含有“发货人装载并计数”或“内容据发货人报称”或类似文字的条款的运输单据。

③ 表明以信用证受益人以外的一方为发货人的运输单据。

《UCP500》中第三十二条关于洁净运输单据的规定如下：

1）洁净运输单据系指未载有明确宣称货物及/或包装状况有缺陷的条款或批注的运输单据。

2）除非信用证明确规定可以接受上述条款或批注，否则银行将不接受会有此类条款或批注的运输单据。

3）运输单据如符合本条款和第二十三、二十四、二十五、二十六、二十七、二十八或三十条的规定，银行即视为符合信用证中规定在运输单据上载明“洁净已装船”的要求。

《UCP500》中第三十三条关于运费到付/运费顶付的运输单据的规定如下：

1）除非信用证另有规定，或与信用证项下所提交的任何单据相抵触，否则，银行将接受表明运费或运输费用（以下统称“运费”）待付的运输单据。

2）如信用证规定运输单据中必须表明运费付讫或已预付，银行将接受以戳记或以其他方式清楚地表明运费付讫或已预付的词语，或用其他方法表明运费付讫的运输单据。如信用证要求专递费用付讫或预付时，银行也将接受专递或快递机构出具的注明专递费用由收货人以外的一方承担的运输单据。

3）运输单据上如出现“运费可预付”或“运费应预付”或类似意义的词句，不能视为运费付讫的证明，这种单据将不予接受。

4）银行将接受以戳记或其他方式提及运费以外的附加费用，诸如有关装卸或其他类似作业所发生的费用或开支的运输单据，除非信用证条款明确禁止接受此类运输单据，则不能接受。

三、关于《UCP600》的进一步完善

2006年10月26日，国际商会银行委员会通过跟单信用证的新规则——《UCP600》，并于2007年7月1日生效。《UCP600》共有39个条款、比《UCP500》减少10条，但却比《UCP500》更准确、清晰，更易读、易掌握、易操作。《UCP600》主要变化如下：

1. 形式方面的变化

修订版的条文编排参照了ISP98的格式，对《UCP500》的49个条款进行了大幅度的调整及增删，变成现在的39条。其中第二条(定义条款)和第十五条(相符交单)为新增条款；删除了《UCP500》中7个不必要或过时的条款：第五条（开立信用证的指示）、第六条（可撤销与不可撤销信用证）、第八条（信用证的撤销）、第十二条（不完整与不清楚的指示）、第三十条（运输行出具的运输单据）、第三十三条（运费到付/预付运输单据）、第三十八条（其他单据）。

2. 内容方面的变化

1）增加了专门的定义条款，体现了《UCP600》细化规定的精神，对一些术语做出定义，不仅使概念明晰化从而有利于条款的理解与适用，而且解决了一些地方法律适用的问题；引入了“Honour”（兑付）的概念；改进了议付的定义。

2）约定了解释规则，摈弃了可撤销信用证。

3）开证行、保兑行及指定银行的责任更清晰、确定，规范了第二通知行的做法。

4）银行的审单标准更为明确。将审单时间从“不超过7个银行工作日的合理时间”改为“最多不超过5个银行工作日”；明确了交单期限的适用范围；将单据与信用证相符的要求细化为“单内相符、单单相符、单证相符”。

此外还有其他多处修订，在此不再详述。

【思考题】

1. CFR价格术语下卖方责任有哪些？
2. FCA、CPT、CIP与FOB、CFR、CIF价格术语有何不同之处？
3. 什么是跟单信用证？
4. 简述《2000 通则》的13种贸易术语交货地点。

第三章

Chapter 3

国际多式联运组织形式

第一节　我国国际多式联运概况

我国多式联运开展较晚，但随着集装箱运输的迅猛发展，我国已建立起包括陆运、海运、内河、空运等在内的立体交通运输网，特别是海上运输能力已名列世界前茅，综合运输能力总体上已达到世界中上水平，集装箱运输已位于世界前列，商品配送、货运代理及其相关服务等也有相当程度的发展。目前，我国政府已实行了交通运输宏观管理的大部制，交通运输部已成为一个综合运输的宏观管理职能部分，为国家对我国的国际多式联运的宏观管理和发展战略的谋划提供了坚强有力的保障。

目前，我国已开展的国际多式联运路线主要包括我国内地经海运往返日本内地、美国内地、非洲内地、西欧内地、澳大利亚内地等联运线以及经蒙古或俄罗斯至伊朗和往返西欧、北欧各国的西伯利亚大陆桥运输线。其中西伯利亚大陆桥集装箱运输业务发展较快，我国办理西伯利亚大陆桥运输主要采用铁/铁、铁/海、铁/公三种方式，除上述已开展的运输路线外，新的联运线路正不断发展。

第二节　国际多式联运的组织形式

国际多式联运中各种运输方式均有自身的优点与不足。一般来说，水路运输具有运量大、成本低的优点；公路运输则具有机动灵活、便于实现货物门到门运输的特点；铁路运输的主要优点是不受气候影响、可深入内陆和横贯内陆实现货物长距离运输；而航空运输的主要优点是可实现货物的快速运输。由于国际多式联运可以综合利用各种运输方式的优点，具有其他单一运输组织形式无可比拟的优越性，因而已在世界各主要国家和地区得到广泛的推广和应用。目前，有代表性的国际多式联运主要有远东/欧洲、远东/北美等海陆空联运。常见的多式联运组织形式包括以下几种形式：

1. 海陆联运

海陆联运是国际多式联运的主要组织形式，也是远东/欧洲多式联运的主要组织形式之一。目前，组织和经营远东/欧洲海陆联运业务的主要有A.P莫勒—马士基等国际航运公司。这种组织形式以国际航运公司为主体，签发联运提单，与航线两端的内陆运输部门开展联运业务。世界主要的集装箱运输海上航线有以下几条：

（1）太平洋航线

1）远东—北美西海岸航线。该航线从东南亚国家、中国、东北亚国家各港出发，横渡北太平洋至美国、加拿大西海岸各港。该航线随季节也有波动，一般夏季偏北、冬季南移，以避开北太平洋的海雾和风暴。该航线是货运量增长最快的航线之一。图3-1即为某船公司远东至美国西海岸周班航线示意图。

2）远东—加勒比海、北美东海岸各港航线。该航线不仅要横渡北太平洋，一般还要越过巴拿马运河，因此航线偏南，横渡大洋的距离也较长，夏威夷群岛的火奴鲁鲁港是它们的航站，船舶在此添加燃料和补给品等。图3-2即为某船公司远东至美国东海岸周班航线示意图。

3）远东—南美西海岸各港航线。该航线与上一个航线相同的是都要横渡大洋，航线长，要经过太平洋中枢纽站；但不同的是不过巴拿马运河。该航线也有先南行至南太平洋的枢纽港，后横渡南太平洋到达南美西岸的。

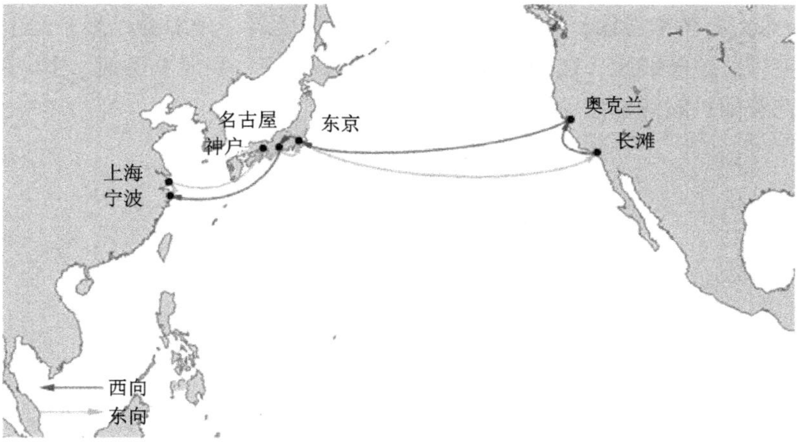

图 3-1　某船公司远东至美国西海岸周班航线示意图

图 3-2　某船公司远东至美国东海岸周班航线示意图

4）远东—澳、新及西南太平洋岛国各港航线。该航线不需要横跨太平洋，而在西太平洋南北航行，航线较短。但由于北部一些岛国（地区）工业发达而资源贫乏，而南部国家资源丰富，因而初级产品运输特别繁忙。图3-3即为某船公司远东至澳大利亚周班航线示意图。

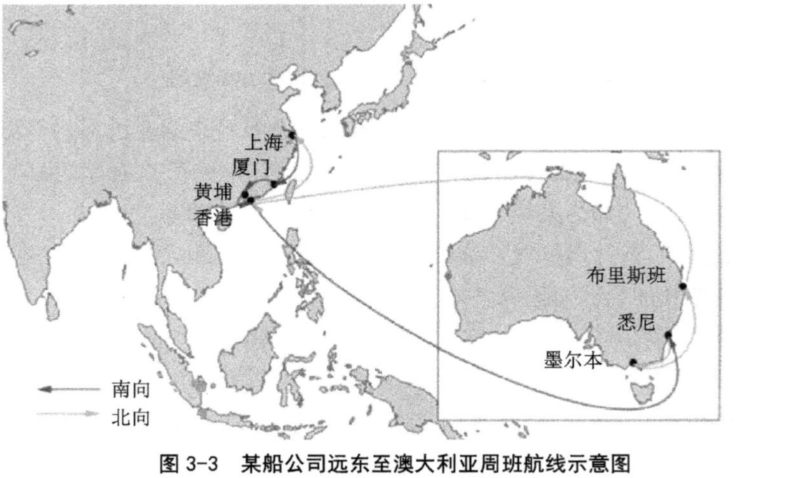

图 3-3　某船公司远东至澳大利亚周班航线示意图

5）东亚—东南亚各港航线。该航线指日本、韩国、朝鲜、俄罗斯、远东及中国各港西南行至东南亚各国港口。该航线短，往来频繁，地区间贸易兴旺，且发展迅速。图3-4即为某船公司东亚地区至东南亚周班航线示意图。

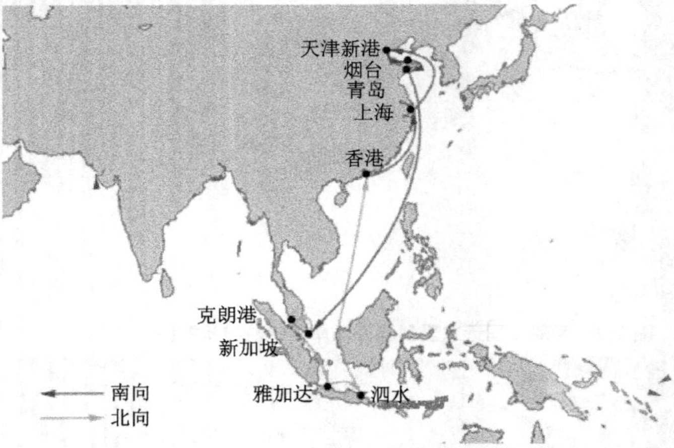

图 3-4 某船公司东亚地区至东南亚周班航线示意图

6）远东—地中海、西北欧航线。该航线大多经马六甲海峡往西，经苏伊士运河至地中海、西北欧，该航线运输以集装箱运输为多，货运量大。图3-5即为某船公司远东至地中海周班航线示意图。

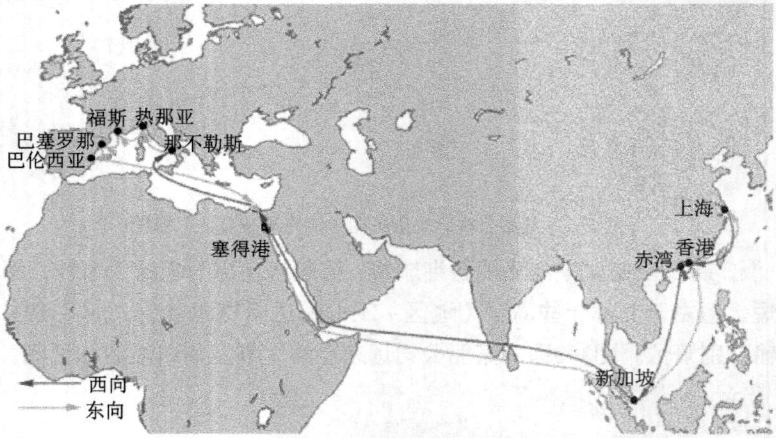

图 3-5 某船公司远东至地中海周班航线示意图

7）东亚—东南非、西非、南美东海岸航线。该航线大多经东南亚过马六甲海峡西南行至东南非各港，或再过好望角去西非国家各港，或横越南大西洋至南美东海岸国家各港。该航线以运输资源型货物为主。图3-6即为某船公司远东至南非南美东航线示意图。

8）澳、新—北美西、东海岸航线。该航线一般都经过苏瓦和火奴鲁鲁等这些太平洋航运枢纽。至北美东海岸各港及加勒比海国家各港，需经巴拿马运河。

9）澳、新—南美西海岸国家各港航线。该航线需横越南太平洋。由于两岸国家和人口均少，故贸易量最少，航船稀疏。

10）北美东、西海岸—南美西海岸航线。该航线都在南北美洲大陆近洋航行，由于南美西岸国家和人口少，面积小，南北之间船舶往来较少。南北美西海岸至北美东海岸各港要经巴拿马运河。

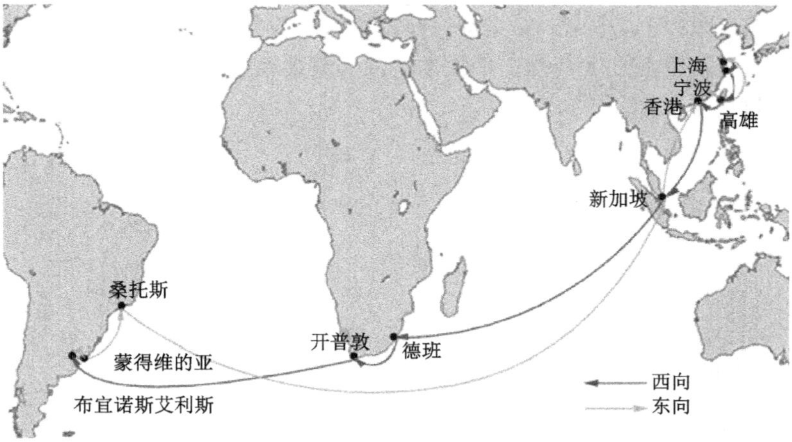

图 3-6　某船公司远东至南非南美东航线示意图

（2）印度洋航线

1）中东海湾—远东各国港口航线。该航线东行一般都以石油为主，特别是往日本、韩国的石油运输，西行以工业品、食品为多。

2）中东海湾—欧洲、北美东海岸港口航线。该航线的超级油轮都经莫桑比克海峡、好望角绕行。由于苏伊士运河的不断开拓，通过运河的油轮日益增多，目前25万吨级满载轮已能安全通过。

3）远东—苏伊士运河航线。该航线连接远东与欧洲、地中海两大贸易区各港，航船密度大，尤以集装箱船运输繁忙。

4）澳大利亚—苏伊士运河、中东海湾航线。该航线把澳大利亚、新西兰与西欧等国间的传统贸易连接在一起，海湾的石油与澳大利亚、新西兰的农牧产品也通过此航线进行交换。

5）南非—远东航线。该航线把巴西、南非的矿产输往日本、韩国、中国，远东地区部分工业品运至巴西等国。

6）南非—澳新航线。该航线航船很少。

（3）大西洋航线

1）西北欧—北美东岸各港航线。该航线连接北美和西北欧这两个经济发达的地区，航运贸易的历史悠久，船舶往来特别繁忙，客货运量大。图3-7即为某船公司西北欧至北美东岸周班航线示意图。

图 3-7　某船公司西北欧至北美东岸周班航线示意图

2）北美东岸—地中海、中东、亚太地区航线。该航线与西北欧—地中海、中东、远东航线相似，但航线更长，需横渡北大西洋。货物以石油、集装箱货为主。图3-8即为某船公司地中海至北美东岸周班航线示意图。

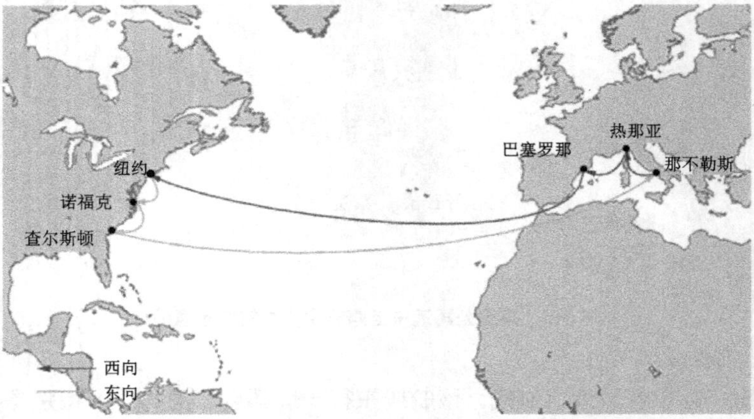

图 3-8 某船公司地中海至北美东岸周班航线示意图

3）西北欧—地中海、中东、远东、澳新各港航线。西北欧至地中海航线主要是欧洲西北部与欧洲南部国家之间的连线，距离较短。但过苏伊士运河至中东、远东、澳新地区的航线就大大增长，然而它们是西北欧与亚太地区、中东海湾间最便捷的航线，货运量较大。

4）西北欧—加勒比海岸各港航线。该航线横渡北大西洋，过向风、莫纳海峡，有的还与过巴拿马运河的太平洋航线连接。

5）欧洲—南美东海岸或非洲西海岸各港航线。该航线经加纳利群岛货达喀尔港，是欧洲发达国家与南大西洋两岸发展中国家的贸易航线，欧洲国家输出的大多是工业品，输入的以初级产品为主。

6）北美东海岸—加勒比海沿岸各国港口航线。该航线较短，但航船密度高，不仅有两地区各国港口间的往来船只，还有过巴拿马运河至远东、南北美西海岸国家港口间的往来船只。

7）北美东海岸—南美东海岸港口航线。该航线是南北美洲之间工业品与农矿产品的对流航线。

8）南北美洲东岸—好望角航线。北美东海岸港口经好望角至中东海湾是巨型油轮的运输线，20万吨级以上油轮需经此，还有西北欧的巨型油轮也经此。南美洲东岸港口过好望角航线不仅有原油，还有铁矿石等初级产品。中国、日本、韩国等运输巴西的铁矿石经过此航线。

（4）北冰洋航线

此外，由于北冰洋系欧、亚、北美三洲的顶点，为联系三大洲的捷径。鉴于地理位置的特殊性，目前，北冰洋已开辟有从摩尔曼斯克经巴伦支海、喀拉海、拉普捷夫海、东西伯利亚海、楚科奇海、白令海峡至俄罗斯远东港口的季节性航海线，以及从摩尔曼斯克直达斯瓦尔巴群岛、冰岛的雷克雅未克和英国的伦敦等航线。随着航海技术的进一步发展和北冰洋地区经济的开发，北冰洋航线也将会有更大的发展。

2. 陆桥运输

在国际多式联运中，陆桥运输起着非常重要的作用。所谓陆桥运输是指采用集装箱专用列车或载货汽车，把横贯大陆的铁路或公路作为中间“桥梁”，使大陆两端的集装箱海运航线与专用列车或载货汽车连接起来的一种连贯运输方式。而大陆桥运输是指利用大陆桥，把大陆两端的海洋运输连接起来的海陆联运的集装箱运输方式，即海—陆—海的连续运输。随着大陆桥运输的发展，陆桥两端的集散点不断扩散，并加入了航空、公路、河运、管道等多种运输方式。

大陆桥运输实际上是以铁路为主体，以集装箱为媒介，水运、航空、公路、管道等多种运输方式相结合，横跨洲际大陆，实行海陆衔接、“一票到底”的国际联运。

1）西伯利亚大陆桥。西伯利亚大陆桥全长1.3万km，东起俄罗斯东方港，西至俄芬（芬兰）、俄白（白俄罗斯）、俄乌（乌克兰）和俄哈（哈萨克斯坦）边界，过境欧洲和中亚等国家。1997年后，俄罗斯将西伯利亚大陆桥运输作为国家竞争力的重要组成部分，采取了一系列措施改进运输条件，近几年年均运量增长50%以上。目前，中、日、韩进出口中亚的货物有两条通道：一是海运到我国的连云港等港口，再走新欧亚大陆桥到中亚；二是海运到俄罗斯东方港，再从东方港通过西伯利亚大陆桥铁路集装箱班列到中亚。尽管走新欧亚大陆桥到中亚比走西伯利亚大陆桥要近3 000多公里，但两个陆桥过货量的差距却逐年加大。2003年，中、日、韩三国出口中亚的货物约70%选择了西伯利亚大陆桥，西伯利亚铁路运量达到20.6万TEU，西伯利亚铁路运量的22%来自我国沿海地区。目前，广州、深圳、厦门、宁波、上海、青岛、天津等港口都有直达俄罗斯东方港的航线。俄、韩十多家船运、铁路和货代公司在我国设立了分公司和办事处，经营西伯利亚海铁联运，揽取我国出口中亚和俄罗斯的货物。

西伯利亚大陆桥运输是指使用国际标准集装箱，将货物由发运国（远东地区）途经跨越欧亚大陆的西伯利亚铁路运至欧洲或中东的一种运输方式。使用这条陆桥运输线的经营者主要是日本、中国和欧洲各国的货运代理公司。西伯利亚大陆桥大大缩短了从日本、远东、东南亚及大洋洲到欧洲的运输距离，理论上节省了运输时间。但是，由于西伯利亚大陆桥运输在经营上、管理上存在的问题，如港口装卸能力不足、铁路集装箱车辆的不足、箱流的严重不平衡以及严寒气候的影响等在一定程度上阻碍了它的发展。

2）北美大陆桥。北美大陆桥是指利用北美的铁路从远东到欧洲的“海—陆—海”联运，1971年年底，美国大陆桥由经营远东/欧洲航线的船公司和铁路承运人联合开办“海—陆—海”多式联运线。该大陆桥东起纽约，西至旧金山，它西接太平洋，东连大西洋，全长4 500km。该陆桥运输包括美国大陆桥运输和加拿大大陆桥运输。美国大陆桥有两条运输线路：一条是从太平洋东部沿岸至大西洋西部沿岸的铁路和公路运输线；另一条是从太平洋东部沿岸至北美东南部墨西哥湾沿岸的铁路和公路运输线。加拿大大陆桥与美国大陆桥相似，由船公司把货物海运至温哥华，经铁路运到蒙特利尔等城市，再与大西洋海运相连接，但由于种种原因，北美大陆桥运输并未得到充分发展。北美大陆桥是世界上历史最悠久、服务范围最广的陆桥运输线，从远东到北美东海岸的货物有相当一部分是采用双层列车进行运输的。此外，1982年开始营运的墨西哥大陆桥由于其服务范围有限，故影响较小。

3）新欧亚大陆桥。俄罗斯的西伯利亚铁路是一条跨越欧亚大陆而将太平洋和大西洋连接起来的陆上桥梁，被人们称为欧亚大陆桥或西伯利亚大陆桥。而由太平洋西岸我国连云港开始的陇海、兰新铁路向西延伸至我国西部边境阿拉山口与哈萨克斯坦共和国的德鲁日巴站接轨，经亚洲、欧洲诸国直到大西洋的另一条陆上通道，则被称为新欧亚大陆桥。1990年9月12日，随着我国兰新铁路与哈萨克斯坦土西铁路接轨，连接亚欧的第二座大陆桥正式贯通。该陆桥为亚欧开展国际多式联运提供了一条便捷的国际通道。

新欧亚大陆桥是相对旧欧亚大陆桥而言的。它东起太平洋西岸连云港等我国东部沿海港口，西可达大西洋东岸荷兰的鹿特丹、比利时的安特卫普等港口，横贯亚欧两大洲中部地带，总长约10 900km。它的东端直接与东亚及东南亚诸国相连，并进而与美洲西海岸相通；它的中国段西端，从新疆阿拉山口站换装出境进入中亚，与哈萨克斯坦德鲁日巴站接轨，西行至阿克套，进而分北中南三线接上欧洲铁路网通往欧洲。其北线：由哈萨克斯坦阿克套北上与西伯利亚大铁路接轨，经俄罗斯、白俄罗斯、波兰通往西欧及北欧诸国。中线：由哈萨克斯坦往俄罗斯、乌克兰、斯洛伐克、匈牙利、奥地利、瑞士、德国、法国至英吉利海峡港口转海运或由哈萨克斯坦阿克套南下，沿吉尔吉斯斯坦边境经乌兹别克斯坦塔什干及土库曼斯坦阿什哈巴德西行至克拉斯诺沃茨克，过里海达阿塞拜疆的巴库，再经格鲁吉亚第比利斯及波季港，越黑海至保加利亚的瓦尔纳，并经鲁塞进入罗马尼亚、匈牙利通往中欧诸国。南线：由土库曼斯坦阿什哈巴德向南入伊朗，至马什哈德折向西，经德黑兰、大不里士入土耳其，过博斯普鲁斯海峡，经保加利亚通往中欧、西欧及南欧诸国，同时还可经过土耳其埃斯基谢希尔南下中东及北非。新欧亚大陆桥连接着东亚、中亚、西亚、中东、俄罗斯、东欧、中欧、南欧、西欧等40余个国家，占世界国家总数的22%，面积3 970万km^2，占世界陆域面积的26.6%，居住人口22亿，占世界人口的36%。

新欧亚大陆桥在我国境内经过陇海、兰新两大铁路干线，全长4 131km。它在徐州、郑州、洛阳、宝鸡、兰州分别与我国京沪、京广、焦柳、宝成、包兰等重要铁路干线相连，具有广阔的腹地。至此，亚太地区运往欧洲、中近东地区的货物可经海运至我国连云港上桥，出我国西部边境站阿拉山口后，进入哈萨克斯坦国境内边境站换装，经铁路运至其边境站、港，再通过铁路、公路、海运继运至西欧、东欧、北欧和中近东各国。而欧洲、中近东各国运往亚太地区的货物，则可经东欧国家铁路（俄罗斯为主）进入我国西部边境站阿拉山口换装，经我国铁路运至连云港后，再转船运至日本、韩国、菲律宾、新加坡、泰国、马来西亚等国和地区。

新欧亚大陆桥使得亚欧之间的货运距离比西伯利亚大陆桥更为缩短，从日本、韩国至欧洲，通过新亚欧大陆桥，水陆全程仅为12 000km，比经苏伊士河少8 000多公里，比经巴拿马运河少11 000多公里，比绕道好望角少15 000多公里。远东至西欧，经新欧亚大陆桥比经苏伊士运河的全程海运航线，缩短运距8 000km；比通过巴拿马运河缩短运距11 000km。远东至中亚、中近东，经新欧亚大陆桥比经西伯利亚大陆桥，缩短运距2 700～3 300km。该陆桥运输线的开通有助于缓解西伯利亚大陆桥运力紧张的状况。

新欧亚大陆桥使得东亚与中亚、西亚的货运距离大幅度减少。日本神户、韩国釜山等港至中亚的哈萨克斯坦、乌兹别克斯坦、吉尔吉斯斯坦、塔吉克斯坦、土库曼斯坦5个国家和西亚的伊朗、阿富汗，通过西伯利亚大陆桥和新欧亚大陆桥，海上距离相近，陆上距离相差很大。例如：到达伊朗德黑兰，走西伯利亚大陆桥，陆上距离达到13 322km，走新欧亚大陆桥，陆上只有9 977km，两者相差3 345km；到达中亚的阿雷西，走西伯利亚大陆桥，陆上是8 600km，走新欧亚大陆桥，陆上距离只有5 862km，相差2 738km。

由于运距的缩短，新欧亚大陆桥在运输时间和运费上将比西伯利亚大陆桥又有所减少，更有利于同海运的竞争。此外，新欧亚大陆桥的东端桥头堡自然条件好，位置适中，气候温和，一年四季可不间断地作业。在亚欧经贸合作中，新欧亚大陆桥具有重要作用。它的东西两端连接着太平洋与大西洋两大经济中心，基本上属于发达地区，但空间容量小，资源缺乏，而其辽阔狭长的中间地带亦即亚欧腹地除少数国家外，基本上都属于欠发达地区，特别是我国中西部、中亚、西亚、中东、南亚地区，地域辽阔，交通不够便利，自然环境较差，但空间容量大，资源富集，开发前景好，开发潜力大，是人类社会赖以生存、发展的物华天宝之地。这里是世界上最重要的农牧业生产基地，粮、棉、油、马、羊在世界上占有重要地位。这里矿产资源有数百种，其中，金、银、铜、铁、铀、铅、锌、铂、镍、钛、锑、汞、铬、镁、钠、钾、钒、铝、钨、锰、钼、磷、硼等均享誉世界。能源尤为富集，煤炭储量2万亿t以上，石油储量约1 500亿t，天然气储量近7 500亿ft^3（$1ft^3=0.028\ 3168m^3$），堪称世界“能源之乡”。因此，新欧亚大陆桥通过的区域，在经济上具有较强的相互依存性与优势互补性，蕴藏了非常好的互利合作前景。新欧亚大陆桥在我国境内全长4 131km，贯穿我国东、中、西部的江苏、安徽、河南、陕西、甘肃、新疆6个省（区），还影响到山东、山西、宁夏、青海、内蒙古、湖北、四川等地区。这个地区人口约4亿，占全国的30%，面积360万km^2，占全国的37%，在我国的社会经济发展中处于十分重要的位置。我国对大陆桥沿线地区进行的地质勘探和对两侧100km范围内的空中遥感勘测表明这一地带能源矿产资源相当富集，有开采价值的就达100多种，沿桥省区名列首位矿产有64种，其中保有储量占全国50%以上的有煤、铝、铜、镍、石棉等。铜、铂、铅、锌、金等有色金属及石油、电力等均在全国占有举足轻重的地位。特别是煤炭储量2 000亿t，石油储量数百亿吨，不仅在我国，在世界上也屈指可数。仅塔里木盆地油气总生成量就有300亿t。该地带还有全国重要的粮食、棉花、油料和畜牧业基地。黄河为该区提供了最大的水资源补给，其中上游是水力资源的“富矿带”，煤炭、石油和黄河水力资源构成了“中国能源之乡”。这里曾是全国156个重点工程及三线军工、重大企业集中分布地区，煤炭、石油、机械、航空、化工、电力、冶炼、纺织等产业具有可观的规模。科学技术力量也比较雄厚。这些优势决定了该地带具有巨大的开发潜力。

新欧亚大陆桥的畅通，有利于促进沿桥国家的经贸合作、欧亚经济的发展与繁荣。对于亚欧两大洲经济走廊的形成，对于开创世界经济的新格局，具有重要的现实意义。新欧亚大陆桥的贯通，有利于促进沿桥区域经济的平衡协调发展，对于推进沿桥地带的开发开放、加快工业化和城市化进程、提高各国综合国力，都具有重大的战略意义。新欧亚大陆桥的发展，有利于开拓中亚市场，对于扩大我国的对外经贸合作，有着不可忽视的重大作用。新欧亚大陆桥的开通与发展，有利于提高我国大陆沿海港口体系的国际地位。它将使我国港口从根本上解脱地理环境的制约，优化沿海港口区位，为它们开展国际贸易运输创造有利条件。

新欧亚大陆桥的劣势在于它经过多个国家，虽然它到欧洲的距离要比西伯利亚大陆桥短。但国家之间的合作不畅造成了口岸通关手续复杂，货物积压现象严重，而铁路标准等方面的问题也长期悬而未决。

4）其他陆桥运输形式。北美地区的陆桥运输不仅包括上述大陆桥运输，而且还包括小陆桥运输和微桥运输等运输组织形式。

小陆桥运输从运输组织方式上看与大陆桥运输并无大的区别，只是其运送货物的目的地为沿海港口。目前，北美小陆桥运送的主要是远东经北美太平洋沿岸到大西洋沿岸和墨西哥湾地区港口的集装箱货物，当然小陆桥运输也承运从欧洲到美国西海岸及海湾地区各港的大西洋航线的转运货物。

微桥运输与小陆桥运输基本相似，只是其交货地点在内陆地区。北美微桥运输是指经北美东、西海岸及墨西哥湾沿岸港口到美国、加拿大内陆地区的联运服务。

3. 海空联运

海空联运又被称为空桥运输，在运输组织方式上，空桥运输与陆桥运输有所不同：陆桥运输在整个货运过程中使用的是同一个集装箱，不用换装，而空桥运输的货物通常要在航空港换入航空集装箱。不过，两者的目标是一致的，即以低费率提供快捷、可靠的运输服务。海空联运方式始于20世纪60年代，但到20世纪80年代才得以较大的发展。采用这种运输方式，运输时间比全程海运少，运输费用比全程空运便宜。20世纪60年代，将远东船运至美国西海岸的货物，再通过航空运至美国内陆地区或美国东海岸，从而出现了海空联运。当然，这种联运组织形式是以海运为主，只是最终交货运输区段由空运承担，20世纪80年代，出现了经由我国香港、新加坡、泰国等至欧洲的航空线。目前，国际海空联运线主要有以下几条：

1）远东—欧洲。目前，远东与欧洲间的航线有以温哥华、西雅图、洛杉矶为中转地的，也有以香港、曼谷、海参崴为中转地的。此外还有以旧金山、新加坡为中转地的。

2）远东—中南美。近年来，远东至中南美的海空联运发展较快，因为此处港口和内陆运输不稳定，所以对海空运输的需求很大。该联运线以迈阿密、洛杉矶、温哥华为中转地。

3）远东—中近东、非洲、大洋洲这是以我国香港、曼谷为中转地至中近东、非洲的运输服务。在特殊情况下，还有经马赛至非洲、经曼谷至印度、经香港至大洋洲等联运线，但这些线路货运量较小。

总体来讲，运输距离越远，采用海空联运的优越性就越大，因为与完全采用海运相比，其运输时间更短。与直接采用空运相比，其费率更低。因此，从远东至欧洲、中南美以及非洲作为海空联运的主要市场比较合适。

第三节　北美内陆公共点（OCP）运输

OCP一词的英文全称为“Overland Common Point”（“内陆公共点”或“陆上公共点”），其含义是指可享有优惠费率通过陆上运输可抵达的区域，即指使用两种运输方式，将卸至美国西海岸港口的货物通过铁路运抵美国内陆公共点。从美国的北达科他州、南达科他州、内布拉斯加州、科罗拉多州、新墨西哥州起以东的地区均属OCP地区，所有经美国西海岸运往这些地区（或反向）的货物，称OCP地区货物，并享有OCP运输的优惠费率。所谓OCP费率是指太平洋航运公会为争取运往美国内陆地区的货物，途经美国西海岸转运而制定的一个较直达美国东海岸较低的费率。OCP地区是以落基山脉为界，其以东地区均定为内陆地区范围。OCP运输是一种特殊的国际运输方式。它虽然由海运、陆运两种运输形式来完成，但严格来说，OCP运输并不属于国际多式联运。国际多式联运是由一个承运人负责的自始至终的全程运输；而在OCP运输中，海运、陆运段分别由两个承运人签发单据，运输与责任风险也是分段负责。因此，它并不符合国际多式联运的含义，严格意义上不属于多式联运的范畴。从远东地区向美国OCP地区出口货物，如按OCP条款达成交易，出口上可以享受较低的OCP优惠费率，进口商在内陆运输中也可以享受OCP优惠费率。因此，采用OCP运输，对进出口双方都有利。在OCP运输时应注意下列几点：

1）OCP运输中货物的最终目的地必须属于OCP地区范围，签订贸易合同时应在运输条款中予以明确，同时也要明确是集装箱运输；OCP运输方式必须经由美国西海岸港口中转，以CFR/CIF美国西岸港口作为价格条款。为方便制单结汇，信用证也要做出相应规定：“自×××（装运港）至×××（美国西部港口）OCP×××（内陆地点）”，其英文如下：“Shipment from ××× to ×××OCP ×××”。

在OCP运输单据中必须注明OCP字样。以卸装港美国西雅图（Seattle），最终交货地是底特律（Detroit）为例，提单中卸货港栏填制Seattle OCP，目的地栏填制OCP Detroit，货物品名、唛头及货物包装上也应注明Seattle OCP Detroit，在提单中间空白处也要加打OCP Detroit，以便在装卸、转运时识别。

2）OCP运输下的集装箱货物，卖方（发货人）承担的责任、费用终止在美国西海岸港口，货物卸船后，由收货人委托中转商持正本提单向船公司提货，并负责运抵收货人指定地点。

3）收货人在收到货物单证10天内，必须申请进口保税运输，以保证将货物最终运抵交货地。如不按时提出申请，货物即转至保税仓库，从而产生各项费用。避免这些费用支出的做法是收货人或其代理人委托铁路公司代办运输至内陆公共点的保税申请手续。

4）OCP运输的集装箱货物，在买卖合同和信用证栏内应加注“OCP运输”字样，签发提单时，其签发要求与买卖合同、信用证要求相符。

5）凡运往内陆公共点的集装箱货物，应在卸船45天内由收货人向铁路提供证明，如陆上运输单证、转运单、海关转口申请单等。

6）采用OCP方式运输，即使货物的最终目的地分散在美国内陆区域的几个地方，只要把所有货物品名并列在一份提单上，且在最终目的地处注明OCP陆路共通点，承运人将合并安排含装卸、仓储、码头及内陆转运在内的海运部门安排货物的内陆转运工作，收货人在指定目的地提货，从而大大方便了收货人。

第四节　国际货运代理人

一、国际货运代理人的定义

货运代理人一词英文为“Freight Forwarder”“Freight Forwarding”或“Ocean Freight Forwarder”“Forward”等。近年来，随着国际贸易和多种运输形式的发展，国际货运代理的服务范围不断扩大，其在国际贸易和国际运输中的地位也越来越重要。目前，各国各地区对其称谓不尽相同，例如：“通关代理行”“清关代理人”“报关代理人”“货运承揽人”“承揽运送人”“船货代理”等。在我国其名称也不统一，但通常统称为“货运代理人”“国际货物运输代理企业”等，简称为“货代”。

国际货运代理原为一种佣金代理，系指代表进口商完成货物的装卸、储存、安排内地运输、收取货款等日常业务的代理机构，现为国际贸易和运输的基本联系机构，但至今国际上尚无一个可以普遍接受的定义。一些权威机构和工具书上以及一些“标准交易条件”中都有一定的解释，各国法律对此也有不同的定义。FIATA（菲亚塔）给国际货运代理人所下的定义是：“根据客户的指示，并为客户的利益而揽取货物运输的人，其本身并不是承运人，国际货运代理可依这些条件，从事与运输合同有关的活动，如储（寄）存、报关、验收、收款等事项”。2004年1月1日中华人民共和国商务部发布修订后的《中华人民共和国国际货物运输代理业管理规定实施细则》对货运代理的身份做了进一步的明确，即国际货物运输代理企业可以作为进出口货物收货人、发货人的代理人，也可以作为独立经营人，从事国际货运代理业务。国际货运代理企业作为代理人从事国际货运代理业务，是指国际货运代理企业接受进出口货物收货人、发货人或其代理人的委托，以委托人名义或者以自己的名义办理有关业务，收取代理费或佣金的行为。

二、国际货运代理的发展

早在公元10世纪，欧洲就出现了代理商（Factor），此即为当今欧洲国家货运代理业的前身，他们接受委托人的委托，以自己的名义，为了委托人的利益，代委托人进行动产的买卖或其他商业上的交易，并从中取得报酬。至公元16世纪，货运代理的业务范围扩大了。比如，货运代理人自己经营仓库，对托运人的货物进行看管、仓储，签发自己的提单、运单和仓储收据。18世纪，货运代理开始越来越多地把许多托运人运往同一目的地的货物集中起来托运，同时开始办理投保，随着此类业务的扩大，要办理的各类有关手续增加，于是就从行纪业中分离出今天的货运代理业。19世纪，货运代理建立了行业组织，并于1880年在莱比锡召开了第一次国际货运代理代表大会。在1926年5月，16个国家和地区的货运代理人协会在奥地利维也纳成立了国际货运代理协会联合会——菲亚塔（International

Federation of Freight Forwarders Associations，简称FIATA）。其总部设在瑞士苏黎世，是一个非营利性的货运代理行业的组织，其目的是保障和提高国际货运代理在全球的利益。

我国的外贸运输发展迅速，货运代理业也随之不断发展完善。1950年，原经贸部成立了天津对外运输公司，统一承办货运代理业务。1951年与原交通部所属的中国人民轮船公司的有关外贸运输业务部门合并，改名为中国海外运输公司，1955年又改名为中国租船公司。1953年，原经贸部又成立了中国陆运公司，主要承办对前苏联、东欧等社会主义国家外贸运输代理业务。1955年，中国陆运公司改名为中国对外贸易运输公司。同年，中国租船公司与中国对外贸易运输公司合并，正式成立中国对外贸易运输公司，作为各专业外贸总公司的统一货运代理人，承办外贸运输业务，对外仍称中国租船公司，以适应对外开展租船业务的需要。20世纪60年代，我国开始发展自己的远洋船队，相继成立了中国远洋运输总公司及直属的广远、上远。20世纪70年代又相继成立了天远、青远、大远。我国远洋船队的发展，使货运代理业有了更进一步的发展。为了协调船货平衡，提高国轮承运份额，由原经贸部中国外运总公司与原交通部中国远洋运输总公司，定期召开船货平衡会，针对我方派船的货源，由外运总公司作为总的货运代理人向中远订舱配载，运力不足部分再由外运对外租船弥补。这一外贸运输体制一直延续到20世纪80年代初。1984年，原经贸部决定将原来各自独立的外运系统和仓储系统合并，并于1992年正式成立中国对外贸易运输（集团）公司。我国在1984年以前，国际货运代理业务由中国对外贸易运输总公司独家经营。它作为各专业进出口公司的货运总代理，负责全国出口货物的发运和进口货物的接运，代表货主同运输承运人在码头、车站和机场办理货物交接、报关、报验等有关业务。1984年开始，国家允许中国远洋运输总公司和中国对外贸易运输总公司业务交叉经营。目前，许多新的国际货运代理企业（包括部分外商投资企业）陆续成立，我国货运代理市场竞争非常激烈。

1992年9月20日，我国第一家货运代理协会在上海成立，定名为“上海国际货运代理协会”，下辖35家货运代理企业。2000年9月6日，中国国际货运代理协会在北京成立（目前，共有16家地区性的货运代理协会）。第一批人会会员为430家（其中单位会员410家，团体会员20家），其中理事81家，常务理事21家。中国国际货运代理协会（简称CIFA）是经民政部批准登记，在国家工商管理局注册的社团法人，是由我国境内的国际货运代理企业自愿组成的，非营利性的，以民间形式代表我国货代业参与国际贸易运输事务并开展国际商务往来的全国性行业组织，接受原外经贸部的业务指导和民政部的监督管理。协会作为联系政府与会员之间的纽带和桥梁，宗旨是：协助政府部门加强对我国国际货代行业的管理；维护国际货代业的经营秩序；推动会员企业间的横向交流与合作；促进对外贸易和国际货代业的发展。

截至2003年年底，我国经批准取得货运代理业批准证书的企业（不含分公司）已达2 138家，将分公司计算在内，取得货运代理业批准证书的企业共计4 384家，共批准外商投资国际货运代理企业（不含分公司）297家，占总数的13.89%，将分公司计算在内，货运代理业外商投资企业共计965家，占总数的22% 。这些企业遍布全国各省、自治区、直辖市，分布于各个部门和领域，国有、集体、外商投资、股份制等多种经济成分并存，已经成为我国对外贸易运输事业的重要力量，对于我国对外贸易和国际运输事业的发展，乃至整个国民经济的发展做出了应有的贡献。

三、国际货运代理业务

国际货运代理人所从事的业务主要有以下几种：

1. 为发货人服务

国际货运代理人替发货人承担在不同的货物运输中的任何一项手续。

1）以最快、最省的运输方式，安排合适的货物包装，选择货物的运输路线。

2）选择可靠、效率高的承运人，并负责签订运输合同。

3）安排货物的计重和计量。

4）办理货物保险。

5）负责货物的拼装。

6）装运前或在目的地分拨货物之前将货物存仓。

7）安排货物到港口的运输，办理海关和有关单证的手续，并把货物交给承运人。

8）代表托运人/进口商承付运费、关税税收。

9）办理有关货物运输的外汇交易。

10）从承运人那里取得各种签署的提单，并把他们交给发货人或自行签发提单给发货人。

11）通过承运人与货运代理在国外的代理联系，监督货物运输进程，并使托运人知道货物去向。

2. 为海关服务

当货运代理作为海关代理办理有关进出口商品的海关手续时，它不仅代表他的客户，而且代表海关。事实上，在许多国家，它得到了这些当局的许可，办理海关手续，并对海关负责，负责申报货物确切的金额、数量、品名，以使政府在这些方面不受损失。

3. 为承运人服务

货运代理向承运人及时订舱，议定对发货人、承运人都公平合理的费用，安排适当的时间交货，以及以发货人的名义解决和承运人的运费账目等问题。

此外，国际货运代理人在集装箱运输中还可提供拼箱服务，在这种服务中，国际货运代理人担负起委托人的作用。集运和拼箱的基本含义是：把一个出运地若干发货人发往另一个目的地的若干收货人的小件货物集中起来，作为一个整件运输的货物发往目的地的国际货运代理人，并通过它把单票货物交给各个收货人。货代签发提单，即分提单或其他类似收据交给每票货的发货人；货代目的港的代理，凭初始的提单交给收货人。拼箱的收、发货人不直接与承运人联系，对承运人来说，国际货运代理人是发货人，而货代在目的港的代理是收货人。因此，承运人给国际货运代理人签发的是全程提单或货运单。如果发货人或收货人有特殊要求的话，国际货运代理人也可以在出运地和目的地从事提货和交付的服务，提供门到门的服务。

国际货运代理人可以充当多式联运经营人，它收取货物并签发多式联运提单，承担承运人的风险责任，对货主提供一揽子的运输服务。目前许多国际货运代理人正从事国际多式联运业务，它们充当了主要承运人，并承担了组织一个单一合同下，通过多种运输方式进行门到门的货物运输。它可以以当事人的身份，与其他承运人或其他服务提供者分别谈判并签约。但是，这些分拨合同不会影响多式联运合同的执行，也就是说，不会影响发货人的义务和在多式联运过程中，他对货损及灭失所承担的责任。

四、国际货运代理人的责任

1. 基本责任

1）作为承运人完成货物运输并承担责任（由其签发货运单据，用自己掌握的运输工具，或委托他人完成货物运输，并收取运费）。

2）作为承运人完成货物运输，但不直接承担责任（由他人签发货运单据，使用掌握的运输工具，或租用他人的运输工具，或委托他人完成货物运输，并不直接承担责任）。

3）根据与委托方订立的协议或合同规定，或根据委托方指示进行业务活动时，货代应以通常的责任完成此项委托，尤其是在授权范围之内。如违反该准则而造成损失，国际货运代理人应向委托方负责。

4）如实汇报一切重要事项。在委托办理业务中向委托方提供的情况、资料必须真实，如有任何隐瞒或提供的资料不实造成的损失，委托方有权向货运代理人追索并撤销代理合同或协议。

5）负保密义务。货运代理过程中所得到的资料不得向第三者泄露。同时，也不得将代理权转让与他人。

2. 责任期限

国际货运代理人责任期限从接收货物时开始至目的地将货物交给收货人时止，或根据指示将货物置于收货人指示的地点作为完成并已履行合同中规定的交货义务。国际货运代理人在货物运往或抵达目的地前后有告知义务，应及时通知收货人提货。

3. 对合同的责任

国际货运代理人应对自己因没有执行合同所造成的货物损失负赔偿责任。如果货物的灭失和损害能被证实由第三方的行为和疏忽造成时，货运代理人有义务将此种情况及有关证据告之委托人，并采取合适的措施保护委托方的利益，协助委托方向责任方提出赔偿要求。因此，仅作为代理人时，他对以委托人名义委托在第三者的运输、装卸、交付、结算、仓储、单据签发等方面的行为或疏忽造成的货物的损害，不承担任何责任，除非能证明他在选择代理人、承运人或其他第三者方面有失职行为。但当货运代理人作为承运人时，在不同的国家或地区对其责任的规定有较大区别。

4. 对仓储的责任

国际货运代理人在接收货物准备仓储时，应在收到货物后给委托方收据或仓库证明，并在货物仓储期间尽其职责，根据货物的特性和包装，选择不同的储存方式。如委托人对货物仓储有特殊要求和指示时，也一并给予执行。在已尽到其责后仍发生的货物灭失或损害，货运代理人不负责任，除非能证明该货物的灭失和损害是由于货运代理人在选择货物储存库、场方面有不当或缺陷，或由于他在存储过程中有过失或疏忽。

5. 权利

委托方应支付给货运代理人因货物的运送、保管、投保、报关、签证、办理单据等，以及为其提供其他服务而引起的一切费用，同时还应支付由于货运代理人不能控制的原因致使合同无法履行而产生的其他费用。如货物灭失或损坏系属于保险人承包范围之内，货运代理人赔偿后，从货物所有人那里取得代位求偿权，从其他责任人那里得到补偿或偿还。当货运代理人对货物全部赔偿后，有关货物的所有权便转为货运代理人所有。

6. 除外责任

一般，如果货物在其掌握期间发生的损害或灭失是由于下列原因所致时，国际货运代理人对该损害或灭失不负责任。

1）由于委托方的疏忽或过失。

2）由于委托方或其他代理人在装卸、仓储或其他作业过程中的过失。

3）由于货物的自然特性或潜在缺陷。

4）由于货物的包装不牢固、标志不清。

5）由于货物送达地址不清、不完整、不准确。

6）由于对货物内容申述不清楚、不完整。

7）由于不可抗力、自然灾害、意外原因。

但如能证明货物的灭失或损害是由货运代理人过失或疏忽所致，则对该货物的灭失、损害应负赔偿责任。

五、无船承运人

1. 无船承运人的分类

根据经营业务范围及性质的不同，无船承运人可分为以下三类：

1）承运人型。这类无船承运人是在自己确定的运输路线上开展运输活动，接收托运人的货物并签发提单，对运输过程中货物的灭失、损害承担责任。在实际业务中，无船承运人是契约承运人，它与托运人订有运输合同，但在实际上并非由自己完成运输，只能将货物交给实际承运人运输，并在目的地接收货物后，向收货人交付货物，这种形式占无船承运人的大多数。

2）转运人型。这类无船承运人专门从事转运，他们在主要的货物中转地和目的地设有自己的分支机构（办事处）或代理，从托运人或陆上运输承运人手中接收货物，签发提单，然后办理接续运输、中转、发货，将货物交给海上承运人，由海上承运人完成海上运输，在目的港接收货物后，再向收货人交付。该类型与承运人型的主要区别在于它并不限定运输路线，不仅可选择合适的承运人，也可选择最合适的运输路线。

3）经纪人型。该类无船承运人在揽取不同货主的货物后，原则上不直接对货主提供运输服务，而是采用“批发”的方法，按运输方式和流向，成批交给转运人型或承运人型的无船承运人，并由他们签发提单。由于这种做法具有明显的经纪人特点，所以称为经纪人型。这种类型的无船承运人一般不从事具体经营活动以及实际服务业务，只从事运输的组织、货物的分拨、运输方式和运输路线的选择及服务的改善，而其收入主要是中介费和由于“批发”而产生的运费差额。

2. 无船承运人的业务范围

各种类型的无船承运人的业务范围差别较大，一般情况下，承运人型无船承运人的主要业务包括以下几种：

1）作为承运人与货物托运人订立运输合同，签发货运单据（提单、运单），并对从接收货物地点到目的地交付货物地点的运输负责。

2）作为总承运人组织货物全程运输，制订全程运输计划，并组织各项活动的实施。

3）根据托运人要求及货物的具体情况，代表托运人与实际承运人洽定运输工具（海运中，即为订舱或租船）。

4）从托运人手中接收货物，组织安排或代办到目的地的运输，订立运输合同（以本人的名义），并把货物交给实际承运人。在上述交接过程中，代货主办理报关、检验、理货等手续。如有必要，无船承运人也办理货物储存和出库业务。此外，无船承运人还应在目的地接收货物后，向收货人交付货物。

3. 无船承运人的登记

根据《中华人民共和国国际海运条例》规定，我国经营无船承运人业务的企业应当向国务院交通主管部门办理提单登记。无船承运人的企业名称，有的称为国际货运代理公司，有的称为国际物流公司（或为物流公司），各不相同。截至2014年1月17日，经交通运输部批准登记的我国无船承运人企业共有4 647个。

【思考题】

1. 世界主要的集装箱海上运输航线有哪些?
2. 新欧亚大陆桥有何劣势?
3. 什么是陆桥运输?
4. 简述OCP运输中的注意点。
5. 无船承运人的类型有哪些?

第四章

Chapter 4

集装箱及多式联运货物交接方式

第一节　集装箱概述

一、集装箱的定义

国际标准化组织（ISO）对集装箱下的定义为“集装箱是一种运输设备”，应满足以下要求：

1）具有耐久性，其坚固强度足以反复使用。

2）便于商品运送而专门设计的，在一种或多种运输方式中运输时无需中途换装。

3）设有便于装卸和搬运的装置，特别是便于从一种运输方式转移到另一种运输方式。

4）设计时应注意到便于货物装满或卸空。

5）内容积为$1m^3$或$1m^3$以上。

集装箱一词不包括车辆或传统包装。

目前，中国、日本、美国、法国等有关国家，都全面地引进了国际标准化组织的定义。除了ISO的定义外，还有《集装箱海关公约》（CCC）、《国际集装箱安全公约》（CSC）、英国国家标准和北美太平洋班轮公会等对集装箱下的定义，内容基本上大同小异。我国GB/T1992—2006《集装箱术语》中，引用了上述定义。

二、集装箱的标准

为了有效地开展国际集装箱多式联运，必须强化集装箱标准化，应进一步做好集装箱标准化工作。集装箱标准按使用范围分，有国际标准、国家标准、地区标准和公司标准四种。

1. 国际标准集装箱

国际标准集装箱是指根据国际标准化组织104技术委员会制定的国际标准来建造和使用的国际通用标准集装箱。集装箱标准化经历了一个发展过程。国际标准化组织104技术委员会自1961年成立以来，对集装箱国际标准做过多次补充、增减和修改，现行的国际标准为第1系列共13种，其宽度均一样（2 438mm），长度有四种（12 192mm、9 125mm、6 058mm、2 991mm）、高度有四种（2 896mm、2 591mm、2 438mm、2 438mm）。目前，在海上运输中，经常使用的是1CC型和1AA型集装箱，即20ft、40ft集装箱，见表4-1。

表4-1　国际标准集装箱

规　格	箱　型	长度 L	宽度 W	高度 H	最大总重量/kg
3m（10ft）箱	1D	2.99m（9ft 9.75in①）	2.44m（8ft 0in）	2.44m（8ft 0in）	10 160
	1DX			<2.44m（8ft 0in）	
6.1m（20ft）箱	1CC	6.05m（19ft 10.25in）	2.44m（8ft 0in）	2.59m（8ft 6in）	24 000
	1C			2.44m（8ft 0in）	
	1CX			<2.44m（8ft 0in）	
9.1m（30ft）箱	1BBB	9.12m（29ft 11.25in）	2.44m（8ft 0in）	2.9m（9ft 6in）	28 400
	1BB			2.59m（8ft 6in）	
	1B			2.44m（8ft 0in）	
	1BX			<2.44m（8ft 0in）	
12.2m（40ft）箱	1AAA	12.2m（40ft 0in）	2.44m（8ft 0in）	2.9m（9ft 6in）	30 480
	1AA			2.59m（8ft 6in）	
	1A			2.44m（8ft 0in）	
	1AX			<2.44m（8ft 0in）	

① 1in=0.025 4 m。

2. 国家标准集装箱

国家标准集装箱是指各国政府参照国际标准并考虑本国的具体情况而制定的集装箱标准。我国现行GB/T 1413—2008《系列1集装箱 分类、尺寸和额定质量》中集装箱各种型号的外部尺寸、公差及额定总质量见表4-2。

表4-2 我国现行集装箱标准

集装箱型号	长度 L					宽度 W				高度 H					额定总质量 R[①]（总质量）	
	mm	公差 mm	ft	in	公差 in	mm	公差 mm	ft	公差 in	mm	公差 mm	ft	in	公差 in	kg	lb
1EEE	13 716	0 −10	45		0 $-\frac{3}{8}$	2 438	0 −5	8	0 $-\frac{3}{16}$	2 896[②]	0 −5	9	6[②]	0 $-\frac{3}{16}$	30 480[②]	67 200[②]
1EE										2 591[②]	0 −5	8	6[②]	0 $-\frac{3}{16}$		
1AAA	12 192	0 −10	40		0 $-\frac{3}{8}$	2 438	0 −5	8	0 $-\frac{3}{16}$	2 896[②]	0 −5	9	6[②]	0 $-\frac{3}{16}$	30 480[②]	67 200[②]
1AA										2 591[②]	0 −5	8	6[②]	0 $-\frac{3}{16}$		
1A										2 438	0 −5	8		0 $-\frac{3}{16}$		
1AX										<2 438		<8				
1BBB	9 125	0 −10	29	$11\frac{1}{4}$	0 $-\frac{3}{8}$	2 438	0 −5	8	0 $-\frac{3}{16}$	2 896[②]	0 −5	9	6[②]	0 $-\frac{3}{16}$	30 480[②]	67 200[②]
1BB										2 591[②]	0 −5	8	6[②]	0 $-\frac{3}{16}$		
1B										2 438	0 −5	8		0 $-\frac{3}{16}$		
1BX										<2 438		<8				
1CC	6 058	0 −6	19	$10\frac{1}{2}$	0 $-\frac{1}{4}$	2 438	0 −5	8	0 $-\frac{3}{16}$	2 591[②]	0 −5	8	6[②]	0 $-\frac{3}{16}$	30 480[②]	67 200[②]
1C										2 438	0 −5	8		0 $-\frac{3}{16}$		
1CX										<2 438						
1D	2 991	0 −5	9	$9\frac{3}{4}$	0 $-\frac{3}{16}$	2 438	0 −5	8	0 $-\frac{3}{16}$	2 438	0 −5	8		0 $-\frac{3}{16}$	10 160	22 400
1DX										<2 438		<8				

① 额定质量适用于各种类型的集装箱。

② 某些国家对车辆和装载货物的总高度、载荷有法规限制（如铁路和公安部门）。

3. 地区标准集装箱

地区标准集装箱是由地区组织根据该地区的特殊情况制定的，此类集装箱仅适用于该地区。如根据欧洲国际铁路联盟所制定的集装箱标准而建造的集装箱。

4. 公司标准集装箱

某些大型集装箱船公司，根据本公司的具体情况和条件而制定的集装箱船公司标准，这类集装箱主要在该公司的运输范围内使用。此外，目前世界上还有不少非标准集装箱。如非标准高度集装箱主要有9ft和9.5ft两种高度集装箱；非标准宽度集装箱有8.2ft宽度集装箱等。

三、集装箱的种类

1. 按用途分

（1）干货集装箱（Dry Cargo Container） 货集装箱也称杂货集装箱，这是一种通用集装箱，用以装载除液体货物、需要调节温度货物及特种货物以外的一般件杂货。这种集装箱使用范围极广，常用的有20ft和40ft两种，其结构特点是常为封闭式，一般在一端或侧面设有箱门。

（2）开顶集装箱（Open Top Container） 开顶集装箱也称敞顶集装箱，这是一种没有刚性箱顶的集装箱，但有可折式顶梁支撑的帆布、塑料布或涂塑布制成的顶篷，其他构件与干货集装箱类似。开顶集装箱适于装载较高的大型货物和需吊装的重货。

（3）台架式及平台式集装箱（Platform-based Container） 台架式集装箱是没有箱顶和侧壁，甚至有的连端壁也去掉而只有底板和四个角柱的集装箱。台架式集装箱有很多类型。它们的主要特点是：为了保持其纵向强度，箱底较厚。箱底的强度比普通集装箱大，而其内部高度则比一般集装箱低。在下侧梁和角柱上设有系环，可把装载的货物系紧。台架式集装箱没有水密性，怕水湿的货物不能装运，适合装载形状不一的货物。台架式集装箱可分为：敞侧台架式、全骨架台架式、有完整固定端壁的台架式、两端仅有固定角柱和底板的台架式集装箱等。平台式集装箱是仅有底板而无上部结构的一种集装箱。该集装箱装卸作业方便，适于装载长、重大件。

（4）通风集装箱（Ventilated Container） 通风集装箱一般在侧壁或端壁上设有通风孔，适于装载不需要冷冻而需通风、防止汗湿的货物，如水果、蔬菜等。如将通风孔关闭，可作为杂货集装箱使用。

（5）冷藏集装箱（Reefer Container） 冷藏集装箱是专为运输要求保持一定温度的冷冻货或低温货而设计的集装箱。它分为带有冷冻机的内置式机械冷藏集装箱和没有冷冻机的外置式机械冷藏集装箱。适于装载肉类、水果等货物。冷藏集装箱造价较高，营运费用较高，使用中应注意冷冻装置的技术状态及箱内货物所需的温度。温度可在−28～+26℃之间调整。内置式集装箱在运输过程中可随意起动冷冻机，使集装箱保持指定温度；而外置式则必须依靠集装箱专用车、船和专用堆场、车站上配备的冷冻机来制冷。

（6）散货集装箱（Bulk Container） 散货集装箱除了有箱门外，在顶部还设有2～3个装货口，适用于装载粉状或粒状货物。使用时要注意保持箱内清洁干净，两侧保持光滑，便于货物从箱门卸货。

（7）动物集装箱（Pen Container） 这是一种专供装运牲畜的集装箱。为了实现良好的通风，箱壁用金属丝网制造，侧壁下方设有清扫口和排水口，并设有喂食装置。

（8）罐式集装箱（Tank Container） 罐式集装箱专门用来装运液体货，如酒类、油类、化学品等液体货物。它由罐体和框架两部分组成，罐体用于装液体货，框架用来支承和固定罐体。罐体的外壁采用保温材料以使罐体隔热，内壁一般要研磨抛光以避免液体残留于壁面。为了降低液体的黏度，罐体下部还设有加热器，对罐体内温度可以通过安装在其上部的温度计观察到，罐顶设有装货口，罐底设有排出孔。装货时货物由罐顶部装货口进入，卸货时则由排货孔流出或从顶部装货口吸出。

（9）汽车集装箱（Car Container） 汽车集装箱是专为装运小型轿车而设计制造的集装箱。

其结构特点是无侧壁，仅设有框架和箱底，可装载一层或两层小轿车。

（10）服装集装箱（Garment Container）　这种集装箱的特点是：在箱内上侧梁上装有许多根横杆，每根横杆上垂下若干条皮带扣、尼龙带扣或绳索，成衣利用衣架上的钩直接挂在带扣或绳索上。这种服装装载法属于无包装运输，它不仅节约了包装材料和包装费用，而且减少了人工劳动，提高了服装的运输质量。

2. 按主体材料分

由于集装箱在运输途中常受各种力的作用和环境的影响，因此集装箱的制造材料要有足够的刚度和强度，应尽量采用质量轻、强度高、耐用、维修保养费用低的材料，并且材料既要价格低廉，又要便于取得。

（1）钢制集装箱　钢制集装箱的框架和箱壁板皆用钢材制成。优点是强度高、结构牢、焊接性和水密性好、价格低、易修理、不易损坏。缺点是自重大、抗腐蚀性差。

（2）铝制集装箱　铝制集装箱有两种：一种为钢架铝板；另一种仅框架两端用钢材，其余用铝材。优点是自重轻、不生锈且外表美观、弹性好、不易变形。缺点是造价高、受碰撞时易损坏。

（3）不锈钢制集装箱　罐式集装箱一般多用不锈钢制成。优点是强度高、不生锈、耐腐性好。缺点是投资大。

（4）玻璃钢制集装箱　玻璃钢制集装箱是在钢制框架上装上玻璃钢复合板构成的。优点是隔热性、防腐性和耐化学性均较好，强度大，刚性好，能承受较大应力，易清扫，修理简便，集装箱内容积较大等。缺点是自重较大，造价较高。

3. 按规格尺寸分

目前，国际上通常使用的干货柜（Dry Cargo Container）有：

外尺寸为6.1m×2.44m×2.59m（20ft×8ft×8.5ft），简称20尺货柜。

外尺寸为12.2m×2.44m×2.59m（40ft×8ft×8.5ft），简称40尺货柜。

外尺寸为12.2m×2.44m×2.9m（40ft×8ft×9.5ft），简称40尺高柜。

20尺柜：内容积为5.69m×2.13m×2.18m，配货毛重一般为17.5t，体积约为26.4m^3。

40尺柜：内容积为11.8m×2.13m×2.18m，配货毛重一般为22t，体积约为54.8m^3。

40尺高柜：内容积为11.8m×2.13m×2.72m，配货毛重一般为22t，体积约为67.9m^3。

45尺高柜：内容积为13.58m×2.34m×2.71m，配货毛重一般为29t，体积约为86.1m^3。

20尺开顶柜：内容积为5.89m×2.32m×2.31m，配货毛重一般为20t，体积约为31.6m^3。

40尺开顶柜：内容积为12.01m×2.33m×2.15m，配货毛重一般为30.4t，体积约为60.2m^3。

20尺平底货柜：内容积为5.85m×2.23m×2.15m，配货毛重一般为23t，体积约为28.0m^3。

40尺平底货柜：内容积为12.05m×2.12m×1.96m，配货毛重一般为36t，体积约为50.1m^3。

四、集装箱外尺寸

集装箱外尺寸包括集装箱永久性附件在内的集装箱外部最大的长、宽、高尺寸。它是确定集装箱能否在船舶、底盘车、货车、铁路车辆之间进行换装的主要参数，是各运输部门必须掌握的一项重要技术资料。

五、集装箱内尺寸

集装箱内尺寸是指集装箱内部的最大长、宽、高尺寸。高度为箱底板面至箱顶板最下面的距离，宽度为两内侧衬板之间的距离，长度为箱门内侧板至端壁内衬板之间的距离。它决定集装箱内容积和箱内货物的最大尺寸。集装箱内部尺寸见表4-3。

表4-3 集装箱内部尺寸

规格	干货箱 Dry			冷藏箱 Reefer		
	L/mm	W/mm	H/mm	L/mm	W/mm	H/mm
6.1m（20ft）	5 890	2 350	2 390	5 435	2 286	2 245
12.2m（40ft）	12 029	2 350	2 390	11 552	2 266	2 200
规格	开顶箱 Open Top			框架箱 Flat Rack		
	L/mm	W/mm	H/mm	L/mm	W/mm	H/mm
6.1m（20ft）	5 900	2 330	2 337	5 628	2 178	2 159
12.2m（40ft）	12 025	2 330	2 337	11 762	2 178	1 986

六、集装箱内容积

集装箱内容积是指按集装箱内尺寸计算的装货容积。同一规格的集装箱，由于结构和制造材料的不同，其内容积略有差异。集装箱内容积是物资部门或其他装箱人必须掌握的重要技术资料。集装箱内容积及载重量见表4-4。

表4-4 装箱内容积及载重量

规格	干货箱 Dry		冷藏箱 Reefer		开顶箱 Open Top		框架箱 Flat Rack	
	C/m^3	P/kg	C/m^3	P/kg	C/m^3	P/kg	C/m^3	P/kg
6.1m（20ft）	33.1	21 740	27.5	21 135	32.6	21 740	—	27 800
12.2m（40ft）	67.7	26 630	58.7	26 580	56.8	26 410	—	40 250

七、集装箱计算单位

集装箱计算单位又称20ft换算单位（Twenty-feet Equivalent Units，简称TEU），是计算集装箱箱数的换算单位。目前各国大部分集装箱运输，都采用20ft和40ft长两种集装箱。为使集装箱箱数计算统一化，把20ft集装箱作为一个计算单位，40ft集装箱作为两个计算单位，以便统一计算集装箱的营运量。

八、箱位数

箱位数是指全集装箱船所能记载的集装箱箱数。每一艘全集装箱专用船，均以20ft换算单位来表示它的载箱量。

九、箱位

箱位是指在集装箱堆场上，按照集装箱相应的尺寸画成有规则的用以指示堆放集装箱的格状位置。在箱位上编有号码，以利装船。

十、排号

排号是指集装箱在专用船上的横排积载位置。编号方法，是从船首至船尾依次标明：01，02，03，……

十一、行号

行号又称列号，是集装箱在专用船上的纵列积载位置。有两种标号方法：一种是自左舷端向右依次标明：01，02，……另一种是从中间的左右分标。左舷为单号，由中线向左编为：01，

03，05，……；中线向右舷编双号：02，04，06，……

十二、层号

层号是指集装箱在专用船上的立体积载位置。编号方法分甲板和仓内两种。甲板上的编号自上而下依次编号，并在数字前加一“D”字。舱内的编号自上而下依次编号，并在数字前加一“H”字。

十三、箱位号

集装箱在船上的积载位置。由6个数字组成，前两个数字是排号，中间两个数字是行号，后两个数字是层号。例如，箱位0402D1是表示这个集装箱积载在第四排右舷第二行甲板第一层。

十四、标记

集装箱应在规定位置上标出标记。

1. 第一组标记：箱主代码、顺序号和核对数

箱主代码：集装箱所有者的代码，由4位拉丁字母组成，前3位由箱主自定，并向国际集装箱局注册登记。第4位字母为U，表示为海运集装箱。

顺序号：为集装箱编号，按照标准，用6位阿拉伯数字表示，不足6位，以“0”补充。

核对数：用于计算机核对箱主代码与顺序号记录的正确性。核对号一般位于顺序号之后，用1位阿拉伯数字表示，并加方框以示醒目。

2. 第二组标记：国籍代号、尺寸代号和类型代号

国籍代号：用3位拉丁字母表示，说明集装箱的登记国，如中国为“RCX”。

尺寸代号：由2位阿拉伯数字组成，用于表示集装箱的尺寸大小。

类型代号：由2位阿拉伯数字组成，说明集装箱的类型。00～09为通用集装箱，30～49为冷藏集装箱，50～59为开顶式集装箱。

3. 第三组标记：最大总重和自重

最大总重又称额定重量，是集装箱自重和最大允许载货量之和，最大总重单位用千克（kg）和磅（lb）同时标出。自重是集装箱的空箱重量。

第二节　集装箱货物的装载方式

一、集装箱货物的分类

1. 最适合集装箱化的货物

这种货物系指货价高，运价也比较高的商品。这些商品按其属性可有效地装载集装箱内运输，货物的属性系指商品的大小，容积与重量的关系。最适合集装箱化的货物有针织品、酒、医药品、打字机、各种小型电器、光学仪器、电视机、收音机、小五金之类等。

2. 适合集装箱化的货物

适合集装箱化的货物系指货价、运费较最适合集装箱化的货物为低的商品，该类货物有纸浆、电线、电缆、面粉、生皮、碳精、金属制品等。

3. 边缘集装箱化的货物

这类货物是可装载集装箱运输的，但是，有的货物在大量运输时使用专用船反而能提高效

率。这类货物有废钢铁、大型载货汽车、桥梁、铁塔、发电机、钢铁结构物件等。

二、货物的计量和积载因素

货物的体积和重量直接影响船舶的载重量和载货容积的利用程度，关系到堆场和仓库充分利用场地面积和空间，决定着装卸、交接、运输的计费。

货物的量尺体积是指货物外形最大处的长、宽、高之乘积。

$$V=L\times W\times H$$

式中 V——货物的量尺体积（m^3）；

L——货物的最大长度（m）；

W——货物的最大宽度（m）；

H——货物的最大高度（m）。

货物衡重是指衡定货物的重量。货物的重量可分为净重、皮重和毛重（总重），货物衡重应以毛重计算。货物衡重可使用轨道衡、汽车衡、吊钩秤、皮带秤、定量秤，对于散装运输的大宗货物还可以采用水尺计重，或称水尺检量。

货物积载因素是每1t货物在正常堆装时实际所占的容积(包括货件之间正常空隙及必要的衬隔和铺垫所占的空间)，单位为m^3/t（英制为ft^3/t）。货物积载因素的大小说明货物的轻重程度，反映一定重量的货物须占据船舶多少舱容，或占多少箱容，甚至仓储时须占多少库容。

三、集装箱的选择与检查

在装箱之前，集装箱应符合以下基本条件：

1）符合ISO标准。

2）四柱、六面、八角完好无损。

3）箱子各焊接部位牢固。

4）箱子内部清洁、干燥、无味、无尘。

5）不漏水、不漏光。

6）具有合格的验箱报告。

对集装箱的检查应做到：

1）外部检查：对箱子进行六面观察，检查外部是否有损伤、变形、破口等异样情况，如有即做出修理部位的标志。

2）内部检查：对箱子内侧进行六面观察，检查是否漏水、漏光，有无污点、水迹等。

3）箱门检查：门的四周是否水密，门锁是否完整，箱门能否270°开启。

4）清洁检查：箱子内有无残留物、污染、锈蚀、异味、水湿。如不符合要求，应予以清扫，甚至更换。

5）附属件的检查：对货物的加固环节，如板架式集装箱的支架，平板集装箱、敞棚集装箱上部延伸用加强结构等状态的检查。

四、集装箱货物装箱的一般方法

1）在不同件杂货混装在同一箱内时，应根据货物的性质、重量、外包装的强度、货物的特性等情况，将货物区分开。将包装牢固、重件货物装在箱子的底部，包装不牢、轻货则装在箱子上部。

2）货物在箱子内的重量分布应均衡。如箱子某一部位装载的负荷过重，则有可能使箱子底部结构发生弯曲或脱开的危险。在吊机和其他机械作业时，箱子会发生倾斜，致使作业不能进行。此外，在陆上运输时，如存在上述情况，因拖车前后轮的负荷差异过大，也会在行驶中发生故障。

3）在进行货物堆码时，则应根据货物的包装强度，决定货物的堆码层数。另外，为使箱内下层货物不被压坏，应在货物堆码之间垫入缓冲材料。

4）货物与货物之间也应加隔板或隔垫材料，避免货物相互擦伤、沾湿、污损。

5）货物的装载要严密整齐，货物之间不应留有空隙，这样不仅可以充分利用箱内容积，也可防止货物相互碰撞而造成损坏。

6）在目的地掏箱时，由于对靠箱门附近的货物没有采取系固措施，曾发生过货物倒塌，造成货物损坏和人身伤亡事故。因此，在装箱完毕，关箱前应采取措施，防止箱门附近货物的倒塌。

7）应使用清洁、干燥的垫料（胶合板、草席、缓冲器材、隔垫板），如使用潮湿的垫料，就容易发生货损事故。

8）应根据货物的不同种类、性质、包装，选用不同规格的集装箱。选用的箱子应符合国际标准，经过严格的检查，并具有检验部门颁发的合格证书。

五、特殊货物的装箱要求

对一些特殊货物和特种集装箱进行货物装载时，除需遵守一般货物的集装箱装载要求外，还有一些特殊的要求。

1. 超尺寸和超重货的装箱

超尺寸和超重货是指货物的尺度超过了国际标准集装箱的尺寸而装载不下的货物，以及单件货物重量超过了国际标准集装箱的最大载货重量而不能装载的货物。

超高货物的限制：干货集装箱箱门的有效高度一般20ft型箱为2 135～2 154mm，40ft型箱为2 265～2 284mm。如货物超过了这一高度，则属于超高货物。超高货物的运输必须使用开顶集装箱，或用板架集装箱装载。超高货物装载集装箱时，应充分考虑运输全程中给内陆运输（铁、公路）车站、码头、装卸机械、船舶装载带来的问题。内陆运输线对通过高度都有一定的限制（各国规定不甚一致），运输时集装箱联同运输车辆的总高度一般不能超过这一限制。

超宽货物的限制：关于集装箱运输下允许货物在横向突出的距离，受到集装箱船箱格结构的限制和陆上运输线路（特别是铁路）允许的宽度限制以及装卸机械种类的限制。超宽货物一般应采用板架箱、平台箱运输。

超长货物的限制：在箱格结构的集装箱船上，船舱内一般是无法装载超长货物的。超长货物一般应采用板架箱装载，装载时应事先征得承运人的同意。

超重货物的限制：集装箱装载货物的重量和箱子自重的总重是有限制的，货物装入集装箱后，总重量不能超过规定值。

2. 液体货的装箱

液体货物采用集装箱运输有两种情况：一是装入其他容器（如桶）后再装入集装箱运输，在这种情况下货物装载应注意的事项与一般货物或危险货物类似；二是散装液体货物，一般需用罐式箱运输。散装的液体货可以利用罐式集装箱运输，这样可以节约大量的包装费用和装卸费用。

采用罐式集装箱运输液体货物时应注意：

1）罐式集装箱本身的结构、性能，箱内面的涂料是否满足货物运输的要求。

2）查明集装箱的容量和所允许的载重量的比例与货物密度是否接近一致，当货物密度较大，只能装载半箱的情况下，在装卸和运输过程中有损坏的危险。

3）查明排罐时是否具备必要的设备，这些设备是否适用于箱子的阀门等。

4）检查安全阀是否处于有效状态。

5）了解货物的特性，在运输和装卸过程中是否需要加温，以及装卸地是否具有蒸汽源和电源。

6）了解有关法规是否受其制约。

7）在装载时如需要加温，则应考虑装货、卸货地点要有所需的热源（蒸汽源或电源）等。

3. 冷藏货的装箱

冷藏集装箱所装载的货物可分为冷却货物和冷冻货物两种。前者是指一般选定不冻结的温度，或是货物表面有轻微结冻的温度，其温度范围在-1～11℃，冷却货物的目的是为了维持货物的呼吸和防止箱内出汗。后者是指将货物冷冻起来运输，其温度范围通常在-20～-11℃。冷藏（冻）货装载要求：装载冷藏（冻）货的集装箱应具有供箱人提供的该集装箱检验合格证书。温度要求不同或气味不同的冷藏货物绝不能配入一箱。运往一些宗教（特别是伊斯兰教）国家的集装箱货，不能把猪肉与家禽、牛羊肉配装在同一箱内。货物装载过程中应注意货物不要堵塞冷气通道和泄水通道；装货高度不能超过箱中的货物积载线。装完货关门后，应立即使通风孔处于要求的位置，并按货主对温度的要求控制好箱内温度。

对冷藏货物在运输途中应保持的温度，货主在托运时都应有书面指示，承运人则应严格遵照执行。双方都应保管好有关该票货物在运输途中所需要的文件，以便发生纠纷后解决由温度问题引起的争执时有据可依。

冷藏货在装箱前，对集装箱和货物都应进行检查：

1）冷冻装置的起动、运转、停止。

2）通风孔处于何种状态（开启或关闭）。

3）泄水管是否堵塞。

4）集装箱本身的气密性。

5）冷藏货是否达到规定的温度。

6）装箱时，应注意货物不要堵塞冷气通道，天棚部分留有一定间隙。

7）装载期间，冷冻装置应停止运转。

4. 动植物的装箱

一般来说，动植物的检疫是根据出口国的规定进行的。装载这类货物时应注意，货物应根据进口国要求，经过检疫并得到进口国许可。一般要求托运人（或其代理人）事先向港监、商检、卫检、动植物检疫等管理部门申请检验并出具合格证明后方可装箱。需做动植物检疫的货物不能同普通货装在同一箱内，以免熏蒸时造成货损。动植物的检疫对象通常是牛、马、羊、猪和经屠宰后的皮、毛、肉和香肠等。运输该类货物的集装箱有两种，一种是密闭型的，另一种是非密闭（通风）型的。

装箱时应根据具体的动植物情况，并注意以下几点：

1）集装箱的适货性。

2）装箱时的环境。

3）货物所需的备料。

4）货物的装箱量等。

5. 散装货的装箱

用集装箱装载运输散装货可节省包装费用和装卸费用。散货集装箱主要用于装载运输小麦、麦芽、谷物、树脂、铅粉、粉末状化工品等，在该类货物装箱时应注意：

1）装卸地的装卸设施。

2）箱形的选定及清扫。

3）防止因箱体出汗而造成的货损。

4）不同货物的自然特性。

5）箱子应清洁、干燥、无味。

6. 危险货物的装箱

危险货物装载一般要求集装箱内装载的每一票危险货物必须具备危险货物申报单。装箱前应对货物及应办的手续、单证进行审查，不符合国际危险品运输规则规定的包装要求或未经商检、港监等部门认可或已发生货损的危险货物，一律不得装箱。危险货物一般应使用封闭箱运输，箱内装载的危险货物的任何部分均不得突出箱容。装箱完毕后应立即关门封锁，不得将危险货物与其他性质与之不相容的货物拼装在同一集装箱内。当危险货物仅占箱内部分容积时，应把危险品装载在箱门附近，以便于处理。装箱人在危险货物装箱后，除提供装箱单外，还应提供装箱证明书，以证明已正确装箱并符合有关规定。

危险货物装箱时应注意以下事项：

1）不符合要求的危险货物，或已有破损、渗漏情况的货物不得装入箱内。

2）危险货物的任何部分不得突出到箱外，装箱后应立即关门封锁。

3）不应将危险货物与不相容的货物装载在同一箱内，除特殊情况由主管当局同意者外。

4）危险货物只有按规定包装后才能装载集装箱运输，某些干燥的散装危险货，可装载由主管当局特准制作的用于该种货物运输的集装箱内。

5）液体货物和非冷藏压缩气体的装载应得到主管部门的批准。

6）将装载在集装箱内的危险货物和其他任何货物的包件予以固定。

7）当一票危险货物只构成集装箱内所装货物的一部分时，最好将其装载在箱门附近。

8）对托运人来说，应在货物托运单上或单独的申报单上保证他所托运的货物已正确申报货名，加以包装，做出标志，并具有适运的条件。

9）负责将危险货物装入集装箱的工作人员，应提交“集装箱装运危险货物装箱证明书”，以证实已正确装箱并符合以下规定：集装箱清洁、干燥，外观上适合装箱；集装箱内未装入不相容的货物；所有包件都经过外部破损检查，装入箱内的包件是完好的；所有包件都已恰当地装入集装箱并加以固定；集装箱及其包件都有正确的标记、标志；对集装箱内所装的每一票货物，已经收到其根据《国际海运危险货物规则》所要求的危险货物申报单。

10）装有危险货物的集装箱，应有规格不小于250mm×250mm的《国际海运危险货物规则》类别标志（标牌），应至少有4幅这种标志（标牌），并将其贴在外部明显的地方，每侧各一幅，前后端各一幅。装载危险货物的集装箱卸完后，应采取措施使集装箱不具备危险性并去掉危险品标志。

11）装载有危险货物的集装箱，应检查外部有无破损、撒漏或渗漏迹象，一旦发现，在未加修理和将容器移走前，都不予以承运。

12）装载危险货物的集装箱卸空后，应采取措施保证集装箱没有被污染，使集装箱不具有危险性。

六、不同包装集装箱货物的装卸方法

1. 纸箱货的装箱操作

纸箱是集装箱货物中最常见的一种包装，一般用于包装比较精细的和质轻的货物。纸箱装箱操作的注意事项如下：

1）如集装箱内装的是统一尺寸的大型纸箱，会产生空隙。当空隙为10cm左右时，一般不需要对货物进行固定，但当空隙很大时，就需要针对货物具体情况加以固定。

2）如果不同尺寸的纸箱混装，应就纸箱大小合理搭配，做到紧密堆装。

3）拼箱的纸箱货应进行隔票。隔票时可使用纸、网、胶合板等材料，也可以用粉笔、带子等做记号。

4）纸箱货不足以装满一个集装箱时，应注意纸箱的堆垛高度，以满足使集装箱底面占满的要求。

5）装箱时要从箱里往外装，或从两侧往中间装。

6）在横向产生小于300cm的空隙时，可以利用上层货物的重量把下层货物压住，最上层货物一定要塞满或加以固定。

7）如所装的纸箱很重，在集装箱的中间层就需要适当加以衬垫。

8）箱门端留有较大的空隙时，需要利用方形木条来固定货物。

9）装载小型纸箱货时，为了防止塌货，可采用纵横交叉的堆装法。

10）为防止下层纸箱受压变形，可使用波纹纸板等材料进行衬垫。

2. 木箱货的装箱操作

木箱的种类繁多，尺寸和重量各异，常见的有普通木箱、框架木箱等。木箱装载和固定时应注意的问题如下：

1）装载比较重的小型木箱时，可采用骑缝装载法，使上层的木箱压在下层两木箱的接缝上，最上一层必须加以固定或塞紧。

2）装载小型木箱时，如箱门端留有较大的空隙，则必须利用木板和木条加以固定或撑紧。

3）重心较低的重、大木箱只能装一层且不能充分利用箱底面积时，应装在集装箱的中央，底部横向必须用方形木条加以固定。

4）对于重心高的木箱，除对其底部固定外，还必须在上面用木条撑紧。

5）装载特别重的大型木箱时，经常会形成集中负荷或偏心负荷，故必须有专用的固定设施，以避免货物与集装箱前后端壁接触。

6）装载框箱时，通常是使用钢带拉紧，或用具有弹性的尼龙带或布带来代替钢带。

3. 捆包货的装箱操作

捆包货包括板纸、羊毛、棉花、棉布、棉织品、纺织品、纤维制品以及废旧物料等。平均每件的重量和容积常比纸箱货和小型木箱货大。一般捆包货都用杂货集装箱装载。捆包货在装载和固定时应注意的问题如下：

1）捆包货一般可横向装载或竖向装载，此时可充分利用集装箱箱容。

2）为防止箱底潮湿对货物的不利影响，同时便于叉式装卸或起重机作业，装卸捆包时一般都要用厚木板等进行衬垫。

3）用粗布包装的捆包货，一般比较稳定而不需要加以固定。

4．袋装货的装箱操作

袋装的种类有麻袋、布袋、塑料袋等，主要装载的货物有粮食、咖啡、可可、废料、水泥、粉状化学药品等。通常袋装材料的抗潮、抗水湿能力较弱，故装箱完毕后，最好在货顶部铺设塑料等防水遮盖物。

袋装货在装载和固定时应注意的问题包括：

1）袋装货一般容易倒塌和滑动，可在袋装货中间插入衬垫板和防滑粗纸。

2）袋装货一般在中间呈鼓凸形，常用堆装方法有砌墙法和交错法。

3）为防止袋装货因堆装过高而有塌货的危险，所以需要用系绑用具加以固定。

5．滚筒货的装箱操作

卷纸、卷钢、钢丝绳、电缆等卷盘货，塑料薄膜、柏油纸、钢瓶等滚筒货，以及轮胎、瓦管等均属于滚动类货物。滚动货装箱时一定要注意消除其滚动的特性，做到有效、合理地装载。滚筒货在装载和固定时应注意的问题包括如下几种：

1）卷纸类货物的装载和固定操作。卷纸类货物原则上应竖装，并应保证卷纸两端的截面不受污损。只要把靠近箱门口的几个卷纸与内侧的几个卷纸用钢带捆在一起，并用填充物将箱门口处的空隙填满，即可将货物固定。

2）电缆的装载和固定操作。电缆是绕在电缆盘上进行运输的，装载电缆盘时也应注意箱底的局部强度问题。大型电缆盘在集装箱内只能装一层，一般使用支架以防止滚动。

3）卷钢的装载和固定操作。卷钢虽然也属于集中负荷的货物，但是热轧卷钢一般比电缆轻。在装载卷钢时，一定要使货物之间互相贴紧，并装在集装箱的中央。对于重3t左右的卷钢，除用钢丝绳或钢带通过箱内系环将卷钢系紧外，还应在卷钢之间用钢丝绳或钢带连接起来；对于重5t左右的卷钢，还应再用方形木条加以固定。固定时通常使用钢丝绳，而不使用钢带，因为钢带容易断裂。

4）轮胎的装载和固定操作。普通载货汽车用的小型轮胎竖装横装都可以。横装时比较稳定，不需要特别加以固定。大型轮胎一般以竖装为多，应根据轮胎的直径、厚度来研究其装载方法，并加以固定。

6．桶装货的装箱操作

桶装货一般包括各种油类、液体和粉末类的化学制品、酒精、糖浆等，其包装形式有铁桶、木桶、塑料桶、胶合板桶和纸板桶等。除桶口在腰部的传统鼓形木桶外，桶装货在集装箱内均以桶口向上的竖立方式堆装。由于桶体呈圆柱形，故在箱内堆装和加固的方法均由具体尺寸决定，使其与箱形尺寸相协调。桶装货在装载和固定时应注意的问题包括：

1）铁质桶的装载和固定操作。集装箱运输中以0.25m^3的铁桶比较常见。这种铁桶在集装箱内可堆装两层，每一个20ft型集装箱内一般可装80桶。装载时要求桶与桶之间要靠近，对于桶上有凸台的铁桶，为了使桶与桶之间的凸台错开，每隔一行要垫一块垫高板，装载第二层时同样要垫上垫高板，而不垫垫高板的这一行也要垫上胶合板，使上层的桶装载稳定。

2）木质桶的装载和固定操作。木桶一般呈鼓形，两端有铁箍，由于竖装时容易脱盖，故原则上要求横向装载。横装时在木桶的两端垫上木楔，木楔的高度要使桶中央能离开箱底，不让桶的腰部受力。

3）纸板桶的装载和固定操作。纸板桶的装载方法与铁桶相似，但其强度较弱，故在装箱时应注意不能使其翻倒而产生破损。装载时必须竖装，装载层数要根据桶的强度而定，有时要有一定限制，上下层之间一定要插入胶合板做衬垫，以便使负荷分散。

7. 各种车辆的装箱操作

集装箱内装载的车辆有小轿车、小型载货汽车、各种叉式装卸车、推土机、压路机和小型拖拉机等。杂货集装箱只能装一辆小轿车，因此箱内将产生很大的空隙。如果航线上有回空的冷冻集装箱或动物集装箱，则用来装小轿车比较理想，因为冷冻集装箱和动物集装箱的容积比较小，可以更有效地利用集装箱的箱容。而对于各种叉式装卸车、拖拉机、推土机及压路机等特种车辆的运输，通常采用板架集装箱来装载。各种车辆的装箱操作时应注意的问题包括：

1）小轿车和载货汽车的装载和固定操作。小轿车和载货汽车一般都采用密闭集装箱装载。固定时利用集装箱上的系环把车辆拉紧，然后再利用方形木条钉成井字形木框垫在车轮下面，防止车辆滚动，同时应在轮胎与箱底或木条接触的部分用纱布或破布加以衬垫。也可按货主要求，不垫方形木条，只用绳索拉紧即可。利用冷冻箱装载时，可用箱底通风轨上的孔眼进行拉紧。

2）各种叉车的装卸和固定操作。装载叉式装卸车时，通常都把货叉取下后装在箱内。装箱时，在箱底要铺设衬垫，固定时要用纱头或布将橡胶轮胎保护起来，并在车轮下垫塞木楔或方形木条，最后要利用板架集装箱箱底的系环，用钢丝绳系紧。

3）推土机和压路机的装载和固定操作。推土机、压路机每台重量很大，一般一个板架集装箱内只能装一台，通常都采用吊车从顶部装载，装载时必须注意车辆的履带是否在集装箱下侧梁上，因为铁与铁相接触，很容易产生滑动，所以箱底一定要衬垫厚木板。

4）拖拉机和其他车辆类货物的装载和固定操作。小型拖拉机横向装载时可使其装载量增加，但装载时也应注意集中负荷的问题，故箱底要进行衬垫，以分散其负荷，并要用方形木条、木楔以及钢丝绳等进行固定。

第三节 集装箱多式联运货物流程

集装箱多式联运一般是将分散的小批量货物，预先在内陆地区的集散点加以集中，等组成大批量的货源后，通过铁路、公路或水运运输，将其运至集装箱码头堆场，再通过海运将集装箱运到卸船港后，再通过内陆/河运输将集装箱运到最终目的地。常见的集装箱多式联运货物流程如图4-1所示。

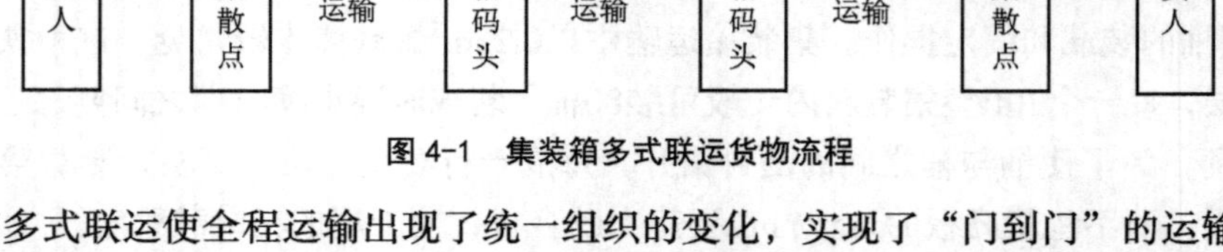

图 4-1 集装箱多式联运货物流程

集装箱多式联运使全程运输出现了统一组织的变化，实现了“门到门”的运输。从运输成本分析，只有采用这样的货流组织方式，把小批量货流组成大批货流后，才能使运输总成本减至最小，实现规模经济。

一、集装箱货物的交接形态

在上述集装箱货物流通过程中。对于货物的交接主要有两种不同的形态：一种为整箱货，另一种为拼箱货。

1. 整箱货

整箱货（Full Container Cargo Load，简称FCL）是指由发货人负责装箱、计数、填写装箱单，并由海关加铅封的货。整箱货通常只有一个发货人和收货人。整箱货的拆箱，一般由收货人办理。但也可以委托承运人在货运站拆箱，但承运人不负责箱内的货损、货差。除非货方举证确属承运人责任事故的损害，承运人才负责赔偿。承运人对整箱货，以箱为交接单位。只要集装箱外表与收箱时相似且铅封完整，承运人就完成了承运责任。整箱货提运单上一般要加上“托运人装箱、计数并加铅封”（SLCAS）的条款。

2. 拼箱货

拼箱货（Less Than Cargo Container Load，简称LCL）是指装不满一整箱的小票货物。这种货物通常是由承运人分别揽货并在集装箱货运站或内陆站集中，而后将两票或两票以上的货物拼装在一个集装箱内，同样要在目的地的集装箱货运站或内陆站拆箱分别交货。对于这种货物，承运人一般要负责装箱与拆箱作业，装拆箱费用仍向货方收取。承运人对拼箱货的责任，基本上与传统杂货运输相同。

二、整箱货流转程序

整箱货的流转可归纳为：

1）发货人在自己工厂或仓库的装箱地点配箱、装箱。

2）通过内陆/河运输，将集装箱货物运至集装箱码头。

3）办理交接手续，根据堆场计划暂存集装箱货物，等待装船。

4）根据装船计划，将集装箱货物装上船舶。

5）通过海上运输，将集装箱货物运至卸船港。

6）根据卸船计划，从船上卸下集装箱货物。

7）根据堆场计划，在堆场内暂存集装箱货物，等待收货人或其代理人前来提货。

8）通过内陆/河运输，将集装箱货物运至收货人工厂和仓库。

9）收货人在自己工厂和仓库的掏箱地点掏箱。

10）集装箱空箱回运。

上述发货人至集装箱码头堆场，以及从集装箱码头堆场运至收货人方面的内陆/河运输，一般可由货主或其代理自行拖运，也可由承运人拖运，在由承运人负责拖运时，内陆/河运输费用作为全程运费的一部分。

三、拼箱货流转程序

拼箱货的流转可归纳为：

1）集装箱货运站从码头堆场领取空箱。

2）发货人自行负责将货物运至集装箱货运站。

3）集装箱货运站配箱、装箱。

4）集装箱货运站对已装箱的实箱加铅封。

5）集装箱货运站将装载的集装箱货物运至集装箱码头。

6）根据堆场计划将集装箱暂存堆场，等待装船。

7）根据装船计划，将集装箱货物装船。

8）通过海上运输，将集装箱货物运至卸船港。

9）根据卸船计划，从船上卸下集装箱货物。

10）根据堆场计划，在堆场内暂存集装箱货物，等待集装箱货运站前来提货。

11）集装箱货运站取箱、掏箱、交货。

12）集装箱空箱回运。

集装箱货运站在船舶抵港前，应从船公司或船公司代理处获得有关单证，包括提单副本、货物舱单、装箱单、货物残损的报告和特殊货物表等。在船舶进港时间、卸船和堆场计划确定后，货运站应与码头堆场联系，确定提取拼箱集装箱的时间，并制订拆箱交货计划，做好拆箱交货的准备工作。集装箱货运站应根据拆箱交货计划，及时向各收货人发出交货日期的通知。

与码头堆场联系后，集装箱货运站即可从堆场（码头或内陆）领取载货集装箱，并办理设备交接单或内部交接手续。从箱内取出货物，一般按装箱单记载顺序进行，取出的货物应按票堆存。拆箱后应将空箱尽快还给堆场，并办理设备交接单或内部交接手续。集装箱货运站代表承运人向收货人交付货物。收货人领货时，应出具船公司或其他运输经营人签发的、海关放行的提货单（交货记录），货运站核对票、货无误后，即可交付货物。交货时，应与收货人在交货记录上签字，如有异常，应在交货记录上注明。交付货物时，集装箱货运站应查核所交付的货物在站期间是否发生保管、再次搬运等费用，如发生，则应在收取费用后交付货物。集装箱货运站在交货工作结束后，应根据货物交付情况制作交货报告和未交货报告，并寄送给船公司或其他运输经营人，作为他们处理损害赔偿、催提等的依据。

集装箱货物由船上卸到码头堆场后，如需要继续运输（大多是联运货物），码头堆场应根据其流向，统一组织到各内陆港站的运输。由于各内陆港站距离港口较远，集装箱货物的疏运大多通过铁路，采用专列、快班车或整车形式运输。这些集装箱货物通过铁路专用线运达后，内陆港站应做好接受有关单证，接、卸货物的准备工作，办理货物交接，组织卸车，并把货物运至堆场堆放，并在堆场交付货物。此外，对需要继续运输的货物统一组织，做进一步疏运工作。集装箱内陆港口型货运站是集装箱运输系统中的重要组成部分，其集疏货物的功能是保证集装箱运输取得规模效益的基本条件之一，在集装箱货物多式联运中发挥着重要的作用。

第四节 集装箱货物的交接方式

在集装箱运输中，根据实际交接地点不同，集装箱货物的交接有多种方式，在不同的交接方式中，集装箱运输经营人与货方各自承担的义务、责任不同，集装箱多式联运经营人的运输组织内容、范围也不同。

一、集装箱货物的交接地点

1. 集装箱码头堆场（Container Yard，简称 CY）

在集装箱多式联运中，集装箱码头堆场包括集装箱前方堆场和集装箱后方堆场。集装箱前方堆场在集装箱码头前方，是为加速船舶装卸作业，暂时堆放集装箱的场地。其作用是：当集装箱船到港前，有计划、有次序地按积载要求将出口集装箱整齐地集中堆放，卸船时将进口集装箱暂时堆放在码头前方，以加速船舶装卸作业。集装箱后方堆场是重箱或空箱进行交接、保管和堆存的场所。有些国家对集装箱堆场并不分前方堆场或后方堆场，统称为堆场。集装箱后方堆场是集装箱装卸区的组成部分，是集装箱运输“场到场”交接方式的整箱货办理交接的场所（实际上是在集装箱装卸区“大门口”进行交接的）。如专门办理空箱收集、保管、堆存或交接的场地则可称为空箱堆场，它是专为集装箱装卸区或转运站堆场不足时才予设立的。这种堆场不办理重箱或货物交接。它可以单独经营，也可以在集装箱装卸区外另设。但在集装箱码头堆场交接的货物都是整箱交接。在发货港集装箱码头堆场交接意味着发货人自行负责装箱及集装箱到发货港集装箱码头堆场的运输。在卸货港集装箱码头堆场交接意味着收货人自行负责集装箱货物到最终目的地的运输和拆箱。

2. 集装箱货运站（Container Freight Station，简称 CFS）

集装箱货运站是处理拼箱货的场所。在货物不足以装满一整箱，而货物又要用集装箱来运输时，发货人则将货物运至集装箱货运站，由集装箱货运站负责装箱。集装箱货运站办理下列主要业务：拼箱货的理货和交接；对货物外表检验如有异状时，办理批注；拼箱货的配箱积载和装箱；进口拆箱货的拆箱和保管；代承运人加铅封并签发站收据；办理相关单证的编制等。拼箱货的最后交接与普通件杂货运输下的交接无多大区别，但普通件杂货运输下的货物交接以大副收据为凭证，而拼箱货以场站收据为凭证。集装箱货运站一般包括集装箱装卸港的市区货运站，内陆城市、内河港口的内陆货运站和中转站。在起运地集装箱货运站交接意味着发货人自行负责将货物送到集装箱货运站。在到达地集装箱货运站交接意味着收货人自己到集装箱货运站提取货物，并自行负责提货后的事宜。

3. 发货人或收货人的工厂或仓库（简称 Door）

在发货人或收货人的工厂或仓库交接的货物都是整箱交接，一般由发货人或收货人自行负责装箱或拆箱。

二、集装箱货物的交接方式

1. 门到门（Door to Door）交接方式

门到门交接方式是指运输经营人由发货人的工厂或仓库接收货物，将重箱运到集装箱码头堆场并装船起运，在目的港负责将货物运至收货人的工厂或仓库交付，收货人直接在其工厂或仓库整箱接货。门到门交接方式一般为整箱交接。

2. 门到场（Door to CY）交接方式

门到场交接方式是指运输经营人在发货人的工厂或仓库接收货物，负责运抵卸货港，在卸货港码头堆场或其内陆堆场交货，收货人在堆场提货。这种交接方式表示承运人不负责目的地的内陆运输，目的地的内陆运输由收货人自行负责。在门到场交接方式下，货物一般为整箱交接。

3. 门到站（Door to CFS）交接方式

门到站交接方式是指发货人负责装箱并在其工厂或仓库整箱交货，运输经营人在发货人工厂或仓库整箱接货，并负责运抵目的地集装箱货运站，经拆箱后按件向各收货人交付。在这种交接方式下，运输经营人一般是以整箱形态接收货物，以拼箱形态交付货物，即整箱货接收、拼箱货交付。

4．场到门（CY to Door）交接方式

场到门交接方式是运输经营人在码头堆场或其内陆堆场接收发货人的货物，负责运抵收货人工厂或仓库交货，收货人在其工厂或仓库整箱接货。在这种交接方式下，货物一般都是整箱交接。

5．场到场（CY to CY）交接方式

场到场交接方式是指发货人负责装箱并运至堆场整箱交货，运输经营人在装货港的码头堆场或其内陆堆场接收货物，并负责运至卸货港码头堆场或其内陆堆场，在堆场向收货人交付，收货人在堆场整箱提货。在这种交接方式下，货物的交接形态一般都是整箱交接，运输经营人不负责内陆运输。

6．场到站（CY to CFS）交接方式

场到站交接方式是指发货人负责装箱并运至堆场整箱交货，运输经营人在装货港的码头堆场或其内陆堆场接收货物（整箱），并负责运抵卸货港集装箱货运站或其在内陆的集装箱货运站拆箱按件交货，收货人在集装箱货运站按件提取货物。在这种交接方式下，运输经营人一般是以整箱形态接收货物，以拼箱形态交付货物，即整箱货接收、拼箱货交付。

7．站到门（CFS to Door）交接方式

站到门交接方式是指发货人负责将货物运至集装箱货运站按件交货，运输经营人在装货港码头的集装箱货运站或其内陆的集装箱货运站接收货物（经拼箱后），装船起运，并负责运抵收货人工厂或仓库整箱交货。在这种交接方式下，运输经营人一般是以拼箱形态接收货物，以整箱形态交付货物。

8．站到场（CFS to CY）交接方式

站到场交接方式是指发货人负责将货物运至集装箱货运站按件交货，运输经营人在装货港码头集装箱货运站或其内陆的集装箱货运站接收货物（经拼箱后），负责运至卸货港码头堆场或内陆地区的堆场交付，收货人在堆场整箱提货。在站到场交接方式下，运输经营人一般是以拼箱形态接收货物，以整箱形态交付货物。

9．站到站（CFS to CFS）交接方式

站到站交接方式是指发货人负责将货物运至集装箱货运站按件交货，运输经营人在装货港码头集装箱货运站或内陆地区的集装箱货运站接收货物（经拼箱后），负责运至卸货港码头集装箱货运站或其内陆地区的集装箱货运站，经拆箱后按件向收货人交付，收货人在集装箱货运站按件提取货物。在这种交接方式下，货物的交接形态一般为拼箱交接。

【思考题】

1．集装箱按用途分有哪几种？

2．纸箱货装箱时有哪些注意事项？

3．什么是拼箱货？

4．简述集装箱的交接方式。

第五章

Chapter 5

国际多式联运提单

第一节 提单概述

国际多式联运提单是由国际集装箱船舶运输提单发展来的，而国际集装箱船舶运输提单又是国际远洋船舶班轮运输提单中的一种。所以，本章先介绍海运提单，再介绍国际集装箱运输提单，最后介绍国际多式联运提单。

一、提单的定义和性质

1. 提单的定义

海运提单（Marine Bill of Lading or Ocean Bill of Lading），或简称为提单（Bill of Lading，简称B/L），是国际结算中的一种最重要的单据。《海牙规则》和《海牙-维斯比规则》都没有给提单下定义。《汉堡规则》鉴于提单在国际贸易和运输中所起的作用概括出提单的定义：Bill of lading, means a document which evidences a contract of carriage by sea and the taking over or loading of the goods by the carrier, and by which the carrier undertakes to deliver the goods against surrender of the document. A provision in the document that the goods are to be delivered to the order of a named person, or to order, or to bearer, constitutes such an undertaking.《中华人民共和国海商法》第七十一条规定："提单，是指用以证明海上货物运输合同和货物已经由承运人接收或者装船，以及承运人保证据以交付货物的单证。提单中载明的向记名人交付货物，或者按照指示人的指示交付货物，或者向提单持有人交付货物的条款，构成承运人据以交付货物的保证。"

2. 提单的性质

（1）承运人接收货物或货物装船的收据（货物收据） 通常，货物装船后才由承运人或其代理人签发提单，表明货物已由承运人接收或者装船。但是在实际业务中，提单内容根据大副收据或场站收据而来，对于将货物交给承运人运输的托运人，提单具有货物收据的功能。虽然大副收据或场站收据是承运人收到货物的原始收据，但它们仅作为船务单证或称为运输单证，而托运人最终所要取得的不是船务单证，而是能够用于结汇、收货人凭以提取货物和商业流通的提单。因此，提单既属运输单证，又属商务单证。不仅对于已装船货物，承运人负有签发提单的义务，而且根据托运人的要求，即使货物尚未装船，只要货物已在承运人掌管之下，承运人也有签发一种被称为"收货待运提单"的义务。所以，提单一经承运人签发，即表明承运人已将货物装上船舶或已确认接管。提单作为货物收据，不仅证明收到货物的名称、种类、数量、标志、外表状况，而且证明收到货物的时间。由于国际贸易中习惯地认为货物装船象征卖方将货物交付给买方，于是签发已装船提单的时间就意味着卖方的交货时间。实际操作中，托运人取得已装船提单即可到银行结汇获得货款，因此提单上的装船日期就显得格外重要。

《中华人民共和国海商法》第七十五条规定：承运人或者代其签发提单的人，知道或者有合理的根据怀疑提单记载的货物的品名、标志、包数或者件数、重量或者体积与实际接收的货物不符，在签发已装船提单的情况下怀疑与已装船的货物不符，或者没有适当的方法核对提单记载的，可以在提单上批注，说明不符之处、怀疑的根据或者说明无法核对。第七十七条规定：除依照本法第七十五条的规定做出保留外，承运人或者代其签发提单的人签发的提单，是承运人已经按照提单所载状况收到货物或者货物已装船的初步证据；承运人向善意受让提单的包括收货人在内的第三人提出的与提单所载状况不同的证据，不予承认。

这也就是说，对托运人而言，提单只是承运人已按提单所记载的内容收到货物的初步证据，例如承运人收到的货物与提单所记载的状况不符时，承运人有权举证说明，以保障自身权益；但对善意受让提单的包括收货人在内的第三方而言，提单就不仅仅是初步证据，而且是终结性证据，承运人不得否认提单上有关货物资料记载内容的正确性。例如，在清洁提单的情况下，当第三方实际收到货物与提单记载的品名、标志、数量、重量等不符时，善意受让提单的包括收货人在内的第三方可以向承运人索赔，承运人不能以托运人申报不实或装货港漏装、错装货物等为由拒绝赔偿。

（2）海上货物运输合同成立的证明（合同证明） 在班轮货物运输中，是先由托运人根据班轮公司事先公布的船期、费率及运输条件，持托运单或订舱委托书（单）到船公司或其代理人处订舱，称为“要约”。如果承运人可以满足托运人的要求，接受订舱，确定船名、航次、提单号，并在单证上签章确认，称为“承诺”，即可认为海上货物运输合同成立。而提单则是在托运人订妥舱位之后，在承运人收到货物或把货物装上船舶之后签发给托运人的。因此，提单对于承运人与托运人来说并不是运输合同，而是早已订立的运输合同的一种书面证据。此外，提单上往往只有承运人一方代表签字，而不是由双方当事人共同签字，在形式上也不具备合同的要求。

在实际业务中，托运人收到提单之后，通常将其转让给收货人（即提单的受让人，通常是货物的买方）。在这种情况下，对提单的受让人与承运人来说，提单就不仅是运输合同的证据，而成为受让人与承运人之间的运输合同，收货人或提单持有人与承运人之间的权利、义务应按提单条款办理。《中华人民共和国海商法》第七十八条中明确规定：“承运人同收货人、提单持有人之间的权利、义务关系，依据提单的规定确定。”因此，他们之间的权利义务关系应以提单的规定为依据，即使原来的托运人与承运人事先另有协议，但由于提单的受让人对此一无所知，所以提单的受让人可以不受其约束，承运人不得以此为理由要求变更提单内容。

（3）提单是承运人保证凭以交付货物和可以转让的物权凭证 对于合法取得提单的持有人，提单具有物权凭证的功能。提单的合法持有人有权在目的港以提单来提取货物，而承运人只要出于善意，凭提单发货，即使持有人不是真正货主，承运人也无责任。而且除非在提单中特别指明外，提单可以不经承运人的同意而转让给第三者，提单的转移就意味着物权的转移。所以，除不可转让的提单外，提单经背书就可以买卖转让，提单的合法受让人或提单持有人就是提单上所记载货物的合法所有人。在国际贸易中，它可以作为买卖的标的物向银行押汇作为担保品。需要指出的是，如果承运人凭一份提单正本交付了货物，其余的几份也就失去了效力，提单不能再行转让。

二、提单的种类

按不同的分类标准，提单可以划分为许多种类。

1. 按照货物是否已经装船划分

（1）已装船提单（On Board or Shipped B/L） 已装船提单是指整票货物已经全部装进货舱或装上甲板（如集装箱）后，承运人或其授权的代理人签发的提单。已装船提单除满足与其他提单相同的要求外，该提单必须载明装货船名和装船日期。由于已装船提单对收货人按时收到货物较有保障，所以在实际业务中，大多数采用已装船提单，且在买卖合同中一般都规定卖方须向买方提供已装船提单，银行结汇一般也要求使用已装船提单。《跟单信用证统一惯例》（1993年修订本）（以下简称《UPC500》）第二十三条就规定："……如果信用证要求港至港运输提单作为运输单据时，除非信用证另有规定，银行将接受……货物已装船或已装具名船只（的提单）……"

（2）备运提单（Received for Shipment B/L） 备运提单又称收货待运提单，是承运人在接管托运人送交的货物后在装船之前应托运人的要求签发的提单。集装箱运输中，集装箱进入集装箱货场或集装箱货运站后，承运人会签发备运提单。有时船公司在指定仓库预收货物，根据仓库收据签发收妥待运提单，准备交由日后到港船只装运。特别是随着集装箱运输的发展，航运公司需要在内陆收货站收货，而收货站是不能签发已装船提单的，只能签发备运提单，这是集装箱运输的常见做法。通常此种备运提单上记载"received for shipment in apparent good order and condition…"等文句，表示签发提单时，承运人仅将货物收管（take in charge），准备于不久后装船，而实际当时还未装船。由于这些货物尚未装船，所以提单上并未载明装运船舶的船名和装运日期。有时提单上虽有船名，也多属拟装船名，该船能否如期到达将货运出，船公司并不负责。因为备运提单只说明承运人接管货物而无法说明货物将何时装船、装哪一条船、能否出运，所以买方对货物能否按时装船无法确定，更不能据此估计货物到港时间，因此买方一般不愿意接收该种提单，银行结汇一般也不接收备运提单。

如在签发待运提单后，货物已经装载于船只上，托运人可凭备运提单换取已装船提单，或由承运人在备运提单的正面加注"已装船"字样和装船日期、船名并签字盖章使之成为已装船提单。《中华人民共和国海商法》第七十四条明确规定："货物装船前，承运人已经应托运人的要求签发收货待运提单或者其他单证的，货物装船完毕，托运人可以将收货待运提单或者其他单证退还承运人，以换取已装船提单；承运人也可以在收货待运提单上加注承运船舶的船名和装船日期，加注后的收货待运提单视为已装船提单。"

2. 按照提单的不同抬头划分

（1）记名提单（Named B/L） 记名提单是指在提单的收货人一栏内具体填写收货人名称的提单。这种提单只能由提单上写明的特定收货人提取，原则上不能转让。记名提单虽然可以避免提单在流通过程中遗失、被盗或被冒名背书的风险，但却失去了提单的流通性。此外，由于一些国家的惯例是记名提单的收货人可以不凭正本提单而仅凭"到货通知"（Notice of arrival）上的背书和收货人的身份证明即可提货，这样银行如垫款却不能掌握货权，风险太大。因此，银行一般也不愿接收记名提单作为议付货款的单据。由于记名提单的流通受到限制，给贸易商带来很大不便，所以在国际贸易当中使用并不多，一般只在运输展览品或贵重物品或特殊航线和特殊目的地时使用。

我国的《海商法》第七十九条规定："提单的转让，依照下列规定执行：记名提单，不得转让；指示提单，经过记名背书或者空白背书转让；不记名提单，无需背书，即可转让。"

但在实际业务中，应谨慎使用记名提单。如果信用证要求记名提单，最好要求改证；如果客户坚持使用记名提单，须弄清原委，了解运输业务所涉及国家对记名提单物权凭证属性的法律规定，明确提单首要条款中适用法律的具体约定，如货物装运到美国港口的货物不宜使用记名提单，或在记名提单上加注声明："此提单适用于中国海商法"，以约束承运人必须凭正本提单放货，交付货物的同时应当收回正本提单，以保证信用证项下贸易的公平与安全。

（2）不记名提单（Bearer B/L） 不记名提单是指提单上收货人一栏只注明"持有人"（Bearer）

字样，即货交提单持有人，或在收货人一栏空白。这种提单既不写明收货人的具体名称，也不填写“凭指示”的字样。不记名提单仅凭交付转让，手续简便，流通性极强。承运人交付货物也仅以提单为依据，提单持有人即被视为货主。如果提单遗失或被窃，然后再转让给善意的第三者，或者在无正本提单凭担保提货时，在提单遗失时很难区分非法获得提单者和提单的善意受让人，极易引起纠纷。因此不记名提单的风险很大，在国际贸易中很少使用。

（3）指示提单（Order B/L） 指示提单是指收货人一栏内填写“凭指示”（To order）或“凭××指示”（To order of ××）字样的提单。指示提单是一种可转让的商业票据，提单持有人可以用背书方式将它转让给第三者。对承运人来讲只要提单真实，背书连续，指示提单持有人的身份符合提单上所记载的指示，就可交付货物，完成自己的交付义务。由此可见，指示提单既转让方便，有一定的流通性，又比不记名提单的安全性强，所以它是国际贸易中使用最为广泛的一种提单。

指示提单可以做不记名指示（不标明指示人），也可以做记名指示（标明指示人）。指示人可以是托运人、收货人或者是银行。常见的指示提单有四种抬头：

1）凭银行指示，即提单收货人栏填写为“To the order of ××Bank”。

2）凭收货人指示，即提单收货人栏填写为“To the order of ×× Co., Ltd.”。

3）凭托运人指示，即提单收货人栏填写为“To the order of shipper”，并由托运人在提单背面空白背书。这种提单亦可根据信用证的规定而做成记名背书。托收人也可不做背书，在这种情况下则只有托运人可以提货，即卖方保留货物所有权。

4）不记名指示，即提单收货人栏填写为“To the order”，并由托运人在提单背面做空白背书，亦可根据信用证的规定而做成记名背书。

第一种提单称为银行指示提单，当开证银行为了防止进口商无力还款时，就会在信用证中规定提单抬头做成凭银行指示。银行指示提单应按银行指示交货。一般在进口商付款后，银行在提单上背书，然后将提单转交给进口商。这种提单可作为向银行还款的抵押。第二种提单称为收货人指示提单，作为收货人，可以收单后自行提货，也可以背书转让。收货人指示提单对银行不利，因为若开证银行遇买方拒绝付款，想自行提货处理，需先请收货人背书转让提单，这对银行是一种风险，所以开证行一般不愿意信用证规定提单做成这种收货人指示抬头。

第四种是空白抬头提单，实际业务中视为同第三种托运人指示提单。空白抬头提单在实际业务中是指在托运人（即卖方）未指定收货人或受让人之前，货物所有权仍属于卖方。一般卖方都在空白抬头提单背面做空白背书（Blank endorsed），将提单转让给银行，银行即取得货物所有权。若信用证规定是Endorsed in blank，或Blank endorsed，都是空白背书的意思，发货人只需在提单背面签章，不做任何记载。实务中最常用的就是这种空白抬头和空白背书的提单。空白抬头提单也可以根据信用证要求而做记名背书，如果信用证规定是Endorsed to…Co.,Ltd.或Endorsed on favor of…Co.,Ltd. 即表示背书给某某公司。发货人须在提单背书注明Please deliver to…Co.,Ltd. 或 Please deliver to…Bank 或类似文字再签章。对于托运人指示提单，托运人还可以不背书，在这种情况下则只有托运人可以提货，也就是卖方保留货物所有权。

3. 按照提单有无批注划分

（1）清洁提单（Clean B/L） 清洁提单是指货物装船时，货物的外表状况良好，对提单上所印就的"外表状况明显良好"（In apparent good order and condition）没有做相反的批注（Superimposed clause）或附加条文的提单。在国际货物买卖中，一般都规定卖方必须提供已装船的清洁提单，银行审单时主要审核内容就是看提单是否为清洁提单。

《UCP 500》第三十二条也规定："清洁运输单据系指未载有明确宣称货物及/或包装状况有缺陷的条款或批注的运输单据……"。也就是说，提单上有无"清洁"字样并无实际意义。如果提单上没有打上"clean"字样或原先印就的"clean"字样被承运人删除，并不影响提单成为清洁提单。即提单清洁与否，不依提单上是否有"清洁"字样。但清洁提单只说明承运人确认货物在装船时外表状况良好，无破损，并不能保证货物内在品质的完好，更不能排除货物具有无法直接观察到的内在瑕疵。

（2）不清洁提单（Unclean or Foul B/L） 不清洁提单是指承运人明确地对有关货物包装状况不良或存在缺陷等情况加以批注的提单。这种提单表明，货物是在表面状况不良的条件下装上船舶的，其目的是为了对抗收货人可能因在卸货时发现货物因批注事项遭受损坏或灭失而提出的索赔，保障承运人的利益。

因为提单具有货物收据的性质，承运人对托运人、收货人或其他提单持有人承担提单上所载的责任。提单上记载了"received（shipped）from the shipper herein named in apparent good order and condition, unless otherwise noted in this B/L..."，这表示除非另有说明，否则即表明货物表面状况良好。《海牙规则》规定承运人负有保管货物的责任，承运人应在目的地交付提单上记载的外表状况良好的货物给收货人。由于清洁提单表明货物表面状况良好，承运人对有关货物的说明不存疑议，如果卸货时货物出现表面残损，就可以推定为承运人在运输途中未尽到自己管货的责任，承运人就可能要赔偿由此给货主造成的损失。如果在装船时发现货物或包装污染、潮湿、破包等表面残损或承运人对有关货物说明存在疑惑，承运人即在提单上批注，以免除自身责任。

因为货物表面状况不良很可能对货方利益造成侵害，买方风险因此加大，所以银行一般不接收不清洁提单。但在实际业务中，有时托运人会向承运人出具保函以将不清洁提单换取清洁提单，方便银行结汇。但各国法律对保函效力的态度不一，有的一概不予承认，有的则认为只有善意的保函有效，而且法律也并没有对所谓善意保函给出一个明确的定义，所以承运人在具体事例中的法律地位仍然很难事先确定，其利益也无法得到保证。因此承运人不应轻易接受保函。

需要特别指出的是并非所有有关货物的批注都构成不清洁提单。例如，承运人对于提单上列有货物的数量、质量、价值或特性并不负责，即使托运人在提单上声明了内容、价值、重量、尺寸、标记、质量、数量等，承运人也视作不详。这些声明并不构成提单的"不清洁"。承运人对因包装性质（如装入纸袋、塑料袋内的货物）而引起损失或损坏予以保留的条款，即免责权利，也并不作为声明货物有缺陷，不构成"不清洁提单"。提单上常见的批注类型有以下几种：

1）对货物与包装状况的批注，如：

ONE BAG BROKEN（一包破）

ALL TIMBER LOADED WET（全部木材装船水湿）

DAMAGED BY VERMINS（RATS）（有虫或被鼠咬）

2）对附加费用的说明，如：

PORT EXPENSES AT DESTINATION TO BE BORNE BY THE CONSIGNEE（目的港费用由收货人负担）

3）免责批注，如：

STC（Said to Contain...）（据托运人说有……/据称内装）

SLAC（Shipper's Load and Count）（货主装载并计数）

SLCAS（Shipper's Load、Count and Seal）（货主装载、计数并加封）

4）对运输方式的说明，如：

SHIP MAY DISCHARGE THE GOODS AT THE NEAREST PORT IF UNABLE TO REACH THE DESTINATION（如不能进入目的港，船方可将货物在就近港口卸下）

5）未明确表示货物有与包装不良的批注，如：

SECOND-HAND CASES（用过的箱子）

USED DRUMS（旧桶）

6）对货物数量的批注，如：

SHORT SHIPPED ONE JAR（少装一坛）

在上述几类批注中，有1）类批注的无疑是不清洁提单。2）类批注是说明费用的，除非信用证有相反规定，银行都会接收这种提单的。3）类和4）类批注实际上是承运人认为需要时重申他的权利和责任，一般提单条款中已有类似说明，提单上加注这些内容，对收货人权益并无影响，不影响到提单结汇。5）类批注并没有明确表明货物与包装的缺陷。所以，有2）～5）类批注的都不属于不清洁提单。6）类批注说明了货物的短少。提单上有这类批注时，托运人均应按实际出运数来缮制发票收取货款，为审慎起见，在这种情况下出口商还是尽可能更换提单，以防对方以此为由拒付货款。

4. 按照提单运输方式不同划分

（1）直达提单（Direct B/L） 直达提单是指由承运人签发的，货物从起运港装船后，中途不经过换船直接运达卸货港的提单。直达提单中关于运输记载的基本内容里，仅记载起运港（Port of Loading）和卸货港（Port of Discharge），不能有“转船”或“在××港转船”之类字样的批语。因为各转运港情况不同，货物在装卸中很容易出现货损、货差，而且转船会延长货物在途时间，给货方带来更大的风险，所以凡信用证规定不得转船的，结汇时必须使用直达提单。

有的提单背面条款中写有“如有需要，承运人可任意将货物交由属于承运人自己的船舶或属于他人的船舶或经由铁路或以其他运输工具直接或间接地驶往目的港……”的字样，也称为“自由转船”条款，此类提单上如果没有转船的批注则仍为直达提单。

（2）转船提单（Trans Shipment B/L） 转船提单是指货物在起运港装船后，船舶不直接驶往货物的目的港，需要在其他中途港口换船转运往目的港的情况下承运人所签发的提单。转船提单一般由负责一程船（由起运港至第一个转运港）的承运人签发并且在提单上加转船批注。因为转船往往增加费用、风险，而且货物在中转港停留的时间不易掌握，对收货人较为不利，但在实际业务中，特别是在集装箱运输中，一程船常常会挂靠一些中转港，在中转港换船转运至目的港。所以在国际货物运输中，转船运输方式并不少见。

（3）联运提单（Through B/L） 联运提单是指承运人对经由海—海、海—陆、陆—海运输的货物所出具的覆盖全程的并收取全程费用的提单。所以，转船提单只不过是在海—海运输形式下所签发的提单，可以说是联运提单中的一种特例。联运中，各承运人对自己所执行的运程负责。第一承运人虽然签发全程提单，但他也只对第一运程负责。绝大部分提单均有这样的规定："如有需要，承运人可任意将货物交由属于承运人自己的船舶或属于他人的船舶或经由铁路或以其他运输工具直接或间接地驶往目的港……费用由承运人支付，但风险由货主负担，承运人的责任只限于他本身经营的船舶所完成的那部分运输"。

（4）多式联运提单（Multi Modal Transportation B/L） 《联合国国际货物多式联运公约》规定："……按照多式联运合同以至少两种不同的运输方式，由多式联运经营人将货物从一国境内接管货物的地点运至另一国境内指定交付货物的地点……"的货物运输形式称之为多式联运。多式联运提单即承运人或多式联运经营人对采用多式联运方式的货物出具的提单。多式联运提单主要用于集装箱运输，全程可涉及海洋运输、铁路运输、航空运输、内河运输、公路运输等多种运输形式，以实现所谓的"门到门"服务。人们常常把联运与多式联运混为一谈，实际上它们各有自己的适用范围。联运提单除适用于包含海运在内的陆—海、空—海联合运输形式外，还可用于海—海联运，也就是转船运输。而多式联运提单则要求货物至少经两种以上运输形式。

不仅如此，由于近年来集装箱运输的发展，国际多式联运公约的签订，各种法规、惯例对多式联运提单的规定更加具体、更加明确，多式联运单证也成为一种重要的结汇单证。如《跟单信用证统一惯例》（UCP500）（Uniform Customs and Practice for Documentary Credits, 1993 Revision, Publication No.500）就规定："如信用证要求提供至少包括两种不同运输方式（多式联运）的运输单据，除非信用证另有规定，银行将接受……表面注明承运人名称或多式联运经营人名称……，注明货物已发运、接受监管或已装船的多式联运提单……即使信用证禁止转运，银行也将接受注明转运将发生或可能发生的多式联运单据，只要同一多式联运单据包括运输全程……"

5. 按照提单的格式不同划分

（1）全式提单（Long Form B/L） 全式提单是指详细列有承运人和托运人之间的权利和义务等条款的提单。全式提单既有正面记载的事项，背面又详细列有承运人、托运人权利和义务的条款，所以又称繁式提单。全式提单是国际贸易业务中通常使用的提单。

（2）简式提单（Short Form B/L） 简式提单是指只有正面必要的记载项目而没有背面条款的提单。一般提单背面记载有承运人与托运人的责任、权利和义务的条款，但简式提单背面空白，在一定程度上影响了它的流通性，所以有些信用证明确规定不接受简式提单。但只要没有这种明确规定，银行可以接受简式提单。简式提单多用于租船合同项下所签发的提单，一般注有"所有条款与条件按照×年×月签订的租船合同"（All terms and conditions as per charter party dated ××）。如果在班轮运输条件下签发简式提单，大多加注"各项条款及例外条款以本公司正规的全式提单内所列的条款为准"（Subject to the terms and conditions, provisions and exceptions as contained in the carriers regular Long Form B/L）。

6. 按签发提单的时间划分

（1）倒签提单（Anti Dated B/L） 倒签提单是指货物装船完毕后，承运人签发的以早于货物实际装船日期为签单日期的提单。在实际业务中，有时由于种种原因货物未能在合同或信用证规定的装船期内装运，又来不及修改信用证，托运人为了使提单日期与信用证的规定相符以便结汇，便要求承运人按信用证规定日期倒签提单。但从法律上来说，一方面，无论出于什么原因，虚假的装船时间是对运输合同的违反，承运人倒签提单的做法，掩盖了事实真相，是隐瞒迟期交货的侵权行为，要承担相应的责任；另一方面，由于在国际市场中一些货物价格变动较大，交货时间往往对买方至关重要，直接影响到货物的再出售，特别是当市场上货价下跌或其他情况，收货人可以以“倒签提单”为由拒收货物，并向法院起诉。

在实际业务中，托运人向承运人提出倒签提单的请求，承运人便要求其出具保函，并声明倒签提单出于托运人的请求，所造成的一切后果均由托运人承担，与船方无关，更有甚者，要求其出具高出货价一定比例的银行担保。但保函的法律地位在很多情况下是不确定的，况且隐瞒装船时间只能是出于托运人个人利益的考虑，可以被视为卖方和船方的共同欺诈，很难说是善意行为，所以一流的承运人在实际业务中应尽量避免出具倒签提单。

（2）预借提单（Advanced B/L） 预借提单是指货物在装船前或装船完毕前，托运人要求承运人提前签发的已装船清洁提单。与倒签提单相类似，预借提单的出现也是因为信用证或买卖合同规定的装运期或信用证有效期已到，托运人因故未能及时备妥货物或者因为船期延误货物未能装船完毕，为及时结汇而采取的一种变通办法。

但承运人签发预借提单，面临着比签发倒签提单更大的风险。因为货物尚未装船或未装船完毕，货物能否安全装船，能否全部装船，将在什么时间装船，货物装船时的状况都不得而知，很有可能因种种原因而改变原定的装运船舶，或发生货物灭失、损坏，或退关，收货人可以凭借掌握的预借提单的事实，以此为由拒绝收货，并向承运人提出赔偿要求。但在实际业务中，承运人得到托运人的保函后也有可能签发预借提单。一般来说，预借提单只能是出于托运人个人利益的考虑，可以被视为卖方和船方的共同欺诈，很难说是善意行为，特别是遇到买卖双方勾结，针对承运人进行恶意欺诈，承运人的利益将很难得到保障。所以一流的承运人在实际业务中应尽量避免出具预借提单。

（3）过期提单（Stale B/L） 过期提单包括两种情形：① 由于航线较短或银行单据流转速度太慢，以至于提单晚于货物到达目的港，收货人提货受阻；② 由于出口商在取得提单后未能及时到银行议付而形成的。

对第一种情况，有些公司试着采用非转让的海运单（Seaway Bill）或采用电子提单来替代目前的提单，以加快货物的流转。但由于海运单无法流通，影响了货物的再出售，所以在实际业务中，特别是在一些短程货物运输中，往往采用“电放”的特殊做法。对第二种情况，《UCP 500》第四十三条规定：“除规定一个交单到期日外，凡要求提交运输单据的信用证，还须规定一个在装运日后按信用证规定必须交单的特定期限。如未规定该期限，银行将不予接受迟于装运日期后21天提交的单据。但无论如何，提交单据不得迟于信用证的到期日……”

7. 按船舶营运方式划分

（1）租船合同项下的提单（Charter Party B/L） 租船合同项下的提单是指在货物装船后，承运人根据租船合同签发的提单。租船提单注明“一切条款、条件和免责事项按照 × 年 × 月的租船合同”（All terms and conditions as per charter party dated××）。《UCP500》第二十五条对此规定：“如果信用证要求或允许提交租船合同项下的提单，除非信用证另有规定，银行将接受……

含有受租船合同约束的任何批注……”同时规定，“……即使信用证要求提交与租船合同项下提单有关的租船合同，银行对该租船合同不予审核，但将予以照转而不承担责任。”

（2）班轮提单（Liner B/L） 采取班轮运输方式，由经营班轮运输的承运人或其代理人签发的提单叫作班轮提单。国际班轮运输是指固定船舶按照公布的船期表或有规律地在特定的航线和固定港口间从事国际客货运输。班轮运输的特点可以用四个“固定”来描述：固定船舶、固定船期、固定航线、固定港口。如无事先约定，班轮运输的承运人与货物托运人、收货人之间的权利和义务以经营班轮运输的承运人签发的班轮提单条款为依据，不再另行签订租船合同，银行接受班轮提单。

班轮运输按公开的费率收取运费（这种运费被称为Liner或Berth Term），所有的装卸费、理（平）舱费均已计入班轮费率表中，亦即班轮承运人负责装船、理（平）舱和卸货，不再另向托运人收取费用。因此，如果信用证规定运输条款按“班轮条款”办理，即由船方负责装卸费。

8. 其他特殊提单

（1）运输代理行提单（House B/L） 运输代理行提单是指由运输代理人签发的提单。《UCP 500》第三十条规定：“除非信用证另有授权，否则银行仅接受运输行出具的表面注明下列内容的运输单据：① 注明作为承运人或多式联运经营人的运输行的名称并由充当承运人或多式联运经营人的运输行签字或以其他方式证实。② 注明承运人或多式联运经营人的名称并由作为承运人或多式联运经营人的具名代理或代表的运输行签字或以其他方式证实。”运输代理行提单在实际业务中比较常见。

（2）甲板货提单（On Deck B/L） 甲板货提单是指承运人签发的货物装在甲板上并在提单上注有“货装甲板”字样的提单。

货物装在甲板上，除易受日晒雨淋影响外，还可能因海上风浪过大被冲入海中，因其他原因导致货物灭失或损坏的可能性也更大。因而，《海牙规则》规定“运输契约中载明装于甲板上且已照装的货物”不包括在承运人所负责的“货物”范围之内，对其在海上运输中出现的任何灭失或损坏，承运人不承担责任（承运人故意行为除外）。《汉堡规则》和《中华人民共和国海商法》则认为只要与托运人有协议或符合航运惯例或符合法律规定，承运人可以将货物装在甲板，并承担运输责任，即如果签发的是表明承、托双方协商同意的，注有“装于舱面”字样的舱面提单，而且实际上也是将货物积载于舱面，那么，只要货物的灭失或损坏不是承运人的故意行为造成的，承运人仍可免责，否则即使货物装在甲板上而没有批注，承运人对此要像装舱内货一样负责。

针对甲板货提单的结汇，《UCP 500》第三十一条规定：“除非信用证另有规定，银行将接受下列运输单据：海运或包括海运在内的一种以上运输方式，未注明货物已装或将装于舱面。然而，运输单据内有货物可能装于舱面的规定，但未特别注明货物已装舱面或将装舱面，银行对该运输单据予以接受……”除商业习惯允许装于舱面的货物如木材等之外，买方为了减轻风险，一般不愿意把普通货物装在舱面上，有时甚至在合同和信用证中明确规定，不接受甲板货提单。银行为了维护开证人的利益，对这种提单一般也予以拒绝。所以在实际业务中，除集装箱等航运界习惯装于甲板上的货物外，甲板货提单并不常见。

（3）合并提单（Omnibus B/L） 合并提单是指根据托运人的要求，将同一船舶装运的同一装货港、同一卸货港、同一收货人的两批或两批以上相同或不同的货物合并签发一份提单。托运人或收货人为了节省运费，常要求承运人将本应属于最低运费提单的货物与其他另行签发提单的货物合并在一起只签发一份提单。

（4）并装提单（Combined B/L） 并装提单是指将两批或两批以上品种、质量、装货港和卸货港相同，但分属于不同收货人的液体散装货物并装于同一液体货舱内，而分别为每批货物的收货人签发一份提单时，其上加盖有“并装条款”印章的提单。在签发并装提单的情况下，应在几个收货人中确定一个主要收货人（通常是其中批量最大的收货人），并由这个主要收货人负责分摊各个收货人应分担的货物损耗。

（5）分提单（Separate B/L） 分提单是指在收货人为多个时，为了收货人提货方便，承运人依照托运人的要求，将本来属于同一装货单上标志、货种、等级均相同的同一批货物，分开签多份提单，分属于几个收货人，这种提单就称为分提单。只有标志、货种、等级均相同的同一批货物才能签发分提单，否则，会因在卸货港理货，而增加承运人理货、分标志费用的负担。

（6）交换提单（Switch B/L） 交换提单是指在直达运输的条件下，应托运人的要求，承运人承诺，在某一约定的中途港凭在启运港签发的提单另换发一套以该中途港为启运港，但仍以原来的托运人为托运人的提单，并注明“在中途港收回本提单，另换发以该中途港为启运港的提单”或“Switch B/L”字样的提单。

当贸易合同规定以某一特定港口为装货港，而作为托运人的卖方因备货原因，不得不在这一特定港口以外的其他港口装货时，为了符合贸易合同和信用证关于装货港的要求，常采用这种变通的办法，要求承运人签发这种交换提单。签发交换提单的货物，一般由同一艘船进行直达运输，中途港并不换装，只不过由承运人在中途港的代理人收回原在启运港签发的提单，另签发以中途港为货物启运港的提单而已。交换提单在中间商贸易中使用较多。

（7）集装箱运输提单（Container B/L） 集装箱运输提单是集装箱货物运输下主要的货运单据，是负责集装箱运输的经营人或其代理人，在收到集装箱货物后签发给托运人的提单。由于集装箱货物的交接地点不定，一般情况下，由集装箱堆场或货运站在收到集装箱货物后签发场站收据，托运人以此换取集装箱运输提单结汇。如果集装箱运输提单上不出现“On Deck”字样，即托运人事先无特殊要求，承运人也可自行将集装箱装于甲板之上。

三、提单的内容

1. 提单的正面内容

（1）提单号码（B/L No.） 一般列在提单右上角，以便于查核。发货人向收货人发送装船通知时，也要列明船名和提单号码。

（2）托运人（Shipper） 一般为信用证中的受益人。如果开证人为了贸易上的需要，要求做第三者提单（Third Party B/L），也可照办。

（3）收货人（Consignee） 如要求记名提单，则可填上具体的收货公司或收货人名称；如属指示提单，则填“指示”（Order）或“凭指示”（To Order）；如需在提单上列明指示人，则可根据不同要求，填成“凭托运人指示”（To Order of Shipper），“凭收货人指示”（To Order of Consignee）或“凭银行指示”（To Order of ××Bank）。

（4）通知方（Notify Party） 船公司在货物到达目的港时发送到货通知给收件人，有时即为进口方。在信用证项下的提单，如信用证上对提单被通知人有具体规定时，则必须严格按信用证要求填写。如果是记名提单或收货人指示提单，且收货人又有详细地址的，则此栏可以不填。

如果是空白指示提单或托运人指示提单，则此栏必须填写被通知人名称及详细地址，否则船方就无法与收货人联系，收货人也不能及时报关提货，甚至会因超过海关规定申报时间被没收。关于托运人对通知方一栏的申报应符合卸船港或交货地的习惯要求，否则产生的一切责任由托运人负责。有的国家和地区要求通知方必须是在当地，否则不允许货物进口。

（5）船名、航次（Vessel、Voyage No.） 此栏填写船舶的具体名称、航次号，但在货物转运，或联运，或多式联运时注意：在难以确定二程船船名时请填写“To be Named ×××船”，或“×××船 or Her Substitute”。如一程船、二程船不属同一家船公司时，更应注意提单签发。

（6）装货港（Port of Loading） 应填写实际装船港口的具体名称。此栏填写货物的实际装船港口，但在支、干线运输下，装船港可以是指干线船的装船港口。异地签单时，货物的实际装船港与提单签发地不在同一港口，装船港的港口名称应与所装载货物的“Port of Loading”一栏中的装货港口名称相对应。

（7）卸货港（Port of Discharge） 填写货物实际卸下的港口名称。如属转船，第一程提单上的卸货港填转船港，收货人填二程船公司；第二程提单装货港填上述转船港，卸货港填最后目的港，如由第一程船公司出联运提单（Through B/L），则卸货港即可填最后目的港，提单上列明第一程和第二程船名。如经某港转运，要显示“Via××”字样。在运用集装箱运输方式时，目前使用“联合运输提单”（Combined Transport B/L），提单上除列明装货港、卸货港外，还要列明“收货地”（Place of Receipt）、“交货地”（Place of Delivery）以及“前程承运人”（Pre-carriage by）、“海运船名和航次”（Ocean Vessel，Voy No.）。填写卸货港还要注意同名港口问题，如属选择港提单，就要在这一栏中注明。

（8）接货地（Place of Receipt） 此栏在多式联运时填写，表明承运人接收货物的地点，其运输条款可表现为：门—场、门—门、门—站等。

（9）交货地（Place of Delivery） 此栏在多式联运时填写，表明承运人交付货物的地点，其运输条款可表现为：场—门、门—门、站—门等。交货地填写时请注意：如托运人要求在提单上注明最终交货地，而船公司又不接收，则可在“Description of Goods”栏中加注“Final Destination of the Goods Not the Ship：×××，For Merchant's Reference Only”；如托运人提供了拼写错误的卸船港名称和交货地点，在未与托运人核实下请勿自行更正。因为，提单内容的记载应符合信用证的要求，如需要更改则应由托运人提出书面声明。货物的交接地点应与具体的运输条款相一致，如CY—CY条款则在提单上注明装船港、卸船港即可；Door—CY，则在提单上注明接货地、装船港、卸船港，否则将在责任、费用上发生争执。

（10）前程承运人（Pre -carriage by） 此栏在货物转运、联运、多式联运时填写，在海运方式下通常是一程船。

（11）货名（Discription of Goods） 在信用证项下货名必须与信用证上规定的一致。如信用证上商品是Shoes（鞋子），不能擅自详细描述成Men's canvas shoes（男式帆布鞋），或Ladies' casual shoes（女式轻便鞋）等。此栏填写的情况，如内容过多，空间不够，可以添加附件，在这种情况下请注“Quantity and Description of Goods as Per Attached Schedule”。

（12）件数和包装种类（Number and Kind of Packages） 此栏要按箱子实际包装情况填写。

（13）唛头（Shipping Marks） 信用证有规定的，必须按规定填写，否则可按发票上的唛头填写。

（14）毛重，尺码（Gross Weight，Measurement）　除信用证另有规定者外，一般以公斤为单位列出货物的毛重，以立方米为单位列出货物的尺码。

（15）集装箱总数和货物件数总数（Total Number of Containers or Packages or Units）　在整箱货运输下，此栏填写集装箱的总数，如“Five Containers Only”。在拼箱货运输下，此栏填写货物的总件数，如“Twenty Packages Only”。在整箱货运输下，当此栏中填写集装箱总数后，不必再填写具体的货物件数。如同时在此栏中填写集装箱箱数和货物件数时，则以提单签发人加注的集装箱数为准。

（16）运费和费用（Freight and Charges）　一般为预付（Freight Prepaid）或到付（Freight Collect）。如CIF或CFR出口，一般均填上运费预付字样，千万不可漏列，否则收货人会因运费问题提不到货，虽可查清情况，但拖延提货时间，也将造成损失。如是FOB出口，则运费可制作“运费到付”字样，除非收货人委托发货人垫付运费。

（17）运费预付地点、运费到付地点（Prepaid at、Collect at）　此栏表明运费支付方式和地点，在CIF、CFR价格条件下，运费支付方式为Prepaid。在FOB价格条件下为Collect。

（18）提单的签发、日期和份数　提单必须由承运人或船长或他们的代理签发，并应明确表明签发人身份。一般表示方法有Carrier、Captain或“As Agent for the Carrier：××”等。提单份数一般按信用证要求出具，如“Full Set of”一般理解成三份正本若干份副本。其中一份正本完成提货任务后，其余各份失效。提单还是结汇的必需单据，特别是在跟单信用证结汇时，银行要求所提供的单证必须一致，因此提单上所签的日期必须与信用证或合同上所要求的最后装船期一致或先于装船期。如果卖方估计货物无法在信用证的最后装船期之前装上船，应尽早通知买方，要求修改信用证，而不应利用“倒签提单”“预借提单”等欺诈行为取得货款。

2. 提单的背面条款

正本提单的背面列有许多条款，其中主要有以下几种：

（1）定义条款（Definition Clause）　主要对“承运人”“托运人”等关系人加以限定，特别是对作为运输合同当事人一方的“货方”（Merchant）的含义和范围做出规定，将“货方”定义为“包括托运人、受货人、收货人、提单持有人和货物所有人”。

（2）首要条款（Paramount Clause）　说明提单所适用的法律依据，即如果发生纠纷时，应按哪一国家的法律和法庭裁决。这一条款一般印刷在提单条款的上方，通常列为第一条，所以称为首要条款。

（3）承运人责任期限条款（Carrier's Period of Responsibility Clause）　船公司的提单条款中都列有承运人对货物运输承担责任的开始和终止时间的条款。根据《海牙规则》，承运人从装船开始到卸船为止的期间对货物负责，也即通常所称的“钩至钩”（Tackle to Tackle）责任，具体指货物从挂上船上吊机的吊钩到卸货时下吊钩为止。但这种规定与普通班轮运输现行的“仓库收货、集中装船”和“集中卸货、仓库交付”的货物交接做法不相适应，一些船公司为了争揽货载，也常将责任期间向两端延伸，并将延伸了的责任期间列记于提单条款之中。因此，针对这种情况以及集装箱运输出现之后的实际情况，《汉堡规则》将承运人的责任期间扩大至“包括在装货港、在运输途中以及在卸货港、货物在承运人掌管下的全部时间”。这与《海牙规则》

比较起来，无疑是延长了承运人的责任期间，加重了承运人的责任。集装箱运输提单中承运人的责任期限一般从承运人接收货物至交付指定收货人为止。

（4）承运人责任条款（Carrier’s Responsibility Clause） 说明签发本提单的承运人对货物运输应承担的责任和义务。由于提单的首要条款都规定了提单所适用的法规，而不论有关提单的国际公约或各国的海商法都规定了承运人的责任，凡是列有首要条款或类似首要条款的提单都不再以明示条款将承运人的责任列记于提单条款中。如果首要条款规定《海牙规则》适用于本提单，那么，《海牙规则》所规定的承运人责任，也就是签发本提单的承运人对货物运输应承担的责任和义务。

（5）承运人免责条款（Exception Clause） 由于提单的首要条款都规定了提单所适用的法规，而有关提单的国际公约或各国的海商法都规定了承运人的免责事项，所以不论提单条款中是否列有免责事项条款的规定，承运人都能按照提单适用的法规享受免责权利。例如，《海牙规则》有17项免责事项，包括：船长、船员、引水员或承运人的雇佣人员，在航行或管理船舶中的行为疏忽或不履行职责；火灾，但由于承运人的实际过失或私谋所引起的除外；海上或其他能航水域的灾难、危险和意外事故；天灾；战争行为；公敌行为；君主、当权者或人民的扣留或管制，或依法扣押；检疫限制；托运人或货主、其代理人或代表的行为或不行为；不论由于任何原因所引起的局部或全面罢工、关厂停止或限制工作；暴动和骚乱；救助或企图救助海上人命或财产；由于货物的固有缺点、性质或缺陷引起的体积或重量亏损，或任何其他灭失或损坏；包装不善；唛头不清或不当；虽克尽职责亦不能发现的潜在缺点；非由于承运人的实际过失或私谋，或者承运人的代理人，或雇佣人员的过失或疏忽所引起的其他任何原因；但是要求引用这条免责利益的人应负责举证，证明有关的灭失或损坏既非由于承运人的实际过失或私谋，亦非承运人的代理人或雇佣人员的过失或疏忽所造成。

（6）包装和标志条款（Packages and Marks） 要求托运人对货物提供妥善包装和正确清晰的标志，货物唛头必须确定明显，并将目的港清楚地标明在货物外表，在交货时仍要保持清楚。如因标志不清或包装不良所产生的一切费用由货方负责。

（7）运费和其他费用（Freight and Other Charges） 运费规定为预付的，应在装船时一并支付，到付的应在交货时一并支付。如装运易腐货物、低值货物、动植物、舱面货等，其运费和其他费用一般应在起运时全部付清。承运人有权对货物的数量、重量、体积和内容等进行查对，如发现实际情况与提单所列情况不符，而且所付运费低于应付运费，承运人有权收取罚金，由此而引起的一切费用和损失应由托运人负担。当船舶和货物遭受任何灭失或损失时，运费仍应照付，否则，承运人可对货物及单证行使留置权。

（8）自由转船条款（Trans shipment Clause） 承运人虽签发了直达提单，但由于客观需要仍可自由转船，并不需经托运人的同意。转船费由承运人负担，但风险由托运人承担，而承运人的责任也仅限于其本身经营的船舶所完成的那段运输。

（9）承运人责任限额条款（Limit of Liability） 规定承运人对货物灭失或损坏造成的损失所负的赔偿限额，即每一件或每计算单位货物赔偿金额最多不超过若干金额。

（10）共同海损（General Average，GA） 规定若发生共同海损，按照什么规则理算。国际上一般采用1974年约克—安特卫普规则理算。在我国，一些提单常规定按照1975年北京理算规则理算。

（11）留置权条款（Lien Clause） 如果货方未交付运费、空仓费、滞期费、共同海损分摊的费用及其他一切与货物有关的费用，承运人有权扣押或出售货物以抵付欠款，如仍不足以抵付全部欠款，承运人仍有权向货方收回差额。

（12）危险品条款（Dangerous Cargo Clause） 危险品的装运必须由托运人在装船时声明，如不声明或不标明，承运人有权将该货卸下、抛弃或消灭而不予赔偿。

第二节 集装箱运输提单

一、集装箱运输提单

集装箱运输提单是集装箱货物运输下主要的货运单据，是负责集装箱运输的经营人或其代理人在收到集装箱货物后而签发给托运人的货物凭证。因此，集装箱运输提单一般是收货待运提单，它与普通货物提单的作用和法律效力基本相同，但也有其特点。

1）集装箱运输提单一经签发则表明承运人已收到外表状况良好、铅封完整的集装箱货物，其责任已开始。在实际业务中，一般情况下由集装箱堆场或货运站在收到集装箱货物后签发场站收据，托运人以此换取集装箱运输提单。

2）集装箱内所装货物必须在条款中说明。因为有时由发货人装箱，承运人可能不知道集装箱内装何物，一般都有“Said to Contain”“Shipper’s Load Count”或“Shipper’s Load Count and Seal”等条款。

3）提单内说明箱内货物数量、件数，铅封一般是由托运人来完成的，如在承运过程中，集装箱外表状况良好，铅封完整，承运人对箱内所载货物的灭失或损坏不予负责，以保护承运人的利益。

4）在提单上不出现“On Deck”字样，集装箱运输提单上没有“装船”字样，一般均是收讫待运提单，提单上却没有“收讫待运”字样。

5）集装箱货物运至目的港地，提单持有人将提单交还给目的港集装箱运输经营人的代理人，以取得提货的权利，因此，集装箱运输提单是交货的凭证。

6）集装箱运输提单一经签发，负责集装箱运输的经营人凭其收取运费，完成或组织完成集装箱货物的运输，所以，集装箱运输提单是集装箱运输经营人与货物托运人之间运输合同订立的证明。

7）集装箱运输提单是代表货物所有权的凭证，即货物的物权凭证，可自由转让买卖。

二、集装箱运输提单的主要条款

1. 承运人的责任期限

在集装箱运输下，接货、交货地点往往是距离港口较远的内陆货运站或货主仓库，这样，普通船提单中对承运人规定的责任期限不再适用，因此，集装箱运输提单将承运人的责任期限规定为：“从收到货物开始至交付货物时止”，以代替普通船提单下的“钩至钩原则”。中国远洋运输公司联运提单采用前后条款（Before After Clause），也就是说，承运人对收货前、交货后的货物损害不负责任。作为集装箱运输的经营人在实行门到门运输时，不仅有进口国、出口国有关法令是否允许的问题，而且在实行门到门运输的过程中，海上承运人负责内陆运输还必须做到：进口国或出口国有关法令允许海上承运人充当内陆或内河承运人，海上承运人必须对全程运输负责，也就是海上承运人与内陆或内河承运人订立分运合同，内陆或内河承运人作为受海上承运人委托的实际承运人。

实际上，集装箱运输下承运人的责任期限完全是根据集装箱货物的交接方式或运输条款来决定的，而什么样的交接方式或运输条款也就决定了承运人对货物负责的时间或期限。根据集装箱货物的交接地点，其交接方式有如下几种：

（1）整箱货接收、整箱货交付

1）发货人门至收货人门（Door/Door）。

2）发货人门至卸船港集装箱码头堆场（Door/CY）。

3）装船港集装箱码头堆场至收货人门（CY/Door）。

4）装船港集装箱码头堆场至卸船港集装箱码头堆场（CY/CY）。

（2）整箱货接收、拼箱货交付

1）发货人门至进口国集装箱货运站（Door/CFS）。

2）装船港集装箱码头堆场至进口国集装箱货运站（CY/CFS）。

（3）拼箱货接收、拼箱货交付

出口国集装箱货运站至进口国集装箱货运站（CFS/CFS）。

（4）拼箱货接收、整箱货交付

1）出口国集装箱货运站至卸船港集装箱码头堆场（CFS/CY）。

2）出口国集装箱货运站至收货人门（CFS/Door）。

根据上述集装箱货物的交接方式，承运人或其代理人签发集装箱运输提单地点包括以下几种：

（1）发/收货人门（工厂或仓库）（Door） 在发货人门签发的集装箱运输提单表明货物是由发货人自行装箱，集装箱运输经营人或其代理人在接收货物后，签署场站收据（相当于普通件杂货运输下的大副收据），并负责安排内陆运输，发货人凭场站收据换取提单。

（2）集装箱码头堆场（Container Yard，简称CY） 所谓集装箱码头堆场签发的提单，表明发货人在装箱后，自己负责安排内陆运输，发货人和集装箱运输经营人接收货物的地点以码头堆场为界，严格来说，以堆场大门为界。集装箱运输的经营人或其代表在收到货物后，签署场站收据，发货人凭其换取提单。

（3）集装箱货运站（Container Freight Station，简称CFS） 在货物不足以装满一整箱，而贸易合同又规定货物要用集装箱来运输时，发货人则将货物运至集装箱货运站，由货运站负责装箱，拼箱货的交接与普通货运输下的交接无多大区别，只是普通货运输下的货物交接以大副收据为凭证，而拼箱货以场站收据为凭证。

上述情况下签发的提单均属待装船提单。

2. 舱面货选择权条款

现行的海上运输法规定，如承运人将货物装载于甲板运输，此种运输仅限于该种货物根据航海习惯可装载于甲板运输，或事先已征得货主的同意，并在提单上记载“装载于甲板运输”字样。反之，如承运人擅自将货物装载于甲板运输而导致货物损害，则构成根本违反运输合同的行为，随之运输合同中给予承运人的一切抗辩理由、免责事项等均无效，由此而产生的一切损失由承运人负责赔偿。

但由于集装箱船舶构造的特殊性和经济性，要求有相当数量的集装箱装载于甲板运输。因此，集装箱运输提单中规定了一条舱面货（甲板货）条款，规定装载于舱面运输的集装箱与舱内集装箱享有同样权益，如日本邮船等船公司所使用的集装箱提单就有这样的规定：“本公司有权将集装箱货物装载于甲板下运输，或甲板上运输，如货物装载于甲板上，对包括共同海损在内的一切用途来说应认为是甲板下装载。”又如中国远洋运输公司联运提单条款第十七条第一款规定：“集装箱（平板、托盘或其他类似装运工具除外）中所装的货物，不论是由承运人，或由货方装载，都可做舱面装运或舱内装运，而无需通知货方。此种货物（牲畜和植物除外），不论装载于舱面或舱内，就本提单所载包括共同海损在内的所有情况，都视作舱内积载。”

现行集装箱运输提单中对甲板箱装载的选择权均由承运人来行使，而且在配装之前没有必要去征求货主意见，并且，即使因此产生配装载而带来的风险也由货主来承担。但在实际业务中，货主为保护自己的利益也会因甲板箱装载的风险，而在向船公司订舱时提出一些装载要求，如：集装箱不准配装甲板；集装箱必须装载于舱内；集装箱应装载于船舶水线之下；集装箱应防水、防潮；集装箱不应经受风雨；集装箱应防海浪。

对于上述货主的托运指示，船公司或其代理一旦接受，则应满足货主的要求，否则一旦对货物造成灭失或损害，货主可以船公司根本违约而提出赔偿要求。但并非所有的船公司均认可并接受货主的托运指示，尤其是在舱位紧张的时候。接受有运输指示的集装箱，除在配载上带来难度之外，也会带来装在舱内集装箱所没有的风险。针对货主的这种运输指示，也有的船公司会提出除按正常运费计收外，另加一定的运费后才能满足货主要求。当然，由于货物的特性、种类差异，有的集装箱还必须装载于甲板运输，如：冷藏集装箱的插座大多位于甲板上而必须配载在甲板上；动物集装箱因喂食而必须装载于甲板运输，而且需装载于最外边以便于管理，也有利于通风和卫生清理工作；还有可燃、易爆的危险品集装箱往往也必须装载于甲板运输，以便一旦发生意外及时采取措施。

集装箱运输舱面货条款的应用除集装箱船结构的特点，承运人便于配载和避免风险等原因外，其根本原因是一旦产生责任，责任由谁承担的问题。根据现行集装箱航运特点和船公司对甲板箱运输条款的理解，甲板箱舱面装载具有以下特点：

1）船公司有权将任何货主的集装箱装载于甲板运输，而事先不必征得货主同意。

2）所签发的集装箱运输提单上不显示“装载于甲板”的字样，因为一旦显示“装载于甲板”，有时结汇银行会将该提单认定是甲板货提单，而对甲板货提单银行通常不办理结汇。

3）件杂货提单中未将甲板货包括在货物范围内，因而一旦造成灭失或损失，通常承运人对此不承担任何责任，因而件杂货配装甲板运输对货主而言只有牺牲的义务，没有要求赔偿的权利。但装件杂货的集装箱装载于甲板，既不符合集装箱船舶的运输经济效益，也不利于集装箱运输的发展，但如承运人将集装箱装载于甲板运输时属管货过失而致使甲板箱受损，承运人应承担赔偿责任。这一规定不仅有利于集装箱运输的发展，而且也平衡了承运人与货主之间的利益。

4）一旦发生共同海损，甲板箱可得到补偿。

3. 承运人的赔偿责任限制

承运人的赔偿责任限制是指“承运人对每一件或每一货损单位负责赔偿的最高限额”。各国的法律和船公司的提单对承运人的赔偿责任限制都有明确规定，有的按照《海牙规则》，有的按照国内法。

在集装箱运输下，如货物由承运人或其代理人负责装箱，特别是拼箱货运输，承运人的责任与普通货提单规定的责任一样，按件、单位数或毛重每公斤负责赔偿。但在整箱货运输下，承运人收到的仅仅是外表状况良好，铅封完整的集装箱，至于内装什么货、多少件、包装如何等，承运人只能从有关单证上知悉。为此，《维斯比规则》对《海牙规则》修改时，对集装箱、托盘或类似的运输工具在集装时做了这样的规定："如在提单中已载明这种工具内的货物件数或单位数，则按所载明的件数或单位数赔偿，如集装箱、托盘，或类似的运输工具为货主所有，赔偿时也作为一件。"将货主所有的集装箱、托盘，或类似的装运工具也作为赔偿，这是因为集装箱运输提单对货物下的定义是："货物是指从货物托运人处接收的货物，包括不是由承运人或代表承运人提供的任何集装箱，集装箱包括任何种类的集装箱、拖车、平板、集装油罐、托盘或类似的装运工具。"

现行的海上运输法规对承运人规定的最高赔偿责任限额每一件或每一货损单位，《海牙规则》是100英镑，《维斯比规则》是10 000金法郎或毛重每千克30金法郎，并按其中高者计算。中国远洋运输总公司联运提单条款规定：

（1）当承运人应对货物的灭失或损害负责赔偿时，此种赔偿应根据该货物的发票价值加上运费、保险费（如已支付）计算。

（2）如无货物发票价值，此项赔偿则应根据该项货物交付地点和交付货方当时的价值，或应如此交付时的价值计算。货物价值应根据商品交易价值计算；在无此项价格时，则按现时市场价格计算；如无商品交易价格或现时市场价格，则应根据相同品种及质量货物的正常价值计算。

（3）赔偿金额不得超过灭失或损害时货物的毛重每千克2个特别提款权。

（4）只有在承运人同意之下，托运人所宣布的超过本提单规定限制的货物价值已在提单上记明时，才能要求赔偿较高的金额，在此情况下，宣布的价值便作为赔偿限额。任何部分灭失或损害，都应在此宣布价值的基础上按比例调整。

（5）如经证明，货物的灭失或损害是发生在海上或者内陆水路，承运人的责任限额定为每件或每一计费单位666.67个特别提款权。

《中华人民共和国海商法》第五十五条规定："货物灭失的赔偿额，按照货物的实际价值计算；货物损坏的赔偿额，按照货物受损前后实际价值的差额或者货物的修复费用计算。货物的实际价值，按照货物装船时的价值加保险费加运费计算。前款规定的货物实际价值，赔偿时应当减去因货物灭失或者损坏而少付或者免付的有关费用。"

第五十六条规定："承运人对货物的灭失或者损坏的赔偿限额，按照货物件数或者其他货运单位数计算，每件或者每个其他货运单位为666.67计算单位，或者按照货物毛重计算，每公斤为2计算单位，以二者中赔偿限额较高的为准。但是，托运人在货物装运前已经申报其性质和价值，并在提单中载明的，或者承运人与托运人已经另行约定高于本条规定的赔偿限额的除外。货物用集装箱、货盘或者类似装运器具集装的，提单中载明装在此类装运器具中的货物件数或者其他货运单位数，视为前款所指的货物件数或者其他货运单位数；未载明的，每一装运器具视为一件或者一个单位。装运器具不属于承运人所有或者非由承运人提供的，装运器具本身应当视为一件或者一个单位。"计算单位，是指国际货币基金组织规定的特别提款权；其人民币数额为法院判决之日、仲裁机构裁决之日或者当事人协议之日，按照国家外汇主管机关规定的国际货币基金组织的特别提款权对人民币的换算办法计算得出的人民币数额。

4. 制约托运人的责任条款

（1）发货人装箱、计数或不知条款 《海牙规则》规定如承运人、船长或其代理人有适当依据怀疑货物的任何标志、号码、数量、重量不能确切代表其实际收到的货物，或无适当的方法进行检验，便没有必要在提单上将其注明或标明。根据《海牙规则》的这一规定，承运人可以在提单上拒绝载明箱内货物的详情。但是，如果提单上缺少这些记载，势必会影响提单的流通性，因此，在实际业务中又不得不根据货主的通知内容予以记载。但另一方面，如果承运人默认了货主提供的集装箱内的件数，则会在能否享受最高赔偿限额等责任限制方面带来不利。因而，承运人在根据货主提供的内容如实记载于提单的同时，又保留"发货人装箱、计数"（Shipper's Load and Count）等批注，以最大限度地达到免除责任的目的。

有的集装箱运输提单规定："如货物件数是由发货人或其代理人装箱并加封，该种集装箱又为本公司接收运输的，则本提单正面所列的内容（有关货物的重量、尺码、件数、标志、数量等），本公司均不知悉。"特别是集装箱运输下的整箱货，承运人收到的仅是外表状况良好、铅封完整的集装箱，对里面所装的货物一无所知，所以有必要加注这样的条款。在提单中订有不知条款，从表面上看能保护承运人的利益，但其保护范围也有一定的限度，如货主能举证说明承运人明知货物详细情况，且又订上不知条款，承运人仍不能免责。

（2）铅封完整交货条款 集装箱运输提单中这一条款的规定仅适用于整箱货交接，也就是说，承运人在铅封完整下接货、交货，业已认为承运人完成货物运输，并解除所有责任。因此，从某种程度上说，集装箱运输下的整箱货交接是以铅封完整与否来确定承运人责任的。如货物受损人欲提出赔偿要求，不仅需举证说明，还应根据集装箱运输提单中承运人的责任形式来确定。

（3）货物检查权条款 货物检查权条款是指承运人有权，但没有义务在任何时候将集装箱开箱检验，核对其所载装的货物。经过查核，如发现所装载的货物全部或一部分不能适合运输，承运人有权对该部分货物放弃运输，或是在由托运人支付合理的附加费后完成这部分货物的运输，或存放在岸上或水上具有遮蔽的或露天的场所，这种存放业已认为按提单交货，即承运人的责任已告终止。集装箱运输提单上订有货物检查权条款是为了承运人对箱内货物的实际状况怀疑或积载不正常时启封检查。承运人在行使这一权力时，无需得到托运人的预先同意，但在实际业务中，对由货主自己装载的集装箱启封检查时，原则上应征得货主同意，其费用由货主负担。

（4）海关启封检查条款 根据《国际集装箱海关公约》的规定，海关有权检查集装箱，因此，集装箱运输提单中都规定："如果集装箱的启封是由海关当局因为检查箱内货物内容打开而重新封印，由此而造成任何货物灭失、损害以及其他后果，本公司概不负责。"在实际业务中，尽管提单条款做了这样的规定，承运人对这种情况还应做好记录，并保留证据，以使其免除责任。

（5）发货人对货物内容准确性负责条款 集装箱运输提单中所记载的内容，通常由发货人填写，或由负责集装箱运输的承运人或其代表根据发货人所提供的有关托运文件制成。在集装箱运输经营人接收货物时，应视为发货人已向承运人保证，在集装箱运输提单中所记载的货物种类、标志、件数、重量、数量等均准确无误，危险货物已说明其危险特性。

如货物的损害是由发货人提供的内容不准确或不当所致，发货人应对承运人负责，即使发货人已将提单转让他人也不例外。集装箱货物在由货主自行负责装箱时，如由于货主自己装载不当；箱内的货物不适合装载集装箱运输；箱内货物包装不牢、标志不清；货主装箱之前未对箱子做合理检验；由于货主自行搬运、运输造成损害或运输途中承运人遇到不能控制的原因时，货主应对承运人造成的损害负责赔偿。

5. 危险货物运输

运输集装箱危险品时，对货物托运人来说，必须在货物外表刷上清晰的、永久性的货物标志，并能提供任何适用的法律、规章以及承运人所要求的文件证明。集装箱运输提单条款规定：

1）承运人在接收具有爆炸性、易燃性、放射性、腐蚀性、有害性、有毒性等危险货物时，只有在接受由货主为运输此种货物而提出的书面申请时方能进行。

2）承运人或其代理人对于事先不知其性质而装载的具有易燃、爆炸以及其他危险性的货物，可在卸货前任何时候、任何地点将其卸上岸，或将其销毁，或消除其危害性而不予赔偿。该货物的所有人对于该项货物所引起的直接或间接的一切损害和费用负责。

3）如承运人了解货物的性质，并同意装船，但在运输过程中该货物对船舶和其他货物可能造成危害时，也同样可在任何地点将货物卸上岸，或将其销毁，或消除危害性而不负任何责任。

此外，在托运危险品货物时，托运人应保证：① 提供危险品货物详细情况。② 提供运输注意事项、预防措施，货物的包装外表应注有清晰、永久性标志。③ 满足危险品货物有关运输保管、装卸等的要求。④ 在整箱货运输时，箱子外表（四面）应贴有危险品标志。

6. 运价本

由于集装箱运输的特点，特别是涉及有关集装箱运输术语、具体交接办法、计费方法、禁运规定以及交货方式等问题，均无法一一在提单上列举说明，这时则需要运价本予以补充详述。在国际货物运输业务中，各船公司一般均将运价本的主要条款装订成册，必要时对外提供，以弥补提单条款规定的不足。但运价本与提单发生矛盾时，应以提单为准。

7. 索赔与诉讼

《海牙规则》规定，根据运输合同或提单有权提取货物的人，在收货时发现货物业已发生灭失或损害，或损害不明显，最迟不超过从收货之日起3天内以书面通知承运人或其代理人。否则，这种交接应作为承运人已按照提单规定交付货物的初步证据。如货物的状况在货物交接时已经双方联合检验或检查，则无需书面通知。除非从货物交付之日或应交付之日起1年内提出诉讼，承运人和船舶在任何情况下都免除对灭失或损害所负的一切责任。

现行的集装箱运输提单对于拼箱货货损事故处理，即索赔要求和诉讼时效基本上与普通船提单的规定相同。但在整箱货运输下，由于整箱货在卸货港交付后一时并不拆箱，因此，只能根据表面状况交货，如箱子外表状况良好、铅封完整，承运人的责任即告终止。如货物或箱子外表状况并不良好，考虑到集装箱运输的特点，有的提单条款规定收货人应在3～7天内书面通知承运人。对于诉讼时效，有的规定为1年，有的为9个月，如属全损，有的提单仅规定为2个月，超出规定期限，承运人将免除一切责任。

8. 货主自行装载集装箱责任

在由货主自行装载集装箱，以集装箱作为运输单元交承运人运输时，集装箱运输提单一般均订有如下条款：

1）承运人接收的是外表状况良好、铅封完整的集装箱，有关箱内货物的详细情况概不知悉。

2）货主应向承运人保证，集装箱以及箱内货物适应装卸、运输。

3）当集装箱由承运人提供时，货主有检查集装箱的责任。

4）当承运人在箱子外表状况良好、铅封完整下交付时，业已认为承运人完成交货义务。

5）承运人有权在提单上做出类似“由货主装载并计数”或“据称内装”等字样的保留文字。

9. 集装箱运输提单首要条款

集装箱运输提单中的首要条款内容是指：

1）凡提单中所涉及的海上或内陆水路运输的货物，提单内容受制于《海牙规则》或《海牙-维斯比规则》，即使除《海牙规则》或《海牙-维斯比规则》以外的其他任何法规被强制适用于该提单，事实上它仍将受制于《海牙规则》或《海牙-维斯比规则》内容的管辖。如提单中已有的条款在任何程度上被认为与其他任何法规内容相抵触，或其他任何法律、法令或法规强制性适用于提单所证明的合同，提单条款内容将被视为无效。

2）凡提单所涉及的航空货物，提单内容受制于1929年的《华沙公约》以及1955年经修改而成的《海牙议定书》。

3）如提单被用于多式联运时，则应视为具体体现了1980年已通过的《联合国国际货物多式联运公约》的内容，如提单内容与该公约内容不符时，提单条款仍然有效。

10. 强制性法律、管辖权、限制性法令

提单所证明的或包含的合同将受提单签发地法律、法令或法规的管辖，如当地法律另有规定时除外。但提单并不限制或剥夺任何国家的现行法律、法令或法规对承运人所认可的任何法定保护、有关事项的免责或责任限制。

11. 提单可转让性

由于提单具有物权凭证的性质，除非提单正面已注有“不可转让”，否则一旦接受提单，就视为提单出让人、受让人以及提单签发人一致同意提单可转让性，并通过背书或无须背书转让，提单持有人有权接收或转让本提单所记载的货物。

第三节 国际多式联运提单

一、国际多式联运提单的概念

国际多式联运提单是指货物由水路、铁路、公路、航空等两种或多种运输方式进行国际间联合运输而签发的适用于全程运输的提单。在实际业务中，一般将国际多式联运单据称为国际多式联运提单。国际多式联运提单是用于证明多式联运合同以及证明多式联运经营人接管货物并负责按合同条款交付货物的单据。该单据包括双方确认的取代纸张单据的电子数据交换信息。国际多式联运提单不是多式联运合同，只是多式联运合同的证明，是多式联运经营人收到货物的收据和凭其交货的凭证。1980年《联合国国际货物多式联运公约》表明，多式联运单证是可以转让的物权凭证。

二、国际集装箱多式联运提单的内容

对于国际集装箱多式联运提单的记载内容，《联合国国际货物多式联运公约》做了具体规定，根据其规定，国际集装箱多式联运提单应当载明的主要内容有：

1）货物品类，识别货物所必需的主要标志，如属危险货物，其危险特性的明确声明，包数或件数，货物的毛重或其他方式表示的数量等，所有这些事项均由发货人提供。

2）货物外表状况。

3）多式联运经营人的名称和主要营业所。

4）发货人名称。

5）如经发货人指定收货人，收货人的名称。

6）多式联运经营人接管货物的地点和日期。

7）交货地点。

8）如经双方明确协议，在交付地点交货的日期或期间。

9）表示该多式联运单据为可转让或不可转让的声明。

10）多式联运单据的签发地点和日期。

11）多式联运经营人或经其授权的人的签字。

12）如经双方明确协议，每种运输方式的运费；或者应由收货人支付的运费，包括用已支付的货币；或者关于运费由收货人支付的其他说明。

13）如在签发多式联运单据时已经确知，预期经过的路线、运输方式和转运地点。

14）多式联运单据应载有一项声明，说明国际多式联运必须遵守本公约的规定，背离本公约而使发货人或收货人受到损害的任何规定，概属无效。

15）如不违背签发多式联运单据所在国的法律，双方同意列入多式联运单据的任何其他事项。

国际集装箱多式联运提单一般都应注明上述各项内容，如果缺少其中的一项或两项，只要所缺少的内容不影响多式联运提单的法律性质，不影响货物运输和各当事人之间的利益，这样的集装箱多式联运提单仍然有效。此外，除按规定的内容填制外，还可以根据双方的实际需要和要求，在不违背提单签发国法律的情况下加注其他项目，如有关特种货物的装置说明；对所收到的货物批注说明；在不同的运输方式下，承运人之间的临时洽商批注等。

三、国际多式联运提单的签发与转让

一般情况下（如费用预付），多式联运经营人在收到货物后，签发多式联运提单前，应向发货人收取合同规定的和应由其负担的全部费用，然后可以根据发货人的要求签发可转让国际多式联运提单或不可转让国际多式联运提单。根据《联合国国际货物多式联运公约》的要求，国际多式联运提单的转让性在其记载事项中应有规定。

可转让的国际多式联运提单，具有流通性。国际多式联运提单以可转让方式签发时，应列明按指示或向持票人交付。如列明按指示交付，须经背书后转让；如列明向持票人交付，无须背书即可转让。提单上的通知方一般是在最终交货地点由收货人指定的代理人。此外，如签发一套一份以上的正本，应注明正本份数，各正本提单具有同样的法律效力，但多式联运经营人或其代表如已按其中的一份正本交货便已履行交货责任，其他正本提单自动失效。如签发任何副本，每份副本均应注明“不可转让副本”字样。如果多式联运经营人在接收货物时，对货物的实际情况和提单中所注明的货物的种类、数量、重量和标志等有怀疑，但又无适当方法进行核对、检查时，可以在提单中做出保留，注明不符之处及怀疑根据。

签发不可转让的国际多式联运提单时，应列明收货人的名称。不可转让的国际多式联运提单没有流通性。多式联运经营人凭单据上记载的收货人而向其交货。按照《联合国国际货物多式联运公约》的规定，多式联运提单以不可转让的方式签发时，应指明记名的收货人。同时规定，多式联运经营人将货物交给此种不可转让的多式联运提单所指明的记名收货人或经收货人通常以书面正式指定的其他人后，该多式联运经营人即已履行其交货责任。

国际多式联运提单的转让依照下列规定执行：

1）记名单据：不得转让。

2）指示单据：经过记名背书或者空白背书转让。

3）不记名单据：无需背书，即可转让。

四、多式联运提单与单一运输方式下单据的比较

不同运输单据的内容、性质和作用的规定都是以某一国际公约为基础的，一般均在首要条款中对服从的国际运输公约做出说明。由于不同运输方式的特点、运输组织形式、货物运输中的风险及货物运输所需要的时间等方面存在着差别，各国际公约对运输单证内容、性质、作用及条款的规定也有很大的差别。

多式联运提单与各单一方式运输单据的主要差别可通过表5-1来说明。

表5-1　多式联运提单与各单一方式运输单据主要差别表

单证 内容	铁路运单	公路运单	海运提单	联运提单	多式联运提单
运输方式	铁路	公路	海运	同一种运输方式间（实务中有例外）	多种
接收货物收据	是	是	是	是	是
运输合同	是	是	不是	不是	不是
交付凭证	不是	是	是	是	是
物权证明	不是	不是	是	是	是
可转让性	不可	不可	可（特殊情况例外）	可（特殊情况例外）	可（特殊情况例外）
货方风险	无	无	有	有	有
责任期限	站-站	接收-交付	港-港	接收-交付	接收-交付

五、国际多式联运提单的证据效力

国际多式联运提单的证据效力主要表现在它是该单据所载明的货物由多式联运经营人接管的初步证据。由此可见，作为国际多式联运合同证明的多式联运提单，其记载事项与其证据效力是密切相关的，多式联运提单主要对以下几个方面起到证明作用：① 当事人本身的记载；② 有关货物状况的记载；③ 有关运输情况的记载；④ 有关法律约束方面的记载。

根据《联合国国际货物多式联运公约》的规定，多式联运经营人对多式联运提单中的有关记载事项可以做出保留。如果多式联运经营人或其代表知道，或有合理的根据怀疑多式联运提单所列货物的品种、主要标志、包装或件数、重量或数量等事项没有准确地表明实际接管的货物状况，或无适当方法进行核对，则该多式联运经营人或其代表应在多式联运提单上做出保留，注明不符之处、怀疑的根据，或无适当的核对方法。如果多式联运经营人或其代表未在多式联运单据上对货物的外表状况加以批注，则应视为他已在多式联运单据上注明货物的外表状况良好。

多式联运经营人如在单据上对有关货物或运输方面加了批注，其证据效力就会产生疑问，收货人原则上是不能接收加了批注的多式联运提单的。如果多式联运单据上没有这种保留性批

注，则多式联运提单上记载事项的证据效力是完全的，对发货人来说是初步证据，但多式联运经营人可举证予以推翻。不过，根据《联合国国际货物多式联运公约》的规定，如果多式联运单据是以可转让方式签发的，而且已转让给善意信赖该单据所载明的货物状况的、包括收货人在内的第三方时，该单据就构成了最终证据，多式联运经营人提出的反证不予接受。

此外，《联合国国际货物多式联运公约》对一些经过协议达成的记载事项，如交货日期、运费支付方式等并未做出法律规定，这符合合同自由原则，但公约对由于违反此类记载事项带来的责任还是做了规定：如果多式联运经营人意图诈骗，在多式联运单据上列入有关货物的不实资料或其他规定应载明的任何资料，则该联运经营人不得享有该公约规定的赔偿责任限额，而须负责赔偿包括收货人在内的第三方因信赖该多式联运单据所载明货物的状况行事而遭受的任何损失、损坏或费用。

六、多式联运提单的签发时间与地点

多式联运提单一般是在多式联运经营人收到货物后签发的，由于主要是集装箱货物，因而多式联运经营人接收货物的地点可能是集装箱堆场（CY）、集装箱货运站（CFS）和发货人的工厂或仓库（Door）。因此，多式联运经营人接收货物地点不同，提单签发的时间、地点及承担的责任也有比较大的区别。

1. 在集装箱堆场（CY）收货后签发的提单

这种情况一般由发货人将装好的整箱货运至多式联运经营人指定的集装箱堆场，由多式联运经营人委托的堆场业务人员代表其接收货物，签发正本场站收据给发货人，再由发货人用该正本场站收据至多式联运经营人处换取提单。多式联运经营人收到该正本场站收据并收取应收费用后即应签发提单。

2. 在集装箱货运站（CFS）收货后签发的提单

在这种情况下，多式联运经营人是在其自有的或由其委托的集装箱货运站接收货物。该货运站可在港口码头附近，也可以在内陆地区。接收的货物一般是拼箱运输的货物。提单签发时间一般是在货物交接入库后。在集装箱货运站签发提单意味着发货人应负责货物报关，并把货物（以原来形态）运至指定的集装箱货运站，而多式联运经营人（或其委托CFS）负责装箱，填制装箱单，联系海关加封等业务，并负责将拼装好的集装箱货物运至集装箱堆场。

3. 在发货人工厂或仓库（Door）收到货物后签发的提单

这种情况应在场站收据中注明。提单一般在集装箱装到在发货人工厂或仓库（Door）处的运输工具（汽车或火车）后签发。在发货人工厂或仓库签发提单意味着发货人应自行负责货物报关、装箱、制作装箱单、联系海关监装及加封，交给多式联运经营人的是外表状况良好、铅封完整的整箱货物。而多式联运经营人应负责从发货人工厂或仓库至码头堆场的运输和至最终交付货物地点的全程运输。

【思考题】

1. 简述提单的性质和作用。
2. 什么是清洁提单？
3. 何为发货人装箱、计数或不知条款？
4. 简述承运人的赔偿责任限制。

第六章

Chapter 6

国际集装箱多式联运码头业务

第一节 集装箱码头概况

集装箱码头是集装箱运输的枢纽，它外接海洋的国际远洋运输航线，内连国内的铁路、公路、水路等运输线路。因此，集装箱码头是各种运输方式衔接的换装点和集散地。集装箱码头在整个集装箱运输过程中具有重要的地位。做好集装箱码头的建设和管理工作对于加速集装箱及其运载工具的周转、降低运输成本、提高经济效益和社会效益具有极其重要的意义。

一、集装箱码头的特点

集装箱码头与普通件杂货码头相比具有如下特点：

1. 码头大型化

随着集装箱运输的发展，件杂货物集装箱化的比例不断提高，集装箱运量不断上升。根据规模经济原理，船舶越大，单位成本越低。因此，为了降低集装箱船舶运输成本，各个集装箱船舶运输公司新投入的集装箱船舶越来越大，而与此相对应的码头也越来越大。集装箱码头大型化的主要标志是码头前沿水深增加，岸线泊位长度延长，堆场及整个港区扩大。

2. 装卸、搬运机械专门化、自动化、高速率化

由于集装箱船舶越来越大，从航次经济核算分析，允许船舶停留在码头的时间相对较短。因为船舶越大，停留在码头的成本越高，而缩短集装箱船舶在码头的停泊时间可以降低集装箱运输的停泊成本，提高集装箱运输的航行率，充分发挥其降低船舶单位运输成本的优势，从而降低水路全程运输的成本，提高经济效益。为了保证集装箱船舶在码头以最短的时间装卸完集装箱，现代集装箱专用码头一般都配备了专门化、自动化、高效率化的装卸、搬运机械。

3. 管理现代化

大型集装箱船舶停靠在码头的时间很短，要在短时间内办理完所有的集装箱商务手续，必须有现代化的管理方法和手段。

4. 码头投资巨大化

上述码头大型化，装卸、搬运机械自动化、专门化、高速化，管理现代化都需要有较大的投资。另外，诸如集装箱码头堆场造价也比件杂货码头造价高得多。所以，集装箱码头投资巨大，这也是目前许多大型集装箱码头都采用合资等形式进行招商融资建造集装箱码头的主要原因之一。

二、集装箱码头的要求

集装箱码头必须满足下列基本要求：

1）具备设计船型所需的泊位、岸线及前沿水深和足够的水域，保证船舶安全靠离。

2）具备码头前沿所必需的宽度、码头纵深及堆场所必需的面积，具有可供目前及发展所需的广阔的陆域，满足集装箱堆存和堆场作业及车辆通道的需要。

3）具备适应集装箱装卸船作业、水平运输作业及堆场作业所必需的各种装卸机械及设施，以实现各项作业的高效化。

4）具有足够的集疏运能力及多渠道的集疏运系统，以满足集装箱及时集中和疏散，防止

港口堵塞及快速装卸船舶的需要。

5）具有维修保养的设施及相应的人员，以满足正常作业的需要。

6）集装箱码头高科技及现代化的装卸作业和管理工作，要求配备较高素质的管理人员和机械司机。

7）为满足作业及管理的需要，应具有现代管理和作业的必需手段，采用电子计算机及数据交换系统。

三、集装箱码头的构成

（一）集装箱码头的布局

集装箱码头的整个装卸作业是采用机械化、大规模生产方式进行的，要求各项作业密切配合，实现装卸工艺系统的高效化。这就要求集装箱码头布局合理，使码头上各项设施合理布置，并使它们有机地联系起来，形成一个各项作业协调一致、相互配合的有机整体，形成高效、完善的流水作业线，以缩短车、船、箱在港口码头的停泊时间，加速车、船、箱的周转，降低运输成本和装卸成本，实现最佳的经济效益。

图6-1为吊装式全集装箱船专用码头平面布局简图，对于集装箱专用码头来说，码头布置主要要求集装箱泊位岸线长300m以上。集装箱码头陆域纵深应能满足各种设施对陆域面积的要求，由于集装箱船舶日趋大型化，载箱量越来越多，因此，陆域纵深一般为350m以上，有的集装箱码头已高达500m。码头前沿宽度一般为40m左右，这取决于集装箱装卸工艺系统及集装箱岸壁起重机的参数和水平运输的机械类型。一般码头前沿不铺设铁路线，不考虑车船直取的装卸方式，以确保码头前沿船舶装卸效率不因此而受影响。每一集装箱专用泊位，配置2台岸壁集装箱起重机。集装箱堆场是进行集装箱装卸和堆存保管的场所，集装箱堆场的大小，应根据设计船型的装卸能力及到港的船舶密度决定。有关资料表明，岸线长300m的泊位，堆场面积达105 000m²，甚至更大，这还与采用的装卸工艺系统和集装箱在港停留时间有关。集装箱货运站（拆装箱库）可布置在集装箱码头，一般布置在大门与堆

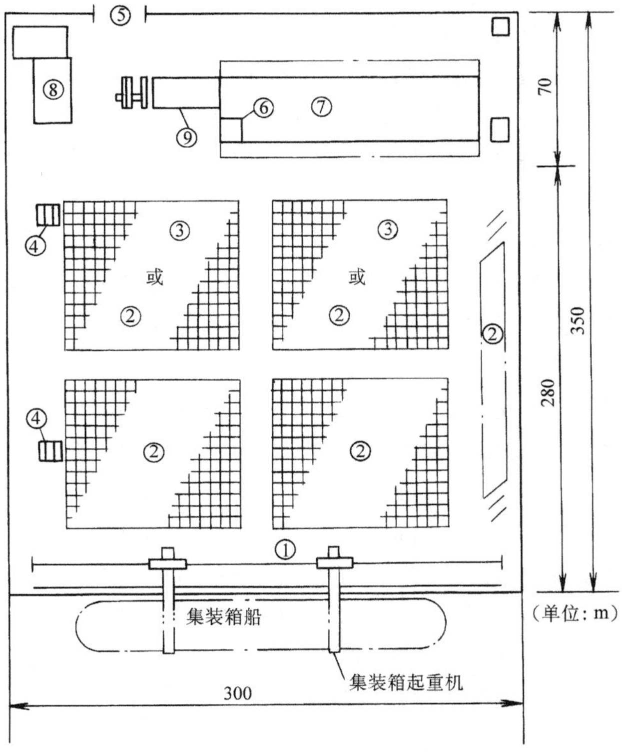

图6-1　集装箱码头的标准布局

①—码头前沿　②—编排场　③—集装箱堆场　④—调头区　⑤—大门　⑥—控制塔　⑦—拆、拼箱库　⑧—维修车间　⑨—办公楼

场之间的地方，也可布置在集装箱码头以外的地方，所有通道的布置应根据装卸工艺与机械要求而定。

（二）集装箱码头的组成

根据集装箱码头装卸作业、业务管理的需要，集装箱码头应由以下主要设施组成：

1. 靠船设施（Wharf）

靠船设施主要由码头岸线和码头岸壁组成。码头岸线供来港装卸的集装箱船舶停靠使用，其长度应根据其所停靠集装箱船的主要技术参数及有关安全规定而定。码头岸壁一般是指集装箱船停靠时所需要的系船设施。集装箱泊位长度一般为300m，前沿水深应满足设计船型的吃水要求，一般为12m以上。岸壁上设有系船柱，用于船靠码头时通过缆绳将船拴住。为保持岸壁不受损坏，岸壁上设置预防碰撞装置，通常为橡胶材料制作。

2. 码头前沿（Frontier）

码头前沿是指沿码头岸壁到集装箱编排场（或称编组场）之间的码头面积。码头前沿设置有岸边集装箱起重机及其运行轨道。码头前沿的宽度可根据岸边集装箱起重机的跨距和使用的其他装卸机械种类而定，一般为40m左右。

集装箱码头前沿一般不设铁路线。因为各种车辆及集装箱的衔接交换都是在前沿进行的，非常繁忙，如果为了部分集装箱的车船直取而铺设铁路线，将会严重影响更多的集装箱的装卸作业，结果可能是得不偿失。所以很多专家和学者都不主张在集装箱码头前沿铺设铁路线，只有在个别情况下（如直取比重很大的码头）码头前沿才设有铁路线。

3. 集装箱编排场（Container Marshalling Yard）

集装箱编排场是为即将装船的集装箱排列待装及即将卸下的集装箱准备的场地和堆放位置，通常布置在码头前沿与集装箱堆场之间。其主要作用是保证船舶装卸作业快速而不间断地进行。编排场面积的确定主要与集装箱码头吞吐量、设计船型的载箱量、到港船舶密度及装卸工艺系统有关。将集装箱直接堆放还是放在底盘车上，堆放一层还是数层，情况不同则所需的面积也不同。同时，编排场的配置方法、离码头前沿的距离等直接影响装卸作业，应慎重考虑。通常在集装箱编排场上按集装箱的尺寸预先在场地上用白线或黄线画好方格即箱位，箱位上编上“箱位号”，当集装箱装船时，可按照船舶的配载图找到这些待装箱的箱位号，然后有次序地进行装船。

4. 集装箱堆场（Container Yard，简称 CY）

集装箱堆场是指进行集装箱交接、保管重箱和安全检查箱的场所，有的还包括存放底盘车的场地。由于进出码头的集装箱基本上均需要在堆场上存放，因此堆场面积的大小必须适应集装箱吞吐量的要求，应根据设计船型的装载能力及到港的船舶密度、装卸工艺系统、集装箱在堆场上的排列形式等计算、分析确定。

集装箱在堆场上的排列形式一般有纵横排列法和人字形排列法两种。纵横排列法是将集装箱按纵向或横向排列，此法应用较多。人字形排列法是集装箱在堆场放成“人”字形，适用于底盘车装卸作业方式。

5. 集装箱货运站（Container Freight Station，简称 CFS）

集装箱货运站有的设在码头之内，有的设在码头外面。货运站是拼箱货物进行拆箱和装箱的场所，主要任务是出口拼箱货的接收、装箱，进口拼箱货的拆箱、交货等。货运站应配备拆装箱和用于场地堆码的小型装卸机械及有关设备。货运站的规模应根据拆装箱量及不平衡性综合确定。

6．维修车间（Maintenance Shop）

维修车间是对集装箱及其专用机械进行检查、修理和保养的场所。它的主要任务是及时对集装箱及主要机械进行检查、修理和保养，使其经常处于完好的技术状态，提高完好率，以保证集装箱码头生产不间断地正常进行。维修车间的规模应根据集装箱的损坏率、修理的期限、码头内使用的车辆和装卸机械的种类、数量及检修内容等确定。维修车间应配备维修设备。

7．控制塔（Control Tower）

控制塔是集装箱码头作业的指挥中心。其主要任务是监视和指挥船舶装卸作业及堆场作业。控制塔应设在码头的最高处，以便能清楚地看到码头所有集装箱的箱位及全部作业情况，有效地进行监视和指挥工作。

8．大门（Gate）

大门是集装箱码头的出入口，也是划分集装箱码头与其他部门责任的地方。集装箱码头门卫工作十分重要，所有进出集装箱码头的集装箱均在门房进行检查，办理交接手续并制作有关单据。这些单据不仅作为划分责任的依据，也是实行集装箱码头电子计算机管理的主要数据来源。

9．集装箱码头办公楼（Container Terminal Building）

集装箱码头办公大楼是集装箱码头行政、业务管理的大本营。目前已基本上实现了管理电子计算机化，最终达到管理的自动化。

10．集装箱清洗场（Container Washing Station）

集装箱清洗场的主要任务是对集装箱污物进行清扫、冲洗，以保证空箱符合使用要求。清洗场一般设在后方并配备多种清洗设施。

第二节　集装箱码头装卸工艺

集装箱码头装卸工艺是指将集装箱从船上卸到码头上，再水平搬运至堆场，在堆场进行正确堆放后，再疏运出去，或将集装箱从内陆集运至码头堆场正确堆放，然后水平搬运至码头前沿，再装到船上的全部过程中的机械组合和流程。不同装卸工艺有不同的机械组合和特点。设计集装箱装卸工艺的目的是对不同的集装箱船、不同的集装箱码头采用不同的机械组合，使装卸集装箱的时间最短、效率最高、成本最低、通过能力最大、经济效益最好。

一、集装箱吊具

根据其使用特点，集装箱吊具可分为以下三种：

（1）固定式集装箱吊具　固定式吊具又分6.1m（20ft）型和12.2m（40ft）型集装箱专用的两种，如图6-2所示。

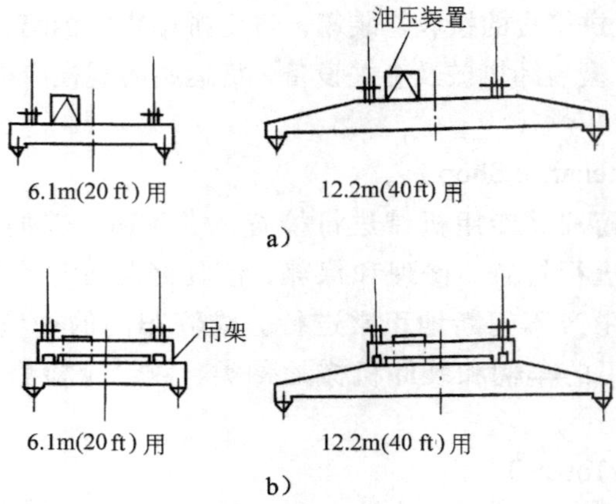

图 6-2 固定式吊具示意图

a）用集装箱吊具直接吊箱 b）集装箱吊具安装在吊架上

（2）伸缩式集装箱吊具 这种吊具是专门为集装箱装卸桥而设计的，利用油压操作使框架能自行伸缩，可用于装卸多种不同尺寸的集装箱。图6-3为伸缩式集装箱吊具外形图。伸缩式集装箱吊具的特点是在变换吊具时所花的时间很少，一般为1min左右，它的缺点是自重大，通常为9～10t。

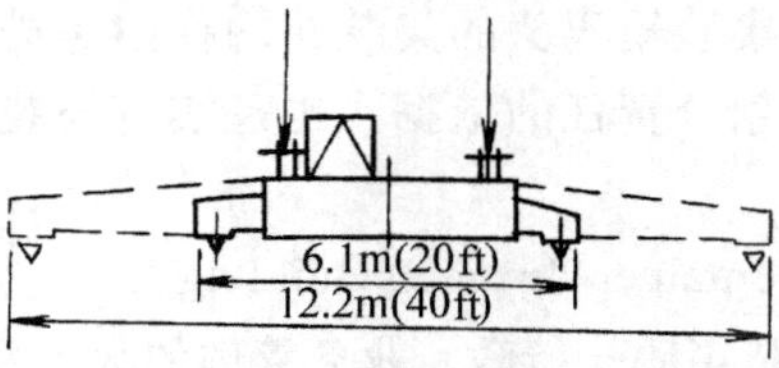

图 6-3 伸缩式集装箱吊具外形图

（3）组合式集装箱吊具 它是由装卸6.1m（20ft）型集装箱用的基本吊具和摘挂方便的12.2m（40ft）型集装箱用的辅助吊具两者组合而成的。图6-4为组合式集装箱吊具外形图。

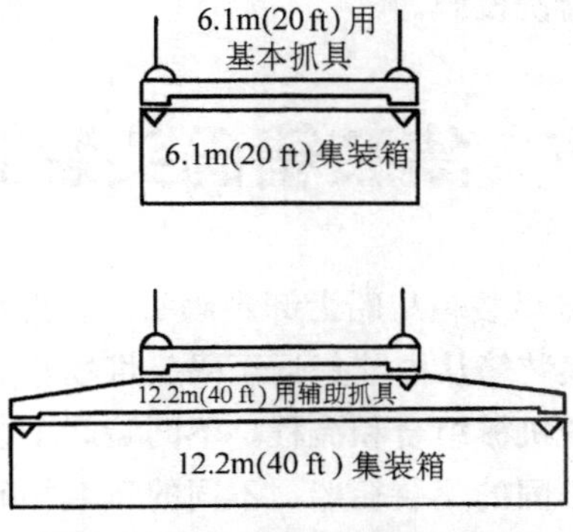

图 6-4 组合式集装箱吊具外形图

二、集装箱装卸桥

集装箱装卸桥是集装箱码头前沿装卸集装箱船舶的作业机械。现代化集装箱码头普遍采用岸壁集装箱装卸桥来装卸集装箱。集装箱装卸桥从外表框架形式上看有A型和H型两种，如图6-5所示。

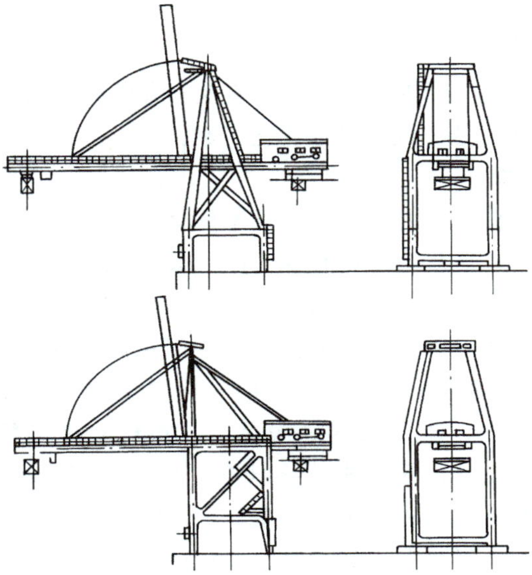

图 6-5　集装箱装卸桥的框架形式

集装箱装卸桥的技术参数如下：

（1）起重量　集装箱装卸桥的起重量根据用途不同有所差异。集装箱装卸桥的起重量是指起吊的最大集装箱重量与吊具重量之和。国际上集装箱装卸桥的起重量多为40.5（30.5＋10）t。集装箱装卸桥吊具下面起吊最大箱子的重量即为集装箱装卸桥的额定起重量。

（2）起升高度　集装箱装卸桥的起升高度由两部分组成，即轨顶面以上的高度和轨顶面以下的高度。它取决于集装箱船舶的型深、吃水、潮差、甲板面上装载集装箱层数以及码头标高等因素。

一般集装箱装卸桥轨顶面以上的高度约为25m，轨顶面以下的高度约为12m，故集装箱装卸总起升高度约为37m。

（3）外伸距　外伸距是指集装箱装卸桥海侧轨道中心线向外至集装箱吊具铅垂中心线之间的最大水平距离。它主要取决于来港船型型宽以及装卸时允许向外横倾3° 等因素。外伸距一般为35m。

（4）内伸距　内伸距是指集装箱装卸桥陆侧轨道中心线向内至吊具铅垂中心线之间的最大水平距离。内伸距的作用：一是放置集装箱，二是放置集装箱舱盖板。内伸距一般为35m。

（5）轨距　轨距是指装卸桥两行走轨道中心线之间的水平距离。轨距的大小影响装卸桥的稳定性，故轨距太小对装卸桥是不利的。一般要考虑在轨距内布置3条跨运车的作业线，故轨距一般为6m。

（6）横梁下面的净空高度　横梁下面的净空高度是指集装箱装卸桥横梁的下部到轨顶面之间的垂直距离。一般取决于最大搬运集装箱机械的最大高度。目前的集装箱装卸桥横梁下面净空高度为10m。

（7）基距　基距是指同一轨道两个主支承中心线之间的距离。考虑到门框内要能安全地通过12.2m（40ft）型的集装箱，一般基距为16.8m。

（8）生产率　集装箱装卸桥的效率取决于起重小车的起升、下降以及行走速度等因素，一般集装箱装卸桥每小时装卸20～25箱。

三、集装箱装卸工艺方案

在集装箱码头上由集装箱装卸桥、跨运车、轮胎式龙门起重机、轨道式龙门起重机、底盘车和叉车等水平搬运机械可组成不同的装卸工艺方案。

1. 装卸桥、跨运车方案

这种工艺方案是码头前沿采用装卸桥，水平搬运及堆场作业时采用跨运车。跨运车又叫跨车，是一种具有搬运、堆垛、换装等多功能的集装箱专用机械。在集装箱码头上，集装箱装卸桥将船上的集装箱卸到岸上以后，从前方堆场到后方堆场、货运站以及对底盘车进行换装等作业均可由跨运车来完成。集装箱场地采用跨运车，在世界集装箱码头场地工艺方案中约占40%，这是因为跨运车具有机动灵活、对位快、装卸效率高、人力省、单机造价低、初始投资低等优点，既可做水平搬运，又可做场地堆拆垛作业，一般可码2～3层集装箱，在搬运距离不长时，无须再配拖挂车。它比较适合年通过量在5万TEU的集装箱码头上使用。它的主要缺点：故障率比较高，一般达30%～40%，维修费用高，不能用于装卸铁路车辆。装卸桥、跨运车方案如图6-6所示。

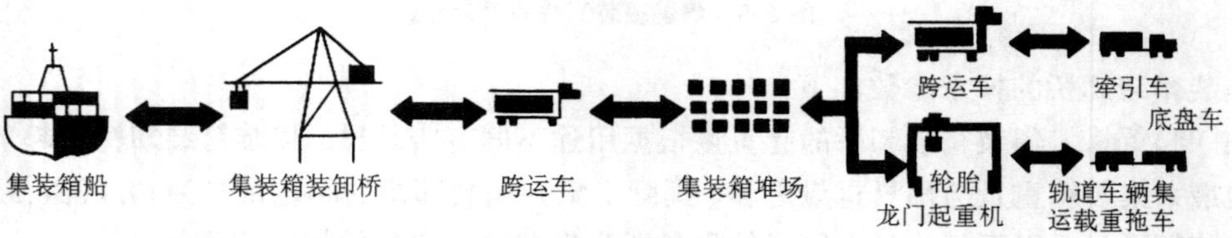

图 6-6　装卸桥、跨运车方案

2. 装卸桥、轮胎式龙门起重机方案

该方案是码头前沿采用装卸桥，水平搬运采用底盘车，堆场采用轮胎式龙门起重机。轮胎式龙门起重机由于其行走部分是轮胎，故而得名。这种工艺方案是把通过装卸桥从船上卸下来的集装箱放到底盘车上，码头前沿到堆场通过底盘车连接。集装箱运到堆场后，再用轮胎式龙门起重机进行场地作业。这种机械也可进行内陆车辆的换装作业。轮胎式龙门起重机方式的主要优点：场地面积利用率高，装卸效率高，灵活性比较大，能适应铁路、公路车辆的运输。轮胎式龙门起重机可以说是一种增大了自由弯度和宽度的跨运车，它可跨1～7排集装箱和一条底盘车通道，能堆码1～4层集装箱；操作简便；便于实现自动化和电子计算机的管理。它比较适合于年通过量8万～10万TEU的集装箱码头使用。它的主要缺点：轮压比较大，一般为50t，故对场地要求高；对驾驶员操作技术要求高。装卸桥、轮胎龙门起重机方案如图6-7所示。

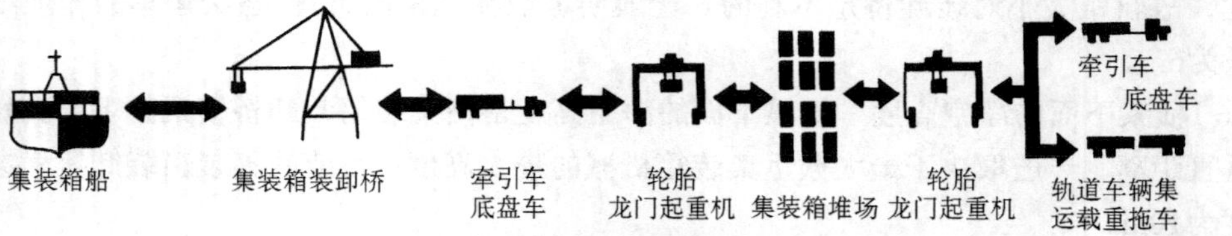

图 6-7　装卸桥、轮胎龙门起重机方案

3. 装卸桥、轨道式龙门起重机方案

这种工艺方案是通过装卸桥把集装箱从船卸到码头后再搬放到底盘车上，通过底盘车把集装箱运到堆场，堆场作业采用轨道式龙门起重机。轨道式龙门起重机的主要特点是机械沿轨道运行，具有能实现自动化控制的优点。与轮胎式龙门起重机相比，堆场堆箱的自由空间和宽度更大，在所有集装箱堆场机械中场地面积利用率最高，单位面积堆箱数最多，它可跨14排或更多排集装箱，堆码高度可达4～5层集装箱。机械机构简单，操作比较可靠，但初始投资大。轨道式龙门起重机方式适合年吞吐量10万TEU以上或两个以上连续泊位的集装箱码头使用。装卸桥、轨道龙门起重机方案如图6-8所示。

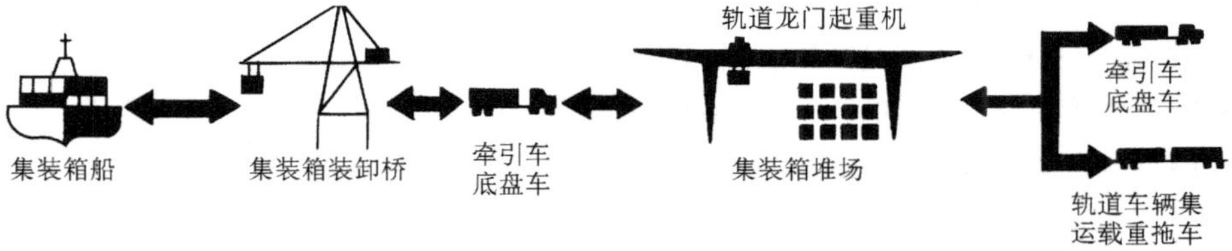

图 6-8　装卸桥、轨道龙门起重机方案

4. 装卸桥、底盘车方案

这种工艺方案是码头前沿采用装卸桥，水平搬运及堆场作业均采用底盘车。底盘车又叫拖挂车，根据其使用场所不同，分为一般公路用的和货场用的两种。一般公路上用的其长、宽、高外廓尺寸及轮压和轴负荷均应符合国家规定标准；货场运输用的其外廓尺寸一般可不受国家对于车辆限界的规定限制，但挂车的全长和轴负荷要考虑到码头货场道路的技术条件。采用底盘车方式时，从船上卸下来的集装箱直接安放在底盘车上。集装箱上底盘车后，用牵引车把它拖到场地，在场地上集装箱存放在挂车上，当需要进行内陆运输时，很方便地用牵引车将其拖走。这一方式与前几种方式相比，集装箱不落地，特别适合于公路四通八达的“门到门”运输方式。其主要缺点：占地面积大（一般一个泊位需要22万～25万m^2的陆域）；投资大（一般每个泊位平均需配备2 000～3 000辆挂车）；由于不能重叠堆放，故场地面积利用率很低。装卸桥、底盘车方案如图6-9所示。

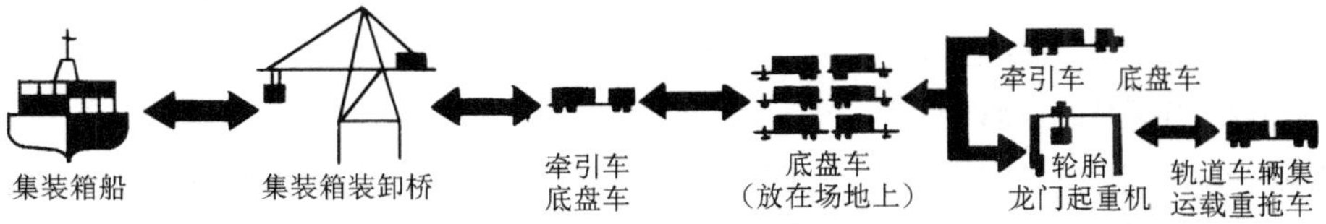

图 6-9　装卸桥、底盘车方案

5. 装卸桥、集装箱叉车方案

该方案是码头前沿采用装卸桥，水平搬运及场地采用叉车。集装箱叉车是集装箱码头上常用的一种装卸机械。一般码头前沿利用装卸桥进行装卸，码头前沿和堆场上的作业都用叉车。叉车除了进行场地码垛作业和短距离的搬运作业外，还可用它来进行装卸车辆作业。当水平运输距离比较远时，可采用拖挂车配合作业。叉车作业要求比较宽敞的通道及场地，因此，场地面积利用率比较低。这种工艺方式较适合年吞吐量3万TEU以下沿海件杂货泊位兼作集装箱泊位使用，或兼作修理箱场地和空箱场地作业。装卸桥、集装箱叉车方案如图6-10所示。

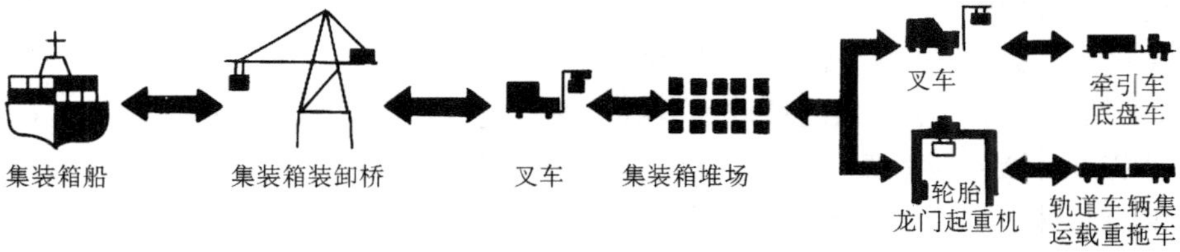

图 6-10　装卸桥、集装箱叉车方案

第三节 集装箱码头大门业务

集装箱码头大门肩负着集装箱进出口的操作业务，任务重大。因此对其设置和管理要求较高。在实际业务中，集装箱码头大门又称为闸口或门口。

一、码头大门口的设置

由于集装箱码头进出集装箱频繁，所以门口设置的目的是为进出大门的集装箱快速、方便地通行而又不出差错。大门口设置的要求是办理集装箱进出口的手续方便、高效、安全、畅通无阻。

大门口的设置如图6-11所示。门口是集装箱码头港区与外界的分界处。集装箱码头大门共有两个门口。一个门口负责载箱拖挂车和空车拖挂车进门；另一个门口负责载箱拖挂车以及空车拖挂车出门。

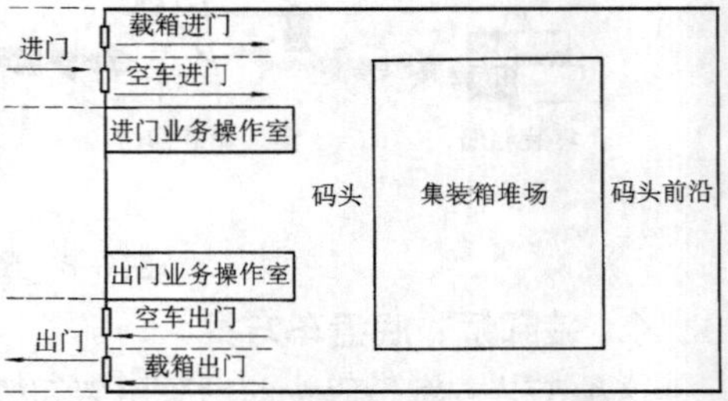

图 6-11 集装箱码头大门口设置示意图

进门和出门都分别设置载箱拖挂车进出门和空车拖挂车进出门，这是因为：

1）载箱拖挂车进出门与空车拖挂车进出门所办理的手续不一样。

2）载箱拖挂车和空车拖挂车进出门分别行走各自的路线，可保证门口处的交通畅通。

二、码头门口业务操作程序

集装箱码头大门口的操作程序分为出口操作程序和进口操作程序。在整箱货运情况下，出口操作程序是指从货主（客户）到码头堆场提取空箱开始至将装满货的重箱送交码头堆场为止的过程。进口操作程序是指货主（客户）到码头堆场提取重箱至将卸完货的空箱送交码头堆场为止的全过程。现以整箱货运为例说明出口操作程序和进口操作程序。

（一）整箱货运出口操作程序

1）船公司或其代理人安排拖车或通知货主（客户）安排拖车去码头堆场领取空箱。

2）拖车司机到船公司或其代理人处领取交收箱用的集装箱收发单。该收发单一式6联（见表6-1～表6-6）。与此同时，船公司或其代理人还发给司机封条（类似于锁），封条为每只集装箱一个，装货完毕，加封在集装箱端门上。

3）拖车司机开车到码头大门口，从空车进口处进门，在入门口处停车，将集装箱收发单的第一联递交给入门口处的码头职员，用于办理入门手续。司机递交收发单第一联后，无需等候，可直接开车去码头专用停车场等候通知。

4）门口职员将收发单第一联中的有关数据输入计算机，如船公司名称、船名、航次、箱主、订舱单号、拖车号以及集装箱类型和尺寸等。然后安排取箱位置（空箱在堆场的位置）和集装箱号码，打印出一张堆场作业纸交给司机。堆场作业纸上注明有箱号和取箱的堆场位置，拖车司机便可开车到堆场作业纸上指定的堆场位置提取空箱。

5）堆场理货员按司机提供的堆场作业纸，指挥起重机司机将指定的集装箱（空箱）吊到拖车上。吊装时，堆场理货员应观察集装箱底部有无损坏。如有损坏，堆场理货员应通知大门口职员更换集装箱。此时拖车司机须持原有堆场作业纸回到入门口处改单，即更改集装箱箱号和取箱位置，再回到新的堆场位置取空箱，直到所取集装箱完好为止。

6）拖车司机取到空箱后，开车到验箱处验箱。出门口前须经过详细验箱。因为集装箱装到拖车上后，底部与拖车架接触，无法观察，所以堆场理货员验箱是检查箱底。而出门前的验箱是检查集装箱底部以外的其他所有部位。验箱方法：① 外部检查。即对箱体的表面查看，是否有变形、损伤等。② 内部检查。检查时理货员进入箱内，关上箱门，观察有无漏光现象，以此判断集装箱是否破损。③ 箱门检查。箱门应完好、水密。④ 根据货种及有关要求进行其他检查，如防虫、防病疫检查等。

表6-1　集装箱收发单（1）

Packing Address 装货地点 Contact/Tel 联系人/电话	Appointed Date/Time 装货时间	蛇口集装箱码头有限公司 **Shekou Container Terminals Ltd.** 集装箱收发单 Collection Order(Out)
Contractor　托运人		持箱人 Operator________________　签发者 Agents________________

Empty Container Collection Address　提空箱地点		Full Container Return Address　收重箱地点	
集装箱码头 SHEKOU CONTAINER TERMINALS LTD. JETTY THREE, HARBOUR ROAD, SHEKOU, SHENZHEN,PRC	Releasing Location 发箱场位	集装箱码头 SHEKOU CONTAINER TERMINALS LTD. JETTY THREE, HARBOUR ROAD,SHEKOU, SHENZHEN, PRC	Receiving Location 收箱场位

Vessel/Voy 船名/航次	Port of Discharge　卸货港	Final Destination　目的港	Shipping Order No.　托运车号
Container No.柜号	Size/Type 尺寸/种类	Weight Category　重量等级	Special Requirement 特殊要求
Seal No.船封号	Tractor/Trailer No.车牌号码	Remarks 备注	

导出场检查记录（INSPECTION AT THE TIME OF INTERCHANGE）

普通集装箱（GP CONTAINER）	冷藏集装箱（RF CONTAINER）	特种集装箱（SPECIAL CONTAINER）	发电机（GEN SET）
□正常（SOUND） □异常（DEFECTIVE）	□正常（SOUND） □异常（DEFECTIVE）	□正常（SOUND） □异常（DEFECTIVE）	□正常（SOUND） □异常（DEFECTIVE）

损坏记录及代号（DAMAGE & CODE）

B	BR	C	CO	D	DG	FI	H	M	O	OD	S	W	Z
擦伤 BRUISE	断裂 BROKEN	割伤 CUT	锈蚀 CORRODED	凹损 DENT	标签 LABEL	污秽 FILTHY	破洞 HOLE	丢失 MISSING	油渍 OIL STAINED	气味 ODOUR	弯曲 BUCKLED	湿 WET	扭转 DISTORTED

左侧（LEFT SIDE）

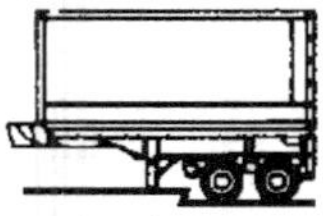

右侧（RIGHT SIDE）

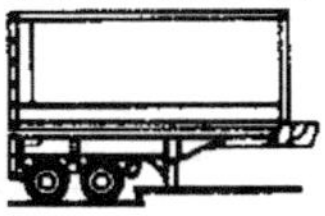

前面（FRONT）

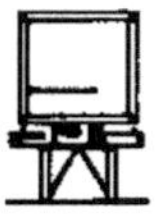

集装箱内部（CONTAINER INSIDE）

顶面（TOP）

底板（FLOOR BASE）

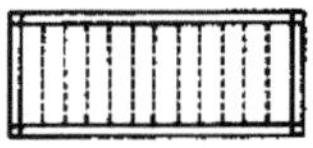

后面（REAR）

备注（REMARKS）

Received in apparent good order and condition and teal intact unless otherwise stated (as per above) 除上述列明外・所发箱完好无缺 No.编号____________ Terminal Representative 码头人员签署	For SCT use only	Time arrived premises 到达时间 Time left premises 离开时间 The above time are correct and seal intact 上述时间正确无误 Shipper's representative 发货人签名

1.Terminal Copy　码头留底联

进入码头前　请仔细阅读第 3 页背面的人场须知。

表6-2 集装箱收发单（2）

Packing Address 装货地点 Contact/Tel 联系人/电话	Appointed Date/Time 装货时间
Contractor 托运人	

蛇口集装箱码头有限公司

Shekou Container Terminals Ltd.

集装箱收发单

Acceptance Order(ln)

持箱人 Operator________ 签发者 Agents________

Empty Container Collection Address 提空箱地点		Full Container Return Address 收重箱地点	
集装箱码头 SHEKOU CONTAINER TERMINALS LTD. JETTY THREE, HARBOUR ROAD, SHEKOU, SHENZHEN,PRC	Releasing Location 发箱场位	集装箱码头 SHEKOU CONTAINER TERMINALS LTD. JETTY THREE, HARBOUR ROAD, SHEKOU, SHENZHEN,PRC	Receiving Location 收箱场位
Vessel/Voy 船名/航次	Port of Discharge 卸货港	Final Destination 目的港	Shipping Order No. 托运车号
Container No.柜号	Size/Type 尺寸/种类	Weight Category 重量等级	Special Requirement 特殊要求
Seal No. 船封号	Tractor/Trailer No. 车牌号码	Remarks 备注	

导出场检查记录（INSPECTION AT THE TIME OF INTERCHANGE）

普通集装箱（GP CONTAINER）	冷藏集装箱（RF CONTAINER）	特种集装箱（SPECIAL CONTAINER）	发电机（GEN SET）
□正常（SOUND） □异常（DEFECTIVE）	□正常（SOUND） □异常（DEFECTIVE）	□正常（SOUND） □异常（DEFECTIVE）	□正常（SOUND） □异常（DEFECTIVE）

损坏记录及代号（DAMAGE & CODE）

B	BR	C	CO	D	DG	FI	H	M	O	OD	S	W	Z
擦伤	断裂	割伤	锈蚀	凹损	标签	污秽	破洞	丢失	油渍	气味	弯曲	湿	扭转
BRUISE	BROKEN	CUT	CORRODED	DENT	LABEL	FILTHY	HOLE	MISSING	OIL STAINED	ODOUR	BUCKLED	WET	DISTORTED

左侧（LEFT SIDE）

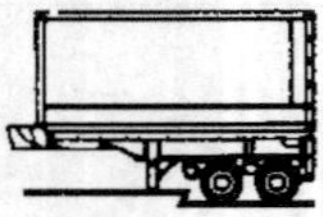

右侧（RIGHT SIDE）

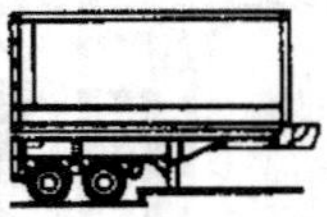

前面（FRONT）

集装箱内部（CONTAINER INSIDE）

顶面（TOP）

底板（FLOOR BASE）

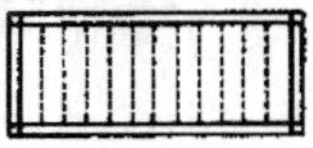

后面（REAR）

备注（REMARKS）

Received in apparent good order and condition and teal intact unless otherwisc stated (as per above)
除上述列明外·所发箱完好无缺

No.编号________

Terminal Representative
码头人员签署

For SCT use only

Time arrived premises 到达时间
Time left premises 离开时间
The above time are correct and seal intact 上述时间正确无误
Shipper's representative 发货人签名

2. Terminal Copy 码头留底联

进入码头前 请仔细阅读第 3 页背面的人场须知。

表6-3　集装箱收发单（3）

Packing Address 装货地点 Contact/Tel 联系人/电话	Appointed Date/Time 装货时间
Contractor 托运人	

蛇口集装箱码头有限公司

Shekou Container Terminals Ltd.

集装箱收发单

Collection/Acceptance Order

持箱人 Operator________________　签发者 Agents________________

Empty Container Collection Address 提空箱地点		Full Container Return Address 收重箱地点	
集装箱码头 SHEKOU CONTAINER TERMINALS LTD. JETTY THREE, HARBOUR ROAD, SHEKOU, SHENZHEN,PRC	Releasing Location 发箱场位	集装箱码头 SHEKOU CONTAINER TERMINALS LTD. JETTY THREE, HARBOUR ROAD,SHEKOU, SHENZHEN, PRC	Receiving Location 收箱场位
Vessel/Voy 船名/航次	Port of Discharge 卸货港	Final Destination 目的港	Shipping Order No. 托运车号
Container No.柜号	Size/Type 尺寸/种类	Weight Category 重量等级	Special Requirement 特殊要求
Seal No.船封号	Tractor/Trailer No.车牌号码	Remarks 备注	

导出场检查记录（INSPECTION AT THE TIME OF INTERCHANGE）

普通集装箱（GP CONTAINER）	冷藏集装箱（RF CONTAINER）	特种集装箱（SPECIAL CONTAINER）	发电机（GEN SET）
□正常（SOUND） □异常（DEFECTIVE）	□正常（SOUND） □异常（DEFECTIVE）	□正常（SOUND） □异常（DEFECTIVE）	□正常（SOUND） □异常（DEFECTIVE）

损坏记录及代号（DAMAGE & CODE）

B	BR	C	CO	D	DG	FI	H	M	O	OD	S	W	Z
擦伤 BRUISE	断裂 BROKEN	割伤 CUT	锈蚀 CORRODED	凹损 DENT	标签 LABEL	污秽 FILTHY	破洞 HOLE	丢失 MISSING	油渍 OIL STAINED	气味 ODOUR	弯曲 BUCKLED	湿 WET	扭转 DISTORTED

左侧（LEFT SIDE）

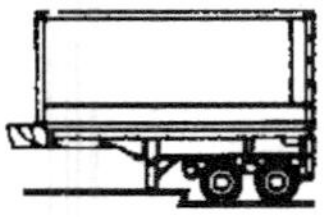

右侧（RIGHT SIDE）

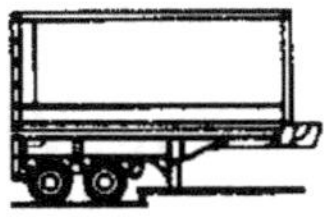

前面（FRONT）

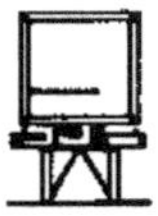

集装箱内部（CONTAINER INSIDE）

顶面（TOP）

底板（FLOOR BASE）

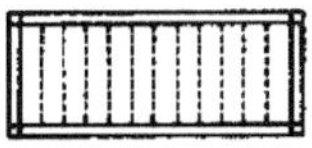

后面（REAR）

备注（REMARKS）

Released in apparent good order and condition unless otherwise stated (as per above) 除上述列明外，所发箱完好无缺 no.编号__________ Terminal Representntive 码头人员签署	Received in apparent good order and condition and teal intact unless otherwise stated (as per above) 除上述列明外，所发箱完好无缺，铅封完整 no.编号__________ Terminal Representative 码头人员签署	For SCT use only	Time arrived premises 到达时间 Time left premises 离开时间 The above time are comect and seal intacl 上述时间正确无误 Shipper's representative 发货人签署	Received in apparent good order and condition unless otherwisc stated (as per above) 除上述列明外，所发箱完好无限 no.编号__________ Haulier's Reprcsentative 司机签署

3.Haulier's Copy 司机联

进入码头前　请仔细阅读第 3 页背面的入场须知。

表6-4 集装箱收发单（4）

Packing Address 装货地点 Contact/Tel 联系人/电话	Appointed Date/Time 装货时间
Contractor 托运人	

蛇口集装箱码头有限公司

Shekou Container Terminals Ltd.

集装箱收发单

Acceptance Order(ln)

持箱人 Operator________ 签发者 Agents________

Empty Container Collection Address 提空箱地点		Full Container Return Address 收重箱地点	
集装箱码头 SHEKOU CONTAINER TERMINALS LTD. JETTY THREE, HARBOUR ROAD, SHEKOU, SHENZHEN,PRC	Releasing Location 发箱场位	集装箱码头 SHEKOU CONTAINER TERMINALS LTD. JETTY THREE, HARBOUR ROAD, SHEKOU, SHENZHEN,PRC	Receiving Location 收箱场位

Vessel/Voy 船名/航次	Port of Discharge 卸货港	Final Destination 目的港	Shipping Order No. 托运车号
Container No.柜号	Size/Type 尺寸/种类	Weight Category 重量等级	Special Requirement 特殊要求
Seal No. 船封号	Tractor/Trailer No. 车牌号码	Remarks 备注	

导出场检查记录（INSPECTION AT THE TIME OF INTERCHANGE）

普通集装箱（GP CONTAINER）	冷藏集装箱（RF CONTAINER）	特种集装箱（SPECIAL CONTAINER）	发电机（GEN SET）
☐正常（SOUND） ☐异常（DEFECTIVE）	☐正常（SOUND） ☐异常（DEFECTIVE）	☐正常（SOUND） ☐异常（DEFECTIVE）	☐正常（SOUND） ☐异常（DEFECTIVE）

损坏记录及代号（DAMAGE & CODE）

B	BR	C	CO	D	DG	FI	H	M	O	OD	S	W	Z
擦伤	断裂	割伤	锈蚀	凹损	标签	污秽	破洞	丢失	油渍	气味	弯曲	湿	扭转
BRUISE	BROKEN	CUT	CORRODED	DENT	LABEL	FILTHY	HOLE	MISSING	OIL STAINED	ODOUR	BUCKLED	WET	DISTORTED

左侧（LEFT SIDE）

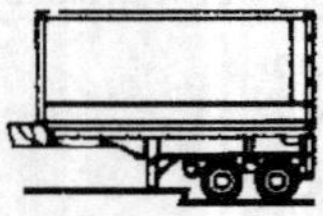

右侧（RIGHT SIDE）

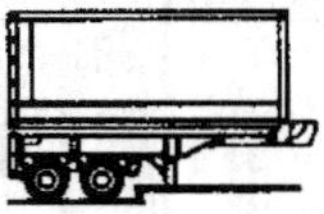

前面（FRONT）

集装箱内部（CONTAINER INSIDE）

顶面（TOP）

底板（FLOOR BASE）

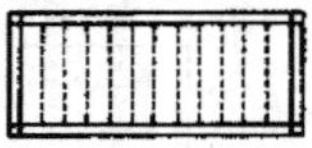

后面（REAR）

备注（REMARKS）

For SCT use only	
	Time arrived premises 到达时间
	Time left premises 离开时间
	The above time are correct and seal intacl 上述时间正确无误
	Shipper's representative 发货人签署

4. Office Copy 留底联

进入码头前　请仔细阅读第 3 页背面的人场须知。

表6-5　集装箱收发单（5）

Packing Address 装货地点 Contact/Tel 联系人/电话	APPointed Date/Time 装货时间
Contractor 托运人	

集装箱码头有限公司

Shekou Container Terminals Ltd.

集装箱收发单

Collection Order

持箱人 Operator__________________　签发者 Agents__________________

Empty Container Collection Address 提空箱地点		Full Container Return Address 收重箱地点	
集装箱码头 SHEKOU CONTAINER TERMINALS LTD. JETTY THREE, HARBOUR ROAD, SHEKOU, SHENZHEN,PRC	Releasing Location 发箱场位	集装箱码头 SHEKOU CONTAINER TERMINALS LTD. JETTY THREE, HARBOUR ROAD,SHEKOU, SHENZHEN, PRC	Receiving Location 收箱场位

Vessel/Voy 船名/航次	Port of Discharge 卸货港	Final Destination 目的港	Shipping Order No. 托运车号
Container No.柜号	Size/Type 尺寸/种类	Weight Category 重量等级	Special Requirement 特殊要求
Seal No.船封号	Tractor/Trailer No.车牌号码	Remarks 备注	

进出场检查记录（INSPECTION AT THE TIME OF INTERCHANGE）

普通集装箱（GP CONTAINER）	冷藏集装箱（RF CONTAINER）	特种集装箱（SPECIAL CONTAINER）	发电机（GEN SET）
□正常（SOUND） □异常（DEFECTIVE）	□正常（SOUND） □异常（DEFECTIVE）	□正常（SOUND） □异常（DEFECTIVE）	□正常（SOUND） □异常（DEFECTIVE）

损坏记录及代号（DAMAGE & CODE）

B	BR	C	CO	D	DG	FI	H	M	O	OD	S	W	Z
擦伤 BRUISE	断裂 BROKEN	割伤 CUT	锈蚀 CORRODED	凹损 DENT	标签 LABEL	污秽 FILTHY	破洞 HOLE	丢失 MISSING	油渍 OIL STAINED	气味 ODOUR	弯曲 BUCKLED	湿 WET	扭转 DISTORTED

左侧（LEFT SIDE）

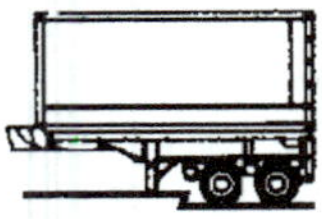

右侧（RIGHT SIDE）

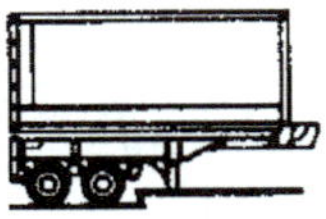

前面（FRONT）

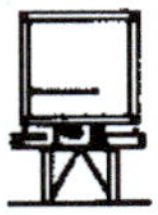

集装箱内部（CONTAINER INSIDE）

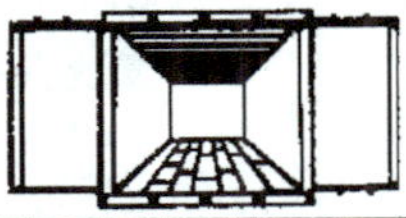

顶面（TOP）

底板（FLOOR BASE）

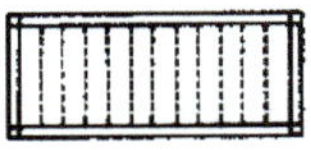

后面（REAR）

备注（REMARKS）

Released in apparent good order and condition unless otherwise stated (as per above) 除上述列明外，所发箱完好无缺 no.编号__________ Terminal Representative 码头人员签署	Received in apparent good order and condition and teal intact unless otherwisc stated (as per above) 除上述列明外，所发箱完好无缺，铅封完整 no.编号__________ Terminal Representative 码头人员签署	For SCT use only	Time arrived premises 到达时间 Time left premises 离开时间 The above time are comect and seal intacl 上述时间正确无误 Shipper's representative 发货人签署	Received in apparent good order and condition unless otherwisc stated (as per above) 除上述列明外，所收箱完好无误 no.编号__________ Haulier's Representative 司机签署

5.Shipper's Copy 货主联

进入码头前　请仔细阅读第 3 页背面的入场须知。

表6-6 集装箱收发单（6）

Packing Address 装货地点 Contact/Tel 联系人/电话	Appointed Date/Time 装货时间
Contractor 托运人	

蛇口集装箱码头有限公司

Shekou Container Terminals Ltd.

集装箱收发单

Collection Order(OUT)

持箱人 Operator________ 签发者 Agents________

Empty Container Collection Address 提空箱地点		Full Container Return Address 收重箱地点	
集装箱码头 SHEKOU CONTAINER TERMINALS LTD. JETTY THREE, HARBOUR ROAD, SHEKOU, SHENZHEN,PRC	Releasing Location 发箱场位	集装箱码头 SHEKOU CONTAINER TERMINALS LTD. JETTY THREE, HARBOUR ROAD, SHEKOU, SHENZHEN,PRC	Receiving Location 收箱场位
Vessel/Voy 船名/航次	Port of Discharge 卸货港	Final Destination 目的港	Shipping Order No. 托运车号
Container No.柜号	Size/Type 尺寸/种类	Weight Category 重量等级	Special Requirement 特殊要求
Seal No. 船封号	Tractor/Trailer No. 车牌号码	Remarks 备注	

导出场检查记录（INSPECTION AT THE TIME OF INTERCHANGE）

普通集装箱（GP CONTAINER）	冷藏集装箱（RF CONTAINER）	特种集装箱（SPECIAL CONTAINER）	发电机（GEN SET）
☐正常（SOUND） ☐异常（DEFECTIVE）	☐正常（SOUND） ☐异常（DEFECTIVE）	☐正常（SOUND） ☐异常（DEFECTIVE）	☐正常（SOUND） ☐异常（DEFECTIVE）

损坏记录及代号（DAMAGE & CODE）

B	BR	C	CO	D	DG	FI	H	M	O	OD	S	W	Z
擦伤	断裂	割伤	锈蚀	凹损	标签	污秽	破洞	丢失	油渍	气味	弯曲	湿	扭转
BRUISE	BROKEN	CUT	CORRODED	DENT	LABEL	FILTHY	HOLE	MISSING	OIL STAINED	ODOUR	BUCKLED	WET	DISTORTED

左侧（LEFT SIDE）

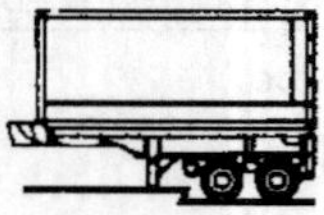

右侧（RIGHT SIDE）

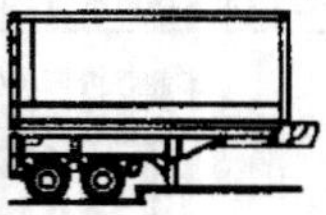

前面（FRONT）

集装箱内部（CONTAINER INSIDE）

顶面（TOP）

底板（FLOOR BASE）

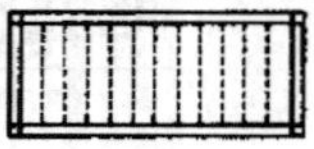

后面（REAR）

备注（REMARKS）

For SCT use only

6. Office Copy 留底联

进入码头前 请仔细阅读第 3 页背面的入场须知。

理货员根据验箱结果在堆场作业纸上记录签字，具体说明箱型、材质以及箱体是否完好，然后交给司机。

7）司机持堆场作业纸（已加验箱记录）和入门时剩下的5联收发单到载箱出门处办理出门手续。出门处职员根据司机递交的材料重新核对箱主、订舱单号、拖车号等，看计算机记录是否有错，同时检查实际取的箱是不是堆场作业纸上指定的箱，即核对箱号。核对正确无误后，出门处职员收下堆场作业纸及收发单第6联留存，同时打印设备交接单连同剩下的4联收发单一起交给司机。设备交接单上记录有拖车号、箱号、订舱单号等。

8）拖车司机凭设备交接单出门离开码头。

9）客户拿到空箱后，即安排装货。装货时，有海关人员监督。装好货后，在箱门上加装厂家封条，同时还应经海关检查批准后加封海关封条，上了封条的集装箱不能随意打开，以保证货物不致丢失。

10）集装箱装箱完毕，加封后，再安排拖车将装有货的集装箱（重箱）送到码头。此时拖车从载箱进口处入门，在进口处递交集装箱收发单（此时司机携带的运输单证就是上次提取空箱时剩下的4联集装箱收发单和设备交接单），办理交接箱手续。在办手续前，先经过门口处理货员验箱。验箱的内容包括：① 检查箱体外观是否有损伤、翘曲、破裂现象；② 核对箱号是否与单证上相符；③ 记录封条号码，包括海关关封及厂家施加的厂封；④ 注明集装箱的类型、材质。

验箱内容写在集装箱收发单第2联上。

11）验箱完毕，门口处职员审单（即审查集装箱收发单），并将有关集装箱的资料记录输入到计算机，如拖车号、箱号、船名、航次、订舱单号、卸货港、封条号、箱毛重等。输入完毕，撕下收发单第2联留存，其余3联交给司机，并打印一张堆场作业纸给拖车司机。此堆场作业纸同上次提空箱时的堆场作业纸形式一样，只是一个用于提箱，一个用于交箱，堆场作业纸上注有卸箱的堆场位置，拖车司机到指定堆场位置，将堆场作业纸交给堆场理货员。

12）堆场理货员先审查拖车司机提交的资料，如没有问题，即指挥起重机司机卸箱。卸箱完毕，堆场理货员应在堆场作业纸上签字确认。

13）拖车离开堆场到空车出门处办理出门手续。出门处码头职员重新核对进门时输入到计算机里的文件资料记录，应特别注意核对箱号、船名、航次、卸货港以及堆场作业纸上有无堆场理货员确认已卸箱到堆场的记录，然后打印设备交接单（即出门纸），撕下收发单第5联留存，剩余2联收发单连同设备交接单交给司机，此设备交接单与上次来提箱时的设备交接单一样。

14）拖车司机凭设备交接单出门，出口重箱交货结束。至交箱结束时，拖车司机原持有的6联集装箱收发单只剩下两联了。这两联中的第3联给司机，第4联由船公司或其代理人保留。

（二）整箱货运进口操作程序

整箱货运进口操作程序与出口操作程序相反。

1）船公司或其代理人安排拖车或通知客户安排拖车去码头提取重箱。

2）拖车司机去码头提取重箱前先到船公司或其代理人处领取交收箱用的集装箱收发单及

其海关放行条，收发单通常为一式6联（前已述及）。

3）拖车司机开车到码头门口处，从空车进口处入门，在入门口处停车，将手中的收发单第1联和海关放行条递交给入闸口处码头职员，用于办理入闸手续。司机递交收发单后，无需等候，可开车进入码头专用停车场等候通知。

4）门口职员根据收发单将有关数据输入计算机，如箱主、拖车号以及集装箱类型和尺寸等，然后安排取箱位置（堆场位置）和集装箱号码，打印出一张堆场作业纸交给司机。堆场作业纸上注明有箱号和取箱的堆场位置，拖车司机便可开车到堆场作业纸上指定的堆场位置提取重箱。

5）堆场理货员按司机提供的堆场作业纸，指挥起重机司机将指定集装箱（重箱）吊到拖车上。吊装时，堆场理货员应观察集装箱底部有无损坏，如有损坏，应做好详细记录并通知船公司加以确认。

6）司机持堆场作业纸（已经堆场理货员确认）和入门时剩下的5联收发单到载箱出门处办理出门手续。出门处职员根据司机递交的资料重新核对箱主、箱号、拖车号等，看电脑记录是否有错，同时检查实际取的重箱是不是堆场作业纸上指定的重箱，即核对箱号。核对正确无误后，出门处职员收下堆场作业纸及收发单第6联留存，同时打印设备交接单，连同剩下的4联收发单一起交给司机。设备交接单上记录有拖车号、箱号等。此设备交接单与提空箱的设备交接单基本一样，唯一不同的是提取重箱时的设备交接单带有条形码，拖车司机出门时凭此条码开启电子锁（通过电子扫描），出门处的交通栏杆即会自动抬起。

7）拖车司机凭设备交接单出门离开码头，将重箱取回。

8）客户提到重箱后，即安排卸货，卸箱时有海关人员现场监督。

9）集装箱卸货完毕，拖车将空箱送回码头，此时拖车从载箱进门处进门，在进门口处递交集装箱收发单（此时司机携带的运输单证就是上次提重箱时剩下的4份收发单），办理交接箱手续。在办手续前，先经过门口处理货员验箱，验箱的内容包括：① 检查箱体外观是否有损伤、翘曲、破裂现象；② 核对箱号是否与单证上相符；③ 注明集装箱的类型、材质。

验箱内容写在收发单第2联上。

10）验箱完毕，门口处职员审单（即审查集装箱收发单），并将有关箱的资料记录输入到计算机，如箱主、拖车号、箱号等。输入完毕，撕下集装箱收发单第2联留存，其余3联收发单交给司机，并打印一张堆场作业纸给拖车司机。此堆场作业纸同上次提空箱时的堆场作业纸形式一样，只是一个用于提箱，一个用于交箱，堆场作业纸上注有卸箱的堆场位置。拖车司机到指定堆场位置，将堆场作业纸交给堆场理货员。

11）堆场理货员先审查拖车司机提交的资料，如没有问题，即指挥起重机司机卸箱，卸箱完毕，堆场理货员应在堆场作业纸上签字确认。

12）拖车离开堆场到空车出门处办理出门手续。出门处码头职员重新核对进门时输入到计算机里的文件资料记录，特别注意核对箱号、箱主以及堆场作业纸上有无堆场理货员确认已卸箱到堆场的记录，然后打印设备交接单，撕下集装箱收发单的第5联留存，剩余2联连同设备交接单交给司机。此设备交接单与提空箱时的设备交接单一样。

13）拖车司机凭设备交接单出闸，进口提取重箱，交还空箱程序结束。

第四节　集装箱码头堆场的有关操作

一、集装箱在码头堆场上的位置表示

1. 码头堆场区、段的划分

集装箱码头堆场总面积较大。根据码头堆场的位置，往往将整个港区堆场划分为若干个分堆场，如1号堆场、2号堆场、3号堆场等。对每一个分堆场可再划分若干个区，如1区、2区、3区等，然后再对每一个区划分为若干个段，并用代号表示，如A段、B段、C段等。每个段的形状为矩形，其宽度为6个标准箱的宽度（应留有一定的空隙），因而每个段的宽度可表示为6行，用01、02、03、04、05、06表示。每段的长度通常为30个6.1m（20ft）标准箱的长度。因而每行有30个6.1m（20ft）箱长度方向的堆放位置，每个位置表示为间，用01、03、05、07、09……57、59表示，共30个间位。另外，集装箱在码头堆场的堆放高度通常为4～6层集装箱，具体为地面往上表示1层、2层、3层、4层、5层、6层。由于层数不多，在实际操作中，在同一个平面箱位上，从6层中找出一个集装箱并不困难，因而在码头箱位表示中，并不使用层这个位置，只用区、段、行、间4个位置就已经足够了。图6-12为堆场平面区、段、行、间示意图。

2. 集装箱在码头堆场箱位的表示

集装箱在堆场的箱位，首先表明区，然后表明段，再表明集装箱在某个段中的行位，最后表明集装箱在该行的间位。这样，集装箱在码头堆场堆放的位置就清楚了，极易查找。

每个集装箱运到码头时，大门口的业务操作员会给出一个箱位供该集装箱堆放，并输入计算机存档。下次要查找这个集装箱时，只要去计算机中输入该箱的箱号，计算机就会显示该箱的位置。例如2B0403，表示该集装箱在2区B段第4行的第3区间，如图6-12所示。

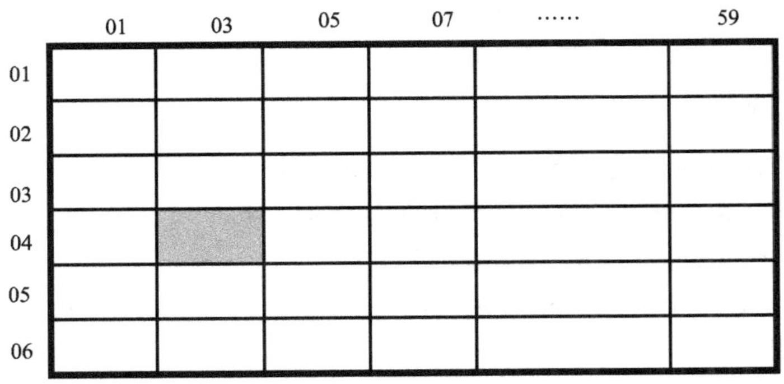

图 6-12　码头堆场平面区、段、行、间示意图

上述所讲的是重箱的位置表示方法。而对于空箱的位置，通常只规定区位和段位，而没有行位和间位。主要原因是空箱的使用很少有指定箱号，即如果船公司或代理人或客户要去堆场取空箱装货，只要是该船公司的空箱就可以了，不必非要领取某一个号码的空箱。所以在码头堆场上会划出几个空箱区，专门存放空箱，每个区分为若干段，再将段分给集装箱箱主。在空箱堆场上，集装箱按箱主不同而分开并分段摆放，由于不需要领取指定号码箱，因而取箱时不会有查找困难的问题。也有的规模较大的集装箱堆场，其空箱的摆放也像重箱一样规定，这样的堆场龙门起重机也较多。

二、堆场堆存能力的确定

集装箱堆场的堆存能力不仅与总堆存面积有关，还与允许堆放高度的层数有关。而允许堆高的层数在场地强度足够的情况下取决于集装箱堆码的机械，如叉车一般堆4层，龙门起重机可堆5层。

另外，在同一个间位，不能将所有的行位都堆高至4层或5层（最高层），必须在每一个间位靠边的1～2行留出足够的空位，作为装卸作业时的翻箱之用，如图6-13所示。比如说想取1行底或3行底的箱子，就必须先将压在该箱子上面的所有箱子移开，才能取出。而上面的箱子就移到翻箱位。根据经验，堆4层高时，应留有3个翻箱位；堆5层高时，应留有4个翻箱位；堆6层高时应留有5个翻箱位。所以6行4层共24个箱位的间位，实际只能堆放21只箱子，留有3个翻箱位。6行5层共30个箱位的间位，实际只能堆放26只箱子，留出4个翻箱位，如图6-13所示。

如前所述，在已知码头共有几个分堆场，每个分堆场共有几个区，每个区有几个段，各个段行位有多少，间位有多少，就能计算出整个港区的理论堆存能力（箱位数），而将理论堆存能力（箱位数）减去各个段的翻箱位数之和就可得出整个港区的实际堆存能力（箱位数）。

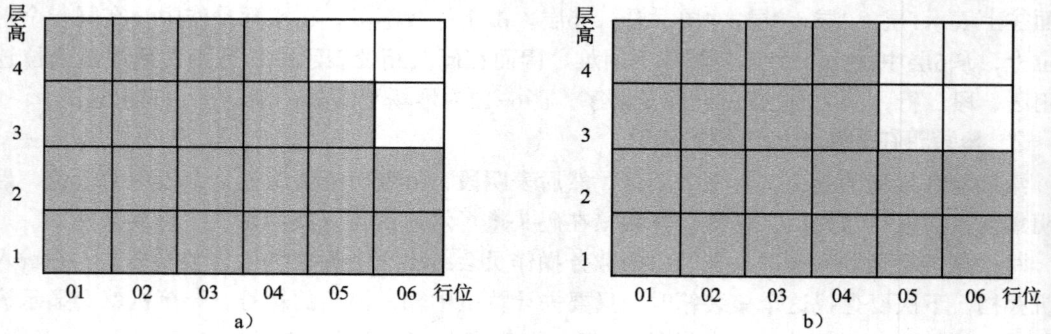

图 6-13 翻箱位示意图（空白为翻箱位）

a）堆 4 层高的翻箱位 b）堆 5 层高的翻箱位

三、堆场指位

堆场指位是指堆场业务人员给客户通过集装箱拖挂车送到码头的集装箱（出口箱）或从船上卸下来的集装箱（进口箱）安排在堆场堆放位置的行为。

1. 根据已规划的货位图指位安排操作步骤

1）绘制堆场空白平面图。要求堆场业务人员在前一天下午就绘制好计划作业天（后一天）的堆场空白平面图。

2）掌握计划作业天到港船舶停靠的泊位、卸箱时间、卸箱量。

3）掌握计划作业天出口箱进场的交箱量及交箱时间。

4）掌握计划作业天出口箱装船时间、装箱量、船舶靠泊情况。

5）掌握计划作业天客户提箱量、提箱时间。

6）编制计划作业天到港集装箱堆存计划，规划集装箱堆存货位图。

7）对实际到港的集装箱根据已规划的货位图指定集装箱堆放位置。

2. 出口箱指位注意事项

对准备出口装船的集装箱的指位应注意下列事项：

1）对计划天靠泊的船舶，看需装上该船的集装箱在堆场上的位置是否合理，如集装箱在堆场的堆放位置与到达船舶舱位的距离是否最短等。如不合理就需要做出移位。

2）根据客观实际，随时更改集装箱货位。如出现船期变动、船舶舱位不够、转船、转港等情况，都需要对已规划的出口集装箱位置做相应的变动。

3. 进口箱指位注意事项

对准备卸船的进口集装箱的指位应注意下列问题：

1）对计划天靠泊，从船上卸下来的集装箱，看从卸箱舱位到预先规划的货位的距离是否最短。如果不是最短，则需要对已规划的货位进行调整。

2）对计划天靠泊的卸箱船舶，如果到港时间有变动，那么卸箱时间肯定有变动，同样需要对已规划的货位进行调整。

第五节　集装箱码头各生产环节所需机械数及能力确定

一、各生产环节所需机械数的确定

集装箱码头各生产环节所需机械数量与采用的装卸工艺系统、机械台时作业效率、机械利用情况、营运期内机械所能完成的操作量、营运期的长短及机械工作不平衡性有关，其计算公式为

$$N=\frac{Q_{操}K_{机}}{P_{时}f\ T_{营}}$$

式中　$Q_{操}$——营运期内所能完成的操作量（TEU）；

$K_{机}$——装卸机械工作不平衡系数；

$P_{时}$——装卸机械作业台时效率（TEU/台·h）；

f——装卸机械利用系数；

$T_{营}$——集装箱码头营运期，一般$T_{营}=365\times24=8\,760$h；

N——装卸工艺系统工序所需机械台数。

$$K_{机}=\frac{q_{最大}}{q_{平均}}$$

式中　$q_{最大}$——月最大吞吐量（TEU）；

$q_{平均}$——月平均吞吐量。

在考虑各工序实际配机数时，还应增加营运期内正常维修保养所需的机械数。同时，为了使整个装卸工艺系统各工序装卸能力匹配，一般应以码头泊位生产能力（装卸能力）为基准，其他工序如水平运输工序和堆场作业工序的生产能力应适应泊位能力的要求。因此，计算其他工序的机械需要数量的公式为

$$N_{序}=\frac{P_{泊}}{P_{序}}$$

式中　$N_{序}$——其他工序所需机械台数；

$P_{泊}$——码头泊位装卸机械生产率（TEU/台·h）；

$P_{序}$——某工序装卸机械生产率（TEU/台·h）。

二、生产能力的确定

1. 集装箱码头泊位年通过能力

其计算公式为

$$P_{泊通}=P_{泊}NT_{营}U_1U_2$$

式中 $P_{泊通}$——年泊位通过能力（TEU）；

$P_{泊}$——岸壁集装箱起重机生产率或作业台时效率（TEU/台·h）；

N——岸壁集装箱起重机台数；

$T_{营}$——码头营运期（年工作小时数），$T_{营}=365\times24=8\,760\text{h}$；

U_1——泊位利用系数（根据实际情况分析确定），建议取0.5～0.8；

U_2——装卸效率影响系数（从开始作业到结束，包括移机、清舱，其他影响因素等），建议取0.3～0.7。

2. 堆场年堆存能力的确定

其计算公式为

$$P_{堆}=\frac{Q_{堆}aT_{营}}{t_{堆}K_{不}}$$

式中 $P_{堆}$——堆场年堆存能力（TEU）；

$Q_{堆}$——堆场一次堆存量（最大堆存量）（TEU）；

a——堆存高度系数（一般堆一层$a=1$，二层以上$a=0.8$）；

$T_{营}$——堆场营运期，$T_{营}=365a$；

$t_{堆}$——集装箱平均堆存期，可取7～10天；

$K_{不}$——堆场工作不平衡系数，它反映堆场工作及出、入库集装箱保管不平衡情况。

$K_{不}$与集装箱到发、船舶到港、生产管理水平、堆存期的长短等因素有关，其计算公式为

$$K_{不}=\frac{q_{最大}}{q_{平均}}$$

式中 $q_{最大}$——月最大堆存量（TEU）；

$q_{平均}$——月平均堆存量（TEU）。

【思考题】

1. 集装箱码头与普通件杂货码头相比具有哪些特点？为什么具有这些特点？
2. 阐述集装箱装卸桥的类型及其技术参数。
3. 集装箱码头水平搬运机械和堆场作业机械有哪几种？这些机械分别具有哪些优缺点？
4. 集装箱码头装卸工艺方案有哪些？请阐述各种装卸工艺方案的机械组合。
5. 集装箱码头大门是如何设置的？
6. 详细阐述集装箱码头大门整箱货出口操作程序和进口操作程序。
7. 集装箱码头堆场的区、段、行位、间位是如何表示的？举例说明集装箱码头堆场的箱位表示方法。
8. 出口箱和进口箱的指位应注意哪些事项？
9. 集装箱码头各生产环节所需机械数是如何确定的？
10. 集装箱码头泊位年通过能力和堆场年堆存能力是如何确定的？

第七章

Chapter 7

国际集装箱多式联运出口货运业务

第一节 国际集装箱多式联运出口货运程序

国际集装箱运输出口货运程序包括订舱、确认、发放空箱、拼箱货装运交接、整箱货装运交接、集装箱交接签证、换取（签发）提单、装船等环节。

一、订舱

发货人在船舶到港前数天填制订舱单，向船公司或其代理人订舱。

订舱单是发货人向船公司或其代理人（代理公司）提出托运的单证（见表7-1、表7-2、表7-20、表7-21），一经船方签证确认，即成为船、货双方订舱的凭证。订舱单应该填制的内容如下：

1）装箱港以及承运人收到集装箱的城市。

2）卸箱港以及货运目的地。

3）发货人以及发货人的代理人（通知人）。

4）货名、数量、吨数、货物外包装、货类以及特种货情况的说明，如冷藏货所需的温度，危险货物性能、件数、等级等。

5）集装箱的种类、规格和箱数。

6）集装箱的交接地点及方式，是装卸区的堆场还是货运站，是货主仓库或工厂还是门到门。

7）填明内陆承运人是由发货人或其代理人（代理公司）安排，还是由船公司安排。

8）在装卸区堆场交接时，应注明装箱地点、日期及重箱运到堆场的承运人和运到日期。

9）拼箱货中如有超长货，应注明规格及尺寸。

二、确认

发货人填制递交的订舱单经过船公司或其代理人（代理公司）确认后即成为船货双方的订舱凭证。船方将根据订舱单编制订舱清单。

订舱清单是船公司承接货物运输的凭证，也是码头接货的通知，要分送集装箱装卸区和货运站，以便安排空箱及办理货运交接。

三、发放空箱

整箱货运的空箱由发货人领取，拼箱货运的空箱由货运站内部领取。

空箱出门（附底盘车、台车、电动机等设备），集装箱所有者与使用者要办理设备交接单（见表7-3、表7-4）。设备交接单是交接集装箱及其设备的凭证。有关设备交接单的使用，在本章第三节叙述。

表7-1　集装箱货运订舱单（托运单）

××公司

××AGENCY

留　底

COUNTERFOIL　　S/O No.____________

船名　　航次　　目的港

Vessel Name____________ Voy.____________ For____________

托运人

Shipper____________

收货人

Consignee____________

通知

Notify____________

标记及号码 Marks&Nos.	件数 Quantity	货名 Description of Goods	毛重量公斤 Gross Weight In Kilos	尺码 Measurement 立方分尺 Cu.M.

共计件数（大写）

Total Number of Packages in Writing____________

委　托　号		可 否 转 船	
装　船　期		可 否 分 批	
结　汇　期		存 货 地 点	
总　尺　码			

表7-2 集装箱货运托运单（订舱单）

∇

Shipper （发货人）		D/R No.（编号）
Consignee （收货人）		集装箱货物托运单 货主留底
Notify Party （通知人）		第一联
Pre carriage by （前程运输）	Place of Receipt （收货地点）	
Ocean vessel （船名） Voy. No. （航次）	Port of Loading （装货港）	
Port of Discharge （卸货港）	Place of Delivery （交货地点）	Final Destination for Merchant's Reference（目的地）

Particulars Furnished by Merchants

Container No.（集装箱号）	Seal No.（封志号） Marks & Nos.（标记与号码）	No. of containers or P'kgs.（箱数或件数）	Kind of Packages: De scription of Goods （包装种类与货名）	Gross Weight 毛重（公斤）	Measurement 尺码（立方米）

TOTAL. NUMBER OF CONTAINERS OR PACKAGES（IN WORDS） 集装箱数或件数合计（大写）		

FREIGHT & CHARGES（运费与附加费）	Revenue Tons（运费吨）	Rate（运费率） Per （每）	Prepaid（运费预付）	Collect （到付）

Ex Rate:（兑换率）	Prepaid at （预付地点）	Payable at （到付地点）	Place of issue（签发地点）
	Total Prepaid （预付总额）	No of Original B（s）/L（正本提单份数）	

Service Type on Receiving □-CY，□-CFS，□-DOOR	Service Type on Delivery □-CY，□-CFS，□-DOOR	Reefer Temperature Required.（冷藏温度）	°F	℃

TYPE OF GOODS（种类）	□Ordinary，（普通） □Reefer，（冷藏） □Dangerous，（危险品） □Auto.（裸装车辆） □Liquid，（液体） □Live Animal，（活动物） □Bulk （散货） □________	危险品	Glass: Property: IMDG Code Page: UN NO.

可否转船:	可否分批:	
装　期:	效　期:	
金额:		
制单日期:		

表7-3　设备交接单A

××集 装 箱 公 司

××CONTAINER COMPANY

集装箱发放/设备交接单　　No.　　IN　　进场

0016582　　EQUIPMENT INTERCHANGE RECEIPT

用箱人/运箱人（CONTAINER USER/HAULIER）	提箱地点（PLACE OF DELIVERY）

来自地点（WHERE FROM）	返回/收箱地点（PLACE OF RETURN）

船名/航次（VESSEL/VOYAGE NO）	集装箱号（CONTAINER NO.）	尺寸/类型（SIZE/TYPE）	营运人（CNTR.OPTR.）

提单号（B/L.NO.）	铅封号（SEAL NO.）	免费期限（FREE TIME PERIOD）	运载工具牌号（TRUCK, WAGON, BARGE NO.）

出场目的/状态（PPS OF GATE-OUT/STATUS）	进场目的/状态（PPS OF GATE-IN/STATUS）	进场日期（TIME-OUT）
		月　日　时

进场检查记录（INSPECTION AT THE TIME OF INTERCHANGE）

普通集装箱（GP CONTAINER）	冷藏集装箱（RF CONTAINER）	特种集装箱（SPECIAL CONTAINER）	发电机（GEN SET）
□正常（SOUND） □异常（DEFECTIVE）	□正常（SOUND） □异常（DEFECTIVE）	□正常（SOUND） □异常（DEFECTIVE）	□正常（SOUND） □异常（DEFECTIVE）

损坏记录及代号（DAMAGE & CODE）

BR	D	M	DR	DL
破损（BROKEN）	凹损（DENT）	丢失（MISSING）	污箱（DIRTY）	危标（DGLABEL）

左侧（LEFT SIDE）

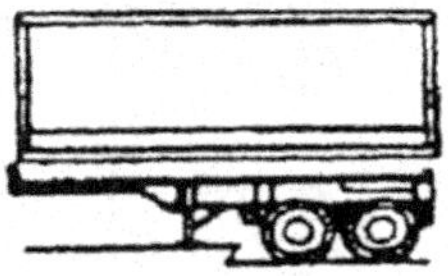

右侧（RIGHT SIDE）

前部（FRONT）

集装箱内部（CONTAINER INSIDE）

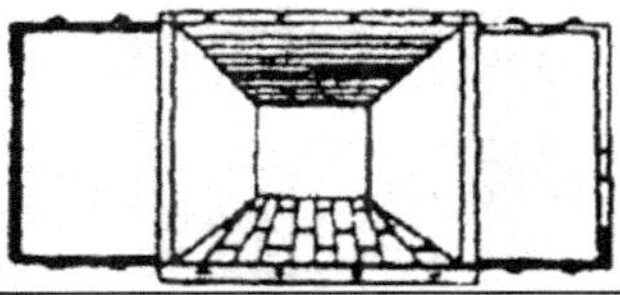

顶部（TOP）

底部（FLOOR BASE）

箱门（REAR）

如有异状，请注明程度及尺寸（REMARK）

除列明者外，集装箱及集装箱设备交换时完好无损，铝封完整无误。

THE CONTAINER/ASSOCIATED EQUIPMENT INTERCHANGED IN SOUND CONDITION AND SEAL INTACT UNLESS OTHERWISE STATED

用箱人/运箱人签署（CONTAINER USER/HAULIER'S SIGNATURE）

码头/堆场值班员签署（TERMINAL/DEPOT CLERK'S SIGNATURE）

表7-4 设备交接单B

××集装箱公司

CONTAINER COMPANY

集装箱发放/设备交接单

EQUIPMENT INERCHANGE RECEIPT

No. OUT 出场

0016582

用箱人/运箱人（CONTAINER USER/HAULIER）					提箱地点（PLACE OF DELIVERY）	
发往地点（DELIVERED TO）				返回/收箱地点（PLACE OF RETURN）		
船名、航次(VESSEL/VOYAGE NO.)		集装箱号（CONTAINER NO.）		尺寸/类型（SIZE/TYPE）		营运人（CNTR.OPTR）
提单号（B/L.NO.）	铅封号(SEAL NO.)	免费期限(FREE TIME PERIOD)		运载工具牌号(TRUCK. WAGON. BARGE NO.)		
出场目的/状态（PPS OF GATE-OUT/STATUS）		进场目的/状态（PPS OF GATE-IN/STATUS）			出场日期(TIME-OUT) 月 日 时	
出场检查记录（INSPECTION AT THE TIME OF INTERCHANGE）						
普通集装箱(GP CONTAINER)		冷藏集装箱(RF CONTAINER)	特种集装箱（SPECIAL CONTAINER）		发电机（GEN SET）	
□正常（SOUND） □异常（DEFECTIVE）		□正常（SOUND） □异常（DEFECTIVE）	□正常（SOUND） □异常（DEFECTIVE）		□正常（SOUND） □异常（DEFECTIVE）	

损坏记录及代号（DAMAGE & CODE）

BR	D	M	DR	DL
破损（BROKEN）	凹损（DENT）	丢失（MISSING）	污箱（DIRTY）	危标（DGLABEL）

左侧（LEFT SIDE） 右侧（RIGHT SIDE） 前部（FRONT） 集装箱内部（CONTAINER INSIDE）

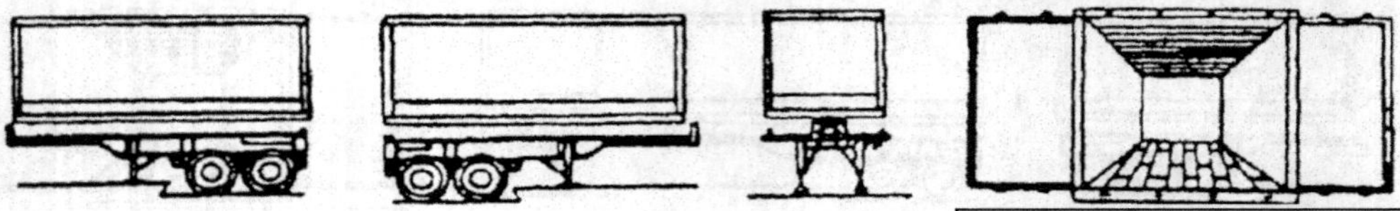

如有异状，请注明程度及尺寸（REMARK）

顶部（TOP） 底部（FLOOR BASE） 箱门（REAR）

除列明者外，集装箱及集装箱设备交接时完好无损，铅封完整无误。

THE CONTAINER/ASSOCIATED EQUIPMENT INTERCHANGED IN SOUND CONDITION AND SEAL INTACT UNLESS OTHER WISE STATED

用箱人/运箱人签署（CONTAINER USER/HAULIER'S SIGNATURE） 码头/堆场值班员签署（TERMINAL/DEPOT CLERK'S SIGNATURE）

四、拼箱货装运交接

货运站根据订舱单资料核对场站收据接收拼箱货，并在集装箱货运站装箱，填制装箱单。

场站收据是证明托运的集装箱货物已经收讫，也是明确表示船公司（货运站为船公司代理人）开始对货物负责的依据。

场站收据的格式和内容见表7-5，表7-20～表7-29，有关场站收据的使用在本章第三节叙述。

五、整箱货装运交接

发货人自行装箱，制作装箱单（见表7-6～表7-10）及场站收据，经海关加盖出口许可章，加上出口申请书原件，连同已装货物的重箱送交码头堆场，由港方核对各种单据验收。

装箱单是详细记载装进集装箱内的货物名称、数量等资料情况的唯一单据，是作为向海关申报货物运进装货地的代用单据，是作为船只通告箱内所装货物的明细表，是卸货港作为办理集装箱保税运输手续的依据。填制装箱单时应注意以下事项：

1）整箱货由发货人填制装箱单，其内容必须与订舱单及场站收据一致。

2）E/DNO（即发货人向海关申请出口许可证的号数）必须填写清楚。

3）如集装箱内装入不同货种，应按货物装箱位置，由端壁起至箱门，顺序依次填写，以载明箱内积载情况。

4）除发货人签署外，运箱底盘车的驾驶员和堆场管理员必须在单上签字。

5）如原铅封因故损坏，经行政部门指定启封检查，事后应由装卸区代表船方另行加封或由行政部门另行加封，并在单上批注。

6）拼箱货由货运站填制装箱单。

7）拼箱货同一票货分装两箱，如一提单50包货，第一箱20包，第二箱30包，则在第一箱单的末行加注“注意：提单××号共50包，本箱20包，余另列”字样。

8）装箱单一式11联，分发制单者（发货人）或货运站、集散港（点）的代理人、集装箱管理处、装箱港代理公司、卸箱港代理公司、卸箱港货运站、卸箱港海关、卸箱港堆场、装箱港海关、船长、装箱港堆场。

9）如在内陆城市或非出口港装运的，除上述第一、第二两联外，其余均随箱带至出口港装卸区分发。

10）有些国家对动植物检疫特别严格，故在装箱单下尚印有卫生部门检疫申请联。

六、集装箱交接签证

货运站验拼箱货、装卸区核收整箱货后，在场站收据上签收，交还发货人。

表7-5 集装箱货运场站收据

Shipper（发货人）	D/R No.（编号）
Consignee（收货人）	场站收据 **DOCK RECEIPT**
Notify Party（通知人）	Received by the Carrier the Total number of containers or other packeges or units stated below to be transported subject to the terms and conditions of the Carrier's regular form of Bill of Lading （for Combined Transport or port to Port Shipment） which shall be deemed to be incorporated herein. Date （日期）:
Pre carriage by（前程运输） Place of Receipt （收货地点）	
Ocean vessel（船名） Voy.No.（航次） Port of Loading （装货港）	场站章

Port of Discharge （卸货港）	Place of Delivery （交货地点）	Final Destination for Merchant' s Referencs（目的地）

Parucular s Furnished by Merchants

Container No.（集装箱号）	Seal No.（封志号） Marks & Nos.（标记与号码）	No.of containers or P'kgs.（箱数或件数）	Kind op Packages:Description of Goods （包装种类与货名）	Gross Weight 毛重（kg）	Measurement 尺码（m^3）
TOTAL NUMBER OF CONTAINERS OR PACKAGES（IN WORDS）集装箱数或件数合计（大写）					

Container No. （箱号）	seal No. （封志号）	Pkgs. （件数）	Container No. （箱号）	Seal No. （封志号）	Pkgs. （件数）

Received （实收）	By Terminal clerk （场站员签字）

FREIGHT & CHARGES	Prepaid at （预付地点）	Payable at （到付地点）	Place of Issue（签发地点）
	Total Prepaid （预付总额）	No.of Original B（s）/L（正本提单份数）	BOOKING（订舱确认） APPROVED BY

Service Type on Receiving ☐-CY，☐-CFS，☐-DOOR	Service Type on Delivery ☐-CY，☐-CFS，☐-DOOR	Reeter Temperature Required.（冷藏温度） °F °C

TYPE OF GOODS（种类）	☐ Ordinary，（普通）	☐ Reefer，（冷藏）	☐ Dangerous，（危险品）	☐ Auto，（裸装车辆）	危险品	Class: Property: IMDG Code Page: UN NO.
	☐ Liquid，（液体）	☐ Live Animal，（活动物）	☐ Bulk （散货）	☐ ______		

表 7-6 集装箱装箱单

CONTAINER LOAD PLAN

装 箱 单

× × CONTAINER TRANSPORTATION CO.,LTD.
× × 集装箱货运有限公司
（1） Terminal's Copy
码头联

Reefer Temperature Required.冷藏温度 ℃. ℉.						
Class 等级 | IMDG Page 危规页码 | UN NO. 联合国编号 | Flashpoint 闪点						
Ship's Name/Voy No. 船名/航次	Port of Loading 装港	Port of Discharge 卸港	Place of Delivery 交货地	SHIPPER'S/PACKER'S DECLARATIONS:We hereby declare that the container has been thoroughly cleaned without any evidence of cargoes of previous shipment prior to vanning and cargoes has been properly stuffed and secured.		
Container No.箱号	Bill of Lading No. 提单号	Packages & Packing 件数与包装	Gross Weight 毛 重	Measurements 尺 码	Description of Goods 货 名	Marks & Numbers 唛 头
Seal No. 封号	Front 前					
Cont Size 箱型 20 '40 '45 ' | Cont type. 箱类 Gp=普通箱 TK=油罐箱 RF=冷藏箱 PF=平板箱 OT=开顶箱 HC=高箱 FR=框架箱 HT=挂衣箱						
ISO Code For Container Size/Type. 箱型/箱类 ISO 标准代码						
Packer's Name/Address. 装箱人名称/地址 TEL NO. 电话号码	Door 门					
Packing Date 装箱日期	Received By Drayman 驾驶员签收及车号	Total Packages 总件数	Total Cargo Wt 总货重	Total Meas. 总尺码	Remarks:备注	
Packed By:装箱人签名	Received By Terminals/Date Of Receipt 码头收箱签收和收箱日期		Cont Tare Wt 集装箱皮重	Cgo/Cont Total Wt 货/箱总重量		

表7-7 集装箱装箱单

CONTAINER LOAD PLAN

装 箱 单

×× CONTAINER TRANSPORTATION CO.,LTD.
××集装箱货运有限公司
（3） Carrier's Copy
承运人联

Reefer Temperature Required. 冷藏温度 °C. °F.						
Class 等级 | IMDG Page 危规页码 | UN NO. 联合国编号 | Flashpoint 闪点						
Ship's Name/Voy No. 船名 / 航次	Port of Loading 装港	Port of Discharge 卸港	Place of Delivery 交货地	SHIPPER'S/PACKER'S DECLARATI ONS:We hereby declare that the container has been thoroughly cleaned without any evidence of cargoes of previous shipment prior to vanning and cargoes has been properly stuffed and secured.		
Container No. 箱号	Bill of Lading No. 提单号	Packages & Packing 件数与包装	Gross Weight 毛 重	Measurements 尺 码	Description of Goods 货 名	Marks & Numbers 唛 头
Seal No. 封号	Front 前					
Cont.Size箱型 20' 40' 45' | Cont.type. 箱类 GP= 普通箱 TK= 油罐箱 RF= 冷藏箱 PF= 平板箱 OT= 开顶箱 HC= 高 箱 FR= 框架箱 HT= 挂衣箱						
ISO Code For Container Size/Type. 箱型 / 箱类 ISO 标准代码						
Packer's Name/Address. 装箱人名称/地址 TEL NO. 电话号码	Door 门					
Packing Date. 装箱日期	Received By Drayman 驾驶员签收及车号	Total Packages 总件数	Total Cargo Wt 总货重	Total Meas. 总尺码	Remarks: 备注	
Packed By: 装箱人签名	Received By Terminals/Date Of Receipt 码头收箱签收和收箱日期		Cont Tare Wt 集装箱皮重	Cgo/Cont Total Wt 货 / 箱总重量		

表7-8　集装箱装箱单

CONTAINER LOAD PLAN
装 箱 单

× × CONTAINER TRANSPORTATION CO.,LTD.
× × 集装箱货运有限公司
(4) Shipper's/Packer's Copy
发货人 / 装箱人　联

Reefer Temperature Required. 冷藏温度 ℃. ℉.			
Class 等级	IMDG Page 危规页码	UN NO. 联合国编号	Flashpoint 闪点

Ship's Name/Voy No. 船名 / 航次	Port of Loading 装港	Port of Discharge 卸港	Place of Delivery 交货地	SHIPPER'S/PACKER'S DECLARATIONS:We hereby declare that the container has been thoroughly cleaned without any evidence of cargoes of previous shipment prior to vanning and cargoes has been properly stuffed and secured.		
Container No. 箱号	Bill of Lading No. 提单号	Packages & Packing 件数与包装	Gross Weight 毛重	Measurements 尺码	Description of Goods 货名	Marks & Numbers 唛头
Seal No. 封号	Front 前					
Cont.Size箱型 20' 40' 45' Cont.type. 箱类 GP= 普通箱 TK= 油罐箱 RF= 冷藏箱 PF= 平板箱 OT= 开顶箱 HC= 高箱 FR= 框架箱 HT= 挂衣箱						
ISO Code For Container Size/Type. 箱型 / 箱类 ISO 标准代码						
Packer's Name/Address. 装箱人名称/地址 TEL NO. 电话号码	Door 门					
Packing Date. 装箱日期	Received By Drayman 驾驶员签收及车号	Total Packages 总件数	Total Cargo Wt 总货重	Total Meas. 总尺码	Remarks: 备注	
Packed By: 装箱人签名	Received By Terminals/Date Of Receipt 码头收箱签收和收箱日期		Cont Tare Wt 集装箱皮重	Cgo/Cont Total Wt 货 / 箱总重量		

表 7-9 集装箱装箱单

SHIPPING MARKS:
SUCC
DURBAN
J.H.B.
C/NO.:MC1-UP

装 箱 单
PACKING LIST

发票编号
Invoice No.____________

销货确认书号数
Sales Confirmation No ____________

日期
Date ____________

品 名
Commodity: HAT

编 号 Nos	品 名 Commodity	件 数 Package	数 量 Quantity	毛 量 Gr. Wt.	净 量 Net.Wt.	尺 码 Measurement

表7-10 集装箱装箱单

装 箱 单 CONTAINER LOAD PLAN	集装箱号 Container No.	集装箱规格 Type of Container: 20 40
	铅封号 Seal No.	冷藏温度 °F °C Reefer,Temp.Required

船 名 Ocean Vessel	航 次 Voy.No.	收货地点 Place of Receipt □－场 CY □－站 CFS □－门 Door	装货港 Port of Loading	卸货港 Port of Discharging	交货地点 Place of Delivery □－场 CY □－站 CFS □－门 Door

箱 主 Owner	提单号码 B/L No.	1．发货人 2．收货人 3．通知人 Shipper Consignee Notify	标志和号码 Marks & Numbers	件数及包装种类 No. & Kind of Pkgs.	货 名 Description of Goods	重量（kg） Weight kg.	尺码（m³） Measurement Cu. M.
		底 Front 门 Door					
					总 件 数 Total Number of Packages 重量及尺码总计 Total Weight & Measurement		
危险品要注明危险品标志分类及闪点 In case of dangerous goods, please enter the label classification and flash point of the goods.	重新铅封号 New Seal No.	开封原因 Reason for breaking seal		装箱日期 装箱地点	Date of vanning: …………… at: …………… （地点及国名 Place & Country）		皮 重 Tare Weight
	出 口 Export	驾驶员签收 Received by Drayman	堆场签收 Received by CY	装箱人 Packed by: 发货人 货运站 (Shipper/CFS)			总 毛 重 Gross Weight
	进 口 Import	驾驶员签收 Received byeDrayman	货运站签收 Received by CFS	…………… （签署）Signed		发货人或货运站留存 1.SHIPPER/CFS （1）一式十份 此栏每份不同	

七、换取（签发）提单

发货人凭场站收据向代理公司换取提单（参见表7-11、表7-12、表7-13），再往银行结汇。如果信用证规定需要装船提单，则应在集装箱装船后，经船长或大副签证后，才能换取已装船提单。

集装箱运输提单与传统海运的提单有所不同，是一种收货待装提单。但在大多数情况下，根据发货人的要求，船公司在提单上填制“装船备忘录”，即签发已装船提单。这样，它就与传统提单相似了。当发货人在仓库、工厂、装卸区堆场或集装箱货运站交货、交箱时，取得场站收据后即可据以向船公司要求签发。

八、装船

集装箱装卸区根据船舶性能和资料、订舱清单及场地积载计划等编制船舶积载图，候船到港后，经船方确认，即行装船。

至此，集装箱出口货运程序结束。集装箱运输出口货运程序简图如图7-1所示。

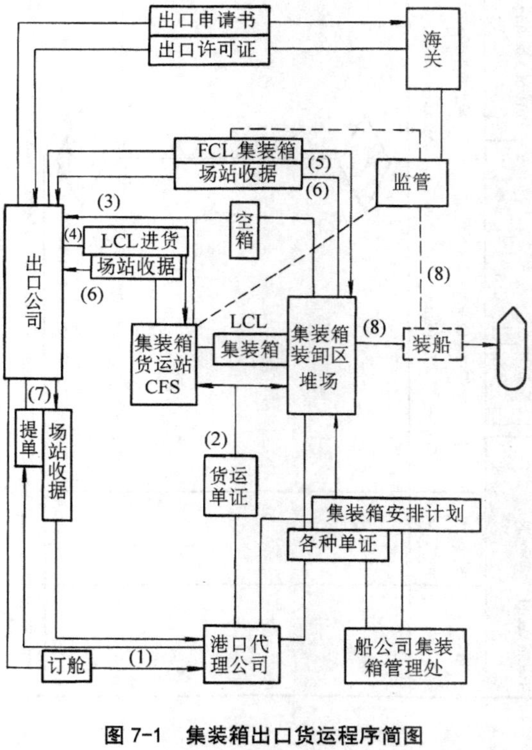

图 7-1　集装箱出口货运程序简图

表7-11　海运提单

直达或转船海运提单

B/L No.

Shipper

Consignee or order

中 国 对 外 贸 易 运 输 总 公 司
CHINA NATIONAL FOREIGN TRADE TRANSPORTATION CORP.

直 运 或 转 船 提 单
BLL OF LADING
DIRECT OR WITH TRANSHIPMENT

Notify address

SHIPPED on board in apparent good order and condition (unless otherwise indicated) the goods or packages specified herein and to be discharged at the mentioned port of discharge or as near thereto as the vessel may safely get and be always afloat.

The weight, measure, marks and numbers, quality, contents and value, being particulars furnished by the shipper, are not checked by the carrier on loading.

The Shipper, Consignee and the Holder of this Bill of Lading hereby expressly accept and agree to all printed, written or stamped provisions, exceptions and conditions of this Bill of Lading, including those on the back hereof.

IN WITNESS whereof the number of original Bills of Lading stated below have been signed, one of which being accomplished, the other(s) to be void.

Pre-carriage by	Port of loading
Vessel	Port of transhipment
Port of discharge	Final destination

RARTICULARS FURNISHED BY SHIPPER

Container seal No. or marks and Nos.	Number and kind of Packages	Description of goods	Gross weight (kgs.)	Measurement (m³)
		COPY		

Freight and charges	REGARDING TRANSHIPMENT INFORMATION PLEASE CONTACT

Ex.rate	Prepaid at	Freight payable at	Place and date of issue
	Total Prepaid	Number of original Bs/L	Signed for or on behalf of the Master as Agent

(SINOTRANS STANDARD FORM 4)　TERMS AND CONDITIONS AS PER ORIGINAL BILL OF LADING

表 7-12 集装箱联运提单

集装箱联运提单

托运人
Shipper

B/L No.

中 国 对 外 贸 易 运 输 总 公 司
CHINA NATIONAL FOREIGN TRADE TRANSPORTATION CORP.
GA
联 运 提 单
COMBINED TRANSPORT
BILL OF LADING

收货人或指示
Consignee or order

通知地址
Notify address

RECEIVED the goods in apparent good order and condition as specified below unless otherwise stated herein.
The Carrier,in accordance with the provisions contained in this document.

1) undertakes to perform or to procure the performance of the entire transport from the place at which the goods are taken in charge to the place designated for delivery in this document,and

2) assumes liability as prescribed in this document for such transport. One of the Bills of Lading must be surrendered duly indorsed in exchange for the goods or delivery order.

前段运输 Pre-carriage by	收货地点 Place of receipt
海运船只 Ocean vessel	装 货 港 Port of loading

卸货港 Port of discharge	交货地点 Place of delivery	运费支付地 Freight payable at	正本提单份数 Number of original Bs/L

标志和号码 Marks and Nos.	件数和包装种类 Number and kind of packages	货 名 Description of goods	毛 重（kg） Gross weight(kgs.)	尺 码（m³） Measurement(m³)

以上细目由托运人提供
ABOVE PARTICULARS FURNISHED BY SHIPPER

运费和费用 Freight and charges	IN WITNESS whereof the number of original Bills of Lading stated above have been signed,one of which being accomplished,the other(s) to be void.
	签单地点和日期 Place and date of issue
	代表承运人签字 Signed for or on behalf of the Carrier 代 理 as Agents

SUBJECT TO THE TERMS AND CONDITIONS ON BACK

表7-13　远洋运输提单

Shipper

BILL OF LADING　　B/L No.

Consignee

中国远洋运输（集团）总公司
CHINA OCEAN SHIPPING (GROUP) CO.

Notify Party

Cable:	Telex:
COSCO PEKING	22264 CPCPK CN
CANTON	44080 COSCA CN
/SHANGHAI	33057 COSCO CN
COSCO TSINGTAO	32037 OCSOD CN
\TIENTSIN	23221 TOSCO CN
DAIREN	86162 DOSCO CN

ORIGINAL

Pre carriage by	place of Receipt by Pre carrier		
Ocean Vessel Voy. No.	Port of Loading		
Port of Discharge	Final destination (if goods to be transhipped at port of discharge)	Freight payable at	Number of original Bs/L
Marks & Nos.	Number and kind of packages; description of goods	Gross weight kos	Measurement m^3

Particulars Furnished by Merchants

TOTAL PACKAGES (IN WORDS)

Freight and charges

Shipped on board the vessel named above in apparent good order and condition (unless otherwise indicated) the goods or packages specified herein and to be discharged at the above mentioned port of discharge or as near thereto as the vessel may safely get and be always afloat The weight, measure, marks, numbers, quality, contents and value, being particulars furnished by the Shipper, are not checked by the Carrier on loading The Shipper, Consignee and the Holder of this Bill of Lading hereby expressly accept and agree to all printed, written or stamped provisions, exceptions and conditions of this Bill or Lading, including those on the back hereof.

In witness whereof, the Carrier or his Agents has signed Bills of Lading all of this tenor and date, one of which being accomplished, the others to stand void.

Shippers are requested to note particularly the exceptions and conditions of this Bill of Lading with reference to the validity of the insurance upon their goods.

Place and date of issue:

Signed for the Carrier

Applicable only when document used as a Through Bill of lading

(COSCO STANDARD FORM ON)Printed in 1986

第二节　国际集装箱多式联运各业务单位出口业务

这里介绍发货人、船公司及其代理公司、集装箱装卸区、集装箱货运站等业务单位的出口业务。

一、发货人的出口业务

1. 成交

发货人首先必须与外国买方签订出口合同，如系集装箱货运，必须注明。

2. 申请出口许可证

发货人的出口申请书上经有关法定单位盖章签证后，即为出口许可证（见表7-14）。

3. 订舱托运

托运集装箱货必须具备下列条件：

1）信用证应列有允许装集装箱的条款，而且必须在有效期内。

2）货物适宜于集装箱货运，并有出口许可证。

3）每件货物的毛重及长度不超过集装箱所能承载的重量及长度。

4）货物的密度必须是集装箱所能承受的。

5）特种货必须具备特种集装箱，承运人难以提供时，发货人必须自备。

4. 整箱货的交运

货物装箱完毕须加铅封再交运。

发送整箱货至集装箱装卸区时，必须附送场站收据、装箱单、设备交接单（入门）、商检证书（见表7-15、表7-16）、出口许可证、衡量、特种货清单及报关单（见表7-17、表7-18）等单证。

重量必须正确，如复查超过5%，则将被处罚款。

不同卸货港的货物不能装入同一集装箱。

装载冷藏货物或危险货物时，必须随附特种货清单，说明货物的性能、标志、等级等。冷藏货物还需填写所需冷藏温度。

5. 拼箱货的装运

发送拼箱货至货运站时，须附场站收据、出口许可证、特种货清单等单证。

货运站应逐项核对场站收据及订舱单所列各项，然后签发场站收据交发货人。

货运站有权将同一票货分在两个集装箱内。

表7-14　中华人民共和国出口许可证

中华人民共和国出口许可证

EXPORT LICENCE OF THE PEOPLE'S REPUBLIC OF CHINA　　No.0077522

1. 出口商： Exporter			3. 出口许可证号： Export licence No.		
2. 发货人： Consignor			4. 出口许可证有效截止日期： Export licence expiry date		
5. 贸易方式： Terms of trade			8. 进口国（地区）： Country/Region of purchase		
6. 合同号： Contract No.			9. 付款方式： Payment		
7. 报关口岸： Place of clearance			10. 运输方式： Mode of transport		
11. 商品名称： Description of goods			商品编码： Code of goods		
12. 规格、型号 Specification	13. 单位 Unit	14. 数量 Quantity	15. 单价（　） Unit price	16. 总值（　） Amount	17. 总值折美元 Amount in USD
18. 总　计 Total					
19. 备　注 Supplementary details			20. 发证机关签章 Issuing authority's stamp & signature 21. 发证日期 Licence date		

第一联正本发货人办理海关手续　海关验放签注栏在背面

对外贸易经济合作部监制（99）　　TZ241-118

表7-15 中华人民共和国进出口商品检验证书（A）

中华人民共和国北京进出口商品检验局 副 本

BEIJING IMPORT & EXPORT COMMODITY INSPECTION BUREAU OF THE PEOPLE'S REPUBLIC OF CHINA COPY

地址：北京市永安东里17号楼
Address: Building No. 17, Yongandongli, Beijing

电报：北京2914
Cable: 2914 BEIJING

电话：
Tel: 59·4580

检验证书
INSPECTION CERTIFICATE

No.

日期：
Date

发 货 人：
Consignor ……………………………………

受 货 人：
Consignee ……………………………………

品 名：
Commodity ……………………………

标记及号码：
Mark & No.

报验数量／重量：
Quantity/Weight Declared ……………………………

检 验 结 果：
RESULTS OF INSPECTION:

主任检验员
Chief Inspector

表7-16　中华人民共和国进出口商品检验证书（B）

中华人民共和国北京进出口商品检验局
BEIJING IMPORT & EXPORT COMMODITY INSPECTION BUREAU OF THE PEOPLE'S REPUBLIC OF CHINA

副　本
COPY

地址： Address:	北京市永安东里17号楼 Building No. 17, Yongandongli,Beijing	检验证书	No.
电报： Cable:	北京2914 2914 BEIJING	INSPECTION CERTIFICATE	日期： Date
电话： Tel:	59・4580		

受　货　人：
Consignee:
发　货　人：
Consignor:
品　　　名：
Commodity:
报验数量/重量：
Quantity/Weight
Declared:
运　　　输：
Transportation:
进口日期：
Date of Arrival:
卸毕日期：
Date of Completion
of Discharge:
发　票　号：
Invoice No.:
合　同　号：
Contract No.:
标记及号码：
Mark & No.:

表7-17 出口货物报关单

中华人民共和国海关出口货物报关单

预录入编号： 海关编号：

出口口岸		备案号		出口日期		申报日期
经营单位		运输方式		运输工具名称		提运单号
发货单位		贸易方式		征免性质		结汇方式
许可证号	运抵国（地区）		指运港			境内货源地
批准文号	成交方式	运费		保费		杂费
合同协议号	件数		包装种类	毛重（kg）		净重（kg）
集装箱号	随付单据					生产厂家
标记唛码及备注						

项号	商品编号	商品名称、规格型号	数量及单位	最终目的国（地区）	单价	总价	币制	征免

税费征收情况		
录入员 录入单位	兹声明以上申报无讹并承担法律责任	海关审单批注及放行日期（签章）
报关员		审单 审价
单位地址	申报单位（签章）	征税 统计
邮编 电话 填制日期		查验 放行

表7-18 出口退税专用货物报送单

中华人民共和国海关出口货物报关单　出口退税专用

预录入编号：　　　　　　　　　　海关编号：

出口口岸	备案号		出口日期	申报日期
经营单位	运输方式	运输工具名称		提运单号
发货单位	贸易方式		征免性质	结汇方式
许可证号	运抵国（地区）		指运港	境内货源地
批准文号	成交方式	运费	保费	杂费
合同协议号	件数	包装种类	毛重(kg)	净重(kg)
集装箱号	随付单据			生产厂家
标记唛码及备注				

项号	商品编号	商品名称、规格型号	数量及单位	最终目的国（地区）	单价	总价	币制	征免

税费征收情况

录入员　　录入单位	兹声明以上申报无讹并承担法律责任	海关审单批注及放行日期（签章） 审单　　审价
报关员 单位地址	申报单位（签章）	征税　　统计
邮编　　电话　　填制日期		查验　　放行

二、船公司及其代理公司的出口业务

1. 集装箱的调配

集装箱运输的首要问题是掌握货源，提高集装箱的周转率，只有这样才可以提高船公司的经营效益。因此，针对集装箱数量的决定、货源的调配、全程跟踪、加快集装箱的周转等问题，须建立一个健全、科学的管理系统，环环相扣，逐次解决。联运的船公司除总公司设立专职机构外，在各个航区还应设立集装箱管理处，直接与各个装卸港的集装箱装卸区联系，掌握集装箱的动态。

2. 接受托运

各港代理公司在集装箱经营点的分配额下接受托运、确认订舱单，并据以编制订舱清单。在船舶到港前10天，开始将订舱清单送装卸区及货运站。船到港前3天再汇总清单，分送海关及船长。交给货运站的那一份订舱清单作为装箱指示。货运站即可据以联系发货人送货装箱。

船方在确认订舱的同时，如系整箱货运，应立即签发集装箱收发单（第三章已讲述）或设备交接单交发货人。发货人凭以上单证向装卸区领取空箱装货。

在确认订舱单后应编制订舱汇总清单（相当于传统的装货清单），供装卸区及船长编制配载图使用，并作为向集装箱管理处汇报订舱情况的书面材料。

订舱汇总清单的主要内容包括船名、航次、装箱港、装箱数及备注。装箱数一栏的填写：先按卸箱港顺序填制，然后在同一卸箱港内按集装箱种类及规格分列，再在同一种集装箱内按毛重分列。重量一般分为10t以下、10～15t、15t以上（指6.1m（20ft）的箱子）或15～20t、20t以上（指12.2m（40ft）的箱子）等级。

3. 各种单证

代理公司应编制和对外寄发的集装箱货运单证见表7-19。

表7-19中的“货载舱单”是按各公司规定格式，根据发货人所编提单编制。“巴拿马运河货运申请单”是在需要通过巴拿马运河前最后一个装箱港，由代理公司根据所装货载，按杂货、冷藏货和危险货箱数和规定格式编制，并交船长，由船长在通过巴拿马运河时呈送给运河管理部门。

除编制上述单证外，各装卸区或代理公司还必须做好下列工作：

1）编送过境货舱单。该单按海关规定的格式，由上一个港装卸区堆场管理员编制，在船舶离港时交由船长转交该国下一装货港海关。

2）拍送开航货电报。该电报内容包括载箱数、货类、集装箱种类、规格及卸货港等。

3）船舶离港后，应尽快将提单和场站收据副本送交装卸区，以便转交有关特定港口。

表 7-19　集装箱出口货运单证

单证名称	发货人	集装箱起运地	集装箱管理处	出口港				船长	卸箱港			
				代理公司	货运站	装卸区	海关		代理公司	货运站	装卸区	海关检疫机关
订舱单	编			△								
订舱清单				编	△	△	△	△				
场站收据	编	6	4	3、5	3	8	7	2				
		△①	△	△	△	△	△	△	△			
装箱单	编	2	3	4	LCL	11	9	10	5	6	8	7
	FCL△	△	△	编	△	△	△	△	△	△	△	△
特种货清单②	编	△	△	△	△	△						
出口许可证	申请				LCL ←	FCL ←	批准					
衡量单	申请		△	△	LCL ←	FCL ←						
提单副本	编		△	△				△	△		△	
设备交接单	△		△	签		△						
积载草图			△	△		编		△				
积载图			△	△		编		△	△		△	
装箱清单			△	△		编	△	△	△		△	
批注清单			△	△	△	编		△	△		△	
理货单证③			△	△	△	编		△				
订舱汇总清单			△	编	编	△	△	△				
装箱报告			△	△								
货载舱单			△	编		△	△	△	△	△	△	
特种货舱单			△	编		△	△	△	△	△	△	
巴拿马运河货运申请单				最后装港编				△				

① 表中△表示需要使用这一单证的部门，△上数字，表示一或几份中的第几份。

② 特种货清单包括：冷藏货危险货动植物货清单。

③ 理货单证包括：理货计数单（Tally Sheet）和溢短残损单（Outturn Report 或 short Overload Damaged Container List）。

三、集装箱装卸区的出口业务

集装箱装卸区除负责保管、管理出借的集装箱和拖头箱机械设备外，还兼管验收、堆码及装船等重要工作。

1. 整箱货和拼箱货的验收

为做好积载装船工作，必须规定截止收箱收货时间。前方堆场应事先安排好集装箱的存放时间，且必须限制在规定的时间内。

2. 堆场积载

堆场管理员及计划员应根据订舱清单和专用列车经后方堆场情况及货运站编送的有关报表编制适合装船的前方堆场的堆场积载计划。

3. 船舶积载

这是具体装船的规划。根据订舱清单、装箱单和堆场积载计划编制计划积载草图，待船舶到港征得船方同意后即装船。如系中途挂港，船上已装有集装箱，应将订箱数量、规格、目的港等电告船方，以便配舱，等收到回电后再编制计划积载草图。积载应达到下列要求：

1）保证船舶的强度及稳性。

2）保持理想的吃水差，使船舶具有最好的航行性能。

3）合理地利用船舶的载重及舱容。

4）确保集装箱在舱内完整无损、在舱面安全。

5）便于装卸作业。

6）各港装卸时，不要造成翻舱。

编好草图后，由理货员验查集装箱数及其外表状况，编制理货单证，装船完毕应立即编制及分送实际积载图。

堆场管理员编制装箱清单，作为对内、对外确认货物的书面报告。

理货员根据场站收据、设备交接单以及在装船时发现异状的有关批注，编制批注清单，以明确责任。

装船完毕，装卸区应提供给船长下列单证：

1）装箱单。

2）场站收据。

3）提单副本。

4）积载草图及船舶积载图。

5）货载舱单。

6）装箱清单。

7）特种货清单。

8）批注清单。

9）订舱清单。

10）理货单证。

11）订舱汇总清单。

船长应在场站收据海关联上签字，以证实集装箱已装船。然后，装卸区将该联连同出口许可证和有关装箱单送请海关盖章，以完成监管手续。

四、集装箱货运站（CFS）的出口业务

1. 收货装箱准备

货运站收到拼箱货物订舱单后，应立即估计所需集装箱的规格、种类和数量，通知船公司并联系堆场取空箱，再联系发货人按期送货。

货运站收到货物时应对照订舱单验收，如有异状应立即批注，必要时由船方决定是否接受装箱，再查对出口许可证，全部无误后，才可签发场站收据。

2. 装箱

货物装箱前应先由公证行衡量，在装箱时应请海关监督理货、验货、点数。

装箱时要充分注意按货物的目的地或卸港装箱，尽量不出现亏箱，更应特别注意货物的性质及包装的状况。

装箱后，应编制相应的理货单证并编送装箱报告。这是集装箱管理处所需的基本资料。

3. 交箱

装卸完毕，应立即与堆场联系，将集装箱送交堆场。双方一同验对铅封，核对有关单证，办理交接手续。

第三节　设备交接单与场站收据的使用业务

一、集装箱设备交接单的使用业务

设备交接单的格式和内容见表7-3、表7-4。

（1）用箱人/运箱人栏　由船舶代理人填写，填写时应列明责任方，或责任方和委托方。

说明及要求：

1）责任方是指对集装箱使用过程中的灭失、损坏负有赔偿责任并负责支付集装箱超期使用费用的一方，或与海上承运人或其代理人签订集装箱使用合同的一方。他们可以是货方或货方代理人或受货方或货方代理人委托的内陆（水路、公路、铁路）承运人，或根据委托关系向海上承运人或其代理人提供集装箱检验、修理、清洗、租赁、堆存等服务的单位。

2）委托方是指委托责任方进行内陆（水路、公路、铁路）运输的一方。他们可以是货方或货方代理人，也可以是内陆（水路、公路、铁路）承运人。责任方可要求船舶代理人将委托方列明于本栏内。凡一并列明责任方为委托方者，船舶代理人在向责任方收取集装箱超期使用费用时，可按委托方分别开列账单，便于责任方向委托方收取费用。

3）凡具备责任方条件者，方可向船舶代理人办理集装箱发放手续。凡责任方委托委托方办理集装箱发放手续者，必须持责任方书面委托，并明示责任方委托委托方办理集装箱发放手续，承担集装箱使用过程中发生的灭失、损坏，承担集装箱超期使用费。委托书中还应列明责任方和委托方的全称、地址、电话和经办人，列明银行结算账号。

（2）提箱地点栏　进口拆箱由船舶代理人填写；出口装箱由港区、场/站填写；因检验、修理、清洗、租赁、堆存、转运出口而提离有关港区、场/站的空箱，提箱地点由船舶代理人填写。

（3）发往地点栏　进口拆箱由船舶代理人填写；出口装箱由运箱人填写。

说明及要求：该栏是实施集装箱动态管理的重要栏目。船舶代理人通过计算机的统计分析，能随时掌握海上口岸的集装箱分布情况，为生产和管理提供决策依据。填写时字体必须清楚，发往地点完整。

（4）来自地点栏　进口拆箱由船舶代理人填写；出口装箱由运箱人填写。

说明及要求：如进口箱、出口箱需要套箱时，必须于套箱前来船舶代理人处办理套箱手续，更正“进场”联的“来自地点”栏并加盖船舶代理人同意套箱字样，否则，港区、场/站不予收箱，船舶代理人将视其超期使用。

（5）返回/收箱地点栏　进出口全部由船舶代理人填写。

说明及要求：用箱人/运箱人或港区、场/站必须严格按“集装箱设备交接单”规定的地点还箱、收箱；收箱地点必须符合《上海口岸国际集装箱场/站管理办法实施细则》的规定向用箱人/运箱人提供服务。

（6）船名/航次栏　进出口全部由船舶代理人填写。

（7）集装箱箱号栏　进口拆箱由船舶代理人填写；出口装箱，除指定箱号外，由港区、场/站填写。

说明及要求：因出口货物短装或退关造成集装箱不能按“集装箱设备交接单”规定的船名/航次使用，用箱人/运箱人可持该单证“进场”联到船舶代理人处办理更正手续后继续使用。

（8）尺寸/类型栏　进出口全部由船舶代理人填写。

（9）营运人栏　进出口全部由船舶代理人填写。

说明及要求：

1）营运人栏是港区、场/站对集装箱进行管理的主要依据。凡“集装箱设备交接单”签发后，营运人发生变更时必须由船舶代理人及时通知港区、场/站。

2）用箱人/运箱人根据情况需要套箱时，必须于套箱前到船舶代理人处办理套箱手续，以免盲目套箱。

（10）提单号栏　进口拆箱由船舶代理人填写，出口装箱由运箱人要求装箱点填写。

说明及要求：凡货运站交付或拼箱交货的进出口集装箱，只需在该栏内列明一票提单号码，但填写必须清楚正确。

（11）铅封号栏　进口拆箱由船舶代理人填写，出口装箱由运箱人要求装箱点填写。

（12）免费使用期栏　进出口全部由船舶代理人填写。

（13）运载工具牌号栏　进出口全部由运箱人填写。

说明及要求：填写时必须列明内陆承运人单位简称及承运车辆牌号。

（14）出场目的/状态栏　由船舶代理人填写。

（15）进场目的/状态栏　由船舶代理人填写。

（16）出场日期栏　由港区、场/站道口填写。

说明及要求：填写时必须按24h写法书写。

（17）进场日期栏　由港区、场/站道口填写。

（18）出场检查栏　由运箱人与港区、场/站道口工作人员联合检查，如有异状，由港区、场/站道口工作人员注明程度及尺寸。

（19）进场检查栏　由运箱人与港区、场/站道口工作人员联合检查，如有异状，由港区、场/站道口工作人员注明程度及尺寸。

说明及要求：集装箱进出场责任划分，交接前由交方承担；交接后由接方承担。

（20）用箱人/运箱人签署栏　由运箱人签署。

（21）码头/堆场值班员签字栏　由港区、场/站道口工作人员签署。

说明及要求：签署“集装箱设备交接单”时，字体必须清楚，姓名应写全名。

（22）“集装箱设备交接单”一经签发就不得更改　凡需更改者，必须到船舶代理人处办理更正手续，并于“集装箱设备交接单”更正处盖有船舶代理人箱管更正章，其他更正章一律无效。未经办理更正手续的“集装箱设备交接单”一律不得进入港区，违者按规定追究责任。

二、集装箱场站收据的使用业务

场站收据的格式和内容见表7-20和表7-21。

表7-20　集装箱货运场站收据（第一联）

Shipper（发货人）

D/R No.（编号）

东方国际物流

Consignee（收货人）

集装箱货物托运单（订舱单）

Notify Party（通知人）

货主留底

第一联

Pre-Carnage By（前程运输）	Place of Receipt（收货地点）
Ocean Vessel（船名）Voy No.（航次）	Port of Loading（装货港）SHANGHAI
Port of Discharge（卸货港）	Place of Delivery（交货地点）

Final Deatination for the Merchant's Rererence（目的地）

Paruculars Furnished by Merchanls（托运人提供详细情况）

Container No.（集装箱号）	Seal No.（封志号）Marks & Nos 标记与号码	No of comtainers or p'kgs（箱数或件数）	Kind of Packages Description of Goods（包装种类与货名）	Gross Weight 毛重（kg）	Measurement 尺码（m³）
TOTAL NUMBER OF CONTAINERS OR PACKAGES (IN WORDS)集装箱数或件数合计（大写）					

FREJGHT&CHARGES（运费与附加费）	Revenue Tons（运费吨）	Rate（运费单）	Per（每）	Prepaid（运费预付）	Collect（到付）

Ex Rate（兑换单）	Prepaid at（预付地点）	Rayable at（到付地点）	Place of issue（签发地点）
	Total Prepaid（预付总额）	No of Original B(s)/L（正本提单份数）	

Service Type on Receiving □-CY □-CFS □-DOOR	Service Type on Delivery □-CY □-CFS □-DOOR	Reefer Temperature Required（冷藏温度） °F °C
TYPE OF GOODS（种类）	□Ordinary（普通） □Reefer（冷藏） □Dangerous（危险品） □Auto（裸装车辆） □Liquid（液体） □Live Animal（活动物） □Bulk（散货） □ ______	危险品 Class Property MDG COde Page UN NO

可否转船：	可否分批：	金　额	制单日期：
装　期：	效　期：		

表7-21 集装箱货运场站收据（第二联）

Shipper（发货人）	D/R No.（编号）
Consignee（收货人）	东方国际物流 集装箱货物托运单（订舱单）
Notify Party（通知人）	船代留底 第二联
Pre-Carnage By（前程运输） Place of Receipt（收货地点）	
Ocean Vessel（船名）Voy No.（航次）Port of Loading（装货港）SHANGHAI	
Port of Discharge（卸货港） Place of Delivery（交货地点）	Final Deatination for the Merchant's Reference（目的地）

Parucular Furnished by Merchanls（托运人提供详细情况）

Container No.（集装箱号）	Seal No（封志号）Marks & Nos 标记与号码	No of containers or p'kgs（箱数或件数）	Kind of Packages Description of Goods（包装种类与货名）	Gross Weight 毛重（kg）	Measurement 尺码（m^3）
TOTAL NUMBER OF CONTAINERS OR PACKAGES (IN WORDS)集装箱数或件数合计（大写）					

FREIGHT&CHARGES（运费与附加费）	Revenue Tons（运费吨）	Rate（运费单）	Per（每）	Prepaid（运费预付）	Collect（到付）

Ex Rate（兑换单）	Prepaid at（预付地点）	Rayable at（到付地点）	Place of issue（签发地点）
	Total Prepaid（预付总额）	No of Original B(s)/L（正本提单份数）	

Service Type on Receiving □-CY □-CFS □-DOOR	Service Type on Delivery □-CY □-CFS □-DOOR	Reefer Temperature Required（冷藏温度） °F °C
TYPE OF GOODS（种类）	□Ordinary（普通） □Reefer（冷藏） □Dangerous（危险品） □Auto（裸装车辆） □Liquid（液体） □Live Animal（活动物） □Bulk（散货） □______	危险品 Class Property MDG COde Page UN NO

可否转船：	可否分批：	金 额：	制单日期：
装 期：	效 期：		

（一）场站收据的用纸

应用无碳复印纸印刷。

（二）场站收据的格式

场站收据是集装箱运输专用出口单证，标准格式一套一般共9或10联，见表7-22～表7-29。

1）货方留底[1] 白色

2）集装箱货物托运单（船代留底） 白色

3）运费通知（1） 白色

4）运费通知（2） 白色

5）装货单——场站收据副本 白色

6）场站收据副本——大副联 粉红色

7）场站收据 淡黄色

8）货代留底 白色

9）配舱回单 白色

（三）场站收据的填制

1）场站收据各栏目由托运人用打字机填制以求清晰。在托运过程中，任何项目更改，应由提出更改的责任方编制更正通知单，并及时送达有关单位主管部门。

2）场站收据的收货方式和交货方式应根据运输条款如实填写，同一单不得出现两种收货方式或交货方式。

3）冷藏货出运，应正确填报冷藏温度。

4）危险品出运应正确填报类别、性能、危规页数（IMDG Gode Page）和联合同编号（UN No.）。如国际危规规定主标以外还有副标，在性能项目栏用"（主标）/（副标）"方式填报。

5）第2、3、4联和第8、9、10联右下角空白栏供托运人备注用。

（四）场站收据的流转程序

1）托运人制单后留下货主留存联，将其余9联送船代订舱签单。

2）船代编号后，留下第2、3、4联，并在第5联装货单上签章确认订舱，将剩余的第5～10联退给货代。第8联由货代留底。第9、10联由货代退给托运人作配舱回单。

3）第5～7联供报关用。

4）海关审核认可后，在第5联装货单上加盖海关放行章，将5、6、7三联一并退回报办人。

5）货代安排将箱号/封志号/件数填入5、6、7联，在集装箱进场站完毕前24h交场站签收。

6）场站业务员在集装箱进场完毕时，在第5、6、7联上加批实收箱数并签收（场站业务员的签收仅属核对性质，集装箱内货物件数和货物状况仍由装箱单位负责），并在右上角填上进场完毕日期，由场站加盖公章。第5联由场站留底，第6联（大副联）由场站业务员在装船前24h分批送外轮理货员，最后一批不得迟于开装前4h，理货员于装船时交大副。第7联场站收据由场站业务员返给货代（托运人）。托运人凭场站收据向船代换取待装提单，或在装船后换取装船提单。

（五）场站收据中货代（托运人）业务

1）货物装箱必须在装箱前24h向海关申报，经海关在装货单上盖章验放后，才能装箱，在海关盖章验放前装箱必须征得海关同意。

2）在海关同意盖章验放前，先进场站的集装箱，必须在装船前24h，由货代将海关盖章的

---

[1] 货主留底联数如需增加，由货主自己确定，但其页次必须放在第10联之后。

场站收据立即送交收货港区、场/站业务员，否则一切责任由货主或货代自负。

3）出口重箱箱号，允许在货物装箱后由货代或货代委托装箱点正确填写。海关验放时允许无箱号，但进场站后，场站收据上所列箱子在进场站完毕时必须写清所有箱号/封志号、箱数。

4）货代（或托运人）凭场站业务员签收盖章的场站收据正本向船代换取提单。

5）如场站收据内容有变更，应及时通知有关方，并在24h内出具书面通知。

（六）场站收据中港区及场站业务

1）港务局所属装卸公司，有场站收据签收权。受船公司委托后，凭其签收的场站收据可以向船代换取提单。

2）CY条款，货主对箱内货物承担责任；CFS条款，装箱单位对箱内货物承担责任，拼箱货，一票一单，以箱为单位签场站收据。

3）场站业务员签收场站收据必须注意：① 验看第5联（装货单）上有否海关放行章。没有海关放行章，不得签发场站收据，并不安排所属集装箱装船。② 验看所列货物箱号、箱数是否正确填写。③ 将场站收据正本退货代（托运人）。

4）场站业务员必须在装船前24h，将场站收据大副联分批送外轮理货员，最后一批不得迟于开装前4h。

5）港区场站业务员在船舶开航后立即将已签场站收据而未装上船的出口箱信息通知船代，并在24h内开出工作联系单。

6）港区及场站受船公司委托签发场站收据，应对由于其工作中的过失而造成的后果负责。

（七）场站收据中船公司业务

1）已签出场站收据的集装箱货物在装船前的风险和责任由船公司承担。

2）船公司委托场站签场站收据必须有书面协议，明确双方的责任、权利和义务。

3）在与港区及场站签订协议后，船公司有追索权。

（八）场站收据中外轮理货业务

1）外轮理货员应该在船公司指定的场站理货。CY/CY条款，在船边理箱；CFS/CY条款应在装箱时理货和在船边理箱，并在有关单证上加批注，提供理货报告。

2）外轮理货在港区的理货员收齐港区场站业务员送来的场站收据副本——大副联后，在装船时将装船集装箱与单据核对无误后交大副。如有变更，应及时更正场站收据，并在船开后24h内通知船代。

3）开船后24h内，将装船集装箱理箱单交船代。

（九）场站收据中船代业务

1）订舱签单时，船代应仔细核对托运人所填项目是否完整，如有问题，应及时联系托运人或其货运代理。场站收据编号应用打字机打上。

2）装船后，应核对单据与集装箱装船的情况是否一致，如不一致，应迅速与港方和理货员联系，避免出现差错。

3）每天派人到港方和理货分别收取“联系单”和“理箱单”。

4）凭场站收据船代应立即签发待装提单。集装箱装上船在船开航后24h内，船代应核对并签发装船提单。

表7-22 集装箱货运场站收据（第三联）

Shipper （发货人）	D/R No.（编号）
Consignee（收货人）	东方国际物流 运费通知（1） 第三联
Notify Party （通知人）	
Pre-Carriage By （前程运输） Place of Receipt （收货地点）	
Ocean Vessel （船名） Voy No.（航次） Port of Loading （装货港）	
Port of Discharge （卸货港） Place of Delivery （交货地点）	Final Destination for the Merchant's Reference（目的地）

Particulars Furnished by Merchants（托运人提供详细情况）

Container No.（集装箱号）	Seal No（封志号）Marks & Nos 标记与号码	No of containers or p'kgs（箱数或件数）	Kind of Packages Description of Goods（包装种类与货名）	Gross Weight 毛重（公斤）	Measurement 尺码（立方米）
TOTAL NUMBER OF CONTAINERS OR PACKAGES（IN WORDS）集装箱数或件数合计（大写）					

FREIGHT & CHARGES（运费与附加费）	Revenue Tons（运费吨）	Rate（运费率）	Per（每）	Prepaid（运费预付）	Collect（到付）

Ex Rate（兑换率）	Prepaid at（预付地点）	Payable at（到付地点）	Place of issue（签发地点）
	Total Prepaid（预付总额）	No of Original B(s)/L（正本提单份数）	

Service Type on Receiving □-CY □-CFS □-DOOR	Service Type on Delivery □-CY □-CFS □-DOOR		Reefer Temperature Required（冷藏温度） °F °C
TYPE OF GOODS（种类）	□Ordinary（普通） □Reefer（冷藏） □Dangerous（危险品） □ Auto（裸装车辆） □Liquid（液体） □Live Animal（活动物） □Bulk（散货） □	危险品	Class Property IMDG Code Page UN NO.

可否转船：	可否分批：	金额：	制单日期：
装 期：	效 期：		

表7-23 集装箱货运场站收据（第四联）

东方国际
物　　流

运费通知（2）

第四联

Shipper（发货人）	D/R No.（编号）
Consignee（收货人）	
Notify Party（通知人）	
Pre-Carriage By（前程运输） Place of Receipt（收货地点）	
Ocean Vessel（船名） Voy No.（航次） Port of Loading（装货港）	
Port of Discharge（卸货港） Place of Delivery（交货地点）	Final Destination for the Merchant's Reference（目的地）

Particulars Furnished by Merchants（托运人提供详细情况）

Container No.（集装箱号）	Seal No（封志号） Marks & Nos 标记与号码	No of containers or p'kgs（箱数或件数）	Kind of Packages Description of Goods（包装种类与货名）	Gross Weight 毛重（公斤）	Measurement 尺码（立方米）
TOTAL NUMBER OF CONTAINERS OR PACKAGES (IN WORDS) 集装箱数或件数合计（大写）					

FREIGHT & CHARGES（运费与附加费）	Revenue Tons（运费吨）	Rate（运费率）	Per（每）	Prepaid（运费预付）	Collect（到付）

EX Rate（兑换率）	Prepaid at（预付地点）	Payable at（到付地点）	Place of issue（签发地点）
	Total Prepaid（预付总额）	No of Original B(s)/L（正本提单份数）	

Service Type on Receiving	Service Type on Delivery	Reefer Temperature Required（冷藏温度）	°F	°C
□-CY □-CFS □-DOOR	□-CY □-CFS □-DOOR			

TYPE OF GOODS（种类）					
□Ordinary（普通）	□Reefer（冷藏）	□Dangerous（危险品）	□ Auto（裸装车辆）	危险品	Class Property IMDG Code Page UN NO.
□Liquid（液体）	□Live Animal（活动物）	□Bulk（散货）	□		

可否转船:	可否分批:	金额:	制单日期:
装　期:	效　期:		

表 7-24 集装箱货运场站收据（第五联）

Shipper （发货人）

D/R No. （编号）

东方国际物流

装货单

Consignee （收货人）

场站收据副本

Received by the Carrier the Total number of containers or other packages or units stated below to be transported subject to the terms and conditions of the Carrier's regular form of Bill of Lading (for Combined Transport or Port to Port Shipment) which shall be deemed to be incorporated herein

Date（日期）：

第五联

Notify Party （通知人）

Pre—Carnage By（前程运输） Place of Receipt（收货地点）

Ocean Vessel（船名） Voy No.（航次） Port of Loading（装货港）

场站章

Port of Discharge （卸货港） Place of Delivery （交货地点） Final Destination for the Merchant's Reference（目的地）

Particulars Furnished by Merchants（托运人提供详细情况）

Container No.（集装箱号）	Seal No（封志号）Marks & Nos 标记与号码	No of containers or p'kgs（箱数或件数）	Kind of Packages Description of Goods（包装种类与货名）	Gross Weight 毛重（公斤）	Measurement 尺码（立方米）

TOTAL NUMBER OF CONTAINERS OR PACKAGES(IN WORDS) 集装箱数或件数合计（大写）

Container No.（箱号）	Seal No.（封志号）	P'kgs.（件数）	Container No.（箱号）	Seal No.（封志号）	P'kgs.（件数）

Received（实收） By Terminal clerk（场站员签字）

FREIGHT & CHARGES	Prepaid at（预付地点）	Payable at（到付地点）	Place of issue（签发地点）
	Total Prepaid（预付总额）	No of Original B(s)/L（正本提单份数）	BOOKING（订舱确认）APPROVED BY

Service Type on Receiving	Service Type on Delivery	Reefer Temperature Required（冷藏温度）
□-CY □-CFS □-DOOR	□-CY □-CFS □-DOOR	°F °C

TYPE OF GOODS（种类）	□Ordinary（普通）	□Reefer（冷藏）	□Dangerous（危险品）	□Auto（裸装车辆）	危险品	Class Property IMDG Code Page UN NO.
	□Liquid（液体）	□Live Animal（活动物）	□Bulk（散货）	□		

表 7-25 集装箱货运场站收据（第五联附页）

Shipper （发货人）	D/R No. （编号）
Consignee （收货人）	缴纳出口货物港务费申请书
Notify Party （通知人）	东方国际 物 流
Pre-Carnage By （前程运输） Place of Receipt （收货地点）	第五联附页
Ocean Vessel （船名） Voy No. （航次） Port of Loading （装货港）	
Port of Discharge （卸货港） Place of Delivery （交货地点）	Final Destination for the Merchant's Reference （目的地）

Particulars Furnished by Merchants （托运人提供详细情况）

Container No. （集装箱号）	Seal No （封志号） Marks & Nos 标记与号码	No of containers or p'kgs （箱数或件数）	Kind of Packages Description of Goods （包装种类与货名）	Gross Weight 毛重（公斤）	Measurement 尺码（立方米）
TOTAL NUMBER OF CONTAINERS OR PACKAGES(IN WORDS) 集装箱数或件数合计（大写）					

Container No.（箱号）	Seal No. （封志号）	Pkgs. （件数）	Container No. （箱号）	Seal No. （封志号）	Pkgs. （件数）
			Received （实收）	By Terminal clerk （场站员签字）	

FREIGHT & CHARGES	Prepaid at （预付地点）	Payable at （到付地点）	Place of issue （签发地点）
	Total Prepaid （预付总额）	No of Original B(s)/L （正本提单份数）	BOOKING （订舱确认） APPROVED BY

Service Type on Receiving	Service Type on Delivery	Reefer Temperature Required （冷藏温度）
□-CY □-CFS □-DOOR	□-CY □-CFS □-DOOR	°F °C

TYPE OF GOODS （种类）					危险品
	□Ordinary （普通）	□Reefer （冷藏）	□Dangerous （危险品）	□Auto （裸装车辆）	Class Property IMDG Code Page UN NO.
	□Liquid （液体）	□Live Animal （活动物）	□Bulk （散货）	□	

备 注（REMARKS）

表 7-26　集装箱货运场站收据（第六联）

Shipper （发货人）

D/R No. （编号）

东方国际物　流

场站收据副本

大副联

COPY OF DOCK RECEIPT

(FOR CHIEF OFFICER)

第六联

Consignee （收货人）

Notify Party （通知人）

Received by the Carrier the Total number of containers or other packages or units stated below to be transported subject to the terms and conditions of the Cairier's regular form of Bill of Lading (for Combined Transport or Port to Port Shipment) which shall be deemed to be incorporated herein

Date（日期）：

场站章

Pre-Carnage By （前程运输）　Place of Receipt（收货地点）

Ocean Vessel（船名）　Voy No.（航次）Port of Loading（装货港）

Port of Discharge （卸货港）　Place of Delivery （交货地点）　Final Destination for the Merchant's Reference（目的地）

Particulars Furnished by Merchants（托运人提供详细情况）

Container No.（集装箱号）	Seal No（封志号）Marks & Nos 标记与号码	No of containres or p'kgs（箱数或件数）	Kind of Packages Description of Goods（包装种类与货名）	Gross Weight 毛重（公斤）	Measurement 尺码（立方米）

TOTAL NUMBER OF CONTAINERS OR PACKAGES(IN WORDS) 集装箱数或件数合计（大写）

Container No.(箱号)	Seal No.（封志号）	P'kgs.（件数）	Container No.（箱号）	Seal No.（封志号）	P'kgs.（件数）

Received（实收）　By Terminal clerk（场站员签字）

FREIGHT & CHARGES	Prepaid at （预付地点）	Payable at（到付地点）	Place of issue（签发地点）
	Total Prepaid （预付总额）	No of Original B(s)/L(正本提单份数)	BOOKING（订舱确认）APPROVED BY

Service Type on Receiving □-CY □-CFS □-DOOR

Service Type on Delivery □-CY □-CFS □-DOOR

Reefer Temperature Required（冷藏温度）　°F　°C

TYPE OF GOODS（种类）	□Ordinary（普通）	□Reefer（冷藏）	□Dangerous（危险品）	□Auto（裸装车辆）
	□Liquid（液体）	□Live Animal（活动物）	□Bulk（散货）	□______

危险品：Class　Property　IMDG Code Page　UN NO.

表 7-27 集装箱货运场站收据（第七联）

Shipper （发货人）

Consignee （收货人）

Notify Party （通知人）

Pre-Carnage By（前程运输） Place of Receipt（收货地点）

Ocean Vessel（船名）Voy No.（航次）Port of Loading（装货港）

Port of Discharge（卸货港） Place of Delivery（交货地点）

D/R No. （编号）

东方国际物流

场站收据
DOCK RECIPT

第七联

Received by the Carrier the Total number of containers or other packages or units stated below to be transported subject to the terms and conditions of the Cairier's regular form of Bill of Lading (for Combined Transport or Port to Port Shipment) which shall be deemed to be incorporated herein
Date（日期）：

场站章

Final Destination for the Merchant's Reference（目的地）

Particulars Furnished by Merchants（托运人提供详细情况）

Container No.（集装箱号）	Seal No （封志号）Marks & Nos 标记与号码	No of containers or p'kgs（箱数或件数）	Kind of Packages Description of Goods（包装种类与货名）	Gross Weight 毛重（公斤）	Measurement 尺码（立方米）
TOTAL NUMBER OF CONTAINERS OR PACKACES (IN WORDS) 集装箱数或件数合计（大写）					

Container No.（箱号） Seal No.（封志号） Pkgs.（件数） Container No.（箱号） Seal No.（封志号） Pkgs.（件数）

Received（实收） By Terminal clerk（场站员签字）

FREIGHT & CHARGES	Prepaid at （预付地点）	Pryable at （到付地点）	Place of issue（签发地点）
	Total Prepaid （预付总额）	No.of Original B(s)/L（正本提单份数）	BOOKING （订舱确认）APPROCED BY

Service Type on Receiving □-CY □-CFS □-DOOR	Service Type on Delivery □-CY □-CFS □-DOOR	Reefer Temperature Required（冷藏温度） °F °C
TYPE OF GOODS（种类）	□Ordinary（普通） □Reefer（冷藏） □Dangerous（危险品） □Auto（裸装车辆） □Liquid（液体） □Live Animal（活动物） □Bulk（散货） □	危险品 Class Property IMDG Code Page UN NO.

表 7-28 集装箱货运场站收据（第八联）

Shipper （发货人）

D/R No. （编号）

东方国际物流

货代留底

第八联

Consignee （收货人）

Notify Party （通知人）

Pre-Carriage By（前程运输） Place of Receipt（收货地点）

Ocean Vessel（船名） Voy No.（航次） Port of Loading（装货港）

Port of Discharge（卸货港） Place of Delivery（交货地点） Final Destination for the Merchant's Reference（目的地）

Particulars Furnished by Merchants（托运人提供详细情况）

Container No.（集装箱号）	Seal No（封志号） Marks & Nos 标记与号码	No of containers or p'kgs（箱数或件数）	Kind of Packages Description of Goods（包装种类与货名）	Gross Weight 毛重（公斤）	Measurement 尺码（立方米）

TOTAL NUMBER OF CONTAINERS OR PACKAGES (IN WORDS) 集装箱数或件数合计（大写）

FREIGHT & CHARGES（运费与附加费）	Revenue Tons（运费吨）	Rate（运费率）	Per（每）	Prepaid（运费预付）	Collect（到付）

Ex Rate（兑换率）	Prepaid at（预付地点）	Payable at（到付地点）	Place of issue（签发地点）
	Total Prepaid（预付总额）	No of Original B(s)/ L（正本提单份数）	

Service Type on Receiving	Service Type on DeLivery	Reefer Temperature Required（冷藏温度）	°F	°C
□-CY □-CFS □-DOOR	□-CY □-CFS □-DOOR			

TYPE OF GOODS（种类）	□Ordinary（普通）	□Reefer（冷藏）	□Dangerous（危险品）	□Auto（裸装车辆）	危险品	Class Property IMDG Code Page UN NO.
	□Liquid（液体）	□Live Animal（活动物）	□Bulk（散货）	□		

可否转船：	可否分批：	金额：	制单日期：
装 期：	效 期：		

表 7-29 集装箱运场站收据（第九联）

Shipper （发货人）	D/R No. （编号）	东方国际物 流
Consignee （收货人）	配舱回单	第九联
Notify Party （通知人）		
Pre-Cahage By（前程运输） Place of Receight（收货地点）		
Ocean Vessel（船名） Voy No（航次） Port of Loading（装货单）		
Port of Discharge（卸货港） Place of Delivery（交货地点）	Final Destination for the Merchant's Reftrence（目的地）	

Particulars Furnished by Merchants（托运人提供详细情况）

Container No.（集装箱）	Seal No.（封志号） Marks & Nos 标记与号码	No.of containers or p'kgs（箱数或件数）	Kind of Packages Description of Goods（包装种类与货名）	Gross Weight 毛重（公斤）	Measurement 尺码（立方米）
TOTAL NUMBER OF CONTAINERS OR PACKACES (IN WORDS)（集装箱数或件数合计）					

FREIGHT & CHARGES（运费与附加费）	Revenue Tons（运费吨）	Rate（运费率）	Per（每）	Prepaid（运费预付）	Collect（到付）

Ex Rate（兑换率）	Prepaid at（预付地点）	Payable at（到付地点）	Place of issue（签发地点）
	Total Prepaid（预付总额）	No of Original B(s)/L（正本提单份数）	

Service Type on Receiving ☐-CY ☐-CFS ☐-DOOR		Service Type on Delivery ☐-CY ☐-CFS ☐-DOOR		Reefer Temperature Required（冷藏温度）	°F °C
TYPE OF GOODS（种类）	☐Ordinary（普通） ☐Reefer（冷藏） ☐Dangerous（危险品） ☐Auto（裸装车辆）			危险品	Class Property IMDG Code Page UN NO.
	☐Liquid（液体） ☐Live Animal（活动物） ☐Bulk（散货） ☐				

可否转船：	可否分批：	金额：	制单日期：
装　期：	效　期：		

表 7-28 集装箱货运场站收据（第八联）

▽

Shipper （发货人）

D/R No. （编号）

东方国际物 流

Consignee （收货人）

货代留底

第八联

Notify Party （通知人）

Pre-Carriage By（前程运输） Place of Receipt（收货地点）

Ocean Vessel（船名） Voy No.（航次） Port of Loading（装货港）

Port of Discharge（卸货港）	Place of Delivery（交货地点）	Final Destination for the Merchant's Reference（目的地）

Particulars Furnished by Merchants（托运人提供详细情况）

Container No.（集装箱号）	Seal No（封志号） Marks & Nos 标记与号码	No of containers or p'kgs（箱数或件数）	Kind of Packages Description of Goods（包装种类与货名）	Gross Weight 毛重（公斤）	Measurement 尺码（立方米）
TOTAL NUMBER OF CONTAINERS OR PACKAGES (IN WORDS) 集装箱数或件数合计（大写）					

FREIGHT & CHARGES（运费与附加费）	Revenue Tons（运费吨）	Rate（运费率）	Per（每）	Prepaid（运费预付）	Collect（到付）

EX Rate（兑换率）	Prepaid at（预付地点）	Payable at（到付地点）	Place of issue（签发地点）
	Total Prepaid（预付总额）	No of Original B(s)/ L（正本提单份数）	

Service Type on Receiving □-CY □-CFS □-DOOR	Service Type on DeLivery □-CY □-CFS □-DOOR	Reefer Temperature Required（冷藏温度）	°F	°C

TYPE OF GOODS（种类）	□Ordinary（普通）	□Reefer（冷藏）	□Dangerous（危险品）	□Auto（裸装车辆）	危险品	Class Property IMDG Code Page UN NO.
	□Liquid（液体）	□Live Animal（活动物）	□Bulk（散货）	□		

可否转船：	可否分批：	金额：	制单日期：
装 期：	效 期：		

表 7-29 集装箱运场站收据（第九联）

Shipper （发货人）	D/R No. （编号）
Consignee （收货人）	东方国际物 流 配舱回单
Notify Party （通知人）	第九联
Pre-Cahage By（前程运输） Place of Receight（收货地点）	
Ocean Vessel（船名） Voy No（航次） Port of Loading（装货单）	
Port of Discharge（卸货港） Place of Delivery（交货地点）	Final Destination for the Merchant's Reftrence（目的地）

Particulars Furnished by Merchants（托运人提供详细情况）

Container No.（集装箱）	Seal No.（封志号）Marks & Nos 标记与号码	No.of containers or p'kgs（箱数或件数）	Kind of Packages Description of Goods（包装种类与货名）	Gross Weight 毛重（公斤）	Measurement 尺码（立方米）
TOTAL NUMBER OF CONTAINERS OR PACKACES (IN WORDS)（集装箱数或件数合计）					

FREIGHT & CHARGES（运费与附加费）	Revenue Tons（运费吨）	Rate（运费率）	Per（每）	Prepaid（运费预付）	Collect（到付）

Ex Rate（兑换率）	Prepaid at（预付地点）	Payable at（到付地点）	Place of issue（签发地点）
	Total Prepaid（预付总额）	No of Original B(s)/L（正本提单份数）	

Service Type on Receiving □-CY □-CFS □-DOOR	Service Type on Delivery □-CY □-CFS □-DOOR	Reefer Temperature Required（冷藏温度） °F °C

TYPE OF GOODS（种类）	□Ordinary（普通）	□Reefer（冷藏）	□Dangerous（危险品）	□Auto（裸装车辆）	危险品	Class Property IMDG Code Page UN NO.
	□Liquid（液体）	□Live Animal（活动物）	□Bulk（散货）	□		

可否转船:	可否分批:	金额:	制单日期:
装 期:	效 期:		

【思考题】

1. 简述国际集装箱运输出口货运程序。

2. 什么叫订舱单？订舱单有哪些内容？

3. 整箱货运的空箱由________领取，拼箱货运的空箱由_______领取。整箱货由_______装箱，拼箱货由______装箱。整箱货的装箱单由_____填制，拼箱货的装箱单由_______填制。

4. 什么叫集装箱设备交接单？设备交接单有哪些内容？

5. 什么是场站收据？场站收据共有几联？请分别阐述各联的作用。

6. 整箱货运的场站收据由______ 签发，拼箱货运的场站收据由_____签发。

7. 简述编制场站收据的原则。

8. 什么叫集装箱装箱单？填制装箱单应注意哪些问题？

9. 发货人凭_____ 向代理公司换取提单，集装箱运输提单是______ 提单，船公司或其代理人在该提单上填_________ 即为已装船提单。

10. 整箱货由_______ 加铅封，拼箱货由_______ 加铅封。

11. 出口货运中，托运集装箱必须具备哪些条件？

12. 简述船公司或其代理人（代理公司）在出口货运中的业务工作。

13. 简述集装箱出口货运中各种单证的编制人（单位）或签发人（单位）以及各种单证所分发的业务部门。

14. 简述集装箱装卸区在出口货运中的业务。

15. 装船完毕，装卸区应向船长提供哪些单证？

16. 简述集装箱货运站在出口货运中的业务工作。

17. 简述设备交接单的使用业务。

18. 简述场站收据的使用业务。

第八章

Chapter 8

国际集装箱多式联运进口货运业务

第一节　国际集装箱多式联运进口货运程序

一、集装箱运输在目的地（进口国）交接责任的特点

集装箱运输与普通海运相比，在集装箱货物运到目的地后，船、货双方交接的责任有所不同。

1. 交货地点不同

普通海运的交接点在船舷或船边，而集装箱货运则延伸到陆地，如站、场、门等。

2. 交货条件不同

拼箱货船方的责任虽与传统海运一样，即负责货物的件数和包装的完整。但整箱货船方只负交箱责任，只要铅封完好，箱的外表与接运时相似，责任即告终止。

3. 经济利益不同

在传统海运中，船舶等运输设备只与承运方有关，不涉及货方的经济利益。但在集装箱运输中，集装箱作为运输设备，当整箱货在门场交接后即由货方控制，直至空箱送回，这期间集装箱由货方负责。

二、进口货运程序

1）出口港在船舶开航后，应将有关箱运单证航空邮寄进口港区船公司的集装箱管理处。

2）集装箱管理处收到出口港寄来的各种货运单证后，即分别发给进口港代理公司和集装箱装卸区。

3）进口港代理公司在接到船舶到港时间及有关箱运资料后，即分别向收货人发到货通知。

4）收货人接到到货通知，即向银行付款购单，并以正本提单向代理公司换取提货单。

5）代理公司根据收货人提供的正本提单，经与货运或箱运舱单核对无误后，即签发提货单。

提货单（见表8-1、表8-2）是收货人向装卸区或货运站提货的凭证，也是船公司对装卸区或货运站交箱交货的通知。

船公司的代理公司签发提货单时，除了收回正本提单并查对进口许可证外，还须货方付清运费及一切有关费用。如果D/R场站收据对集装箱有批注，原注也应列入提货单备注栏内。

6）收货人凭进口许可证及提货单到集装箱装卸区办理提箱、提货手续。

7）就整箱货而言，装卸区堆场根据正本提货单交箱，并与货方代表在船公司签发的设备交接单上签字，以示办妥交接手续。

8）拼箱货在货运站办理提货手续，由货运站向收货人收回正本提货单，将货交由收货人提取。

表8-1　提货单A

××船务代理公司

××MARINE SHIPPING AGENCY

提　货　单

（DELIVERY ORDER）

No.

收货人 通知人	下列货物已办妥手续，运费结清请准许交付收货人。

船名：	航次：	起运港：	唛头：
提单号：	交付条款：	目的港：	
卸货地点：	进场日期：	箱进口状态：	
抵港日期：	到付海运费：		
一程船：	提单号：		

集装箱/铅封号	货物名称	件数与包装	重量（kgs）	体积（m^3）

请核对放货。

中国外运天津集团船务代理公司

提货专用章

凡属法定检验、检疫的进口商品，必须向有关监督机关申报

海　关　章			

表8-2 提货单B

中国外轮代理公司上海分公司

CHINA OCEAN SHIPPING AGENCY SHANGHAI BRANCH

提 货 单

DELIVERY ORDER No. 0043601

致：________________港区、场、站

收货人：________________________

下列货物已办妥手续，运费结清，准予交付收货人

船名	航次	起运港		目的地	
提单号	交付条款		到付海运费		
卸货地点	到达日期	进库场日期		第一程运输	
标记与集装箱号	货名	集装箱数	件数	重量（kgs）	体积（m^3）

请核对放货。

中国外轮代理公司上海分公司

年 月 日

凡属法定检验、检疫的进口商品，必须向有关机监督构申报。

收货人章	海关章		
1	2	3	4
5	6	7	8

至此进口货运程序结束。集装箱进口货运程序简图如图8-1所示。

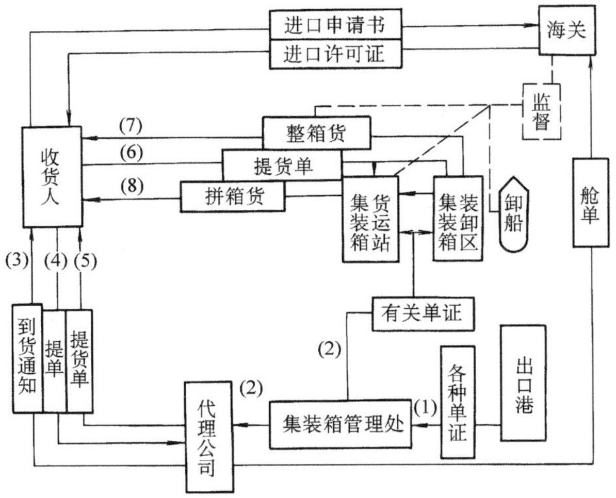

图 8-1　集装箱进口货运程序简图

三、几种主要进口单证

在进口货运中，涉及的单证除了提货单外，还有卸箱清单、理货计数单、溢短残损单、催提单、拆箱单等。

1. 卸箱清单

船舶在卸箱过程中，装卸区理货人员应编制卸箱清单，以证实船舶实际卸下集装箱的数量情况。卸箱清单也是供集装箱管理处编制“编目控制”的基本资料之一，如集装箱有异状，应立即列入批注栏内。

2. 理货计数单

货运站拆箱时，理货人员对照装箱单及货物舱单点验件数，并编制理货计数单（见表8-3）。

表8-3　理货计数单

理货计数单（进港/出港）

TALLY SHEET（Inward/outward）　　编号：No.

船名：　　泊位：　　舱口号：

Vessel:　　Berth:　　Hatch No.

仓库/堆场/车辆/驳船号：

Warehouse/Stake yard/Wagon/Lighter No.:

工作时间从　　时至　　时　　年　　月　　日

Working time from Hrs,to　　Hrs

提单或装货单号 B/L or S/O No.	标志 Mark	件数 Packing	理货 Tally										总计 Total
			1	2	3	4	5	6	7	8	9	10	

（续）

提单或装货单号 B/L or S/O No.				标志 Mark	件数 Packing	理货 Tally										总计 Total
						1	2	3	4	5	6	7	8	9	10	

批注　　　　　　　　　　　　　　　　　　总计件数：________

Remarks　　　　　　　　　　　　　　　　Total P'kgs.

星期日或节假日

Sunday or holiday

夜班

Night shift

无货舱

Noncargo hold

靠泊

Anchorage

熔化、冻结、凝固或粘连货物

Melted, frozen, solidified or stuck cargo

打捞的货物

Salvaged cargo

翻舱/出舱

Shifting within/outside the hold

分标志

Marks-assorting

待时

Stand-by time

理货员：　　　　　　　　　　　　　　　复核：

TallyClerk:　　　　　　　　　　　　　　Counterpart:

3. 溢短残损单

如发现货物存在溢短残损时，要根据卸货时所编的卸箱清单所列批注，并参照出口港的批注清单编制溢短残损单（见表8-4、表8-5）。如无溢短残损也应在单内填“无”。如果在填单后再发现集装箱有新的损坏或其他需要批注的事项，则应由装卸区负责。

表8-4　货物残损单

货物残损单

DAMAGE CARGO LIST

编号：
No.

船名：　Vessel:　航次：　Voy.　泊位：　Berth:　国籍：　Nationality：

开工日期：　年　月　日　Tally Commenced on:

制单日期：　年　月　日　Date of list

提　单　号 B/L No.	标　志 Marks	货　名 Description	货损件数和包装 P'kgs.&Packing Damaged	货 损 情 况 Condition of Damage

理货组长：
Chief Tally:

船长/大副：
Master/Chief Officer

表8-5　货物溢短单

货物溢短单

OVERLANDED/SHORTLANDED CARGO LIST

编号：
No.

船名：　Vessel:　航次：　Voy.　泊位：　Berth:　国籍：　Nationality：

开工日期：　年　月　日　Tally Commenced on:

制单日期：　年　月　日　Date of List

提　单 B/L No.	标　志 Marks	货　名 Description	舱单记载数和包装 P'kgs.& Packing on Manifest	溢卸件数和包装 P'kgs.& Packing Overlanded	短卸件数包装 P'kgs.& Packing Shortlanded
总　计 Total					

理货组长：
Chief Tally:

船长/大副：
Master/Chief Officer

拼箱货拆箱时，如发现异状或件数不符，理货人员也应填列溢短残损单。

4．集装箱催提单和催提进口货清单

在卸箱完毕后一定时期内（一般是7天）收货人尚未提取时，装卸区应编制集装箱催提单和催提进口货清单送代理公司，向有关收货人催提。

5. 拆箱单

货运站每天根据理货计数单编制拆箱单，分送代理公司和集装箱管理处。该单包括船公司、船名、航次、箱号、拆箱日期及起讫时间和提单号等。

第二节　国际集装箱多式联运各业务单位的进口业务

这里主要介绍收货人、船公司（或其代理公司）、装卸区、货运站的进口业务。

一、收货人的进口业务

1. 成交开证

在进口商品前，作为买方的收货人必须与卖方（发货人）签订买卖合同（进口合同），然后委托银行开出信用证（在采用信用证支付方式下）。其中，买卖合同的运输条款中必须注明采用集装箱装运。

2. 申请进口许可证

收货人应事先向海关或有关部门申请进口许可证（见表8-6），否则装卸区可拒绝交货。

表8-6　中华人民共和国进口许可证

中华人民共和国进口许可证

IMPORT LICENCE OF THE PEOPLE'S REPUBLIC OF CHINA　　No.0001502

1. 进口商： Importer			3. 进口许可证号： Import licence No.		
2. 收货人： Consignee			4. 进口许可证有效截止日期： Importer licence expiry date		
5. 贸易方式： Terms of trade			8. 出口国（地区）： Country/Region of exportation		
6. .外汇来源： Terms of foreign exchange			9. 原产地国（地区）： Country/Region of origin		
7. 报关口岸： Place of clearance			10. 商品用途： Use of goods		
11. 商品名称： Description of goods			商品编码： Code of goods		
12. 规格、型号 Specification	13. 单位 Unit	14. 数量 Quantity	15. 单价 Unit price	16. 总值 Amount	17. 总值折美元 Amount in USD
18. 总计 Total					
19. 备　注： Supplementary derails			20. 发证机关签章： Issuing authority's stamp & signature 21. 发证日期 Licence date		

第一联正本提货人办理海关手续　海关验放签注栏在背后

对外贸易经济合作部监制（99）　　TZ-101241

3. 换取提货单

在收货人委托的开证银行收到起运地银行寄来的全套运输单证后，收货人即应向开证银行结付货款，方取得全套运输单证。然后以其中的正本提单连同进口许可证向进口港代理公司换取提货单，并付清一切费用，再向装卸区提货。

4. 报关放行

收货人应持进口许可证及运输单证和贸易证向海关及有关单位办理报送放行手续，进口货物报关单见表8-7。某些货物如植物、动物、食品、危险货物等还须申请检验。

表8-7　进口货物报关单

中华人民共和国海关进口货物报关单

预录入编号：　　　　　　　　　　　　　　海关编号：

出口口岸	备案号	出口日期	申报日期					
经营单位	运输方式	运输工具名称	提运单号					
发货单位	贸易方式	征免性质	征税比例					
许可证号	运抵国（地区）	装货港	境内目的地					
批准文号	成交方式	运费	保费	杂费				
合同协议号	件数	包装种类	毛重（kg）	净重（kg）				
集装箱号	随附单据	用途						
标记唛码及备注								
项号	商品编号	商品名称、规格型号	数量及单位	原产国（地区）	单价	总价	币制	证免
税费征收情况								
录入员　录入单位	兹声明以上申报无讹并承担法律责任			海关审单批注及放行日期（签章）				
报关员				审单	审价			
单位地址	申报单位（签章）			征税	统计			
邮编　电话	填制日期			查验	放行			

5. 提货及运回空箱

上述手续办妥即可凭提货单提货。整箱货在送达收货人单位后，应立即进行拆箱卸货，并将空箱在规定时间内（一般是48h）送回，否则须支付滞期费。

6. 索赔

收货人实际收到的集装箱或货物与持有的提单记载不符，即有短少、损坏、灭失等，经查证应由承运人负责的，收货人通过代理公司向承运人提出索赔，或委托保险公司办理索赔。

二、船公司及其代理公司的进口业务

1. 集装箱管理处向集装箱装卸区下达任务

在船舶到达卸货港5天前，由船公司航区的集装箱管理处对卸货港的装卸区下达卸货指示。其内容是卸箱总数以及特殊要求，如变更目的港等。

2. 发进口提货通知

船舶到港前发到达通知，通知收货人做好准备，并强调船到即须提货。

船舶抵港时再发出提箱或提货通知，强调如逾期提货将征收堆存费及转场费。

3. 分发进口单证

卸箱港代理公司要分发下列进口单证：

（1）进口货运舱单　即出口港的货运舱单。由于某些国家要求必须按海关规定格式，所以有时必须由进口港重新编制。

（2）特种货进口舱单　为有关机关检验特种货运之用。

（3）进口集装箱清单　即装箱清单，与货运舱单一样，作报关卸货之用。

（4）装箱单　供收货人或货运站拆箱点验货物之用。

（5）副本提单　签发提货单时，与正本提单核对。在交箱或交货时，供核对提货单之用。

（6）积载图　为装卸区编制卸箱作业计划及堆场计划之用。

（7）批注清单　供划分船舶与装卸区及船方与货方责任之用。

各种单证的编制及分发情况见表8-8。

4. 签发提货单

卸箱港代理公司正常签发提货单手续已如上述，但在特殊情况下的签发手续如下：

船舶发生共同海损时，收货人必须提供海损协议书、共同海损货物保价单、现金保证单或由保险公司签具的保证书等单证。

发生货损、货差时，因代理公司事先不知，故收货人可以在提货单上批注，同时向装卸区索取短缺或残损单，以便办理索赔。

表8-8　集装箱进口货运单证

单证名称	出口港代理公司	收货人	集装箱管理处	卸箱港				
				代理公司	货运站	装卸区	海关	检疫所
装箱单	寄		△	△	△	△	△	
副本提单	寄		△	△	△	△		
积载图	寄					△		
批注清单	寄		△	△	△	△		
货运舱单	寄		△	△	△	△	△	△
特种货舱单	寄		△	△	△	△	△	△
装箱清单	寄		△	△	△	△	△	
进口许可证		申请			LCL ←	FCL ←	批准	
提货单		△		签	△	△		
设备交接单		△	△	签		△		
卸箱清单	△		△	△		编		
进口理货单证			△	△		编		
集装箱催提单			△	△		编		
拆箱单			△	△	编			
催提进口货清单			△	△	编			
空箱存场报告			△	△		编		
集装箱翻舱清单			△	△		中途港编		

注：△号表示需要使用这一单证的部门。

提单或舱单上载有件数争议，如遇溢出，则仍按正本提单原列件数签发提货单，实际交货后确有多余，再通过出口港代理公司征求发货人意见加以处理；如遇短缺，代理公司可签两份提货单，第一份签上减去争议数字的件数，第二份签上争议的件数，实际交货时再按实际情况处理。

5. 签发设备交接单

签发本单手续与出口港发货人借用手续相同。

6. 货损、货差理赔

在集装箱货运中，承运人与货物所有人之间，委托方与代理公司之间，船方与装卸区或其他业务服务单位之间，由于其中一方违反合约或其他约定，或是未按提单条款履行和未按设备交接单背面条款履行，或是工作中的疏忽和过失，造成另一方的损害等，受损方可以就遭受的直接损失向责任方取得补偿。

在处理货损货差的理赔中，代理公司的处理步骤包括受理、审查、提赔和结案4个内容。其处理方法与传统海上货运手续相同。但因在集装箱运输中造成货损、货差的原因与传统运输有所不同，如因操作不当、维修保护不当造成集装箱损坏和装货积载不当、集装箱失窃及集装箱掉入海底等而引起的货损，所以在审查分析时必须给予充分考虑。

三、集装箱装卸区的进口业务

1. 进口卸箱准备

装卸区应根据集装箱管理处下达的卸箱指示以及出口港所编的船舶积载图和中途港可能编送的翻舱清单编制卸箱作业计划、堆场计划和交箱计划。这些计划首先应考虑3种交接方式（即站、场、门交接）分别堆装，同时还应考虑集装箱是继续转运还是直接交给收货人。在集装箱运输中，从船上卸下和把箱子交给收货人如能同时进行是最理想的管理方法，可以避免集装箱积压在堆场，因此必须有严密的计划。

2. 向港口有关当局申报

装卸区收到集装箱管理处转出的出口港所编的单证后，应分别向海关和有关防疫所申报。

3. 卸箱进场

卸箱进场时应注意以下几点：

1）根据管理处的卸箱指示、出口港所编的货运舱单、船舶积载图、装箱清单等编制卸箱计划后，应立即进行卸船作业。

2）在卸箱时如发现异状，应在卸箱清单上注明。对照出口港所编批注清单，如发现损坏有所扩大，亦应在卸箱清单中注明。

3）卸箱完毕，应根据卸箱清单批注汇编及分送溢短残损单，并对照出口港所编装箱清单核对箱数，如有不符也应在溢短残损单中注明。

4. 整箱货运交箱

代理公司签发的提货单和设备交接单是整箱货交箱的依据，并应对照是否与出口港所寄装箱单、提单副本一致，如有不符应及时与代理公司联系。

交箱时先查对进口许可证，然后根据提货单交箱。双方应一同查验铅封及集装箱外表情况，如有异状，可在交货记录上批注。

交箱完毕，装卸区还应根据交箱记录汇编另一份溢短残损单，分送代理公司及集装箱管理处，作为区分责任及办理理赔的参考。

装卸区应逐日查对代理公司给收货人所发的提箱通知，注意提货动态。船舶卸箱完毕后7天应编制清算单，分送代理公司及管理处，再次向收货人催提。

5. 船上翻舱

船舶因故必须翻舱时，应由翻舱港装卸区编制翻舱清单，作为船舶积载图的辅助单据。

6. 内陆货运站或非卸箱港集散点交箱

如交箱地点在内陆货运站或非卸箱港，则卸箱港所签设备交接单仅作为内部交接之用。这是因为提货单是交给货运目的地的装卸区的，而不是卸箱港的装卸区的。

7. 空箱管理

每日下午下班前，应将当日存场空箱编制报告，于次日报送集装箱管理处及当地代理公司。

四、集装箱货运站的进口业务

1. 拆箱计划安排

装卸区应将下列单证交货运站：

1）货运舱单、集装箱清单、特种货清单（为船公司的交货通知）。

2）装箱单（为船公司的拆箱指示）。

3）提单副本（为交货时核对提货单的依据）。

4）批注清单（为交货时划分责任的依据）。

货运站根据货运及装箱情况，编制拆箱计划，并及时联系收货人，确定提货时间，据以安排拆箱卸货计划。

2. 箱货交接

根据拆箱计划向堆场领取拼箱货集装箱。

拆箱前，应联系海关派员监督，会同检验开铅封，如有异状，在溢短残损单上批注。启封后，即行卸货，由理货员对照货运舱单或提单副本及装箱单核对货运资料，即货名、标志、件数以及外表情况，如有异状，应在溢短残损单上批注。

货运站根据代理公司签发的提货单，并对照出口港所寄的装箱单、提单副本审核是否一致，如有不符，应及时联系代理公司解决。此外，尚须查对收货人是否持有有效的进口许可证或内陆运输证，然后双方一同验点货物，在提货单上签字，完成交货手续，如有异状，也应在交货记录上批注，如货物有溢短，则理货员还应编制溢短残损单，分送船公司及集装箱管理处。

货运站应逐日查对代理公司对收货人所发的提货通知以及和收货人约定的提货时间，进行催提。船舶卸箱完毕8天后，应编制催提进口货清单，分送代理公司及集装箱管理处，以便再次催提。

3. 空箱管理

拼箱货在拆箱卸货完毕，将空箱交回堆场前，必须注意下列事项：

1）集装箱必须清洁，如有防水布或其他设备，都应处于完好状态。

2）加固用的钉子、木板，捆扎的索具或其他设备等材料，应全部清除出箱。

3）发现集装箱损坏，应立即通知箱子所有人及时进行修补。

【思考题】

1. 集装箱运输与普通海运相比，船货双方在目的地的交接责任有什么不同？
2. 简述集装箱进口货运程序。
3. 提货单是根据____________签发的，由____________签发。

4. 整箱货在 ________ 办理提货手续，拼箱货在________ 办理提货手续。

5. 证实船舶实际卸箱数的单证是 ________ ，该单证由 ________ 编制。

6. 拼箱货在拆箱时，理货人是对照 ________ 单及 ________ 单点验件数，编制 ________ 单。

7. 对于拼箱货，货运站根据 ________ 编制拆箱单，分送 ________ 和 ________ 。

8. 简述集装箱进口货运中各种单证的寄发人（单位）、编制人（单位）、签发人（单位）以及各种单证和分发情况。

9. 简述集装箱装卸区在进口货运中的业务工作。

10. 简述集装箱货运站在进口货运中的业务工作。

11. 集装箱进口货运中，装卸区应向货运站提交哪些单证?

第九章

Chapter 9

国内集装箱运输业务

第一节 国内集装箱运输业务概述

国内集装箱运输是指内贸货物采用集装箱运输方式。我国国内集装箱运输近些年来发展较快，已在铁路、水路、公路运输中广泛采用。内贸货物集装箱运输的发展又促进了我国国际贸易货物集装箱运输的发展。现将国内集装箱运输中的有关业务简介如下：

一、托运条件

国内水路集装箱货物运输的托运条件，除按一般货物运输的有关托运规定和要求外，还必须注意下列问题：

1. 关于托运货物的规定

集装箱以装运贵重货物、易碎货物和怕湿货物为主，并限定性地在规定的集装箱办理港办理。但下列货物不得使用通用集装箱装运：

1）易于污染箱体的货物，如生牛皮、牲骨、化肥、油脂、炭黑、水泥等。

2）易于损坏箱体的货物，如金属块、盘圆等。

3）鲜活货物。

4）危险货物（规定按普通货物条件运输的除外）。

2. 关于货物批量的规定

水路使用集装箱运输的货物，每批必须是同一吨位的集装箱，至少1箱。但实行水、陆联运的集装箱，要求不超过铁路一辆货车所能装运的箱数。

3. 运单的填写

托运人托运集装箱，必须先签订集装箱运输合同（见表9-1），在托运时再填写集装箱货物运单（见表9-2）。如果是水路直达运输的，运给同一到达港、同一收货人的，填制一张运单，但按“港到港”方式办理的，也可以一箱拼装几张运单的货物。

表9-1 水路货物运输合同（集装箱）

承运人、实际承运人、托运人、收货人的有关权利、义务，适用《国内水路货物运输规则》

编号：

<table>
<tr><td rowspan="2">托运人</td><td>名称</td><td></td><td rowspan="2">承运人</td><td>名称</td><td></td></tr>
<tr><td>地址、电话</td><td></td><td>地址、电话</td><td></td></tr>
<tr><td rowspan="2">实际承运人</td><td>名称</td><td></td><td rowspan="2">收货人</td><td>名称</td><td></td></tr>
<tr><td>地址、电话</td><td></td><td>地址、电话</td><td></td></tr>
<tr><td>船名</td><td>航次</td><td>装船日期</td><td>运到期限</td><td rowspan="2">货物交接地点和时间</td><td>接收</td></tr>
<tr><td>起运港</td><td colspan="2">中转港</td><td>到达港</td><td>交付</td></tr>
<tr><td colspan="2">箱量、尺寸、箱型</td><td>货物名称</td><td>重量（t）</td><td>件数、包装</td><td>运输费用及其结算方式</td></tr>
<tr><td colspan="2"></td><td></td><td></td><td></td><td></td></tr>
<tr><td colspan="6">其他约定</td></tr>
</table>

说明：1. 本合同格式适用于单航次集装箱班轮运输合同。　　托运人（签章）　　承运人（签章）

2. 规格：长19cm，宽27cm。　　年　月　日　　年　月　日

表9-2　水路货物运单（集装箱）

承运人、实际承运人、托运人、收货人的有关权利、义务，适用《国内水路货物运输规则》

编号：

<table>
<tr><td rowspan="2">托运人</td><td>名称</td><td></td><td rowspan="2">承运人</td><td>名称</td><td colspan="2"></td></tr>
<tr><td>地址、电话</td><td></td><td>地址、电话</td><td colspan="2"></td></tr>
<tr><td rowspan="2">实际承运人</td><td>名称</td><td></td><td rowspan="2">收货人</td><td>名称</td><td colspan="2"></td></tr>
<tr><td>地址、电话</td><td></td><td>地址、电话</td><td colspan="2"></td></tr>
<tr><td>船名</td><td>航次</td><td>装船日期</td><td>运到期限</td><td rowspan="2">货物交接地点和时间</td><td colspan="2">接收</td></tr>
<tr><td>起运港</td><td colspan="2">中转港</td><td>到达港</td><td colspan="2">交付</td></tr>
<tr><td>箱号</td><td>封志号</td><td>尺寸、箱型</td><td>货物名称</td><td>重量（t）</td><td>件数、包装</td><td>运输费用及其结算方式</td></tr>
<tr><td></td><td></td><td></td><td></td><td></td><td></td><td></td></tr>
<tr><td>合计</td><td colspan="6"></td></tr>
<tr><td colspan="7">相关记载</td></tr>
</table>

说明：1. 本合同格式适用于单航次集装箱班轮运输。　　承运人（签章）　　收货人（签章）

2. 规格：长19cm，宽27cm。　　年　月　日　　年　月　日

4. 集装箱的装货和卸货

整箱运输时，向集装箱内装货和卸货，由托运人和收货人负责自理。装货之前，托运人应检查空箱状况，确认是否适于货物的运输条件，并在运单内注明，如不适用，可以要求承运人更换或拒绝使用。拼箱货的装货和卸货由承运人负责。

5. 集装箱货物重量的确定

集装箱货物重量由托运人负责确定。如重量超过集装箱标记的载重量，由港口对超装的货物重量向托运人或收货人核收集装箱装载逾重的罚款，并补收装载逾重的货物运费。港口对货物重量有权在货物装箱前以及收货人在开箱取货时进行检查，超重所引起的责任及损失由托运人负责。

二、集装箱货物的交接手续

集装箱运输的交接手续是凭集装箱交接清单及货物装箱单办理的。

不论托运人与起运港，起运港与船舶，船舶与到达港，到达港与收货人，均按箱数凭封印和箱体状况交接。托运人装箱完毕，凭起运港已批准进场的货物运单，连同集装箱交给起运港。有条件的港口也可以实行上门接箱，即从托运人仓库直接接箱到港装船，通过船舶运输至到达港卸船，通知收货人提取。有条件的港口也可以实行送箱到家，即卸船装车送往收货人仓库卸货。

在起运港由托运人进行集装箱施封，交起运港发运。起运港验收认可后，即开始承运工作，船抵到达港，按箱交付给收货人。如箱上铅封完整，并确系托运人的原铅封，箱体亦无异状时，到达港即认为交付完毕，受理集装箱运输的全程责任至此已经结束。

施封是贯彻负责运输的一项具体措施，又是集装箱货物在运送过程中便于交接、划清责任的一种标记。因此，施封对起运港接收集装箱是一件十分重要的工作，必须认真对待。由于施封是划分责任的一种标记，故港口组织装箱的由港口负责施封，托运人自行装箱的由托运人负责施封。但托运人未备有施封工具和材料时，也可以委托港口以托运人的名义施封，并由托运人在货物运单上注明“委托港口施封”字样，然后由港口会同托运人进行施封。

在对集装箱进行施封时，必须采用正确的施封方法。在装箱完毕后，应先检查货物的装载状态，确认良好后，箱门关闭紧密，再用铅封施封。施封时应使用无接头的光滑而坚韧的麻绳或棉绳，分别由铅饼上部孔眼穿入，结一扣，并将扣纳入铅饼下部的大孔内，然后用封印钳子压印。所压出的印纹必须清晰，易于辨认。施封完毕后，应在货物运单上记明。

港到港的集装箱运输，收货人会同到达港开箱取货。如果发现单货不符，到达港可做货运记录证明，收货人凭此向托运人查询或索赔。如箱子离开到达港，到达港代为装箱，则在装箱前交接“集装箱、货物残损记录”，作为划分责任的依据。

三、集装箱的运输组织

集装箱的运输组织根据货物交接方式的不同，可分为：整箱货物交接的集装箱运输；整箱接、拆箱交的集装箱运输；拼箱接、整箱交的集装箱运输；拼箱交接的港到港的集装箱运输。

1. 整箱货物交接的集装箱运输

（1）门到门的集装箱运输　门到门的集装箱运输是指起运港货运员在托运人仓库以整箱货物承运，运至到达港收货人仓库，向收货人办理整箱货物交付。这种运输组织使产、供、运、销的现代物流链联成一体，生产领域和流通领域紧密衔接，是最合理、最经济的运输组织，但港口必须组织短途运输以完成集装箱接取、送达和船舶直接换装工作。这要求托运人做到货物包装规格与集装箱内部尺寸相适应，尽量集中货源、集中仓储、集中去向。港口做到优先配箱、优先批运、优先装船，短途运输不论是汽车还是驳船都要固定车（船）队、固定人员。

（2）门到港的集装箱运输　门到港的集装箱运输是指起运港货运员在托运人仓库以整箱货物承运，运至到达港向收货人以整箱货物交付，然后由收货人将货物运至自已的仓库。

（3）港到门的集装箱运输　港到门的集装箱运输是指起运港货运员在港接收托运人交运的集装箱，运至到达港收货人仓库，向收货人办理交付。

（4）港到港的集装箱运输　港到港的集装箱运输是指起运港在港接收托运人整箱货物装箱承运，运至到达港向收货人以整箱货物交付，然后由收货人将货物运至自己仓库。

2. 整箱接、拆箱交的集装箱运输

（1）门到港的整箱接、拆箱交的集装箱运输　门到港的整箱接、拆箱交的集装箱运输是指起运港在托运人仓库接收整箱货物承运，运至到达港拆箱，将货物分票交付给各收货人。

（2）港到港的整箱接、拆箱交的集装箱运输　港到港的整箱接、拆箱交的集装箱运输是指起运港在港接收托运人整箱货物承运，运至到达港拆箱，将货物分票交付给各收货人。

3. 拼箱接、整箱交的集装箱运输

（1）港到门的拼箱接、整箱交的集装箱运输　港到门的拼箱接、整箱交的集装箱运输是指在起运港接收托运人拼箱货承运，装箱运至到达港收货人仓库，然后将整箱货物交付收货人。

（2）港到港的拼箱接、整箱交的集装箱运输　港到港的拼箱接、整箱交的集装箱运输是指在起运港接收托运人拼箱货承运，装箱运至到达港向收货人以整箱交付，然后由收货人将货物运至自已的仓库。

4. 拼箱交接的港到港集装箱运输

拼箱交接的港到港集装箱运输是指在起运港接收拼箱货承运，装运至到达港拆箱，将货物分票交付给各收货人。

第二节 国内集装箱运输主要单证及其流转程序

一、内贸集装箱运输的主要单证

1. 放箱（货）凭证

放箱（货）凭证（见表9-3～表9-6）由承运人或其代理人签发，一式四联。港口经营人凭放箱（货）凭证正本联安排提箱（或提货）计划，经核对无误后，收下放箱（货）凭证，按计划予以放箱（货）。

表9-3 放箱（货）凭证正本联

××代理（轮船）公司

放箱（货）凭证

下列货物已办妥手续，运费结清，请予交付提箱（货）人

No.________

致______________港区、场、站

① 正本联

<table>
<tr><td colspan="4">收货人名称：</td><td colspan="4"></td></tr>
<tr><td colspan="4">收货人地址：</td><td colspan="4"></td></tr>
<tr><td colspan="2">船名/航次：</td><td colspan="2">装货港：</td><td colspan="2">目的港：</td><td>运单号：</td><td></td></tr>
<tr><td colspan="2">交付条款：</td><td colspan="2">卸货地点：</td><td colspan="2">卸货地点：</td><td>进库场日期：</td><td></td></tr>
<tr><td>集装箱号</td><td>铅封号</td><td>标志</td><td>货名</td><td>集装箱数</td><td>件数</td><td>重量（kgs）</td><td>体积（m³）</td></tr>
<tr><td></td><td></td><td></td><td></td><td></td><td></td><td></td><td></td></tr>
<tr><td colspan="8">批注：
××代理（轮船）公司
年 月 日</td></tr>
<tr><td colspan="2">提箱（货）人章
年 月 日</td><td colspan="2">理货章
年 月 日</td><td colspan="2">船公司或代理章
年 月 日</td><td colspan="2">码头章
年 月 日</td></tr>
</table>

表9-4 港务局交货记录

No.________

__________港区、场、站

② 交货记录联

<table>
<tr><td colspan="4">收货人名称：</td><td colspan="3" rowspan="2">收货人开户银行与账号</td><td colspan="4" rowspan="2"></td></tr>
<tr><td colspan="4">收货人地址：</td></tr>
<tr><td>船名/航次：</td><td colspan="3">装货港：</td><td colspan="4">目的港：</td><td colspan="3">运单号：</td></tr>
<tr><td>交付条款：</td><td colspan="3">卸货地点：</td><td colspan="4">到达日期：</td><td colspan="3">进库场日期：</td></tr>
<tr><td>集装箱号</td><td>铅封号</td><td>标志</td><td>货名</td><td colspan="2">集装箱数</td><td colspan="2">件数</td><td colspan="2">重量（kgs）</td><td>体积（m³）</td></tr>
<tr><td></td><td></td><td></td><td></td><td colspan="2"></td><td colspan="2"></td><td colspan="2"></td><td></td></tr>
<tr><td colspan="11">交货记录</td></tr>
<tr><td rowspan="2">日期</td><td rowspan="2">货名和集装箱号</td><td colspan="3">出库数量</td><td rowspan="2">操作过程</td><td colspan="2">尚存数</td><td colspan="3">经手人签名</td></tr>
<tr><td>件数</td><td>包装</td><td>重量</td><td>件数</td><td>重量</td><td colspan="2">发货员</td><td>提箱（货）人</td></tr>
<tr><td></td><td></td><td></td><td></td><td></td><td></td><td></td><td></td><td colspan="2"></td><td></td></tr>
<tr><td></td><td></td><td></td><td></td><td></td><td></td><td></td><td></td><td colspan="2"></td><td></td></tr>
<tr><td></td><td></td><td></td><td></td><td></td><td></td><td></td><td></td><td colspan="2"></td><td></td></tr>
<tr><td></td><td></td><td></td><td></td><td></td><td></td><td></td><td></td><td colspan="2"></td><td></td></tr>
<tr><td></td><td></td><td></td><td></td><td></td><td></td><td></td><td></td><td colspan="2" rowspan="2">提箱（货）人章</td><td rowspan="2">港区场站章</td></tr>
<tr><td colspan="2">堆存费：</td><td></td><td></td><td></td><td></td><td></td><td></td></tr>
</table>

表9-5 放箱（货）凭证提箱（货）人留底联

××代理（轮船）

公司放箱（货）凭证

下列货物已办妥手续，运费结清，请予交付提箱（货）人

No.________

致________港区、场、站　　　　③提箱（货）人留底联

收货人名称:							
收货人地址:							
船名/航次:		装货港:		目的港:		运单号:	
交付条款:		卸货地点:		到达日期:		进库场日期:	
集装箱号	铅封号	标志	货名	集装箱数	件数	重量（kgs）	体积（m^3）
批注: ××代理（轮船）公司 年 月 日							
提箱（货）人章 年 月 日		理货章 年 月 日		船公司或代理章 年 月 日		码头章 年 月 日	

表9-6 放箱（货）凭证船代理留底联

××代理（轮船）

公司放箱（货）凭证

下列货物已办妥手续，运费结清，请予交付提箱（货）人

No.________

致________港区、场、站　　　　④船代理留底联

收货人名称:							
收货人地址:							
船名/航次:		装货港:		目的港:		运单号:	
交付条款:		卸货地点:		到达日期:		进库场日期:	
集装箱号	铅封号	标志	货名	集装箱数	件数	重量（kgs）	体积（m^3）
批注: ××代理（轮船）公司 年 月 日							
提箱（货）人章 年 月 日		理货章 年 月 日		船公司或代理章 年 月 日		码头章 年 月 日	

2. 内贸集装箱货物载运清单

内贸集装箱货物载运清单是（见表9-7）港方与船方在装卸船时用以交接的主要单证，其份

数根据实际操作需要决定。由承运人或其代理人在装船完毕后缮制。它是装货港集装箱装上船舶后开航时的书面依据资料，也是卸货港据此卸箱的重要单证资料。卸船时，是理货制作卸船溢短单的依据，也是港方作为放箱（货）的核对资料和留存备查资料。

表9-7　货物载运清单

××公司

内贸集装箱货物载运清单

船名/航次：　　装货港：　　离港日期：　　卸货港：　　目的港：　　页数：

运单号	箱号	封号	托运人	箱型箱类				箱数	箱内货物				收货人	运输条款
				6.1m（20ft）	12.2m（40ft）	13.7m（45ft）	其他		货名	包装	重量	体积		

3. 内贸集装箱装/卸船交接单

内贸集装箱装/卸船交接单（见表9-8、表9-9）由承运人或其委托的理货在装/卸船完毕后填写，一式二份。它是承运人与装/卸船的港口经营人根据作业的实际结果进行交接后双方共同认定的书面依据，经船方或理货与港方分别签名后，双方各持一份。

本单与载运清单组成一套港航交接单证。

表9-8　内贸集装箱装船交接单

装

船名：	航次：	船公司：
到港日期： 月　日　时	靠泊港区泊位：	靠泊时间： 月　日　时
装船开工时间： 月　日　时	装船完工时间： 月　日　时	开船时间： 月　日　时
经核对，实际共装上： 6.1m（20ft）F________12.2m（40ft）F______　13.7m（45ft）F__________ 6.1m（20ft）E ______　12.2m（40ft）E______　13.7m（45ft）E__________ 其他特种箱： 其中：危险品箱：______________冷藏箱：________ 中转箱：______________		
备注：		

理货或船方（代理）签名：　　　　　　　　　　码头签名：

______________　　　　　　　　　　______________

表9-9 内贸集装箱装船交接单

卸

<table>
<tr><td>船名：</td><td>航次：</td><td>船公司：</td></tr>
<tr><td>到港日期：
年 月 日</td><td>靠泊港区泊位：</td><td>靠泊时间：
月 日 时</td></tr>
<tr><td>卸船开工时间：
月 日 时</td><td>卸船完工时间：
月 日 时</td><td>开船时间：
月 日 时</td></tr>
<tr><td colspan="3">经核对，实际共卸下：
6.1m（20ft）F ______ 12.2m（40ft）F ______ 13.7m（45ft）F______
6.1m（20ft）E______ 12.2m（40ft）E ________13.7m（45ft）E________
其他特种箱：
其中：危险品箱：__________ 冷藏箱：__________
中转箱：__________</td></tr>
<tr><td colspan="3">备注：</td></tr>
</table>

理货或船方（代理）签名：________________ 码头签名：________________

4．内贸集装箱设备交接单

内贸集装箱设备交接单（见表9-10～表9-15）由承运人或其代理人缮制，分出场和进场两种，各一式三联。港口经营人凭此单放箱或进箱。放箱或进箱时由交接双方检查箱体完好状况，如有损坏则在交接单上批注，但不论箱体完好与否，交接双方均应在交接单上签字认可。

表9-10　设备交接单船务公司及代理留底联（出场）

××公司　　　　出场

集装箱发放/设备交接单

①船务公司及代理留底联　　　　No. ______

<table>
<tr><td colspan="6">用箱人/运箱人：</td><td colspan="6">提箱地点：</td></tr>
<tr><td colspan="6">发往地点：</td><td colspan="6">返回/收箱地点</td></tr>
<tr><td colspan="6">船名/航次：</td><td colspan="6">营运人：</td></tr>
<tr><td colspan="4">集装箱号：</td><td colspan="4">铅封号：</td><td colspan="4">运单号：</td></tr>
<tr><td colspan="4">箱型/箱类：</td><td colspan="4">免费期限：</td><td colspan="4">运载工具牌号：</td></tr>
<tr><td colspan="4">出场目的/状态：</td><td colspan="4">进场目的/状态：</td><td colspan="4">出场日期：
年　月　日　时</td></tr>
<tr><td colspan="12">出场检查记录</td></tr>
<tr><td colspan="3">普通集装箱</td><td colspan="3">冷藏集装箱</td><td colspan="3">特种集装箱</td><td colspan="3">发电机</td></tr>
<tr><td colspan="3">正常　异常</td><td colspan="3">正常　异常</td><td colspan="3">正常　异常</td><td colspan="3">正常　异常</td></tr>
<tr><td colspan="12"></td></tr>
</table>

除列明者外，集装箱及集装箱设备交接时完好无损，铅封完整无误。

用箱人/运箱人签署　　　　码头/堆场值班员签署

______　　　　______

表9-11 设备交接单码头、堆场联（出场）

××公司 出场

集装箱发放/设备交接单

② 码头、堆场联 No. ________

用箱人/运箱人：		提箱地点：	
发往地点：		返回/收箱地点	
船名/航次：		营运人：	
集装箱号：	铅封号：		运单号：
箱型/箱类：	免费期限：		运载工具牌号：
出场目的/状态：	进场目的/状态：		出场日期： 年 月 日 时

出场检查记录

普通集装箱	冷藏集装箱	特种集装箱	发电机
正常 异常	正常 异常	正常 异常	正常 异常

除列明者外，集装箱及集装箱设备交接时完好无损，铅封完整无误。

用箱人/运箱人签署 ________ 码头/堆场值班员签署 ________

表9-12　设备交接单用箱人、运箱人联（出场）

××公司　　　　出场

集装箱发放/设备交接单

③ 用箱人、运箱人联　　　　No. ________

用箱人/运箱人：		提箱地点：
发往地点：		返回/收箱地点：
船名/航次：		营运人：
集装箱号：	铅封号：	运单号：
箱型/箱类：	免费期限：	运载工具牌号：
出场目的/状态：	进场目的/状态：	出场日期： 年　月　日　时

出场检查记录			
普通集装箱	冷藏集装箱	特种集装箱	发电机
正常　异常	正常　异常	正常　异常	正常　异常

除列明者外，集装箱及集装箱设备交接时完好无损，铅封完整无误。

用箱人/运箱人签署　　　　码头/堆场值班员签署

________　　　　________

表9-13 设备交接单船务公司及代理留底联（进场）

××公司　　　　　　　　　　进场

集装箱发放/设备交接单

①船务公司及代理留底联　　　　　　　　　　No. ________

用箱人/运箱人：		提箱地点：	
发往地点：		返回/收箱地点：	
船名/航次：		营运人：	
集装箱号：	铅封号：		运单号：
箱型/箱类：	免费期限：		运载工具牌号：
出场目的/状态：	进场目的/状态：		进场日期： 年 月 日 时
进场检查记录			
普通集装箱	冷藏集装箱	特种集装箱	发电机
正常 异常	正常 异常	正常 异常	正常 异常

除列明者外，集装箱及集装箱设备交接时完好无损，铅封完整无误。

用箱人/运箱人签署　　　　　　　　　　码头/堆场值班员签署

表9-14　设备交接单码头、堆场联（进场）

××公司　　　　　　　　　　　　进场

集装箱发放/设备交接单

②码头、堆场联　　　　　　　　　　　　No. ________

用箱人/运箱人：		提箱地点：	
发往地点：		返回/收箱地点	
船名/航次：		营运人：	
集装箱号：	铅封号：	运单号：	
箱型/箱类：	免费期限：	运载工具牌号：	
出场目的/状态：	进场目的/状态：	进场日期： 年　月　日　时	
进场检查记录			
普通集装箱	冷藏集装箱	特种集装箱	发电机
正常　异常	正常　异常	正常　异常	正常　异常

除列明者外，集装箱及集装箱设备交接时完好无损，铅封完整无误。

用箱人/运箱人签署　　　　　　　　　　码头/堆场值班员签署

________________　　　　　　　　　　________________

表9-15　设备交接单用箱人、运箱人联（进场）

××公司　　　　进场

集装箱发放/设备交接单

③ 用箱人、运箱人联　　　　No. ________

<table>
<tr><td colspan="2">用箱人/运箱人：</td><td colspan="2">提箱地点：</td></tr>
<tr><td colspan="2">发往地点：</td><td colspan="2">返回/收箱地点</td></tr>
<tr><td colspan="2">船名/航次：</td><td colspan="2">营运人：</td></tr>
<tr><td>集装箱号：</td><td colspan="2">铅封号：</td><td>运单号：</td></tr>
<tr><td>箱型/箱类：</td><td colspan="2">免费期限：</td><td>运载工具牌号：</td></tr>
<tr><td>出场目的/状态：</td><td colspan="2">进场目的/状态：</td><td>进场日期：
年　月　日　时</td></tr>
<tr><td colspan="4">进场检查记录</td></tr>
<tr><td>普通集装箱</td><td>冷藏集装箱</td><td>特种集装箱</td><td>发电机</td></tr>
<tr><td>正常　异常</td><td>正常　异常</td><td>正常　异常</td><td>正常　异常</td></tr>
<tr><td colspan="4"></td></tr>
</table>

除列明者外，集装箱及集装箱设备交接时完好无损，铅封完整无误。

用箱人/运箱人签署　　　　码头/堆场值班员签署

5. 装箱单

装箱单（见表9-16～表9-20）由发货人或装箱人在装箱完毕后缮制，一式五联。港口经营人凭此单收箱，并据此配载装船，进口卸船后可作为拆箱依据之一。

表9-16 装箱单码头、堆场联

××公司

内贸集装箱装箱单

① 码头、堆场联

危险品编号、等级、性能：						
船名/航次：	装货港：	目的港：	交货地：	承运人/装箱人声明：本集装箱在装箱之前已经经过彻底的清洗，没有留下任何前载货物。本单货物已合理装箱，填写内容真实、准确，予以关门加封		
箱号：	运单号	件数与包装	货物重量	尺码	货名	唛头
箱型： 6.1m （20ft） 12.2m （40ft） 13.7m （45ft） 其他 箱类： GP=普通类 RF=冷藏类 OT=开顶箱 FR=框加箱 TK=油罐箱 PF=平板箱 HC=高箱 HT=挂衣箱	前 门					
装箱人名称/地址： 联系电话：						
装箱日期：	驾驶员签收及车号：	总件数：	总货重：	总尺码：	备注：	
装箱人签名：	码头签收和收箱日期：		集装箱皮重：	集装箱总重量：		

表9-17 装箱单理货联

××公司

内贸集装箱装箱单

② 理货联

危险品编号、等级、性能：						
船名/航次：	装货港：	目的港：	交货地：	承运人/装箱人声明：本集装箱在装箱之前已经经过彻底的清洗，没有留下任何前载货物。本单货物已合理装箱，填写内容真实、准确，予以关门加封		
箱　　号：	运单号	件数与包装	货物重量	尺　码	货　名	唛　头
箱型：6.1m（20ft） 12.2m（40ft） 13.7m（45ft） 其他 箱类：GP=普通类 RF=冷藏类 OT=开顶箱 FR=框加箱 TK=油罐箱 PF=平板箱 HC=高箱 HT=挂衣箱	前					
装箱人名称/地址： 联系电话：	门					
装箱日期：	驾驶员签收及车号：	总件数：	总货重：	总尺码：	备注：	
装箱人签名：	码头签收和收箱日期：		集装箱皮重：	集装箱总重量：		

表9-18　装箱单船公司联

××公司

内贸集装箱装箱单

③ 船公司联

危险品编号、等级、性能:						
船名/航次:	装货港:	目的港:	交货地:	承运人/装箱人声明：本集装箱在装箱之前已经经过彻底的清洗，没有留下任何前载货物。本单货物已合理装箱，填写内容真实、准确，予以关门加封		
箱号:	运单号	件数与包装	货物重量	尺码	货名	唛头
箱型: 6.1m（20ft） 12.2m（40ft） 13.7m（45ft） 其他 箱类: GP=普通类 RF=冷藏类 OT=开顶箱 FR=框加箱 TK=油罐箱 PF=平板箱 HC=高 箱 HT=挂衣箱	前					
装箱人名称/地址: 联系电话:	门					
装箱日期:	驾驶员签收及车号:	总件数:	总货重:	总尺码:	备注:	
装箱人签名:	码头签收和收箱日期:		集装箱皮重:	集装箱总重量:		

表9-19　装箱单船代理联

××公司

内贸集装箱装箱单

④ 船代理联

<table>
<tr><td colspan="2">危险品编号、等级、性能：</td><td colspan="7"></td></tr>
<tr><td colspan="2">船名/航次：</td><td>装货港：</td><td>目的港：</td><td>交货地：</td><td colspan="4">承运人/装箱人声明：本集装箱在装箱之前已经经过彻底的清洗，没有留下任何前载货物。本单货物已合理装箱，填写内容真实、准确，予以关门加封</td></tr>
<tr><td colspan="2">箱号：</td><td>运单号</td><td>件数与包装</td><td>货物重量</td><td>尺码</td><td>货名</td><td colspan="2">唛头</td></tr>
<tr><td>箱型：
6.1m
（20ft）
12.2m
（40ft）
13.7m
（45ft）
其他</td><td>箱类：
GP=普通类
RF=冷藏类
OT=开顶箱
FR=框加箱
TK=油罐箱
PF=平板箱
HC=高箱
HT=挂衣箱</td><td colspan="2" rowspan="2">前

门</td><td rowspan="2"></td><td rowspan="2"></td><td rowspan="2"></td><td colspan="2" rowspan="2"></td></tr>
<tr><td colspan="2">装箱人名称/地址：
联系电话：</td></tr>
<tr><td colspan="2">装箱日期：</td><td>驾驶员签收及车号：</td><td>总件数：</td><td>总货重：</td><td>总尺码：</td><td colspan="3">备注：</td></tr>
<tr><td colspan="2">装箱人签名：</td><td colspan="2">码头签收和收箱日期：</td><td>集装箱皮重：</td><td>集装箱总重量：</td><td colspan="3"></td></tr>
</table>

表9-20 装箱单装箱人留底联

××公司
内贸集装箱装箱单

⑤ 装箱人留底联

<table>
<tr><td colspan="2">危险品编号、等级、性能：</td><td colspan="7"></td></tr>
<tr><td colspan="2">船名/航次：</td><td>装货港：</td><td>目的港：</td><td>交货地：</td><td colspan="4">承运人/装箱人声明：本集装箱在装箱之前已经经过彻底的清洗，没有留下任何前载货物。本单货物已合理装箱，填写内容真实、准确，予以关门加封</td></tr>
<tr><td colspan="2">箱号：</td><td>运单号</td><td>件数与包装</td><td>货物重量</td><td>尺码</td><td>货名</td><td colspan="2">唛头</td></tr>
<tr><td>箱型：
6.1m
（20ft）
12.2m
（40ft）
13.7m
（45ft）
其他</td><td>箱类：
GP=普通类
RF=冷藏类
OT=开顶箱
FR=框加箱
TK=油罐箱
PF=平板箱
HC=高箱
HT=挂衣箱</td><td colspan="2" rowspan="2">前

门</td><td rowspan="2"></td><td rowspan="2"></td><td rowspan="2"></td><td colspan="2" rowspan="2"></td></tr>
<tr><td colspan="2">装箱人名称/地址：
联系电话：</td></tr>
<tr><td colspan="2">装箱日期：</td><td>驾驶员签收及车号：</td><td>总件数：</td><td>总货重：</td><td>总尺码：</td><td colspan="3" rowspan="2">备注：</td></tr>
<tr><td colspan="2">装箱人签名：</td><td colspan="2">码头签收和收箱日期：</td><td>集装箱皮重：</td><td>集装箱总重量：</td></tr>
</table>

6. 船舶积载图

由承运人或其代理人缮制船舶积载预配图，于船舶到港开装前3天送交港口经营人。港口经营人凭此及出口箱装箱单等有关资料制作船舶积载草图，经递交船方审核确认后，码头据此按计划装船。理货在装船完毕后，即缮制出正式船舶积载图，其份数根据实际操作需要决定，在卸货港则供卸船作业时使用。

7. 内贸危险品集装箱货物清单

内贸危险品集装箱货物清单（见表9-21）由承运人或其代理人在装船前缮制，其份数根据实际操作需要决定。该清单是装货港装上船的内贸危险品集装箱资料，也是卸货港据此卸箱的重要单证资料，并作为承运人在卸货港的代理人向港监申报卸船时监管的资料，以保证港口码头和堆场的生产安全。

表9-21　集装箱货物清单

××公司

内贸危险品集装箱货物清单

船名/航次：　　装货港：　　离港日期：　　卸货港：　　目的港：　　页数：

运单号	箱　号	封　号	货　名	件数及包装	危规编号、类别	货物重量（kg）	运输条款	备　注

二、主要单证的流转程序（如图9-1所示）

1. 放箱（货）凭证的流转

卸货港承运人或其代理人凭“国内水路集装箱货物运单”（收货人联）签发放箱（货）凭证给收货人。承运人或其代理人留下船代理留底联存查。收货人或其代理人根据此单到港区向港口经营人申请放箱（货）计划，经港口经营人核对无误后，收下放箱（货）凭证正本联和交货记录联，发还提箱（货）人留底联，并发给收货人或其代理人集装箱提运作业申请书或集装箱拆箱货物提运作业申请书，港区库场方据此按计划予以放箱或放货。

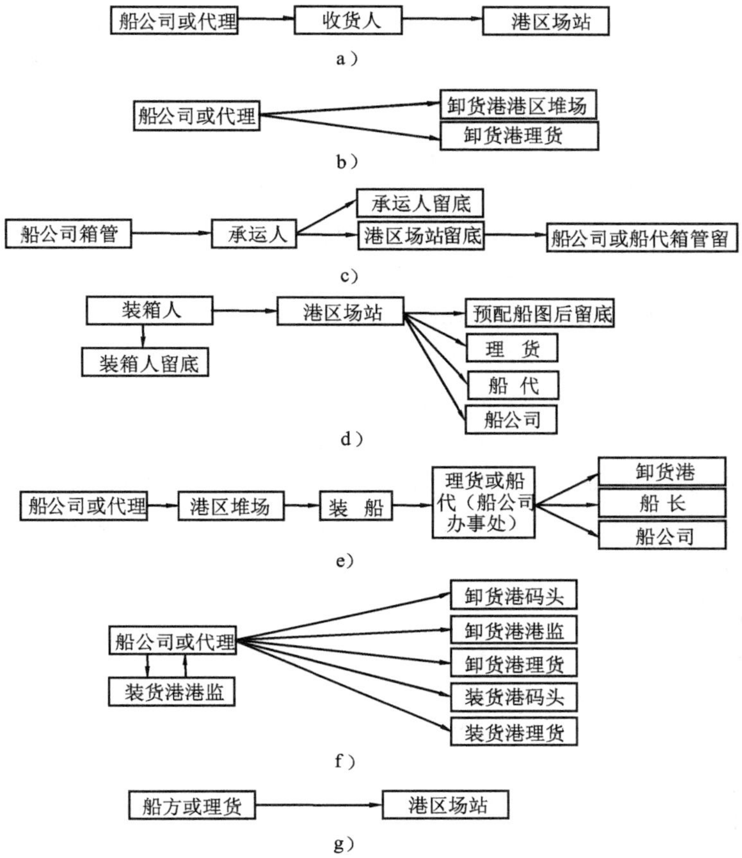

图 9-1 内贸集装箱主要单证流转程序图

a）放箱（货）凭证 b）载运清单 c）设备交接单 d）装箱单 e）船舶积载图 f）危险品货物清单 g）集装箱装、卸船交接单

2. 内贸集装箱货物载运清单的流转

当船舶在装货港装船作业结束时，承运人或其代理人即缮制此清单多份，除留底外随后递送卸货港的承运人或其代理人，由卸货港的承运人或其代理人分送卸货港码头及理货等单位。卸货港码头及理货据此做船舶卸箱作业准备。在卸船作业过程中，此清单供船方与港方交接时使用。在卸船作业结束后，理货据此制作卸箱溢短单，港区营业部门则作为核对放箱（货）及备查资料。

3. 内贸集装箱装/卸交接单的流转

当船舶在港装/卸作业完毕后，由理货或船方（代理）根据装/卸作业的实际结果，填写此单，交港方有关业务人员。经港方核查无误，双方则在此单上签名确认，各持一份，港方将此存档备查。

4. 内贸集装箱设备交接单的流转

（1）进口　收货人或其代理人凭放箱（货）凭证，在船公司或其代理的箱管部门领取此单后，则到码头堆场办妥集装箱提运作业申请，然后凭出场三联单按计划准时向码头堆场提箱。提箱时，经交接双方检查箱体并批注后，双方同时在出场三联单上签字认可，码头堆场方收下船公司及代理留底联和码头、堆场联，同时放箱；收货人或其代理人收下用箱人、运箱人联，随箱同行留底存查。经收货人拆箱收货后，收货人或其代理人则将空箱返回船公司或其代理人的箱管部门指定堆场，该堆场凭进场三联单收取空箱。若该堆场为港方堆场，则经港方检查箱体并批注后，交接双方同时在进场三联单上签字认可，港方堆场收下空箱和船公司及代理留底联，以及码头、堆场联；收货人或其代理人收下用箱人、运箱人联，最后将此联交承运人或其代理人供结算有关费用时使用（出、进船公司及代理留底联，最后按船舶航次统一集中交承运人或其代理人）。

（2）出口 发货人或其代理人凭集装箱货物托运单（经承运人或其代理人确认），在承运人或其代理人处箱管部门领取此单后，到指定的堆场，凭出场三联单提取空箱。若指定堆场为港方堆场，提箱时，经交接双方检查箱体并批注后，双方同时在出场三联单上签字认可。港方收下船公司及其代理留底联和码头、堆场联，同时放空箱；发货人或其代理人收下用箱人、运箱人联，随箱同行，留底存查。经发货人装箱后，发货人或其代理人向码头堆场申请出口重箱进场计划。经港方确认后，则按计划准时将出口重箱送进码头堆场。出口重箱进场时，经交接双方检查箱体并批注后，双方同时在进场三联单上签字认可。港方收下出口重箱和船公司及代理留底联，以及码头、堆场联；发货人或其代理人收下用箱人、运箱人联，最后将此联交承运人或其代理人供结算有关费用时使用（出、进船公司及代理留底联，最后按船舶航次统一集中交承运人或其代理人）。

5. 装箱单的流转

当发货人或其代理人装箱完毕缮制此单后，留下装箱人留底联，其余四联（码头堆场联、理货联、船公司联、船代理联）均在随出口重箱送进港方码头堆场时递交港口经营人。港方留下码头堆场联作为船舶积载草图的依据，将其他三联按船舶航次统一集中后分别转交理货和承运人或其代理人。承运人或其代理人再将此单递送卸货港承运人或其代理人，作为日后拆箱依据。

6. 船舶积载图的流转

由承运人或其代理人制作的船舶积载预配图应最迟于船舶到港开装前3天送交港口经营人。港口经营人凭此及有关资料制作船舶积载草图，经递交船方审核确认后，港方可据此按计划装船。理货在装船作业结束后即缮制出正式船舶积载图，随船同行供卸货港卸箱作业时使用。

7. 内贸危险品集装箱货物清单的流转

船舶在装货港装内贸危险品集装箱之前，承运人或其代理人即缮制此清单多份，先送交港监并经盖章批准后再分送港口经营人和理货（为使港方做好充分的准备工作，承运人或其代理人应最迟于船舶开装前24h送达港口经营人和理货），港方据此方可安排装船。此外，其余各联除留底外递送卸货港的承运人或其代理人，由其分送卸货港码头、港监、理货等单位。卸货港码头及理货据此做好船舶卸箱作业准备，督促有关方做好接运工作，卸货港港监据此作为载运危险货物进口船舶申报单证之一，并加以监管，履行有关手续。

【思考题】

1. 在内贸水路集装箱运输中，哪些货物不能装箱运输?
2. 简述内贸水路集装箱运输的托运条件。
3. 简述内贸水路集装箱运输的交接手续。
4. 简述内贸水路集装箱运输的组织流程。
5. 简述国内集装箱运输中，各种单证的流转程序。
6. 简述国内集装箱运输各种单证的内容、格式。

第十章

Chapter 10

国际多式联运运费计收

第一节 国际多式联运运费的基本结构

一、国际多式联运运费的构成

国际集装箱多式联运一般可分为以下区段，即发货地内陆运输；装货港港区运输及作业；海上运输；卸货港港区运输和作业；收货地内陆运输。所以运输费用即整个运输全程费用包括：发货地内陆运输费及其有关费用；发货地港区（码头堆场）费用；海上运费；收货地港区（码头堆场）费用；收货地内陆运输及其有关费用。

1. 海上运输费

海洋运输的运量大，运输距离长，运费低，是国际贸易中最主要的运输方式，我国绝大部分进出口货物都是通过海洋运输方式运输的。国际集装箱运费收入最主要的部分也是海上运费。按照船舶的经营方式，海洋运输可分为班轮运输和租船运输。

（1）班轮运费

1）传统件杂货班轮海上运费的组成。传统件杂货班轮运价是按照班轮运价表的规定计算的，为垄断性价格。不同的班轮公司或不同的轮船公司有不同的运价表，但它都是按照各种商品的不同积载系数，不同的性质和不同的价值结合不同的航线加以确定的。班轮运费一般是由基本费率和附加费两个部分构成的。

基本费率（基本运价）是指每一计费单位（如一运费吨）货物收取的基本运费。基本费率有等级费率、货种费率、从价费率、特殊费率和均一费率之分。

附加费是指为了保持在一定时期内基本费率的稳定，又能正确反映出各港的各种货物的航运成本，班轮公司在基本费率之外，又规定了各种额外加收的费用，主要有以下几种：

① 燃油附加费（Bunker Surcharge or Bunker Adjustment Factor—BAF）。在燃油价格突然上涨时加收。

② 货币贬值附加费（Devaluation Surcharge or Currency Adjustment Factor—CAF）。在货币贬值时，船方为实际收入不致减少，按基本运价的一定百分比加收的附加费。

③ 转船附加费（Transhipment Surcharge）。凡运往非基本港的货物，需转船运往目的港，船方收取的附加费，其中包括转船费和二程运费。

④ 直航附加费（Direct Additional）。当运往非基本港的货物达到一定的货量，船公司可安排直航该港而不转船时所加收的附加费。

⑤ 超重附加费（Heavy Lift Additional）、超长附加费（Long Length Additional）和超大附加费（Surcharge of Bulky Cargo）。当一件货物的毛重或长度或体积超过或达到运价本规定的数值时加收的附加费。

⑥ 港口附加费（Port Additional or Port Surcharge）。有些港口由于设备条件差或装卸效率低，以及其他原因，船公司加收的附加费。

⑦ 港口拥挤附加费（Port Congestion Surcharge）。有些港口由于拥挤，船舶停泊时间增加而加收的附加费。

⑧ 选港附加费（Optional Surcharge）。货方托运时尚不能确定具体卸港，要求在预先提出的两个或两个以上港口中选择一港卸货，船方加收的附加费。

⑨ 变更卸货港附加费（Alterational of Destination Charge）。货主要求改变货物原来规定的卸货港，在有关当局（如海关）准许，船方又同意的情况下所加收的附加费。

⑩ 绕航附加费（Deviation Surcharge）。由于正常航道受阻不能通行，船舶必须绕道才能将货物运至目的港时，船方所加收的附加费。

2）运费计算标准。运费计算标准通常有按货物重量；按货物尺码或体积；按货物重量或尺码，选择其中收取运费较高者计算运费；按货物FOB价收取一定百分比作为运费，称为从价运费；由船货双方议定价格收取运费，称为议价。

3）运费计算步骤：

① 选择相关的运价本。

② 根据货物名称，在货物分级表中查到运费计算标准（Basis）和等级（Class）。

③ 在等级费率表的基本费率部分，找到相应的航线、启运港、目的港，按等级查到基本运价。

④ 再从附加费部分查出所有应收（付）的附加费项目和数额（或百分比）及货币种类。

⑤ 根据基本运价和附加费算出实际运价。

⑥ 运费=实际运价×运费吨。

（2）集装箱海上运费　集装箱海上运费基本上分为两个大类：一类是沿用件杂货运费计算方法，即以每运费吨为单位（俗称散货价）；另一类是以每个集装箱为计费单位（俗称包箱价）。在实际业务中，又以后者居多。

1）件杂货基本费率加附加费：

① 基本费率。参照传统件杂货运价，以运费吨为计算单位，多数航线上采用等级费率。

② 附加费。除传统杂货所收的常规附加费外，还要加收一些与集装箱货物运输有关的附加费。

2）包箱费率（Box Rate）。包箱费率以每个集装箱为计费单位，常用于集装箱交货的情况，即CFS-CY或CY-CY条款。常见的包箱费率有以下三种表现形式：

① FAK包箱费率（Freight for All Kinds）。即对每一集装箱不细分箱内货类，不计货量（在重量限额之内）统一收取的运价。

② FCS包箱费率（Freight for Class）。按不同货物等级制定的包箱费率，集装箱普通货物的等级划分与杂货运输分法一样，一般仍是1～20级，但是集装箱货物的费率级差大大小于杂货费率级差，一般低级的集装箱收费高于传统运输，高价货集装箱低于传统运输，同一等级的货物，重货集装箱运价高于轻泡货运价。可见，船公司鼓励人们把高价货和轻泡货做集装箱运输。在这种费率下，拼箱货运费计算与传统运输一样，根据货物名称查得等级，计算标准，然后去套相应的费率，乘以运费吨，即得运费。

③ FCB包箱费率（Freight for Class或Basis）。这是按不同货物等级或货类以及计算标准制订的费率。

表10-1即为某时间段，上海港至欧洲地中海东部港口的集装箱运价表。

表10-1　某时段上海港至欧洲地中海东部港口的集装箱运价表

Final Dest	Country	T/S Port	20'GP	40'GP	TERM	FREIGHT TERM	船　期
Piraeus	Greece	GRPIR	$1 400	$2 700	CY/FO	CC/PP	周二/周六
Istanbul（Kumport）	Turkey	TRKMX/ILHFA			CY/FO	CC/PP	周二/周六

（续）

Final Dest	Country	T/S Port	20'GP	40'GP	TERM	FREIGHT TERM	船　期
Istanbul（Haydarpasa）	Turkey	EGPRS/ILHFA			CY/FO	CC/PP	周二/周六
Thessaloniki	Greece	GRPIR			CY/FO	CC/PP	
Izmir	Turkey	EGPRS			CY/FO	CC/PP	
Mersin	Turkey	EGPRS	$1 450	$2 800	CY/FO	CC/PP	
Gemlik	Turkey	EGPRS			CY/FO	CC/PP	周二
Limassol	Cyprus	EGPRS			CY/LO	CC/PP	
Lattakia	Syria	EGPRS			CY/FO	PP	
Beirut	Lebanon	EGPRS			CY/FO	CC/PP	
Alexandria	Egypt	EGPRS			CY/FO	PP	
Port Said	Egypt	EGPRS			CY/FO	PP	
Haifa	Israel	ILHFA	$1 650	$3 200	CY/LO	CC/PP	周六
Ashdod	Israel	ILHFA			CY/LO	CC/PP	周六
Koper	Slovenia	SIKOR	$1 400	$2 700	CY/CY	CC/PP	周六

注：1. 加收BAF：HAIFA/ASHDOD为：USD176/TEU。其他港口为USD205/TEU。另征收CAF：CAF为海运费的8.6%。

2. 加收战争附加费：Lebanon、Syria、Egypt为USD24/TEU；Israel为USD9/TEU。

3. 征收上海港THC：RMB370/20'GP，RMB560/40'；RMB410/20'RF，RMB610/40'RF。

4. 高箱加收USD200（NET），特种箱、危险品逐票确认。

（3）租船运费　租船指包租整船，租船费用较班轮低廉，且可选择直达航线，故大宗货物一般采用租船运输。租船方式主要有定程租船和定期租船两种。

1）定程租船。定程租船（Voyage Charter）是以航程为基础的租船方式，又称程租船。船方必须按租船合同规定的航程完成货物运输任务，并负责船舶的运营管理及其在航行中的各项费用开支。程租船的运费一般按货物装运数量计算，也有按航次包租金额计算。租船双方的权利和义务，由租船合同（Charter Party）规定。程租船方式中，合同应明确船方是否负担货物在港口的装卸费用。如果船方不负担装卸，则应在合同中规定装卸期限或装卸率，以及与之相应的滞期费和速遣费。如租方未能在限期内完成装卸作业，为了补偿船方由此而造成延迟开航的损失，应向船方支付一定的罚金，即滞期费。如租方提前完成装卸作业则由船方向租方支付一定的奖金，称为速遣费。通常速遣费为滞期费的一半。

特别需指出的是，定程租船运输中装卸费用的划分方法为：

① 船方负担装卸费（Gross or Liner or Berth Terms），又称"班轮条件"。

② 船方不负担装卸费（Free In And Out—FIO）。采用这一条件时，一般还要明确理舱费和平舱费由谁负担。

③ 船方不负担装卸、理舱和平舱费条件（Free In And Out，Stowed，Trimmed—FIOST）。

④ 船方管装不管卸（Free Out—FO）条件。

⑤ 船方管卸不管装（Free In—FI）条件。

2）定期租船。定期租船（Time Charter）是按一定时间租用船舶进行运输的方式，又称期租船。船方应在合同规定的租赁期内提供适航的船舶，并负担为保持适航的有关费用。租船人在此期尚可在规定航区内自行调度支配船舶，但应负责燃料费、港口费和装卸费等运营过程中的各项开支。

2. 集装箱堆场服务费

在集装箱多式联运中，集装箱堆场可分为前方堆场和后方堆场。前方堆场是指在集装箱码头前方，为加速船舶装卸作业，暂时堆放集装箱的场地。其作用是：当集装箱船到港前，有计划、有次序地按积载要求将出口集装箱整齐地集中堆放，卸船时将进口集装箱暂时堆放在码头前方，以加速船舶装卸作业。后方堆场是指集装箱重箱或空箱进行交接、保管和堆存的场所。有些国家对集装箱堆场并不分前方堆场或后方堆场，统称为堆场。集装箱后方堆场是集装箱装卸区的组成部分，是集装箱运输“场到场”交接方式的整箱货办理交接的场所（实际上是在集装箱装卸区“大门口”进行交接的）。如专门办理空箱收集、保管、堆存或交接的场地则可称为空箱堆场，它是专为集装箱装卸区或转运站堆场不足时才予设立。这种堆场不办理重箱或货物交接，它可以单独经营，也可以在集装箱装卸区外另设。

集装箱堆场服务费也叫码头服务费。装货港集装箱堆场服务费包括：接收出口的集装箱，在堆场按规定分类堆存，搬运至码头前沿装船的费用。卸货港集装箱堆场服务费包括：从船上卸下进口集装箱，搬运，在堆场按规定分类堆存，交付进口集装箱的费用。在班轮运输中，集装箱堆场服务费一般按集装箱装卸包干费向船方计收。重箱堆存费分别向收、发货人计收。船公司空箱堆存费向船方计收。

3. 集装箱货运站服务费

集装箱货运站是为拼箱货装箱和拆箱的船、货双方办理交接的场所。承运人在一个港口或内陆城市可以委托集装箱货运站的经营者，由它代表承运人办理下列主要业务：拼箱货的理货和交接；对货物外表检验如有异状时，办理批注；拼箱货的配箱积载和装箱；进口拆箱货的拆箱和保管；代承运人加铅封并签发场站收据；办理相关单证的编制等。集装箱货运站的拆、装箱服务费一般采用拆装箱包干费计收。对提单列明集装箱货运站交付的，拆装箱包干费向船方计收；应货方要求进行代为拆装箱的，拆装箱包干费向货方计收。

4. 集装箱集散运费

集装箱集散运输又叫支线运输。一般而言是指干线集装箱船舶停靠集装箱枢纽港，通过沿海和内河支线以及公路、铁路支线网络系统向集装箱枢纽港的干线集装箱船舶集中集装箱货物，以及通过这个支线网络系统疏散干线集装箱船的集装箱货物。

（1）水路支线集装箱运费　水路支线集装箱运输包括沿海支线集装箱班轮运输和内河支线集装箱运输。若干线船公司是多式联运经营人，则水路支线集装箱运费可由干线船公司向托运人或收货人连同干支线运费一起计收，收取全程运输费用，进行内部核算和统一结算，然后再由干线船公司根据分包运输合同或协议支付给水路支线承运人运费。水路支线集装箱运费也可以由支线船公司单独向托运人或收货人计收支线运费，进行独立核算。

（2）陆路支线集装箱运费　公路支线运费主要有4种情况：① 由干线船公司或其子公司负责运输。② 由干线船公司委托地方汽车运输企业承运。③ 干线船公司作为多式联运经营人，公路汽车运输企业作为分包承运人，干线船公司向托运人或收货人一次收取全程运输费用，然后按分包运输协议支付给公路汽车运输企业。④ 由货主自己负责运输，费用主要包括集装箱装/卸车费、集装箱超期使用费、内陆运输费。铁路支线运输情况与公路支线运输相近。

二、各种交接方式下的运费结构

1. 集装箱交接方式

在国际集装箱运输实际业务中，集装箱交接方式按货物交接地点分为以下九种：① 门到门（Door to Door），由托运人负责装载的集装箱，在其货仓或工厂仓库交承运人验收后，负责全程运输，直到收货人的货仓或工厂仓库交箱为止，称为“门到门”运输；② 门到场（Door to CY），由发货人货仓或工厂仓库至目的地或卸箱港的集装箱装卸区堆场；③ 门到站（Door to CFS），由发货人货仓或工厂仓库至目的地或卸箱港的集装箱货运站；④ 场到门（CY to Door），由起运地或装箱港的集装箱装卸区堆场至收货人的货仓或工厂仓库；⑤ 场到场（CY to CY），由起运地或装箱港的集装箱装卸区堆场至目的地或卸箱港的集装箱装卸区堆场；⑥ 场到站（CY to CFS），由起运地或装箱港的集装箱装卸区堆场至目的地或卸箱港的集装箱货运站；⑦ 站到门（CFS to Door），由起运地或装箱港的集装箱货运站至收货人的货仓或工厂仓库；⑧ 站到场（CFS to CY），由起运地或装箱港的集装箱货运站至目的地或卸箱港的集装箱装卸区堆场；⑨ 站到站（CFS to CFS），由起运地或装箱港的集装箱货运站至目的地或卸箱港的集装箱货运站。

按货运数量交接方式分为两种：整箱货（Full Container Load，简称FCL）、拼箱货（Less Container Load，简称LCL）。整箱货为拼箱货的相对用语，整箱货的拆箱一般由收货人办理，但也可以委托承运人在货运站拆箱，但承运人不负责箱内的货损、货差，除非货方举证确属承运人责任事故的损害，承运人才负责赔偿。承运人对整箱货，以箱为交接单位。只要集装箱外表完好和铅封完整，承运人就完成了承运责任。在整箱货运提单上，一般要加上“托运人装箱、计数并加铅封”等条款。拼箱货为整箱货的相对用语，指装不满一整箱的小票货物。拼箱货通常是由承运人分别揽货并在集装箱货运站或内陆站集中，而后将两票或两票以上的货物拼装在一个集装箱内，同样要在目的地的集装箱货运站或内陆站拆箱分别交货。对于这种货物，承运人一般要负责装箱与拆箱作业，装拆箱费用仍向货方收取。承运人对拼箱货的责任，基本上与传统杂货运输相同。

2. 运费结构

由于集装箱运输货物交接方式较为复杂，所以以下按集装箱货物交接方式介绍运费结构。FCL接收—FCL交付一般对应的交接方式有：门到门（Door—Door）；门到场（Door—CY）；场到场（CY—CY）；场到门（CY—Door）。FCL接收—LCL交付一般对应的交接方式有：场到站（CY—CFS）；门到站（Door—CFS）。LCL接收—FCL交付一般对应的交接方式有：站到门（CFS—Door）；站到场（CFS—CY）。LCL接收—LCL交付一般对应的交接方式有：站到站（CFS—CFS）。以下按集装箱货物交接方式介绍运费结构。

1）整箱货物—整箱货物（FCL—FCL）“门到门”交接方式的全程运费结构。

在“门到门”交接方式情况下，集装箱班轮公司在托运人的工厂或仓库整箱交接，负责运抵收货人的工厂或仓库整箱交货。因此，集装箱班轮公司收取的运费和有关费用也包括“门到门”运输范围内的费用，接货前和交货后的费用由货主负担。集装箱货物“门到门”交接方式全过程运费包括：发货地集散运费+装货港堆场服务费+海运运费+卸货港堆场服务费+收货地集散运费。

2）整箱货物—整箱货物（FCL—FCL）“门到场”交接方式的全程运费结构。

在“门到场”交接方式的情况下，集装箱班轮公司在托运人的工厂或仓库整箱接货，负责运抵卸货港集装箱堆场整箱交货。因此，集装箱班轮公司收取的运费和有关费用包括“门到场”范围内的费用，接货前和交货后的费用由货主负担。集装箱货物“门到场”交接方式全过程运费包括：发货地集散运费+装货港堆场服务费+海运运费+卸货港堆场服务费。

3）整箱货物—整箱货物（FCL—FCL）“场到场”交接方式的全程运费结构。

在“场到场”交接方式的情况下，集装箱班轮公司在装货港集装箱堆场整箱接货，负责运抵卸货港集装箱堆场整箱交货。因此，集装箱班轮公司收取的运费和有关费用包括“场到场”运输范围内的费用，接货前和交货后的费用均由货主负担。集装箱货物“场到场”交接方式全过程运费包括：装货港堆场服务费+海运运费+卸货港堆场服务费。

4）整箱货物—整箱货物（FCL—FCL）“场到门”交接方式的全程运费结构。

在“场到门”交接方式的情况下，集装箱班轮公司在装货港集装箱堆场接货，负责运抵收货人工厂或仓库整箱交货。因此，集装箱班轮公司收取的运费和有关费用包括“场到门”运输范围内的费用，接货前和交货后的费用均由货主负担。集装箱货物“场到门”交接方式全过程运费包括：装货港堆场服务费+海运运费+卸货港堆场服务费+收货地集散运费。

5）整箱货物—拼箱货物（FCL—LCL）“场到站”交接方式的全程运费结构。

在“场到站”交接方式的情况下，集装箱班轮公司在装货港集装箱堆场整箱接货，负责运抵卸货港集装箱货运站拆箱按件交货。因此，集装箱班轮公司收取的运费和有关费用包括“场到站”运输范围内的费用，接货前和交货后所发生的一切费用，均由货主负担。集装箱货物“场到站”交接方式全过程运费包括：装货港堆场服务费+海运运费+卸货港堆场服务费+卸货港集装箱货运站服务费。

6）整箱货物—拼箱货物（FCL—LCL）“门到站”交接方式的全程运费结构。

在“门到站”交接方式的情况下，集装箱班轮公司在托运人工厂或仓库整箱接货，负责运抵卸货港集装箱货运站拆箱按件交货。因此，集装箱班轮公司收取的运费和有关费用包括“门到站”运输范围内的费用，接货前和交货后的费用由货主负担。集装箱货物“门到站”交接方式全过程运费包括：发货地集散运费+装货港堆场服务费+海运运费+卸货港集装箱货运站服务费。

7）拼箱货物—整箱货物（LCL—FCL）“站到门”交接方式的全程运费结构。

在“站到门”交接方式的条件下，集装箱班轮公司在装货港集装箱货运站接货并装箱，负责运抵收货人的工厂或仓库整箱交货。因此，集装箱班轮公司收取的运费和有关费用，包括“站到门”运输范围内的费用，接货前和交货后所发生的一切费用，均由货主自己负担。集装箱货物“站到门”交接方式全过程运费包括：装货港集装箱货运站服务费+装货港堆场服务费+海运运费+卸货港堆场服务费+收货地集散运费。

8）拼箱货物—整箱货物（LCL—FCL）“站到场”交接方式的全程运费结构。

在“站到场”交接方式的条件下，集装箱班轮公司在装货港集装箱货运站按件接货并装箱，负责运抵卸货港集装箱堆场整箱交货。因此，集装箱班轮公司收取的运费和有关费用包括“站到场”运输范围内的费用，交货前和交货后所发生的一切费用，均由货主自己负担。集装箱货物“站到场”交接方式全过程运费包括：装货港集装箱货运站服务费+装货港堆场服务费+海运运费+卸货港堆场服务费。

9）拼箱货物—拼箱货物（LCL—LCL）“站到站”交接方式的全程运费结构。

在“站到站”交接方式的条件下，集装箱班轮公司在装货港集装箱货运站按件接货并装箱，负责运抵卸货港集装箱货运站拆箱按件交货。因此，集装箱班轮公司收取的运费和有关费用包括“站到站”运输范围内的费用，交货前和交货后所发生的一切费用，均由货主负担。集装箱货物“站到站”交接方式全过程运费包括：装货港集装箱货运站服务费+装货港堆场服务费+海运运费+卸货港堆场服务费+卸货港集装箱货运站服务费。

第二节 国际多式联运运费的计收方法

一、国际集装箱海运运费的计算方法

随着集装箱运输的逐步发展、成熟，与之相适应的，有别于传统运输方式的管理方法和工作机构也相应地发展起来，形成了一套适应集装箱运输特点的运费计收体系。国际集装箱运费的构成，一般是由海运运价加上与集装箱运输有关的费用。集装箱班轮公司与托运人或收货人商定的集装箱货物交接方式应载入“提单”“舱单”和“场站收据”以作为划分集装箱班轮公司承担的风险责任和收取运费的依据。由于集装箱货物交接方式的不同，船公司承担的风险责任不同，对整箱货和拼箱货运费的计算也有所区别。

1. 对整箱货物运费的计收方法

如集装箱为承运人所有时，对整箱货物运费的计收，除包箱费率外，当装箱积载达到或超过起码运费最低限额时，则根据集装箱班轮公司运价本、运价表的费率和规定，按箱内实装货物的重量或尺码计收；当装箱积载达不到最低限额时，按装箱积载最低限额计收或加收亏箱运费。如集装箱为货主拥有，即货主箱时，则按约定处理。

2. 对拼箱货物运费的计收方法

对拼箱货物海运运费的计收，与件杂货运费的计收办法基本相同，不同的是加收了同集装箱有关的费用，如拼装箱服务费等。集装箱拼箱货物运费和有关费用都是根据集装箱班轮公司运价本上的运价表的规定，按每件货物的实际毛重或尺码计收。但从价货物计算拼装箱服务费时，是根据货物的重量或尺码按其中计费高者计收。由于拼装箱货物是一箱多票，一般不能选港分卸，起码运费按每张提单计收。因此，集装箱班轮公司也不会接受货方提出选港和变更目的港卸货的要求，所以也没有拼箱货物选港附加费和变更卸货港附加费的规定。

3. 集装箱超重、超长、超宽和超高货物运费及其有关费用的计收

根据运输集装箱货物风险责任和交接方式，对集装箱装载超重、超长、超宽和超高货物的运费及附加费一般有以下规定：

1）对整箱接货和整箱交货的，只计收运费，不再计收超重、超长、超大件货物的附加费。

2）对按件接货并装箱和拆箱按件交货的，按集装箱班轮公司运价本的规定，除收取运费外，还应计收超重、超长和超大件货物的附加费。

3）对整箱接货拆箱按件交货的或按件接货并装箱整箱交货即（FCL—LCL，LCL—FCL），根据集装箱班轮公司运价本的规定，除收取运费外，还对超重、超长和超大件货物加收50%的附加费。

4）装载超重、超长和超大件的集装箱，一般为非标准集装箱。因此，托运人在货物订舱前应提出申请，确认相关附加费后，经许可后方能装运。

4. 集装箱内的成组货物运费及有关费用的计数方法

1）由于成组货物能加快装拆箱速度和减轻装拆箱劳动强度，所以对符合集装箱班轮公司运价本有关成组货物的规定及要求的，按拼箱货托运的成组货物，给予运费的优惠。对按整箱托运的成组货物，不给予运费的优惠。

2）凡按成组托运的集装箱货物，不论是按整箱货还是按拼箱货托运，在计算运费时，一般都扣除货盘本身的重量或尺码，但这种扣除在习惯上不应超过货物加货盘重量或尺码的10%。对超过

部分仍按货盘上货物的费率计收运费。个别航线对整箱货的托盘在计算运费时不扣除其重量及尺码。

5. 集装箱超期使用费计收方法

为了提高对集装箱的使用效率，加快集装箱的周转，降低运输成本，承运人给集装箱使用单位规定了对集装箱可以享受的免费的使用期限，如果集装箱的使用单位不能在规定的免费使用期内将装好货的重箱或拆箱后的空箱运回承运人指定的堆场，承运人则按集装箱超期使用的天数向集装箱使用单位计收集装箱超期使用费。计收集装箱超期使用费的单位包括：① 从集装箱堆场提离进口重箱超过免费使用期后归还空箱的收货人；② 从空箱堆场提取空箱后超过免费使用期将重箱运至集装箱堆场的发货人；③ 承运人指定的集装箱货运站超期装拆箱的经营人。

承运人制定集装箱超期使用费一般采用以下原则和标准：

1）集装箱超期使用一般分进口和出口而规定不同的免费使用期限，不同种类的集装箱免费使用期标准不同。一般来说，冷藏集装箱和罐式集装箱等特殊用途集装箱造价高，免费使用期比较短，一般为4天，超期使用费标准也较高；而干货集装箱等免费使用期比较长，一般为7天，但此标准由各班轮公司决定。

2）集装箱超期使用费计算的时间可以按天数计算，如免费使用期为7天，则从第8天开始计算超期使用费，每天一个收费标准并采取累进计收办法。实际业务中也常按时间段作为计算单位，如免费使用期为7天，则从第8天开始计算超期使用费，及每个时间段为8～20天、21～40天等或规定的其他时间段作为计费时间单位，同样也采取累进的计收办法。

3）必须规定集装箱免费使用期起算时间，一般是在“提单”上列明交货地点，承运人将集装箱运至交货地点的次日零时起算。此外，由于国际集装箱运输的国际性，对集装箱超期使用费一般都收取国际通行的货币，如美元等。

表10-2、表10-3即为某海运公司的集装箱出口超期费收费标准表和进口超期费收费标准表。

表10-2 某海运公司的出口超期费收费标准

出口超期费收费标准			
尺寸		20	40
1. 干货箱（GP）	1～7天免费		
	8～20天	5.00	10.00
	21～40天	10.00	20.00
	超过40天	20.00	40.00
2. 超高箱（HC）	1～5天免费		
	6～15天		14.00
	16～40天		25.00
	超过40天		50.00
3. 开顶箱（OT） 框架箱（FR）	1～5天免费		
	6～15天	8.00	16.00
	16～40天	15.00	30.00
	超过40天	30.00	60.00
4. 冷藏箱、油罐箱（TK）等特殊用途箱	1～4天免费		
	5～10天	20.00	40.00
	11～20天	35.00	70.00
	超过20天	70.00	140.00

注：1. 冷箱退关需再收取PTI费用48USD/只。
2. 正常改配可在原免费天的基础上增加2天。
3. 45HC的超期费按照40HC计收。

表10-3 某海运公司的进口超期费收费标准

进口超期费收费标准								
货箱种类	尺寸	1～4天	5～7天	8～10天	11～15天	16～20天	21～40天	41天以上
干货箱	20	免费	免费	免费	5.00/天	5.00/天	10.00/天	20.00/天
	40				10.00/天	10.00/天	20.00/天	40.00/天
超高箱	40	免费	免费	14.00/天	14.00/天	25.00/天	25.00/天	50.00/天
开顶箱	20	免费	免费	8.00/天	8.00/天	15.00/天	15.00/天	30.00/天
框架箱	40			16.00/天	16.00/天	30.00/天	30.00/天	60.00/天
冷藏罐箱	20	免费	20.00/天	20.00/天	35.00/天	35.00/天	70.00/天	70.00/天
特殊用途箱	40		40.00/天	40.00/天	70.00/天	70.00/天	140.00/天	140.00/天

二、铁路集装箱运费的计算方法

为规范收费行为，根据市场需求和实际情况，中国铁路总公司运输局于2013年5月27日发布《铁路门到门运输一口价实施办法（暂行）》，现举例说明如下：

（1）集装箱运输一口价　铁路门到门运输一口价（简称门到门一口价）是指货物从托运人指定上门取货地点装车开始、接运至发站、运输至到站、送达卸货至收货人指定到门收货地点止的全过程运输服务中发生的费用，包括与国铁办理直通的合资、地方铁路的到收运费、发站装卸费等杂费和到站装卸费等杂费。

（2）一口价实施办法　门到门一口价包括门到门运输服务全过程中按规定收取的所有费用，包含运费、铁路建设基金、电气化附加费、特定线路运费、特定加价运费和发站实际发生的接取送达费、取送车费、装卸费、抑尘费、保价费、集装箱使用费、货车篷布使用费、D型长大货物车使用费、押运人乘车费、集装箱延期使用费、装载加固材料费等杂费，以及到站发生的装卸费、取送车费、接取送达费、翻卸车维检费等杂费。其中，上门装卸货物、两端的接取送达、车站货场的装载加固材料、保价运输等服务由托运人自愿选择，按规定收取相应费用。

（3）门到门一口价中不包括费用　《铁路门到门运输一口价实施办法（暂行）》第四条规定门到门一口价中不包括下列费用：

1）专用线、专用铁路（路产专用线和开展专用线共用的地方企业专用线发到的非专用线单位的货物除外）发到的货物在发送前、交付后的费用。

2）途中和到站因托运人或收货人要求或责任发生的整理费、装掏箱作业费、仓储费、集装箱延期使用费、货车延期占用费、D型长大货物车延期使用费、篷布延期使用费、违约金、运杂费迟交金、清扫除污费等费用。

3）出口货物运输在国境站发生的杂费。

4）按规定由托运人或收货人组织装卸货物发生的费用，25、50英尺汽车板架箱两端装卸费和自装卸发生的费用。

5）托运人或收货人要求运输变更产生的费用和产生的退补款。

6）到站卸车时，散装货物发生冻结或粘结、货物单件重量超过车站最大起重能力等情况下，额外增加的装卸费。

7）护路联防费等代收款。

其中第2、3、5、6项费用在到站使用运费杂费收据补收。

（4）“一口价”实施细则　除国际联运过境运输、军运后付、米轨运输外，其他货物运输均实行门到门一口价。车站应在营业场所公布《铁路门到门运输一口价实施办法（暂行）》。门到门一口价费用整车货物在装车完毕、集装箱和零担在接收完毕，由发站使用货票向托运人一次收取，货票中列清各项费目和金额。对门到门一口价中发到站的装卸费和上门装、卸货物的装卸费，基于实际作业情况，细化到货物品类，按简化计费、总体水平不增加的原则，各铁路局可在规定浮动幅度范围内，对基准费率分品类、分区域确定实际执行费率。门到门一口价中，发站接取送达费、装卸费、装载加固材料费等杂费按实际发生额核收，到站装卸费和到站上门装卸费按各局确定的实际执行费率和计费重量计算核收。到站接取送达的里程，托运人不能提供的，可先按起码里程核收，到站送货后再按实际里程补收差额。同一个车站在发送端和到达端接取送达费应执行相同的费率标准。铁路局之间可协商确定到达端接取送达费的下浮幅度。在选择门到站运输或站到站运输时，托运人和收货人因购销合同约定的权利义务，在运单托运人记载事项栏载明时，可不收取到站发生的装卸费、取送车费和翻卸车维检费，在货票记事栏记载“托运人不支付到站杂费”。门到门一口价浮动时按一口价中各项费用分别浮动后再加总。门到门一口价货票和运费杂费收据的制票等，由中国铁路总公司在货票系统中统一编制、管理和维护。

（5）费用退还　有下列情况，门到门一口价中的相应费用可在到站退还收货人：

1）收货人在铁路货场自装卸的装卸费。

2）到站因承运人原因未发生的接取送达费和上门装卸费。

3）发站核收了翻卸车维检费，到站实际未发生时。

三、公路集装箱运费的计算方法

公路集装箱运输不仅需要有国际通用标准集装箱，同时还要有专用设备和专用车辆经营。公路集装箱运输是改货为箱，以箱为对象的运输，因此，公路集装箱的运价一般以箱计价，其运输价格以成本为基础，随市场竞争情况不断变动。

1. 集装箱汽车运输的计费箱型

集装箱汽车运输费是根据不同箱型的基本运价计算的，对于超出了标重的集装箱和非标准箱，都要在规定的收费上实行加价，箱型的确定是集装箱汽车运输收费的基本要素之一。按照ISO标准和我国国家标准的规定，集装箱按箱型分为国内标准集装箱、国际标准集装箱和非标准集装箱三类，其中国内标准集装箱又分为1t箱、6t箱、10t箱三种，国际标准集装箱分为20ft箱、40ft箱两种，非标准集装箱是指外形尺寸超过标准箱型的集装箱，如超高、超宽、超长以及特殊用途的集装箱。

2. 集装箱汽车运输的计费里程

（1）计费里程的计算　计费里程的依据是各省、自治区、直辖市制定的营运路线里程图。涉及市区内计费里程确定的，以市区交通主管部门制定的营运路线里程图为依据，当地交通主管部门未确定的，由承托双方协商确定。未列入营运路线里程图的计费里程可由承、托运双方协商确定。计费里程包括运输里程和装卸里程。运输里程按装箱地点到卸箱地点的实际里程计算。

出入境汽车货物运输的境内计费里程以交通主管部门的里程为准，境外里程按毗邻国（地区）交通主管部门或有权认定部门核定的里程为准。未核定里程的，由承、托双方协商或按车辆实际运行里程计算。因自然灾害造成道路中断，车辆需绕道行驶的，按实际行驶里程计算。

（2）包干计费里程　在进行国际集装箱的批量运输或同一地区、同一线路内进行多点运输时，为简化里程计算，可以根据不同运次的运送里程差异计算综合平均运距，作为每次运输的距离，平均运距即是包干计费里程。只要是批量运输，在规定区域分布点上，均可按平均运距收费。包干计费里程一般用于港口区域至城市区域内的多点运输。每批运输量不大时，不使用包干计费里程。

（3）起码计费里程　根据我国港口国际集装箱的集疏运条件和内陆中转站的布局情况，国家规定了相应的起码计费里程。

四、航空运费的计算方法

航空货物常规运价计费是以航线运距和货物体积为基础，对两个机场城市间的航线制定出经营航班的运价，并需提交国际航空协会（IATA）和有关政府，通过协议和经政府批准后才开始生效。

1. 普通货物运价

对于普通货物适用的运价标准，又可分为基础运价（代号N）和重量分界点运价（代号Q）两种。

2. 指定货物运价或特种货物运价

特种货物运价通常是承运人根据在某一航线上经常运输某一种类货物的托运人的请求或为促进某地区间某一种类货物的运输，经国际航空运输协会同意所提供的优惠运价。航空公司对指定货物实行优惠运价。

3. 等级货物运价

等级货物运价适用于指定地区内部或地区之间的少数货物运输。通常表示为对特殊货物，如私人行李、报纸、贵重货物、活动物等，实行优惠运价或加价运价，即在普通货物运价的基础上减少或增加一定的百分比。

4. 集装箱运价

由于航空公司对大件货物提供运价打折政策，所以航空货运代理人可以将其收到的多票同一目的地的货物，拼装在集装箱或成组器内，再以一票货的形式交给航空公司承运，从中赚取货物差价。

第三节　国际多式联运运费的计收

一、国际集装箱运费的计收

1. 海上国际集装箱最低运费的计收

在普通船海上运输中，各船公司在规定最低运费时是以运费金额作为计费标准的，以保护船公司最低限度的收益。当托运人向船公司托运任何一票货物时，若承运货物的运费金额低于最低运费金额时，托运人也应按规定的最低运费金额支付给国际集装箱班轮公司运费。在海上国际集装箱运输中，除拼箱货物的最低运费与普通船海上运输计收办法基本相同外，整箱货物运费计收办法比较特殊。

在整箱货物的集装箱运输中，国际集装箱班轮公司规定的最低运费标准，是规定一个最低的运费吨。运费吨的计费方法规定了体积吨和重量吨两种计费标准。每一件货物都有它自己的重量和体积，在确定按哪一种计费标准作为运费吨时，一般应选择其运费吨高的作为计费标准。例如，有一件货物，它的重量为5t，而其体积为9m^3，在这种情况下，当既可按其重量计收运费又可按其体积计收运费时，根据运费吨办法的规定，这件货物的运费应按9m^3的体积吨计收。在实际业务中，不同的国际集装箱班轮公司对不同种类和不同规格标准的国际集装箱分别规定了不同的最低运费吨。在实际业务中，尽管国际集装箱班轮公司对最低运费的计算都有各自的规定，对不同种类和规格标准的集装箱规定的最低运费吨基本上比较接近。

当由托运人自行装箱时，集装箱内所装的货物若没有达到规定的最低运费吨，就出现了装箱不足而亏箱。为确保国际集装箱班轮公司的经济利益，并鼓励托运人合理装箱积载，如果集装箱装载的货物运费吨不足时，托运人应支付亏箱运费。

2. 海上国际集装箱最高运费的计收

在普通船舶的海运中，在运费的计算上是没有计算最高运费这一规定的。海上集装箱运输中并在托运整箱货物前提下，为鼓励托运人采用集装箱运输方式，充分利用集装箱的内容积，多装载货物，有的国际集装箱班轮公司采用最高运费计收办法。对整箱货物的最高运费计收标准，是按不同规格尺寸的集装箱可装载货物的内容积作为最高运费计算标准的，如果在集装箱内实装的货物超出允许的内容时，对其超出部分货载是免收运费的。且最高运费吨只适用于以体积吨为计算单位的货物，因每一种规格尺寸的集装箱均有其最大的额定重量，故一般不适用以重量吨为计算单位的货物，在运输和装载过程中是不允许超重的。

在采用最高运费吨计算整箱货物运费的情况下，托运人和装箱人应注意：

1）20ft集装箱比较适于装载重质货物，按重量吨计算运费；40ft集装箱特别是45ft集装箱比较适于装载轻泡货物，按体积吨计算运费。

2）对整箱接货和整箱交货的“门到门”“门到场”“场到门”交接的集装箱货物，以及整箱接货拆箱按件交货的“场到站”交接的集装箱货物，其运费是根据托运人在“集装箱装箱单”上所列的不同货物种类，按照这些货物种类各自适用的费率分别计收运费；如在每包或每捆货物中装有不同等级的货物时，其运费则按其中等级最高的货物适用的最高费率计收运费。

3）在上述交接方式的整箱货物运输中，整箱货物的托运人如果没有按照承运人的规定申报箱内所装货物资料，其运费则按集装箱的最高运费吨计收，而且按照集装箱货物所适用的最高费率计算运费。

4）在上述交接方式的整箱货物运输中，如整箱货物托运人只申报了部分货物资料（申报资料不全），或有一部分无法衡量体积的货物，则这部分货物运费的计算量是集装箱的最高运费吨与已申报的货物运费吨之间的差数。

3. 海上国际集装箱整箱货物余额的计收

当托运人托运一票整箱货物需要一定数量的集装箱时，最后一箱货物装载不成满箱，则对装载最后一只整箱余额货物运费的计算一般有两种方法：对最后一只集装箱的计费标准给予降低；对最后一只集装箱按实际装箱的体积吨或重量吨计收运费。

二、铁路集装箱运费计收

1. 铁路集装箱运价

铁路集装箱运输运价由发站其他费用、到站其他费用和铁路运输收入三部分组成。

（1）铁路运输收入　包含国铁运费、国铁临管费用、铁路建设基金、特殊加价、电气化附加费、铁道部规定核收的代收款、铁路集装箱使用费或自备集装箱管理费、印花税等。

（2）发站其他费用　包括组织服务费、集装箱装卸综合作业费、护路联防费、运单表格费、货签表格费、施封材料费等。

（3）到站其他费用　包括到站集装箱装卸综合作业费、铁路集装箱清扫费、护路联防费。

集装箱货物每箱运费的计算公式为

$$集装箱货物每箱运费=发到基价+运行基价\times运价里程$$

铁路货物运费费率表见表10-4。

表10-4　铁路货物运费费率表

种类		发到基价		运行基价	
		单位	费率	单位	费率
集装箱	1t箱	元/箱	7.20	元/箱·km	0.031 8
	5t、6t箱	元/箱	55.20	元/箱·km	0.243 8
	10t箱	元/箱	85.30	元/箱·km	0.376 8
	20ft箱	元/箱	500.00	元/箱·km	2.025
	40ft箱	元/箱	680.00	元/箱·km	2.754

凡货物运输途中经过铁路电气化区段表所列电气化区段时，均按《铁路电气化附加费核收办法》的规定收取电气化附加费。其计算公式为

电气化附加费=费率×计费重量（箱数或轴数）×电化里程

铁路电气化附加费费率表见表10-5。

表10-5　铁路电气化附加费费率表

种　类			单　位	费　率
集装箱	1t箱		元/箱・km	0.007 2
	5t、6t箱		元/箱・km	0.06
	10t箱		元/箱・km	0.100 8
	20ft箱		元/箱・km	0.192
	40ft箱		元/箱・km	0.408
	自备空箱	1t箱	元/箱・km	0.003 6
		5t、6t箱	元/箱・km	0.03
		10t箱	元/箱・km	0.050 4
		20ft箱	元/箱・km	0.096
		40ft箱	元/箱・km	0.204

铁路建设中新建线路不断增加，为了既体现国家实行新路新价的原则，又方便计算运费，凡经国家铁路运输的货物，按发站至到站国铁正式营业线和实行统一运价的运营临管线的运价里程，均按《新路新价均摊运费核收办法》的规定收取新路新价均摊运费。其计算公式为

新路新价均摊运费=均摊运价率×计费重量（箱数或轴数）×运价里程

新路新价均摊运费费率表见表10-6。

表10-6　新路新价均摊运费费率表

种　类			单　位	费　率
集装箱	1t箱		元/箱・km	0.000 066
	5t、6t箱		元/箱・km	0.005 5
	10t箱		元/箱・km	0.009 24
	20ft箱		元/箱・km	0.017 6
	40ft箱		元/箱・km	0.037 4
	自备空箱	1t箱	元/箱・km	0.000 33
		5t、6t箱	元/箱・km	0.004 62
		10t箱	元/箱・km	0.050 4
		20ft箱	元/箱・km	0.088
		40ft箱	元/箱・km	0.018 7

铁路收取建设基金的目的是专款专用，保证铁路建设的不断发展。铁路建设基金的计算公式为

建设基金=费率×计费重量（箱数或轴数）×运价里程

铁路建设基金费率表，见表10-7。

表10-7 铁路建设基金费率表

种类			单位	费率
集装箱	1t箱		元/箱·km	0.0198
	5t、6t箱		元/箱·km	0.165
	10t箱		元/箱·km	0.2772
	20ft箱		元/箱·km	0.528
	40ft箱		元/箱·km	1.122
	自备空箱	1t箱	元/箱·km	0.0099
		5t、6t箱	元/箱·km	0.0825
		10t箱	元/箱·km	0.1386
		20ft箱	元/箱·km	0.264
		40ft箱	元/箱·km	0.561

铁路货运杂费应按实际发生的项目和铁路货运运杂费费率表的规定执行，并按照当日实行的费率核收。在杂费价格变动期间，如一项作业跨及两日，一项杂费涉及新旧费率时，应按不同期间适用的费率分别计算。铁路集装箱货运杂费费率表见表10-8。

表10-8 铁路集装箱货运杂费费率

项目			单位	费率
集装箱使用费	1t箱	500km以内	元/箱	5.00
		501～2 000km每增加10km加收	元/箱	0.40
		2 001～3 000km每增加100km加收	元/箱	0.20
		3 001km以上计收	元/箱	13.00
	5t、6t箱	500km以内	元/箱	30.00
		501～2 000km每增加10km加收	元/箱	3.00
		2 001～3 000km每增加100km加收	元/箱	1.50
		3 001km以上计收	元/箱	90.00
	10t箱	500km以内	元/箱	50.00
		501～2 000km每增加10km加收	元/箱	5.00
		2 001～3 000km每增加100km加收	元/箱	2.50
		3 001km以上计收	元/箱	150.00
	20ft箱	500km以内	元/箱	130.00
		501～2 000km每增加10km加收	元/箱	13.00
		2 001～3 000km每增加100km加收	元/箱	6.50
		3 001km以上计收	元/箱	390.00

（续）

项目			单位	费率
集装箱使用费	40ft箱	500km以内	元/箱	260.00
		501～2 000km每增加10km加收	元/箱	26.00
		2 001～3 000km每增加100km加收	元/箱	13.00
		3 001km以上计收	元/箱	780.00
	铁路拼箱（一箱多批）		元/10kg	0.20
集装箱延期费		1t箱	元/箱日	2.00
		5t、6t箱	元/箱日	10.00
		10t箱	元/箱日	20.00
		20ft箱	元/箱日	60.00
		40ft箱	元/箱日	90.00
自备集装箱管理费		1t箱	元/箱日	3.00
		5t、6t箱	元/箱日	15.00
		10t箱	元/箱日	25.00
		20ft箱	元/箱日	100.00
		40ft箱	元/箱日	200.00
地方铁路集装箱使用费		1t箱	元/箱日	2.00
		5t、6t箱	元/箱日	10.00
		10t箱	元/箱日	20.00
		20ft箱	元/箱日	40.00
		40ft箱	元/箱日	80.00

2. 铁路集装箱运费计收注意事项

1）集装箱货物的运费按照使用的箱数和“铁路货物运价率表”中规定的集装箱运价率计算，但罐式集装箱、其他铁路专用集装箱的运价率，按“铁路货物运价率表”的规定分别加30%和20%计算。装运一级毒性物质（剧毒品）的集装箱按“铁路货物运价率表”中规定的运价率加100%计算；装运爆炸品、易燃气体、非易燃无毒气体、毒性气体、一级易燃液体（代码表02石油类除外）、一级易燃固体、一级自燃物品、一级遇水易燃物品、一级氧化性物质、有机过氧化物、二级毒性物质（有毒品）、感染性物质、放射性物质的集装箱，按“铁路货物运价率表”中规定的运价率加50%计算。装运危险货物的集装箱按上述两款规定适用两种加成率时，只适用其中较大的一种加成率。自备集装箱空箱运价率按其适用重箱其他货物运价率的50%计算。承运人利用自备集装箱回空捎运货物，在货物运单铁路记载事项栏内注明，免收回空运费。

2）使用铁路集装箱装运货物，向托运人核收集装箱使用费。使用铁路危险品专用集装箱装运货物时，集装箱使用费加20%核收。使用铁路集装箱超过规定期限，核收集装箱延期使用费。托运人使用自备集装箱在铁路上运输时，向承运人缴纳自备箱管理费。

3）集装箱货物超过集装箱标记总重量时，对其超过部分：1t箱每10kg；5、6t箱每50kg；10t箱、20ft箱、40ft箱每100kg均按该箱型运价率的5%核收违约金。

三、公路集装箱运费计收

1. 集装箱运费计算步骤

1）集装箱运价按计价类别和货物运价费率计算。

2）集装箱运费计算公式为

重（空）集集装箱运费=重（空）箱运价×计费箱数×计费里程+箱次费×计费箱数+货物运输其他费用

2. 公路集装箱种类及其运价

公路集装箱运输可以分为单程重箱、双程重箱、单程空箱、双程空箱4种情况。标准集装箱重箱运价按照不同规格的箱型的基本运价执行，标准集装箱空箱运价在标准集装箱重箱运价的基础上减成计算。非标准箱重箱运价按照不同规格的箱型，在标准装箱基本运价的基础上加成计算，非标准集装箱空箱运价在非标准集装箱重箱运价的基础上减成计算。特种箱运价在箱型基本运价的基础上按装载不同特种货物的加成幅度加成计算。

【思考题】

1. 什么是集装箱运费的附加费？常见的附加费有哪些？
2. 何谓定程租船？
3. 简述定程租船运输中装卸费用的划分方法。
4. 简述集装箱的交接方式。

第十一章

Chapter 11

国际多式联运的各种运输方式

第一节 水路集装箱运输

随着我国国民经济产业结构的调整和国际集装箱运输发展的日益成熟，国内外货主对运输质量、时间和价格的要求不断提高，水路集装箱运输现已进入一个持续高速增长的时期。

一、国内水路集装箱运输

国内水路集装箱运输贯通我国南北，并深入到长江流域和珠江地区。北方南下采用集装箱运输的主要货种是粮食类、化工类、矿类、建材类、纸浆；山东地区的货种主要是粮食、化工、成品纸、酒类、食品等。南方北上的货源主要来自华南、华东港口，货源的种类主要是建材和轻工类产品等。

华东地区货种丰富，货源市场主要以上海为中心，包括浙江、江苏等沿江省份。目前该地区向华南和华北地区出运的主要货种有成品纸、机电产品、显像管、化工品和家电产品以及高级建材物料等。华南地区出运至华东和华北的货物主要以内墙砖、高档地砖、废旧五金、化工品等建材基础货源，还有部分陶瓷卫生洁具、家具、白糖、橡胶、日用百货、家用电器、海产品、反季节瓜果蔬菜、木材、淀粉等货物。

相对于海上国际集装箱运输市场而言，国内水路集装箱运输市场呈现出货源的季节性强，货流的区域性和季节性不平衡，运量起伏较大，货种结构较为单一，低附加值货物较多的特点。各船公司正面临着船舶老旧、载箱能力差、航速普遍低，内河码头设备逐渐老化，专业化程度低等问题。为此，各船公司正积极采用多式联运的组织方式，投入大量的精力，规范航班服务，组织起水路、铁路、公路的多式联运，尝试采用各船公司间或港航企业间联合经营的方式，力求提高国内水路集装箱运输的服务质量。

二、国际海上集装箱运输

1. 国际海上集装箱运输管理单位

2002年起实施的《中华人民共和国国际海运条例》中明确规定，国务院交通主管部门和有关的地方人民政府交通主管部门依照本条例规定，对国际海上运输经营活动实施监督管理，并对与国际海上运输相关的辅助性经营活动实施有关的监督管理。

2. 国际海上运输及其辅助性业务的经营者应具备的条件

《中华人民共和国国际海运条例》中规定：

（1）经营国际船舶运输业务，应当具备下列条件：

1）有与经营国际海上运输业务相适应的船舶，其中必须有中国籍船舶。

2）投入运营的船舶符合国家规定的海上交通安全技术标准。

3）有提单、客票或者多式联运单证。

4）有具备国务院交通主管部门规定的从业资格的高级业务管理人员。

（2）经营国际船舶代理业务，应当具备下列条件：

1）高级业务管理人员中至少2人具有3年以上从事国际海上运输经营活动的经历。

2）有固定的营业场所和必要的营业设施。

（3）经营国际船舶管理业务，应当具备下列条件：

1）高级业务管理人员中至少2人具有3年以上从事国际海上运输经营活动的经历。

2）有持有与所管理船舶种类和航区相适应的船长、轮机长适任证书的人员。

3）有与国际船舶管理业务相适应的设备、设施。

（4）经营国际班轮运输业务，应当向国务院交通主管部门提出申请，并附送下列材料：

1）国际船舶运输经营者的名称、注册地、营业执照副本、主要出资人。

2）经营者的主要管理人员的姓名及其身份证明。

3）运营船舶资料。

4）拟开航的航线、班期及沿途停泊港口。

5）运价本。

6）提单、客票或者多式联运单证。

3. 国际海上运输及其辅助性业务的经营资格申请

经营国际船舶运输业务、国际船舶代理业务或国际班轮运输业务，应当向国务院交通主管部门提出申请，申请材料真实、齐备的，予以登记，并通知申请人；申请材料不真实或者不齐备的，不予登记，书面通知申请人并告知理由。经营国际船舶管理业务，应当向拟经营业务所在地的省、自治区、直辖市人民政府交通主管部门提出申请，申请材料真实、齐备的，予以登记，并通知申请人；申请材料不真实或者不齐备的，不予登记，书面通知申请人并告知理由。

4. 国际集装箱班轮运输

国际海上集装箱运输多为班轮运输，国际集装箱班轮运输是指集装箱船舶按照预先公布的船期表和相对固定的费率，在固定的国际航线上，以既定的挂靠港口顺序有规则地从事货物运输的运输经营方式。国际集装箱班轮运输又可分为定线定期集装箱班轮运输和定线不定期集装箱班轮运输。定线不定期集装箱班轮又称为核心班轮，集装箱船舶在航行过程中严格按照预先公布的船期表运行，到离港口的时间基本上固定不变；定线不定期集装箱班轮运输中虽有船期表和固定的始发港和终点港，但中途挂靠的港口视货源情况可以有所变化，所以又称为弹性班轮。

5. 国际集装箱班轮公司及其运力配置

根据从事国际集装箱运输班轮公司所拥有的集装箱船舶载箱能力及其经营航线的情况，具有世界规模的国际集装箱班轮公司主要有20多家，截至2015年3月2日，排名前20位的公司规模见表11-1。

表11-1　全球20大集装箱班轮公司运力排名（截至2015年3月2日）

排　名	船　公　司	总运力/TEU	占世界集装箱船舶运输市场份额（%）
1	马士基集团	2 961 030	15.50%
2	地中海航运	2 547 913	13.40%
3	法国达飞	1 691 707	8.90%
4	赫伯罗特	965 063	5.10%
5	长荣	951 777	5.00%
6	中远集运	813 312	4.30%
7	中海集运	702 977	3.70%
8	韩进海运	620 199	3.30%
9	商船三井	593 618	3.10%
10	美国总统轮船	545 270	2.90%

（续）

排 名	船 公 司	总运力/TEU	占世界集装箱船舶运输市场份额（%）
11	汉堡南美	540 923	2.80%
12	东方海外	529 817	2.80%
13	日本邮船	483 743	2.50%
14	阳明海运	443 616	2.30%
15	阿拉伯联合国家轮船（UASC）	414 975	2.20%
16	川崎汽船	390 612	2.00%
17	现代商船	382 812	2.00%
18	太平船务	361 739	1.90%
19	以星综合航运	326 004	1.70%
20	万海航运	203 521	1.10%

注：1. 全球前20大集装箱班轮公司运力合计1 647万TEU，份额合计86.73%。
2. 运力统计包括自有运力和租入运力。

三、相关公约法规

1.《海牙规则》

由于海上货物运输在国际贸易发展过程中的重要性，世界各国制订了大量关于海上运输的法律规范。1921年5月在海牙召开了国际法协会会议，起草了有关提单的内容，1922年10月又在伦敦开会讨论，1923年对起草的条款做了修改，1924年8月25日由26个国家的代表在布鲁塞尔签署了《统一提单若干法律规定的国际公约》（The International Convention for the Unification of Certain Rules of Law Relating to Bills of Lading，1924），即《海牙规则》。该规则于1931年6月2日正式生效，因公约草案是1921年在海牙通过，所以定名为《海牙规则》。

《海牙规则》是海上运输方面一个非常重要的公约，《海牙规则》作为一个国际货运公约，仅适用于参加该规则的国家，但没有加入该规则的一些国家在制定提单和开展实际航运业务中执行的内容与《海牙规则》并无区别，许多国家的航运公司都在其制发的提单上规定采用该规则，据以确定承运人在货物装船、收受、配载、承运、保管、照料和卸载过程中所应承担的责任与义务，以及其应享受的权利与豁免。该规则的主要内容有：承运人的责任和义务；承运人的免责事项；货物托运人的责任和义务；承运人的赔偿责任限制；索赔与诉讼时效；公约的适用范围等。由于《海牙规则》当时主要由海运业发达的一些国家制订，因此比较明显地偏袒承运人的利益，在风险分担上很不均衡。

2.《维斯比规则》

自《海牙规则》1931年实施生效后半个多世纪，国际贸易和航运业发展迅速，由于《海牙规则》自身存在的和在实施过程中出现的各种问题，以及国际经济、政治关系的变化和海运技术的发展，某些内容已经过时。《海牙规则》的许多制度，如运输合同中船东最高赔偿限额、货物赔偿的责任原则、船东的许多免责条款以及推定证据概念等都是从英国法律中照搬而来的。随着时代的发展，主要保护像英国那样航运大国利益的《海牙规则》所表现的过多维护承运人的利益、责任条款不公平和不合理、举证责任不明确等弊端受到第三世界国家的极力反对，多数国家特别是代表货方利益的国家强烈要求修改该规则。

1963年，国际海事委员会在斯德哥尔摩会议上订立了一个对《海牙规则》的修改议定书。会议期间，代表们访问了附近的哥特兰岛的海运古城维斯比，并在那里由会议主席正式签署了该规则的修改建议，因此，习惯上将该规则称为《维斯比规则》。该规则于1968年2月23日在布鲁塞尔的会议上正式通过，并定名《修改统一提单若干法律规定的国际公约议定书》（习惯上称为《维斯比规则》），该规则在1977年6月生效。该公约只是对《海牙规则》进行了修补，对海牙规则的适用范围、赔偿责任限制、提单的最终证据、对侵权行为的请求、集装箱运输的计算单位等做了一些合理的改进，但未触动《海牙规则》不合理的基石，故常与《海牙规则》一起，称为《海牙-维斯比规则》。

3.《汉堡规则》

《海牙规则》《维斯比规则》实施以后，国际贸易、运输又有新的发展，在代表货方利益的第三世界国家的反复斗争下，联合国和发展会议在1968年3月设立了国际航运立法工作组，该工作组的任务是讨论国际海商法给发展中国家的经济带来的障碍，并对需要修改的意见，向联合国国际贸易法委员会提出建议。1969年11月，国际航运立法工作组召开第一次会议，决定优先审议提单的法律。1971年2月，国际航运立法工作组召开第二次会议，决定重点修改海牙规则，并进行新公约的准备工作。为避免工作的重复，贸易会议航运立法工作组建议联合国国际贸易法委员会继续接办这项工作，修改提单的法律和惯例，并制订新的条文草案，联合国国际贸易法委员会第四次会议接收了航运立法工作组的建议，于1971年4月建立了另一个国际航运立法工作组，归国际贸易法委员会领导，该工作组前后召开了6次会议。

经过各国代表多次磋商，于1978年3月由联合国主持在汉堡召开了海上货物运输会议，通过了《1978年联合国海上货物运输公约》，简称《汉堡规则》，该规则于1992年生效。同《海牙规则》相比，该公约主要是扩大了承运人的责任，废除和修改了众多免责条款，将传统的“钩到钩”责任期间改为“港到港”的责任期间，简化和统一了举证规则，实行了完全过失责任制，成为一个全新的国际海运规则，但目前《汉堡规则》对国际海运业影响不是很大。由于目前正处在新旧交替过程中，而这三个规则在实际的海运业务中，分别为有关国家及其船公司所采用。

4.《中华人民共和国海商法》

《中华人民共和国海商法》于1993年7月1日生效。它是我国第一部全面调整海上运输关系、船舶关系的专门性法律。这部法律中有关海上货物运输合同的规定主要是参照了国际上现行三个海运提单公约而制定的。《中华人民共和国海商法》全文共分总则、船舶、船员、海上货物运输合同、海上旅客运输合同、船舶租用合同、海上拖航合同、船舶碰撞、海难救助、共同海损、海事赔偿责任限制、海上保险合同、时效、涉外关系的法律运用、附则共15章。

我国的海商法对承运人免责规定是参照了《海牙规则》和《维斯比规则》，实行的是不完全过失责任制，它允许承运人在法定情况下，即使有过失也可不承担赔偿责任；关于举证责任，参考了《汉堡规则》，采用了推定过失或疏忽的原则。承运人要想免责（除火灾以外），就须负举证责任，以说明他和代理人已经为避免事故的发生及其后果采取了一切合理的措施。这个新制度加重了船方的责任，使船东的免责受到很大的限制，这是当今海上运输合同中普遍采用的一项制度；关于承运人责任期间，我国海商法规定的有两种，即集装箱装运的责任期间和非集装箱装运的责任期间。前者采用了当今世界各国船舶公司均采纳的“门到门”责任原则，后者采用了《海牙规则》的“钩到钩”责任原则；关于赔偿限额，我国《海商法》规定，承运人对货物的灭失或损坏的赔偿限额，按照货物件数或者其他货运单位计算，每件或者每个其他货运单位为666.67计算单位（简称SDR，它是国际货币基金组织规定的特别提款权），或者按照货物毛重计算，每公斤为2计算单位，以二者中赔偿限额较高的为准。但是，托运人在货物装运前已经申报其性质的价值，并在提单中载明的，或者承运人与托运人已经另行约定高于本条规定的赔偿限额的除外。

第二节　公路集装箱运输

公路集装箱运输是交通运输业的重要组成部分，公路集装箱运输与其他运输方式的最大区别在于可以实现门到门的运输服务。公路集装箱运输既是一个独立的运输体系，也是铁路车站、港口和机场集散物资的重要手段，它能实行“门到门”物流服务，连接铁路、水运、空运的起点与终点。2014年年末全国公路总里程446.39万公里，其中全国高速公路里程11.19万公里。全国拥有公路营运汽车1 537.93万辆，其中载客汽车84.58万辆，载货汽车1 453.36万辆。2014年全国营业性客运车辆完成公路客运量190.82亿人，全国营业性货运车辆完成货运量333.28亿吨。

一、公路集装箱运输的优越性

在公路与铁路，公路与水路，公路、水路与铁路的联合运输中，以集装箱为运输单位，可以简化手续，加快装卸、交接效率，节约运输时间，从而使各种运输方式的运载能力得到充分运用，实现“门到门”运输。

（1）装卸、交接效率高　由于集装箱便于普遍采用机械化装卸，节约装卸作业时间，减轻劳动强度，节约人力，且交接手续简便，减少办理货物交接的时间。

（2）货物运送速度快　公路集装箱运输一般采用“门到门”的运输组织方式，减少了运输过程中多次换装作业，简化了交接手续，便于实现快速运输。

（3）货物运输安全性高　在公路集装箱运输过程中，集装箱不易失落，箱门闭锁加封，即使经过多次中转驳运，也能保证箱内货物完整无损，便于运送高价值或有特殊防护要求的货物。

（4）车辆利用效率高　由于有较高的装卸作业和交接作业效率，公路集装箱运输有利于提高车辆运行的出车时间利用系数，从而提高车辆运用效率。

二、公路集装箱运输的类型

根据托运人托运货物的数量、性质以及使用集装箱的规格标准的不同，公路集装箱运输可以分为公路整箱货运输和公路拼箱货运输。

1. 公路整箱货运输

公路整箱货运输以“箱”为单位，其装、拆箱作业一般由货主或货运代理来完成，整箱货物重量由托运人确认，货运装载重量应以不超过规定的最大允许重量和所通过的道路、桥涵所允许的负荷为限。货物在装载时应注意箱内均衡，做到重不压轻，先进后出，且不能妨碍箱门的开关。箱内货物装载完毕后，一般由货主或货运代理施封，并做好货物标记。在公路集装箱运输过程中，凭铅封进行交接，且必须编制装箱货物清单附于车内。

2. 公路拼箱货运输

公路拼箱货运输的作业仍以普通货物形态完成，作业方式与整车集装箱运输相仿，但拼箱货物运输的装、拆箱作业一般应在集装箱货运站内完成。

三、国际公路货物运输合同公约

为了统一公路运输所使用的单证和承运人责任，联合国所属欧洲经济委员会负责草拟了《国际公路货物运输合同公约》，简称CMR，于1956年于日内瓦订立，该公约适用于接管和指定交付地点在两个不同国家，其中至少一个为公约缔约国，且由公路以车辆运输货物而收取报酬的各种契约，公约主要内容是公约适用范围、承运人责任、合同的签订与履行、索赔与诉讼以及连续承运人合同履行等。

1.《国际公路货物运输合同公约》的适用范围

1）适用于公路以车辆运输货物而收取报酬的运输合同，接收货物和指定交货地点依据合同的规定在两个不同的国家，其中至少有一国是缔约国。

2）如车辆装载运输的货物在运输过程中经由海上、铁路、内陆水路或航空，但货物没有从车辆上卸下，公约仍对整个运输过程适用。但应证明以其他运输方式运输时发生的有关货物的灭失或损害并非由于公路承运人的行为或不行为所致，而仅是由于其他运输方式或由于此种运输方式运输时才会发生的原因所致。若发货人与其他运输方式的承运人订立了仅是关于货物运输合同的，则公路承运人之责任不得依本公约予以确定，而应使用其他运输条件的承运人的责任规定予以确定。如没有这些规定的条件，公路承运人的责任仍依据本公约的规定予以确定。

3）若公路承运人本人也是其他运输方式下的承运人，其责任也应依照上述第一种情况的规定予以确定，但在作为公路承运人和其他运输方式的承运人时，他则具有双重身份。

4）公路承运人应对其受雇人、代理人或其他人为执行运输而利用其服务的任何其他人的行为或不行为一样承担责任。

2. 运单

公路集装箱运输合同是由承运人与托运人以实现货物运输为目的，本着平等、自愿、公平和诚信的原则签订的明确相互权利与义务的协议。在公路集装箱运输中，运单的签发是运输合同成立的体现。《国际公路货物运输合同公约》对运单的定义为：运单是运输合同，是承运人收到货物的初步证据和交货的凭证。运单不是物权凭证，不能转让买卖。

运单正本一式三份，由发货人、承运人签字。这些签字可以是印刷形式的，也可由发货人和承运人以盖章替代，但这要为运单签发国的法律所允许。第一份交付发货人，第二份应跟随货物同行，第三份由承运人留存。当货物准备装载在不同车内，或在同一车内准备装载不同种类的货物，或分为多票货物时，发货人或承运人有权要求对使用的每辆车、每种货或每票货物分别签发运单。

运单的主要内容包括下列事项：

1）运单签发日期和地点。

2）发货人名称和地址。

3）承运人名称和地址。

4）货物接管的地点及日期和指定的交付地点。

5）收货人名称和地址。

6）一般常用的货物品名和包装方法，如属危险货物，说明其性能。

7）货物件数及其特殊标志和号码。

8）货物毛重或以其他方式表示的数量。

9）与运输有关的费用（运输费用、附加费用、关税和从签订合同到交货期间发生的其他费用）。

10）办理海关和其他手续所必需的通知。

11）不管有任何相反条款，该运输必须遵照该公约各项规定的说明。

如可适用，运单也应包括下列事项：

1）是否允许转运的说明。

2）发货人负责支付的费用。

3）“货到付款”费用的金额。

4）货物价值和交货优惠利息金额的声明。

5）发货人关于货物保险给予承运人的指示。

6）商定的履行运输的期限。

7）交付承运人的单据清单。

此外，签约双方可在运单上列上他们认为有用的其他事项。

3. 发货人的责任

发货人应对由于下列事项致使承运人遭受的损失负责：

1）没有准确提供自己的名称、地址。

2）没有在规定的地点、时间内将货物交承运人。

3）收货人的名称、地址有误，且由发货人提供。

4）对托运的货物没有说明其准确名称或其包装方法而造成的损失。

5）托运的危险货物没有在运单中注明危险特性、危规编号以及发生意外时应采取的措施。

6）运输要求没有做说明。

7）没有提供办理海关和其他手续所必要的通知。

8）货物包装不牢、标志不清及货物内在缺陷引起的货损。

9）发货人的过失造成对第三方的损坏。

10）没有准确提供关于货物保险给予承运人的指示。

为了在交付货物前办妥海关或其他手续，发货人应在运单后附必需的单证，或将其交承运人支配并提供给承运人所需的全部情况。承运人没有责任调查这些单证和情况是否准确或适当。除非是由于承运人的错误行为或过失，对由于这些单证和情况的短缺或不正规所引起的损失，发货人应向承运人负责。承运人对运单所规定的和跟随运单的或交存承运人的单证应妥善保管并正确使用，由于上述单证的灭失或不当使用所产生的后果系承运人作为一个代理应负的责任过失所致时，承运人应承担赔偿责任，但此种赔偿以不超过货物灭失所支付的全部赔偿为限。

4. 承运人的责任

承运人应对自货物接管之时起至货物交付时止所发生的全部或部分灭失、损坏，以及由于运输延误而造成的损失承担责任。此外，在运输过程中因所使用车辆的不良状况，或由于承运人使用他人车辆，或因其代理人的过失，承运人不能免除责任。

如货物的灭失或损坏系由下述一种或一种以上情况产生的，承运人应予免责，索赔人有权提出全部或部分相反的证明：

1）灭失或损坏系由于当已在运单中明确议定和规定使用无盖敞车。

2）如货物根据其性质，在无包装或未予妥善包装时易于损耗或损坏的情况下。

3）由于发货人、收货人或其代理人所从事的货物搬运、积载、装载和卸载所致。

4）由于包装上标志或号码不足或不当所致。

5）由于货物的某种特性，特别是由于断裂、生锈、腐烂、干燥、渗漏、正常损耗或虫蛀造成的全部灭失或部分灭失或损坏。

6）承运活动物。

公路货运公约对承运人可享受的免责范围做了规定，对于某些情况的免责，承运人负有举证之责：由于索赔人的错误行为或过失；由于索赔人的指示而不是由于承运人的错误行为或过失；由于货物的固有缺陷；由于承运人不能避免的情况或不能防止的结果所造成的货物灭失、损坏或延迟交付，承运人应免除责任，但负举证责任。如货物由装有特殊设备的车辆运输，以便保护货物不受热、冷、保温等要求，除非承运人证明他对此种货运设备，及其维修、使用已采取了合理措施和已按照给予他的特别指示行事，否则承运人不能解除责任。如发生货物大量短少或整件的灭失，不应归因于议定使用无盖敞车。

承运人在接收货物时应核对检验运单中有关货物件数、标志、号码的准确性并检查货物的外表状况及其包装。当对运单中货物件数、标志的准确性无合理、精确的核对方法时，应将保留意见及其理由记入运单。同时，对货物的包装和外表状况也应做出保留理由。除非发货人已在运单上明确同意受此种保留约束，否则此种保留对发货人不应有约束力。发货人有权要求承运人核对货物的毛重或其他方式表示的数量，也可要求对货物的内容进行核对，承运人有权对此种核对产生的费用提出索赔，核对结果应计入运单中。

5. 连续承运人的责任

在公路货物运输过程中，如系由几个承运人共同完成货物全程运输，则每一承运人对全程运输负责，每一承运人即成为运单条款或运输合同的当事人一方。连续承运人，即从前一承运人那里接收货物的承运人应给前一承运人签署收据，并在运单上写上名字、地址。必要时他也有权在运单中对所接收的货物做出保留，运单的性质和作用同样适用于承运人之间的关系。有关运输过程中发生的货物灭失、损害或延误运输，受损人可向以下几种人提起诉讼：

1）第一承运人。

2）最后一个承运人。

3）造成货物灭失、损害的实际承运人。

但上述赔偿并不影响根据公路货运公约承运人有权从参加运输的其他承运人那里追偿已付的余额及利息和由于索赔而发生的所有费用，并且：

1）造成货物灭失或损害的承运人应单独承担责任，不管此项赔偿受损人已向其他承运人提出。

2）当货物的灭失或损害系由两个或两个以上的承运人共同过失行为所致时，每一承运人则应根据他收取的运费按比例进行分摊。

3）如货物的灭失或损害无法确定属某一承运人责任时，则按上述2）处理。

6. 延迟交付

当货物未能在议定的时效期限内交货，或虽无此种议定时效期限，在考虑到实际情况后，运输的实际期限，特别是分票运输，在通常情况下组成整票货物所需要的时间超过了允许一个勤勉承运人的合理的时间，则视为延迟交付发生。

7. 承运人赔偿责任限制

如果货物的灭失或损害发生在承运人责任期限内，且因承运人或其代理人过失所致，承运人对此项灭失或损害承担赔偿责任，其原则是：

1）根据《国际公路货物运输合同公约》，承运人负责赔偿货物的全部和部分灭失时，这种赔偿应参照接运地点和时间的货物价值进行计算。

2）货物的价值应根据商品交易所价格，如无此种价格则根据现行市价，如无商品交易所价格或现行市价，则参照同类、同品质货物的通常货价决定。

3）货物毛重每千克的赔偿不超过25法郎。“法郎”意指重10/31克，其黄金纯度为900‰的金法郎。

4）此外，如货物全部灭失，运输费用、关税和有关货物运输发生的其他费用应全部偿还；如货物部分灭失，则按遭受灭失部分的比例偿还，但不付另外的损坏赔偿费用。

5）在延迟交付情况下，如索赔人证明损坏是由延迟交付引起的，承运人承担的最高赔偿不超过全部运输费用的总和。

6）只有在申报货物价值，并支付了附加运费的情况下，才能得到较高的赔偿。

如货物的灭失或损害系由于承运人或其代理人、受雇人的故意不当行为所致，则承运人无权享受责任限制。

8. 危险货物运输

发货人将危险货物交由承运人运输时，则应将有关危险货物的确切性质通知承运人，必要时还须说明应采取的预防措施，并将此种情况记入运单内。如果发货人交付货物且未说明危险货物的确切性质和预防措施，承运人不知道该类货物的危险性质，承运人有权随时随地将其卸载、销毁，或使之无害而无须承担任何赔偿责任，发货人应对接管或运输此类危险货物引起的所有损失费用负责。发货人或收货人解除责任的唯一途径是举证说明承运人在接收危险货物运输时业已了解该货物运输过程中有可能造成危险的事实。

9. 交货责任

当货物运抵指定交货地点，收货人有权凭货物收据要求承运人将第二份运单和货物交给他，如货物业已灭失或没有在规定时间或合理时间内交货，收货人对承运人有权以其名义享受运输合同产生的任何权利，但收货人在行使这一权利时，则应支付清运单中规定的所应支付的费用，一旦因此项费用没有支付产生争议，除非收货人已提供担保，否则，承运人对货物享有留置权。

此外，在货物运抵收货地点后因具体情况妨碍货物正常交付时，承运人要求发货人给予指示，在收货人拒绝接货时，发货人有权处置货物而需出示第一份运单。必须说明，收货人拒绝提货并不等于收货人无权提货，在承运人没有从发货人那里得到任何指示前，收货人仍享有货物的提货权。

收货人对货物的处理权利系从运单签发之时起，因而在当收货人指示承运人将货物交另一人时，原收货人则视为发货人，而另一人为收货人。

10. 货物验收

1）如收货人接管货物时未与承运人及时检验货物状况或货物有明显的灭失或损坏，在不迟于交货的时候，或灭失或损坏不明显并在交货后7日内（星期日和例假日除外）未向承运人提出保留说明灭失或损坏的一般性质，则接收货物的事实应作为他收到运单上所载明的货物的初步证据。如货物灭失或损坏不明显，则所述保留应用书面做出。

2）当货物的状况已经收货人和承运人及时检验，只有在灭失或损坏不明显而且收货人在检验之日起7日内（星期日和例假日除外）已向承运人及时提出书面权益保留通知的情况下，才允许提出与有关检验结果相反的证据。

3）除非自货物置于收货人处置时起21日内已向承运人提出书面权益保留通知，否则交货延迟不予赔偿。

4）在计算本条规定的时效期限时，根据实际情况，交货日或检验日或将货物置于收货人处理之日，不应包括在时效期限内。

5）承运人和收货人应相互为进行必需的调查和检验提供各种合理的方便。

11. 索赔与诉讼

根据《国际公路货物运输合同公约》所提起的任何法律诉讼，原告可在双方协议中已约定的缔约国的任何法院提起，也可在下列地点所属国家法院提起：

1）被告的通常住所或主要营业所或者经手订立运输合同的分支机构或代理机构的所在地。

2）承运人接管货物的地点或指定交付货物地点。

有关货物灭失或损坏提出的诉讼时效：

1）根据公路货运公约因货物运输正常提出的诉讼，其时效为一年。

2）货物的灭失或损坏系由于承运人故意不当行为，或根据受理案件的法院的法律认定是与故意不当行为相等的其他过失，诉讼时效则为3年。诉讼时效的起算时间为：如货物系部分灭失、损坏或交货延迟，自交货之日起算；如系全部灭失，以议定的交货期限届满后第30天，或如无议定的交货期限，则从承运人接管货物之日起第60天开始起算；在所有其他情况下，在运输合同订立后满期3个月时起算。上述时效期限开始之日则不应计算在有效期限内。

诉讼时效可因提出书面索赔而中止，直至承运人以书面通知拒绝索赔并将所附单据退回之日为止。如索赔的一部分已被承认，则对有争议部分的索赔恢复时效期限。诉讼时效的延长应由受理案件的法院的法律决定。

四、公路集装箱运输业务流程

1. 公路集装箱货物进口一般业务流程

1）编制进口箱运量计划。根据船期动态表以及船公司或货代提供的进口箱数，结合公司运力编制运量计划。

2）接收汽车托运。收货人或其代理向集卡公司提出进口集装箱陆上运输申请，集卡公司在了解了箱内货物和卸货地点情况后，对符合条件的接收托运。

3）申请整箱放行计划、安排运输。集卡公司应根据货物具体情况，合理安排运输计划，超重、超限、跨省运输应向有关部门申请。

4）向码头申请作业并办理理货、卫生检验与检疫（实际工作中一般称为“卫检”）等事宜。无论整箱还是拆箱，应及时向港区提出作业申请，由港区根据需要配备机械和人力。集卡公司还应代收货人提出理货、卫检或一些特殊需要的申请。

5）从堆场提取重箱。集卡公司在取得放行单和设备交接单后应到指定地点提取整箱，并办理出场集装箱设备交接单。

6）交箱回运。集装箱送至收货人处拆箱时，须有理货公司派员理货。货主接收货物后，在交接单上签收，集卡公司应将集装箱空箱按指定时间、地点送回。

2. 公路集装箱货物出口运输业务

1）货源组织。集卡公司应广泛开展货源组织，即揽货工作，掌握船公司和货运代理近期内待装运的箱源，预先做好运力安排。

2）接收托运。集卡公司在掌握了待装货物和装箱地点情况后，接受发货人或其代理的托运申请，符合条件的予以承运并订立运输契约。

3）安排作业计划。接收托运后，应及时编制作业计划，超重、超限、跨省运输应向有关部门申请。

4）向码头申请作业、领取空箱。提前向码头申请出口作业，集卡公司凭签发的出场集装箱设备交接单和托运单到指定地点提取空箱。

5）装箱和送交重箱。空箱装箱，经过理货公司理货，由装箱人提供装箱单，集卡公司将重箱连同装箱单、设备交接单到指定港区交付，办理集装箱设备交接。

第三节 铁路集装箱运输

铁路集装箱运输是一种现代化的先进运输方式，它是铁路货物运输的三大种类之一（整车、零担、集装箱）。由于集装箱运输使货物流通过程中各个环节发生重大改变，在世界上被称为20世纪的“运输革命”。我国铁路集装箱运输始于20世纪50年代，1955年3月铁道部及其下属单位即成立了集装箱运输管理部门，利用2.5t（后增载至3t）铁木混合结构集装箱，在上海、沈阳、天津、哈尔滨、大连、济南6个办理站间进行货物运输。1977年，铁道部恢复原来的部、局、站三级集装箱运输管理机构，之后一些年相继出台了《铁路集装箱运输规则》《铁路集装箱运输管理规则》《铁路集装箱修理规则》等一系列规章制度；确定了按箱计费和收取集装箱使用费的办法（此前集装箱运输执行零担货物运价率）。1996年，铁道部正式成立了“中铁集装箱运输中心”，各局同时成立了相应的机构，开行了郑州—九龙集装箱直达快运列车；同时大力开展国际联运业务，发展中俄、欧洲间的国际铁路联运，1996年从二连、阿拉山口进入国内400多个国际箱，开办国际货运代理服务。2004年1月，铁道部正式成立中铁集装箱运输有限责任公司，资产22亿元人民币，注册资本12亿元，公司由总部、分公司、营运部和集装箱办理站组成，下设哈尔滨、沈阳、北京、呼和浩特、郑州、济南、上海、南昌、广州、柳州、成都、兰州、乌鲁木齐、昆明等14个分公司，现有中铁国际货运代理有限公司、中铁特种集装箱运输有限公司两个直属公司和北京东、杨浦、成都东、重庆东、大朗、昆明东6个集装箱办理站，另在609个车站办理集装箱业务。2014年我国铁路集装箱货运量9 000万吨左右，占整个铁路总体货运量的比重不到3%，这与发达国家的20%至50%相比还存在很大差距，同时也显示了我国铁路集装箱的发展潜力很大。

一、铁路运输线路

1. 主要国际铁路线路

（1）西伯利亚铁路　该铁路东起符拉迪沃斯托克（海参崴），伯力、赤塔、伊尔库茨克、新西伯利亚、鄂木斯克、车里雅宾斯克、古比雪夫，止于莫斯科，全长9 288km。

（2）北美横贯东西铁路线　北美横贯东西铁路线分布在加拿大和美国。

加拿大境内为：① 鲁珀特太子港——埃德蒙顿——温尼伯——魁北克。② 温哥华——卡尔加里——温尼伯——蒙特利尔——圣约翰——哈利法克斯。

美国境内为：① 西雅图——斯波坎——俾斯麦——圣保罗——芝加哥——底特律。② 奥克兰——奥格登——奥马哈——芝加哥——匹兹堡——费城——纽约。③ 洛杉矶——阿尔布开克——堪萨斯城——圣路易斯——辛辛那提——华盛顿——巴尔的摩。④ 洛杉矶——图森——帕索——休斯敦——新奥尔良。

（3）欧洲铁路网　欧洲铁路网密度居各洲之首，纵横交错，十分发达，既可联系洲内各国，又沟通洲际。主要有：① 由伦敦——巴黎——慕尼黑——维也纳——布达佩斯——贝尔格莱德——索菲亚——伊斯坦布尔，与亚洲铁路相连。② 伦敦——巴黎（或布鲁塞尔）——科隆——柏林——华沙——莫斯科，与俄罗斯西伯利亚铁路相连，可达远东地区。③ 由里斯本——马德里——巴黎——科隆——柏林——华沙——圣彼得堡——赫尔辛基，可达斯堪的那维亚半岛各国。

（4）西亚——欧洲线　由西亚的巴士拉——巴格达——伊斯坦布尔至欧洲的索菲亚之后与欧洲铁路网相连。

2. 我国国内主要铁路干线

我国现已形成由京沪、京哈、沿海、京九、京广、大湛、包柳、兰昆的“八纵”和京兰（藏）、煤运北、煤运南、陆桥、宁西、沿江、沪昆（成）、西南出海的“八横”组成的一个横贯东西、沟通南北、干支结合的“八纵八横”铁路运输通道。其中通往邻国的铁路干线如下：

（1）长图线　该线自长春东至图们，全长529km，通过图们车站与朝鲜的南阳站，使中朝两国铁路相连。

（2）滨洲线　该线自哈尔滨起向西北至满洲里，全长935km，通过我国的边境口岸满洲里与俄罗斯的后贝加尔使得我国铁路与西伯利亚铁路相连接。

（3）滨绥线　该线自哈尔滨起向东至绥芬河，全长548km，通过我国的边境口岸绥芬河与俄罗斯的格罗迭科沃车站使得我国铁路与俄罗斯远东地区的铁路相连，是我国运往远东地区的货物的重要通道。

（4）湘桂线　该线自湖南的衡阳起至广西的凭祥市友谊关，全长1 043km，与越南铁路相连。

（5）沈丹线　该线自沈阳到丹东，全长274km，通过丹东站与朝鲜的新义洲站使中朝两国铁路相连。

（6）北疆线　该线自乌鲁木齐到阿拉山口，全长460km，通过阿拉山口站过境与哈萨克斯坦的德鲁日巴站相连，是新亚欧大陆桥的一部分。

（7）集二线　该线由京包线的集宁站向西北到二连浩特，全长331km。通过二连浩特站与蒙古的扎门乌德车站使我国铁路与蒙古的铁路线路相连，它既是我国通往蒙古的重要铁路干线，也是通往俄罗斯的另一条铁路干线。

（8）梅集线　该线自梅河口至集安，全长245km，通过集安站与朝鲜的满浦站使中朝两国的铁路相连。

（9）昆河线　该线自云南昆明起至河口，全长468km，通过河口站与越南的新铺站使中越两国的铁路相连。

二、铁路集装箱运输基础知识

1. 铁路机车

铁路车辆本身没有动力装置，无论是客车还是货车，都必须把许多车辆连接在一起编成一列，由机车牵引才能运行。所以，机车是铁路运输的基本动力。铁路上使用的机车种类很多，按照机车原动力，可分为蒸汽机车、内燃机车和电力机车三种。

（1）蒸汽机车　蒸汽机车是以蒸汽为原动力的机车。其优点是结构比较简单，制造成本低，使用年限长，驾驶和维修技术较易掌握，对燃料的要求不高。但蒸汽机车的主要缺点是热效率太低，总效率一般只有5%～9%，使机车的功率和速度进一步提高受到了限制。其次是煤水的消耗量大，沿线需要设置许多供煤和给水设施，在运输中产生的大量煤烟污染环境，机车乘务员的劳动条件差。因此，在现代铁路运输中，随着铁路运量的增加和行车速度的提高，蒸汽机车已不适应现代运输的要求。一些发达国家如美、英、法、德、日本等，已经在20世纪50年代和60年代就停止生产蒸汽机车，并于20世纪60年代和70年代停止使用这种机车。我国也于1989年停止生产蒸汽机车，并采取自然过渡的办法，在牵引动力改革中逐步对蒸汽机车予以淘汰。

（2）内燃机车　内燃机车是以内燃机为原动力的机车。与蒸汽机车相比，它的热效率高，一般可以达到20%～30%。内燃机车加足一次燃料后，持续工作时间长，机车利用效率高，特别适合在缺水或水质不良地区运行，便于多机牵引，乘务员的劳动条件较好。但其缺点是机车构造复杂，制造、维修和运营费用都较大，对环境有较大的污染。

（3）电力机车　电力机车是从铁路沿线的接触网获取电能产生牵引动力的机车，所以电力机车是非自带能源的机车。它的热效率比蒸汽机车高一倍以上。它起动快、速度高、善于爬坡；可以制成大功率机车，运输能力大、运营费用低，当利用水力发电时，更为经济；电力机车不用水，不污染空气、劳动条件好，运行中噪声也小，便于多机牵引。但电气化铁路需要建设一套完整的供电系统，在基建投资上要比采用蒸汽机车或内燃机车大得多。电力机车被公认为最有发展前途的一种机车，它在运营上有良好的经济效果。

2. 车辆

铁路车辆是运送旅客和货物的工具，它本身没有动力装置，需要把车辆连挂在一起由机车牵引，才能在线路上运行。铁路车辆可分为客车和货车两大类。铁路货车的种类很多。

（1）按照用途或车型划分　可分为通用货车和专用货车两大类，通用货车又可分为棚车、敞车和平车三类。

1）棚车。棚车车体由端墙、侧墙、棚顶、地板、门窗等部分组成，用于运送比较贵重和怕潮湿的货物。

2）敞车。敞车仅有端墙、侧墙和地板，主要装运不怕湿损的散装或包装货物，必要时也可以加盖篷布装运怕潮湿的货物。所以，敞车是一种通用性较大的货车，灵活性较大。

3）平车。大部分平车车体只有一平底板，部分平车装有很低的侧墙和端墙，并且能够翻倒，适合于装载重量、体积或长度较大的货物。也有将车体做成下弯的凹底平车或一部分不装地板的落下孔车，供装运特殊长大重型货物，因而也称作长大货物车。

专用货车是专供装运某些指定种类货物的车辆，它包括以下几类：

1）保温车。车体与棚车相似，但其墙板由两层壁板构成，壁板间用绝缘材料填充，以减少外界气温的影响。目前我国以成列或成组使用的机械保温车为多，车内装有制冷设备，可自动控制车内温度。保温车主要用于运送新鲜蔬菜、鱼、肉等易腐货物。

2）罐车。车体为圆筒形，罐体上设有装卸口。为保证液体货物运送时的安全，还设有空气包和安全阀等设备。罐车主要用来运送液化石油气、汽油、盐酸、酒精等液态货物及散装水泥等。

3）家畜车。主要是运送活家禽、家畜等的专用车。车内有给水、饲料的储存装置，还有押运人乘坐的设施。

专用车还有煤车、矿石车、矿砂车等。

（2）按载重量分　我国的货车可分为20t以下、25～40t、50t、60t、65t、75t、90t等各种不同的车辆。为适应我国货物运量大的客观需要，有利于多装快运和降低货运成本，我国目前以制造60t车为主。

（3）按轴数分　车辆可分为四轴车、六轴车和多轴车等。我国铁路以四轴车为主。

（4）按制作材料分　钢骨车、车底架及梁柱等主要受力部分用钢材、其他部分用木材制成，因而自重轻、成本低。全钢车，坚固耐用、检修费用低，适合于高速运行。此外，还有用铝合金、玻璃钢等材料制作的货车。

3. 车辆标记

为了表示车辆的类型及其特征，便于使用和运行管理，在每一铁路车辆车体外侧都应具备规定的标记。

一般常见的标记主要有以下几种：

（1）路徽　凡中国铁道部所属车辆均有人民铁道的路徽。

（2）车号　它是识别车辆的最基本的标记。车号包括型号及号码。型号又有基本型号和辅助型号两种。

基本型号代表车辆种类，用汉语拼音字母表示。

辅助型号表示车辆的构造型式，它以阿拉伯数字和汉语拼音组合而成。例如P64A，表示结构为64A型的棚车。号码编在车辆的基本型号和辅助型号之后。车辆号码是按车种和载重分别依次编号，例如P623319324。

（3）配属标记　对固定配属的车辆，应标上所属铁路局和车辆段的简称，如“京局京段”表示北京铁路局北京车辆段的配属车。

（4）载重　车辆允许的最大装载重量，它以吨为单位。

（5）自重　车辆本身的重量，它以吨为单位。

（6）容积　为货车（平车除外）可供装载货物的容量，它以立方米为单位。

（7）车辆全长及换长　车辆全长指车辆两端钩舌内侧的距离，以米为单位。在实际业务中，习惯上将车辆的长度换算成车辆的辆数，即用全长除以11m所得的商表示车辆的换算长度。换长＝车辆全长（m）/11（m）。

（8）特殊标记　根据货车的构造及设备情况，在车辆上还涂有各种特殊标记，如MC表示可以用于国际联运的货车。

4. 铁路线路

铁路线路应当经常保持完好状态，使列车能按规定的最高速度安全、平稳和不间断地运行，以保证铁路运输部门能够质量良好地完成客、货运输任务。

（1）铁路轨距　铁路轨距指铁路上两股钢轨头部的内侧距离。由于轨距不同，列车在不同轨距交接的地方必须进行换装或更换轮对。欧亚大陆铁路轨距按其大小不同，可分为宽轨、标准轨和窄轨三种。标准轨的轨距为1 435mm；大于标准轨的为宽轨，其轨距大多为1 524mm和1 520mm；小于标准轨的为窄轨，其轨距多为1 067mm和1 000mm。我国铁路主要采用标准轨距。

（2）铁路限界　为了确保机车车辆在铁路线路上运行的安全，防止机车车辆撞击邻近线路的建筑物和设备，而对机车车辆和接近线路的建筑物、设备所规定的不允许超越的轮廓尺寸线，称为限界。

铁路基本限界分为机车车辆限界和建筑接近限界两种。

机车车辆限界是机车车辆横断面的最大极限，它规定了机车车辆不同部位的宽度、高度的最大尺寸和底部零件至轨面的最小距离。机车车辆限界和桥梁、隧道等限界相互制约。当机车车辆在满载状态下运行时，也不会因产生摇晃、偏移等现象而与桥梁、隧道及线路上其他设备相接触，从而保证行车安全。

建筑接近限界是一个和线路中心线垂直的横断面，它规定了保证机车车辆安全通行所必需的横断面的最小尺寸。凡靠近铁路线路的建筑物及设备，其任何部分（和机车车辆有相互作用的设备除外）都不得侵入限界之内。

5. 超限货物

随着经济建设的发展，经由铁路运输的长大货物不断增加。当货物装车后，货物任何部分的高度和宽度超过机车车辆限界时，称为超限货物。按货物超限的程度，分为一级超限、二级超限和超级超限三个级别。对于超限货物的运输，则要采取特殊的组织方法来进行。

6. 铁路集装箱

铁路运输的集装箱分类情况如下：

1）按重量和尺寸分为1吨箱、10吨箱、20英尺箱、40英尺箱以及经原铁道部批准运输的其他重量和尺寸的集装箱。

2）按箱主分为铁路箱和自备箱，其中铁路箱是承运人提供的集装箱，自备箱是托运人自有或租用的集装箱。

3）按所装货物种类和箱体结构分为普通货物箱和特种货物箱。普通货物箱包括通用箱和专用箱，专用箱包括封闭式通风箱、敞顶箱、台架箱和平台箱等；特种货物箱包括保温箱、罐式箱、干散货箱和按货物命名的集装箱等。

4）按是否符合国家或铁道行业标准分为标准箱和非标箱。

集装箱应按国家或铁道行业标准涂打相应的标记和标志。20英尺以上的集装箱应有集装箱检验单位徽记、国际集装箱安全公约（CSC）安全合格牌照、国际铁路联盟认证标记，其中国际集装箱安全公约安全合格牌照上应标有维修检验日期或有连续检验计划标记，且箱体标明的集装箱号码应与牌照一致。

三、铁路集装箱货运程序

铁路集装箱货运程序是指集装箱货物从接收、装车运送至卸车、交付整个过程的工作环节，现分别叙述如下。

1. 集装箱货物的接收

发货人申报计划，集装箱运输计划的接收一般采取随时受理等方式。发货人填写货物运单，如实填写货物的完整品名、重量及其他注明事项。

2. 货物运单的审核

受理货运员接到运单后，按有关规定逐项详细审核下列内容：

1）托运的货物能否装载集装箱运输。

2）所到站能否受理该吨位、种类、规格的集装箱。

3）有关货物重量、件数、尺码等是否按规定填写。

4）应注明的事项是否准确、完整。

3. 发放空箱、装箱

车站在发放空箱时，应认真检查箱子外表状况是否会影响货物的安全运输而产生不应有的责任，在发放空箱时应做到以下几个方面：

1）发送货运员在接到运单后，应核实批准进箱日期，审核运单，根据货物数量核对需要发放的空箱数，出现不符时应和受理货运员核实。

2）会同发货人共同检查空箱箱体状态，发货人领取空箱。应注意的是，如发货人认为所领取的空箱不能保障货物安全运输时，发运员应予以更换，如无空箱更换时，发货人有权拒绝使用，如使用后发生货损行为，应由车站负责，除非空箱存在的缺陷是以一般手段无法从外表检查发现的。

3）货物装箱，装箱时应码稳固，装载均匀，充分利用箱内容积，不撞砸箱体。集装箱内单件货物的重量超过100kg时，应在货物单“托运人记载事项”栏内注明。装箱完毕后，由发货人关闭箱门，在规定的位置拴挂货签并加封，拴挂前应撤除集装箱上残留的旧货签。

4）发货人加封完毕，在货物运单上逐箱填记集装箱箱号（自备集装箱应有箱主代号）和相应的施封号码，货运单内填记不下时，填记在货物运单背面。已填记的施封号码不得随意更改，必须更改时，应在更改处盖章证明。承运人应核对集装箱箱号和施封号码。

4．集装箱货物的接收和承运

发送货运员在接收集装箱货物时，必须对由发货人装载的集装箱货物逐箱进行检查，符合运输要求的才能接收承运，接收集装箱货物后，在货物运单上加盖站名、日期戳记，表明此时货物已承运。在接收所托运的集装箱货物时，发送货运员应做到以下几个方面：

1）对由发货人装载的集装箱货物进行检查，若发现集装箱总重超过集装箱标记总重时，应按规定核收违约金，在发货人对集装箱减载后运输。要开箱检查货物时，应通知发货人到场，检查合格后在运单上批注货位号码。

2）以运单为依据，检查标签是否与运单记载一致，集装箱号码是否与运单记载相符，检查铅封的加封是否符合技术要求，号码是否正确。

3）检查箱体是否受损，如有损坏，应编制集装箱破损记录，如损坏系由于发货人过失所致，则要求发货人在记录上签章，以便划分责任。检查时，如发生铅印失效、丢失、无法辨认站名、未按加封技术要求进行铅封，上述情况均由发货人负责恢复至正常状态。

4）检查无误后，车站便在货运单上签字，交发货人交款起票，对进行门到门运输的集装箱，还应补填集装箱门到门运输登记簿的有关事项。

5．装车

装车货运员在接到配装计划后到站确定装车顺序，并做到以下几个方面：

1）装车前，对车体、车门、车窗进行检查，是否过了检查期，有无运行限制，是否清洁等。

2）装车时，装车货运员要做好监装，检查待装的箱子和货运票据是否相符、齐全、准确，并对箱体、铅封状态进行检查。

3）装车后，要检查集装箱的装载情况，是否满足安全运送的要求，如使用棚车装载时还要加封。装车完毕后，要填写货车装载清单、货运票据，除一般内容的填写外，还应在装载清单上注明箱号，在货运票据上填写箱数总和，包括货重和箱体自重。

6．卸车

集装箱货物运抵到站后，卸车时应做到以下几个方面：

1）做好卸车前的准备工作，首先要核对货运票据、装载清单等与货票是否一致，检查箱子外表状况和铅封是否完整，然后确定卸车地点，并确定卸箱货位。

2）开始卸车对棚车进行启封，做好监卸和卸货报告，如在卸车过程中发生破损应做出记录，以便划分责任。

3）做好复查登记，要以货票对照标签、箱号、封号，在运单上注明箱子停放的货位号码，根据货票填写集装箱到达登记簿和卸货卡片。

7．集装箱货物的交付

交货时，交箱货运员在接到转来的卸货卡片和有关单据后，认真做好与车号、封号、标签的核对，核对无误后通知装卸交货，并当面点交收货人。收货人在收到货物后应在有关单据上加盖“交付讫”的戳记。

四、铁路与发货人、收货人之间的责任划分

铁路与发货人、收货人之间（包括其代理人）的交接，主要是指集装箱的接收、交付两个作业环节，直接关系到铁路与发货人、收货人之间的责任划分。

铁路集装箱的交接均应在铁路车站、货场内进行，主要检查箱体外表状况，重箱还应检查铅封。铁路集装箱启运时应在由发货人将集装箱堆放在指定的货位上，关好箱门，按批逐箱与货签核对，经检查接收完毕后，在运货单上加盖承运日期戳即表明承运已开始。铁路在交付集装箱时，则应根据收货人提交的货物运单，与集装箱到达登记簿进行核对，然后到货场会同收货人按批逐箱进行检查对照，经确认无误后，将集装箱向收货人进行一次点交，并注销交货卡片，交付完毕，责任即告终止。承运人与发货人或收货人在车站货场交接集装箱时，重箱凭箱号、封印和箱体外状，空箱凭箱号和箱体外状。箱号、施封号码与货物运单记载一致，施封有效，箱体外表状况良好时，即使箱内货物发生损害，铁路也不负责任。

发站在接收托运的重箱时，检查发现箱号或封印内容与货物运单记载不符，未按规定关闭箱门、拧固和施封，以及箱体由于发货人过失行为致使损坏的，应由发货人改善后接收。收货人在接收集装箱时，应按货物运单核对箱号，检查施封状态、封印内容和箱体外状，发现不符或有异状时，应在接收当时向车站提出。在交接中发现铁路集装箱损坏，涉及发货人或收货人责任时，应由其签章确认。铁路集装箱由于发货人或收货人责任造成丢失、损坏及无法洗刷的污染时，应由发货人或收货人负责赔偿。自备集装箱由于承运人责任造成上述后果时，应由承运人负责赔偿。承运人在向收货人交付重箱时，如发现封印脱落、失效、站名或号码不符或箱子外表状况已损坏，并危及货物的安全，承运人应会同收货人对该集装箱货物进行检查，并确定损害原因，以及责任方。

五、国际铁路货物运输的有关规章

1.《国际铁路货物联运协定》（简称《国际货协》）

1951年11月1日，阿尔巴尼亚等国部长参加会议，对国际铁路客货运输问题进行研究，并起草通过《国际铁路货物联运协定》。我国自1954年实行上述协定，1998年，包括中国在内的22个国家部长出席会议，通过了新的《国际货协》。国际铁路货物联运协定是参加国际货物联运协定各国铁路和发货人、收货人办理货物联运者必须遵守的基本法律文件，它规定了有关货物运送条件、运送组织、运送费用计算核收办法，以及铁路与发货人、收货人之间的权利和义务等内容。

2.《国际铁路货物联运统一过境运价规程》（简称《统一货价》）

《统一货价》规定了参加国际铁路货物各承运人之间办理货物运输的手续、过境运输费用和各项费用的计算、过境铁路里程表、货物品目分类表、货物运费计算表等内容。

1991年6月27日，保加利亚、中国、朝鲜、蒙古、罗马尼亚和前苏联的铁路部门在波兰华沙签订了《关于统一过境运价规程的协约》，该协约规定了《统一货价》不再从属于《国际铁路货物联运协定》，而具有独立的法律地位。新的《统一货价》自1991年7月1日起施行，它是在原来的《统一货价》的基础上修改补充而成的，其费率原以卢布、现以瑞士法郎计价。

3. 国境铁路协定和国境铁路会议议定书

国境铁路协定是由相邻国家签订的，它规定了办理联运货物交接的国境站、车站及货物交接条件和方法，交接列车和机车运行办法及服务方法等内容。根据国境铁路协定的规定，两个相邻国家铁路定期召开国境铁路会议，对执行协定中的有关问题进行协商，签订国境铁路会议议定书，其主要内容为双方铁路之间关于行车组织、旅客运送、货物运送、车辆交接以及其他有关问题的协议。我国与哈萨克斯坦、蒙古、朝鲜、越南各铁路均分别签订有国境铁路协定和议定书。

4.《国际铁路货物运送公约》(简称《国际货约》)

《国际货约》是在1890年欧洲各国代表在瑞士首都伯尔尼制定并通过的《国际铁路运送规则》的基础上，屡经修改，于1938年修改为《国际铁路货物运送公约》（又称《伯尔尼货运公约》），并于同年10月1日实行，目前生效的是1970年修改生效的公约文本。

六、《国际铁路货物联运协定》的主要内容

1. 适用范围

《国际铁路货物联运协定》适用于缔约国之间的货物运输，协定中的内容对承运人、发货人、收货人均有约束力。对从参加货运协定铁路的国家，通过协定参加国铁路，将货物运往未参加协定的国家（或反向货物的运输），则按《统一过境运价规程》（统一货价）办理。

下列货物的运输不适用本协定：

1）货物发站、到站在同一国内，而发送的铁路只通过另一国家过境运输时。

2）两个国家车站间，用发送国或到达国车辆通过第三国过境运输时。

3）两国相邻车站间，全程运输使用同一方的铁路车辆，并根据这一铁路的国内规章办理货物运输时。

上述1）、2）、3）所载的运送，可根据各国有关铁路间签订的特别协定办理。

2. 运单

运单是参加国际铁路货物运输的铁路与发货人、收货人之间缔结的合同。《国际铁路货物联运协定》第六、七条规定，发货人在托运货物时，应对每批货物规定的格式填写运单和运单副本，并在填写后向始发站提出。运单随同货物从始发站至终点站全程运输，最后交收货人，运单既是铁路承运货物的凭证，也是铁路方面的终点站向收货人核收运杂费和交货的依据。运单不是物权凭证，不能转让买卖。运单副本在铁路加盖戳记证明合同业已订立后，应退还给发货人。运单副本虽然不具有运单的效力，但按我国与国际货协国所签订的贸易交货共同条件的规定，运单副本是卖方通过有关银行向买方结算货款的主要单证之一。

发货人的签字，可用印刷法或加盖戳记。如按发送路国内规定由发货人填写运行报单时，则发货人在填写运单和运单副本的同时，还必须填写运行报单。发货人在填写运单时，必须对运单内容的填写、申报的准确性负责，由于发货人填写或申报过失，如不准确、不完整、不确切、漏写等引起的一切后果，由发货人负责。运单和运单副本用纸，按下列规定印制，即慢运货物运单及运单副本用白纸印制；快运货物运单及运单副本用白纸印制，并在正面和背面的上边和下边，加印1cm宽的红线。根据发送路国内规章的规定，运单副本也可以用另一种颜色的纸印制。发货人选择白色运单用纸或带有红线的运单用纸，是表示货物在运送全程中应按慢运或快运办理运送。

根据各有关铁路间的商定，可准许承运在国际货协的一个或数个参加路上随旅客列车挂运的整车货物。发货人应在托运货物的8天以前，将关于这项运送的事项通知发送路。发货人取得随旅客列车运送货物的同意后，必须在运单“发货人特别声明”内注明：“货物在……铁路上请随旅客列车运送”。这种运送用快运运单办理。

运单和运单副本中所记载的事项，应用钢笔、圆珠笔（如不违反发送路的国内规章时）填写清楚或打字或印制或加盖戳记。运单中的一切事项应由发货人和铁路填写在各相应栏内。填写运单时不准缩写，但《国际铁路货物联运协定》第六条第七款和第十五条第二款所载情况除外，运单上加盖的戳记印文应十分清晰。发货人记载的事项中，不准有划消或粘贴以及擦改或涂抹等任何修改。

在特殊情况下，发货人可以修改运单，但不得超过一栏或相互关联的两栏。此时，发货人应在“发货人的特别声明”栏内注明所做的修改，并签字或加盖戳记证明。铁路在修改和补充运单中记载的事项时，应由铁路相应的工作人员签字并加盖车站戳记证明。

填写运单时，发货人必须注明货物应通过的发送国和各过境国的出口国境站。如果有可能从出口国境站通过邻国的几个进口国境站办理货物运送时，则在运单上还应注明运送所要通过的进口国境站。发货人应尽可能注明从发站至到站的最短路径所通过的国境站。对过境路只应注明统一运价规程第九条所载的那些国境站。

收货人可以只是一个自然人或法人。在关于地址的记载中，不准许没有收货人的名称和他的通信地址。往越南、中国和朝鲜及相反方向运送时，在运单“发货人和他的通信地址”栏内或“收货人和他的通信地址”栏内， 准许填写这些国家中规定的发货人或收货人和他的通信地址代号。

对铁路方面来说，铁路有权检查发货人在运单中所记载的事项是否准确，但此项检查仅限于在海关和其他规章规定，为保证运输中行车安全和货物完整的情况下。

发货人除填写运单外，还应将货物在运送途中为履行海关或其他规章所需要的文件附在运单上，以使铁路方面在必要时检查。如发货人未履行此项规定，始发站可拒绝接收该项货物，同时，铁路不对发货人所附的文件准确性负责。

运单的组成部分及其作用如下：

（1）运单正本　运单正本是运输契约，它随同货物至到站，并连同货物到达通知单和货物一起交给收货人。

（2）运行报单　运行报单是参加联运各铁路办理货物交接、划分运送责任，以及结算运送费用，统计运量和运费收入的原始依据，它随同货物至到站，并留存到达站。

（3）运单副本　运单副本于运输契约缔结后交给发货人，但它并不具有运单的效力，仅证明货物已由铁路承运。发货人可凭此副本向收货人结算货款，行使变更运输要求，以及在货物和运单全部灭失时凭此单向铁路提出赔偿要求。

（4）货物交付单　货物交付单随同货物至到站，并留存到达站。

（5）货物到达通知单　货物到达通知单随同货物至到站，并同运单正本和货物一起交给收货人。

3. 货物的交付与拒收

《国际铁路货物联运协定》第十六条规定：当货物运抵终点站后，在收货人支付清运单中所记载的一切应付的运输费用后，铁路必须将运单和货物交给收货人。也就是说，收货人以支付清全部费用换取提货的权利。

收货人只在货物因毁损或腐坏而使质量发生变化，以致部分货物或全部货物不能按原用途使用时，才可以拒绝领取货物，即只有在部分货物或全部货物失去使用价值、毁损、腐烂、质变的情况下才可拒收。如在提取货物时发现货物短少，也应按运单向铁路支付应付的全部款额，在这种情况下，收货人按赔偿请求手续对未付部分的货物，有权领回其按运单所付的款额。

4. 铁路的责任和豁免

《国际铁路货物联运协定》第二十一条规定了铁路的连带责任：按国际货协运单承运货物的铁路，应负责完成货物的全程运送，直到交付货物时为止，如向非参加国际货协铁路的国家办理货物转发送时，直到按另一种国际协定的运单办完运送手续时为止。每一继续运送的铁路，自接收附有运单的货物时起，即作为参加这项运送合同，并承担因此而发生的义务。

《国际铁路货物联运协定》第二十二条规定了铁路的责任：铁路在本章所规定的条件范围内，从承运货物时起，到到站交付货物时为止，对于货物运到逾期以及因货物全部或部分灭失或毁损所发生的损失负责，如向非参加国际货协铁路的国家办理货物转发送时，则负责到按另一种国际协定的运单办完运送手续时为止。铁路对发货人在运单内所记载并添附的文件由于铁路过失而遗失的后果，以及由于铁路的过失未能执行根据《国际铁路货物联运协定》第十九条第二款和第三款提出的运送合同变更申请书的后果负责。

对于承运的货物，由于下列原因，发生全部或部分灭失、减量或毁损时，铁路对这项灭失、减量或毁损不负责任：

1）由于铁路不能预防或不能消除的情况。

2）由于货物的特殊性质，以致引起自燃、损坏、生锈、内部腐坏和类似的后果。

3）货物的灭失、损害系由于发货人、收货人过失。

4）货物损害系由于发货人、收货人装卸过失所致。

5）使用敞车类货车运送货物（规章许可除外）。

6）由于发货人或收货人的货物押运人未采取保证货物完整的必要措施所致。

7）由于容器或包装的缺点，在承运货物时无法从其外表发现。

8）由于发货人在托运应按特定条件承运的货物时使用不正确、不确切或不完全的名称，或未遵守本协定的规定。

9）由于发货人用不正确、不确切或不完全的名称托运违禁品。

10）由于《国际铁路货物联运协定》第二十三条规定的标准范围内的货物自然减量，以及由于运送中水分减少，或货物的其他自然性质，以致使货物减量超过上述标准。

货物灭失、腐坏或毁损的发生，如系由于上述第1）和3）项的原因时，铁路应提出证明。

如根据情况推定，货物灭失或毁损的发生，可能是由于上述第2）和4）至10）各项所述的原因，则当发货人或收货人未证明是由于其他原因时，即认为损失是由于这些原因而造成的。

件数完全和容器或包扎完整而重量短少时，以及加封的汽车、拖拉机和其他自轮运行的机器向收货人交付时，如发货人的铅封完整而上述加封的机器中能拆下零件和备用零件短少时，则铁路概不负责。

在发生雪（沙）害、水灾、崩陷和其他自然灾害，按照有关国家铁路中央机关的指示，期限在15天以内或发生其他致使行车中断或限制的情况，按照有关国家政府的指示的情况下，未履行货物运到期限时，应免除铁路的责任。

发货人在运单中记载的有关货物重量和件数的事项，非经铁路进行检查并在运单中加以证实时，不能成为向铁路提出异议的证据。

5. 铁路对货物的损害赔偿

《国际铁路货物联运协定》第二十四～二十六条规定，在任何情况下，铁路对货物的损害赔偿不超过全部灭失时的货物款额。通常，对货物的赔偿有这样几种情况：

1）当声明价格的货物全部或部分灭失时，铁路应按声明价格，或相当于货物灭失部分的声明价格的款额给予赔偿。

2）如根据协定的规定，对全部或部分灭失的货物铁路应予赔偿时，这项赔偿额应按外国售货者账单所列的价格，或按这项账单摘录（该摘录应按赔灭请求提出国规定的办法加以证明）中所列的价格计算，如部分灭失，则按剩余部分销售价，如不能按上述办法确定全部或部分灭失的货物价格时，则货物的价格应由国家鉴定机关确定。

3）在延误赔偿时，逾期罚款的数额以铁路所收运费为基础，根据货物总运到期限所算出的逾期时间确定。

逾期不超过总运到期限1/10时，为运费的6%。

逾期超过总运到期限1/10，但不超过2/10时，为运费的12%。

逾期超过总运到期限2/10，但不超过3/10时，为运费的18%。

逾期超过总运到期限3/10，但不超过4/10时，为运费的24%。

逾期超过总运到期限4/10时，为运费的30%。

对赔偿要求，收货人和发货人都可提出，如由发货人提出时，只能向始发站提出，如由收货人提出，则只能向终点站提出。

不管是发货人，还是收货人，在提出赔偿要求时应做到：

1）在货物全部灭失时，如系由发货人提出，发货人应提出运单副本；如系由收货人提出，应提出运单副本和运单正本。

2）在货物部分灭失，或毁损、腐烂时，发货人或收货人除提出运单正本和运单副本外，还要有终点站交给收货人的商务记录。

3）货物在延误运送时的赔偿要求，由收货人提出。铁路对发、收货人的赔偿要求，应从接到申请赔偿要求之日起，最好在180天内做出答复为宜，否则将加算相应的利息。

6. 运输合同的变更

根据《国际铁路货物联运协定》第十九条规定：发货人和收货人都有权对运输要求变更，第十九条第九款规定发货人和收货人可以各自变更一次运送合同。在变更运输合同时，不准将同一批货物分开办理。

发货人可对运输合同做下列变更：

1）在始发站将货物领回。

2）变更终点站，此时，在必要的情况下应注明货物应通过的国境站。

3）变更收货人。

4）将货物运返始发站。

收货人可对运输合同做下列变更：

1）在到达国范围内变更货物的到达站。

2）变更收货人，只有在货物尚未从到达路国境站发出时，收货人才有权在到达路国境站根据本协定办理，如货物已通过到达国国境站时，则收货人只能按到达路现行国内规章办理运送合同的变更。

铁路在下列情况，有权拒绝变更运送合同或延缓执行这种变更：

1）应执行变更运输合同的车站，在接到申请书或由发站或到站发来的电报通知后已无法执行时。

2）此种变更违反铁路营运管理时。

3）此种变更与参加运送铁路所属国家现行法令和规章有抵触时。

4）在变更到站情况下，货物的价值不能抵偿运到新指定到达站的一切费用时，但能立即交付或能保证这项费用的款额时除外。

在上述情况下，铁路应将不能变更运送合同的阻碍事项可能立即通知发货人或收货人。在变更运输合同的情况下，铁路方面应按有关规定向收、发货人核收各项运杂费用。

7. 货物重量不足的责任范围

关于货物在运送中，因其本身的特殊性质发生自然减量时，不限货物的行经里程，铁路只对超过下列标准的减量部分负责：

1）对于液体或托运时状态为湿（新鲜的）或潮的货物，以及下列货物，为重量的2%：锰和铬矿石，铜矾，堆装的氧化镁（苦土）和其他化学原料，盐，鲜水果，鲜蔬菜，制成的皮革和咸湿的皮张，烟叶，鲜肉。

2）对于下列货物，为重量的1.5%：木柴、木材、竹和木炭，矿产的建筑材料，油脂，咸鱼，肥料。

3）对于下列货物，为重量的1%：矿产燃料，石油焦炭，铁矿石，树皮，未洗的毛，酵母花，肥皂，冻肉。

4）对于其他在运送中发生自然减量的干燥货物，为重量的0.5%。

上述的堆装、散装和罐车装运的货物，在换装运送时，除第1项到第4项中记载的减量标准以外，每换装一次再增加0.3%。

如能证明不是由于自然减量的原因而发生重量不足时，即不适用本款规定的责任范围。按一张运单运送数件货物，如每件的重量，在承运时业经在运单内注明时，则容许的减量标准，应按每件分别计算。如货物全部灭失或个别货件灭失，在计算赔款时，对于灭失货件的重量不扣除任何减量。

第四节　航空集装箱运输

一、国际航空运输组织

1. 国际民用航空组织（ICAO）

国际民用航空组织是政府间的国际航空机构，它是根据1944年52个国家代表于芝加哥签署的《国际民用航空公约》（又称《芝加哥公约》）设立的，是联合国所属专门机构之一。国际民用航空组织正式成立于1947年4月4日，总部设在加拿大的蒙特利尔。我国是该组织成员，也是理事国。该组织的宗旨为：发展国际航行的原则和技术，并促进国际航空运输的规划和发展，以保证全世界国际民用航空的安全和有秩序的增长；鼓励为和平用途的航空器的设计和操作技术；鼓励发展国际民用航空应用的航路、机场和航行设施；满足世界人民对安全、正常、有效和经济的航空运输的需要；防止因不合理的竞争造成经济上的浪费；保证缔约各国的权利充分受到尊重，每缔约国均有经营国际空运企业的公平的机会；避免缔约各国之间的差别待遇；促进国际航行的飞行安全；普遍促进国际民用航空在各方面的发展。

2. 国际航空运输协会（IATA）

国际航空运输协会是各国航空运输企业之间的联合组织，其会员包括全世界100多个国家中经营国际、国内定期航班的航空公司。我国的国际航空公司、东方航空公司、南方航空公司等多家航空公司已是该协会的正式会员。国际航协于1945年4月16日在古巴哈瓦那成立，目前下设法律、技术、运输、财务等事务部。其主要宗旨是：促进安全、正常和经济的航空运输以造福于世界各族人民，扶植航空商业并研究与之相关的问题；为直接或间接从事国际航空运输服务的各航空运输企业提供协作的途径；与国际民航组织及其他国际组织合作。

长期以来，国际航协充分利用航空公司的专门知识在多个方面做出了重大贡献，这中间包括推动地空通信、导航、航空器安全飞行等新技术；制定机场噪声、油料排放等环境政策；与国际民航组织密切联系制定一系列国际公约；协助航空公司处理有关法律纠纷；筹建国际航空清算组织；推进行业自动化，促进交流；对发展中国家航空运输企业提供从技术咨询到人员培训的各种帮助；在航空货运方面制定空运集装箱技术说明及航空货运服务有关规章；培训国际航协代理人等。

3. 国际货运代理人协会（FIATA）

国际货运代理人协会简称“FIATA”（菲亚塔），它是国际货运代理人的行业组织，于1926年5月31日在奥地利维也纳成立，总部设在瑞士苏黎世，创立的目的是为了解决由于日益发展的国际货运代理业务所产生的问题，保障和提高国际货运代理在全球的利益，提高货运代理服务的质量。国际货运代理人协会的一般会员由国家货运代理协会或有关行业组织或在这个国家中独立注册登记的且为唯一的国际货运代理公司组成，另有为数众多的国际货运代理公司或其他私营企业作为其联系会员。它是公认的国际货运代理的代表，是世界范围内运输领域中最大的非政府和非营利性组织。FIATA的名称来自法语“Federation Internationale des Associations de Transitaires et Assimiles”，名称中Assimiles一词表示FIATA的成员不仅局限于国际货运代理行业，而且包括报关行、船舶代理、仓储、包装、载货汽车集中托运等运输企业。菲亚塔下设多个委员会，如海运、铁路运输、公路运输、航空运输、海关、职业培训等。

二、航空货物运输特点

航空货物运输具有其他运输方式所不能比拟的优越性。概括起来，航空货物运输的主要特征有以下几个：

1. 运送速度快

到目前为止，飞机仍然是最快捷的交通工具，常见的喷气式飞机的经济巡航速度大都在850～

900km/h左右。快捷的交通工具大大缩短了货物的在途时间，对于那些易腐烂、变质的鲜活商品，时效性、季节性强的报刊、节令性商品，抢险、救急品的运输，这一特点显得尤为突出。运送速度快，在途时间短，也使得货物的在途风险降低，因此许多贵重物品、精密仪器也往往采用航空运输的形式。当今国际市场竞争激烈，航空运输所提供的快速服务也使得供货商可以对国外市场瞬息万变的行情即刻做出反应，迅速推出适销产品占领市场，获得较好的经济效益。

2. 不受地面条件影响，可深入内陆地区

航空运输利用天空这一自然通道，不受地理条件的限制。对于地面条件恶劣交通不便的内陆地区非常合适，有利于当地资源的出口，促进当地经济的发展。航空运输使本地与世界相连，对外的辐射面广，而且航空运输相比较公路运输与铁路运输占用土地少，对寸土寸金、地域狭小的地区发展对外交通无疑是十分适合的。

3. 节约包装、保险等费用

由于采用航空运输方式，货物在途时间短，周转速度快，企业存货可以相应减少。一方面有利于资金的回收，减少利息支出，另一方面也可以降低企业仓储费用。又由于航空货物运输安全、准确，货损、货差少，保险费用相对较低。与其他运输方式相比，航空运输的包装简单，包装成本减少。这些都可以使得企业隐性成本下降，增加企业收益。

当然，航空货物运输也具有一定的局限性，主要表现在航空货运的运输费用较其他运输方式更高，不适合低价值货物；航空运载工具——飞机的舱容有限，对大件货物或大批量货物的运输有一定的限制；飞机飞行安全容易受恶劣气候影响等。

三、航空货物运输基础知识

1. 航线

民航从事运输飞行，必须按照规定的线路进行，这种线路叫作航空交通线，简称航线。航线不仅确定了航行的具体方向、经停地点，还根据空中管理的需要规定了航路的宽度和飞行的高度层，以维护空中交通秩序，保证飞行安全。航线按飞机飞行的路线分为国内航线和国际航线。飞机飞行的线路起讫点、经停点均在国内的称为国内航线；飞机飞行的线路跨越本国国境，通达其他国家的航线称为国际航线。

世界上最繁忙的航空线有以下几条：

（1）西欧—北美间的北大西洋航空线　该航线主要连接巴黎、伦敦、法兰克福、纽约、芝加哥、蒙特利尔等航空枢纽。

（2）西欧—中东—远东航空线　该航线连接西欧各主要机场至远东香港、北京、东京等机场，并途经雅典、开罗、德黑兰、卡拉奇、新德里、曼谷、新加坡等重要航空站。

（3）远东—北美间的北太平洋航线　这是北京、香港、东京等机场经北太平洋上空至北美西海岸的温哥华、西雅图、旧金山、洛杉矶等机场的航空线，并可延伸至北美东海岸的机场。太平洋中部的火奴鲁鲁是该航线的主要中继加油站。

此外，还有北美—南美，西欧—南美，西欧—非洲，西欧—东南亚—澳新，远东—澳新，北美—澳新等重要国际航空线。

2. 航班

飞机由始发站起飞按照规定的航线经过经停站至终点站做运输飞行称为航班。航班分为去程航班和回程航班。

3. 航空港

航空港为航空运输的经停点，又称航空站或机场，是供飞机起飞、降落和停放，以及组织、保障飞机活动的场所。近年来随着航空港功能的多样化，港内除了配有装卸客货的设施外，一般还配有商务、娱乐中心、货物集散中心，满足往来旅客的需要，同时吸引周边地区的生产、消费。航空港按照所处的位置分干线航空港和支线航空港；按业务范围分国际航空港和国内航空港。其中国际航空港需经政府核准，可以用来供国际航线的航空器起降营运，空港内配有海关、移民、检疫和卫生机构，而国内航空港仅供国内航线的航空器使用，除特殊情况外不对外国航空器开放。

通常，航空港内配有以下设施：

1）跑道与滑行道：前者供航空器起降，后者是航空器在跑道与停机坪之间出入的通道。

2）停机坪：供飞机停留的场所。

3）指挥塔或管制塔：为航空器进出航空港的指挥中心。其位置应有利于指挥与航空管制，维护飞行安全。

4）助航系统：是辅助安全飞行的设施，包括通信、气象、雷达、电子及目视助航设备。

5）输油系统：为航空器补充油料。

6）维护修理基地：为航空器做归航以后或起飞以前做例行检查、维护、保养和修理。

7）货栈。

8）其他各种公共设施：包括给水、供电、通信、交通、消防系统等。

4. 航空器

航空器主要是指飞机，常见的飞机有螺旋桨式飞机、喷气式飞机和超音速飞机。按照用途的不同，飞机也可分为客机、全货机和客货混合机。客机主要运送旅客，但由于目前航空运输仍以客运为主，客运航班密度高、收益大，所以大多数航空公司都采用客机运送货物。不足的是，由于舱位少，每次运送的货物数量十分有限。全货机运量大，可以弥补客机的不足，但经营成本高，只限在某些货源充足的航线使用。客货混合机可以同时在主甲板运送旅客和货物、并根据需要调整运输安排，是最具灵活性的一种机型。

5. 航空运输区划

与其他各种运输方式不同的是，国际航空货物运输中与运费有关的各项规章制度、运费水平都是由国际航协统一协调、制定的。在充分考虑了世界上各个不同国家、地区的社会经济、贸易发展水平后，国际航协将全球分成三个区域，简称为航协区，每个航协区内又分成几个亚区。由于航协区的划分主要从航空运输业务的角度考虑，依据的是不同地区不同的经济、社会以及商业条件，因此和我们熟悉的世界行政区划有所不同。

（1）一区（TC1）　包括北美、中美、南美、格陵兰、百慕大和夏威夷群岛。

（2）二区（TC2）　由整个欧洲大陆（包括俄罗斯的欧洲部分）及毗邻岛屿，冰岛、亚速尔群岛，非洲大陆及毗邻岛屿，亚洲的伊朗及伊朗以西地区组成。本区也是和我们所熟知的政治地理区划差异最多的一个区，它主要有三个亚区：

1）非洲区：含非洲大多数国家及地区，但北部非洲的摩洛哥、阿尔及利亚、突尼斯、埃及和苏丹不包括在内。

2）欧洲区：包括欧洲国家和摩洛哥、阿尔及利亚、突尼斯三个非洲国家以及土耳其（既包括欧洲部分，也包括亚洲部分），俄罗斯仅包括其欧洲部分。

3）中东区：包括巴林、塞浦路斯、埃及、伊朗、伊拉克、以色列、约旦、科威特、黎巴嫩、阿曼、卡塔尔、沙特阿拉伯、苏丹、叙利亚、阿拉伯联合酋长国、也门等。

（3）三区（TC3） 由整个亚洲大陆及毗邻岛屿（已包括在二区的部分除外），澳大利亚、新西兰及毗邻岛屿，太平洋岛屿（已包括在一区的部分除外）组成。它主要有4个亚区：

1）南亚次大陆区：包括阿富汗、印度、巴基斯坦、斯里兰卡等南亚国家。

2）东南亚区：包括中国（含港、澳、台）、东南亚诸国、蒙古、俄罗斯亚洲部分及土库曼斯坦、密克罗尼西亚群岛等国家和地区。

3）西南太平洋洲区：包括澳大利亚、新西兰、所罗门群岛等。

4）日本、朝鲜区：包含日本和朝鲜。

四、航空运输方式

1. 班机运输

所谓班机运输是指在固定航线上定期航行的航班。班机运输一般有固定的始发站、到达站和经停站。

按照业务对象不同，班机运输可分为客运航班和货运航班。后者只承揽货物运输，大多使用全货机。但由于到目前为止国际贸易中经由航空运输所承运的货量有限，所以货运航班只是由某些规模较大的专门的航空货运公司或一些业务范围较广的综合性航空公司在货运量较为集中的航线开辟。对于前者，一般航空公司通常采用客货混合型飞机，在搭乘旅客的同时也承揽小批量货物的运输。

由于班机运输有固定的航线、挂靠港、固定的航期，并在一定时间内有相对固定的收费标准，对进出口商来讲可以在贸易合同签署之前预期货物的起运和到达时间、核算运费成本，合同的履行也较有保障，因此成为多数贸易商的首选航空货运形式。特别是近年来货运业竞争加剧，航空公司为体现航空货运快速、准确的特点，不断加强航班的准班率（航班按时到达的比率），强调快捷的地面服务，在吸引传统的鲜活、易腐、贵重、急需货物运输的基础上，又提出为企业特别是跨国企业提供后勤服务的观点，正努力成为跨国公司分拨产品、半成品的得力助手。

另一方面，班机运输由于多采用客货混合机型，航班以客运服务为主，货物舱位有限，不能满足大批量货物及时出运的要求，往往只能分批运输；再有，不同季节同一航线客运量的变化也会直接影响货物装载的数量，使得班机运输在货物运输方面存在很大的局限性。

2. 包机运输

由于在班机运输形式下货物舱位常常有限，因此当货物批量较大时，包机运输就成为重要方式。包机运输通常可分为整机包机和部分包机。

整机包机是指航空公司或包机代理公司按照合同中双方事先约定的条件和运价将整架飞机租给租机人，从一个或几个航空港装运货物至指定目的地的运输方式。部分包机则是指由几家航空货运代理公司或发货人联合包租一架飞机，或者是由包机公司把一架飞机的舱位分别卖给几家航空货运代理公司的货物运输形式。相对而言，部分包机适合于运送1t以上但货量不足整机的货物，在这种形式下货物运费较班机运输低，但由于需要等待其他货主备妥货物，因此运送时间要长。包机运输满足了大批量货物进出口运输的需要，同时包机运输的运费比班机运输低，且随国际市场供需情况的变化而变化，给包机人带来了潜在的利益，但包机运输是按往返路程计收费用，存在着回程空放的风险。

与班机运输相比，包机运输可以由承租飞机的双方议定航程的起止点和中途停靠的航空港，因此更具灵活性，但由于各国政府出于安全的需要，也为了维护本国航空公司的利益，对他国航空公司的飞机通过本国领空或降落本国领土往往大加限制，复杂烦琐的审批手续大大增加了包机运输的营运成本，因此目前使用包机业务的地区并不多。

3. 集中托运

集中托运指集中托运人（Consolidator）将若干批单独发运的货物组成一整批，向航空公司办理托运，采用一份航空总运单集中发运到同一目的站，由集中托运人在目的地指定的代理收货，再根据集中托运人签发的航空分运单分拨给各实际收货人的运输方式，也是航空货物运输中开展最为普遍的一种运输方式，是航空货运代理的主要业务之一。

与货运代理人不同，集中托运人的地位类似多式联运中的多式联运经营人。他承担的责任不仅仅是在始发地将货物交给航空公司，在目的地提取货物并转交给不同的收货人，集中托运人承担的是货物的全程运输责任，而且在运输中具有双重角色。他对各个发货人负货物运输责任，地位相当于承运人；而在与航空公司的关系中，他又被视为集中托运的一整批货物的托运人。

集中托运作为最主要的一种航空货运方式有着鲜明的特征，同时也给托运人带来了极大的便利，主要表现在以下两个方面：

1）由于航空运费的费率随托运货物数量增加而降低，所以当集中托运人将若干个小批量货物组成一大批出运时，能够争取到更为低廉的费率。

2）因为航空公司的主运单与集中托运人的分运单效力相同，集中托运形式下托运人结汇的时间提前，资金的周转加快。

但是，集中托运也有它的局限性，主要在于以下几个方面：

1）对于等级运价的货物如贵重物品等不得采用集中托运的形式。

2）由于在集中托运的情况下，货物的出运时间不能确定，所以不适合易腐烂变质的货物、紧急货物或其他对时间要求高的货物的运输。

3）对可以享受航空公司优惠运价的货物来讲，使用集中托运的形式可能不仅不能享受到运费的节约，反而会加重托运人的运费负担。

4. 航空快递

航空快递业务是由快递公司与航空公司合作，向货主提供的快递服务，其业务过程包括：由快递公司派专人从发货人处提取货物后以最快航班将货物出运，飞抵目的地后，由专人接机提货，办妥进关手续后直接送达收货人。这是一种最为快捷的运输方式，特别适合于各种急需物品和文件资料。外贸企业办理航空运输，需要委托航空运输公司作为代理人，负责办理出口货物的提货、制单、报关和托运工作。委托人应填妥国际货物托运单，并将有关报关文件交付航空货运代理、空运代理向航空公司办理托运后，取得航空公司签发的航空运单，即为承运开始。航空公司需对货物在运输途中的完好负责，货到目的地后，收货人凭航空公司发出的到货通知书提货。

五、航空集装器

在航空运输中，飞机舱内应有固定集装器的设备，把集装器固定于飞机上，这使集装器成为飞机的一部分，航空运输中使用的集装器有着严格的规定。

1. 集装器按注册与非注册划分

（1）注册的飞机集装器　注册的飞机集装器是政府有关部门授权集装器生产厂家生产，适宜于飞机安全载运，在其使用过程中不会对飞机的内部结构造成损害的集装器。

（2）非注册的飞机集装器　非注册的飞机集装器是指未经政府有关部门授权生产的，未取得适航证书的集装器，非注册的飞机集装器不应看作飞机的一部分。因其与飞机货舱往往不相匹配，所以一般不允许装入飞机的主货舱。

2. 集装器按种类划分

（1）集装板和网套　集装板是具有标准尺寸，四边带有卡锁轨或网带卡锁眼，且带有中间夹层的硬铝合金制成的平板，以便货物在其上方码放。网套用来将货物固定在集装板上，是靠专门的卡锁装置来固定的。

（2）结构与非结构集装棚　为了充分利用飞机内部空间，保护飞机内壁，除了板和网之外，还可增加一个非结构的棚罩，罩在货物与网套之间，这就是非结构的集装棚。结构的集装棚是指带有固定在底板上的带外壳的集装设备，它形成了一个完整的箱，不需要网套固定，分为拱形和长方形两种。

（3）集装箱　航空货运集装箱类似于结构集装棚，可以分为以下几类：

1）主货舱集装箱。主货舱集装箱只能装于全货机或客机的主货舱，这种集装箱的高度一般在163cm以上。

2）下货舱集装箱。下货舱集装箱只能装于宽体飞机的下货舱。

3）空陆联运集装箱。空陆联运集装箱分为20ft和40ft两种，高和宽为8ft。

此外，还有一些诸如保温箱等具有特殊用途的集装箱。

六、航空运费

1. 计费重量

计费重量就是据以计算运费的货物的数量。

（1）重货　重货是指那些每6 000cm^3或每366ft^3重量超过1kg，或者每166ft^3重量超过1lb的货物。重货的计费重量就是它的毛重。如果货物的毛重以千克表示，计费重量的最小单位是0.5kg。当重量不足0.5kg时，按0.5kg计算；超过0.5kg不足1kg时按1kg计算。如果货物的毛重以磅表示，当货物不足1lb时，按1lb计算。

（2）轻泡货/轻货　轻货或轻泡货物是指那些每6 000cm^3米或每366ft^3重量不足1kg，或者每166ft^3重量不足1lb的货物。

轻泡货物以它的体积重量（Volume Weight）作为计费重量，计算方法如下：

1）不考虑货物的几何形状分别量出货物的最长、最宽、最高的部分，单位为厘米或英寸，测量数值的尾数四舍五入。

2）将货物的长、宽、高相乘得出货物的体积。

3）将体积折合成公斤或磅，即根据所使用不同的度量单位分别用体积值除以6 000cm^3或366ft^3，或除以166ft^3。体积重量尾数的处理方法与毛重尾数的处理方法相同。

（3）多件货物　在集中托运的情况下，同一运单项下会有多件货物，其中有重货也有轻货，此时货物的计费重量就按照该批货物的总毛重或总体积重量中较高的一个计算。也就是首先计算这一整批货物总的实际毛重；其次，计算该批货物的总体积，并求出体积重量；最后，比较两个数值，并以高的作为该批货物的计费重量。

2. 运价

运价是指承运人为运输货物对规定的重量单位（或体积）收取的费用。主要的航空货物运价有以下几种：

（1）普通货物运价（General Cargo Rate，简称GCR） 普通货物运价是适用最为广泛的一种运价。当一批货物不能适用特种货物运价，也不属于等级货物时，就应该适用普通货物运价。通常，各航空公司公布的普通货物运价针对所承运货物数量的不同，规定几个计费重量分界点（Breakpoints）。最常见的分界点是45kg，将货物分为45kg以下的货物（该种运价又被称为标准普通货物运价，即Normal General Cargo Rates，简称N）和45kg以上（含45kg）的货物。另外，根据航线货物流量的不同还可以规定100kg、300kg等多个分界点。

（2）特种货物运价或指定商品运价（Special Cargo Rate；Specific Commodity Rate，简称SCR） 特种货物运价通常是承运人根据在某一航线上经常运输某一种类货物的托运人的请求或为促进某地区间某一种类货物的运输，经国际航空运输协会同意所提供的优惠运价。

国际航空运输协会公布特种货物运价时将货物划分为以下类型：

0001-0999食用动物和植物产品；

1000-1999活动物和非食用动物及植物产品；

2000-2999纺织品、纤维及其制品；

3000-3999金属及其制品，但不包括机械、车辆和电器设备；

4000-4999机械、车辆和电器设备；

5000-5999非金属矿物质及其制品；

6000-6999化工品及相关产品；

7000-7999纸张、芦苇、橡胶和木材制品；

8000-8999科学、精密仪器、器械及配件；

9000-9999其他货物。

其中每一组又细分为10个小组，每个小组再细分，这样几乎所有的商品都有一个对应的组号，公布特种货物运价时只要指出本运价适用于哪一组货物就可以了。

（3）等级货物运价（Class Cargo Rate，简称CCR） 等级货物运价适用于指定地区内部或地区之间的少数货物运输。通常表示为在普通货物运价的基础上增加或减少一定的百分比。

适用等级货物运价的货物通常包括以下几种：

1）活动物、活动物的集装箱和笼子。

2）贵重物品。

3）尸体或骨灰。

4）报纸、杂志、期刊、书籍、商品目录、盲人和聋哑人专用设备及书籍等出版物。

5）作为货物托运的行李。

其中1）、2）、3）项通常在普通货物运价基础上增加一定百分比，4）、5）项在普通货物运价的基础上减少一定百分比。

（4）起码运费（Minimum Charges，简称M） 起码运费是航空公司办理一批货物所能接收的最低运费，如果承运人收取的运费低于起码运费，就不能弥补运送成本。因此，航空公司规定无论所运送的货物适用哪一种航空运价，所计算出来的运费总额都不得低于起码运费，若计算出的运费数值低于起码运费，则以起码运费计收，另有规定除外。不同地区有不同的起码运费。

七、航空运单

1. 基本概念

航空运单是托运人和承运人之间在承运人的航线上运输货物所订立的运输契约的凭证。常见的航空运单是有出票航空公司标志的航空运单。航空运单不是物权凭证，故不可转让。

2. 航空运单的作用

（1）航空运单是承运人签发的已接收货物的证明　航空运单也是货物收据，在发货人将货物发运后，承运人或其代理人就会将其中一份交给发货人（即发货人联），作为已经接收货物的证明。除非另外注明，它是承运人收到货物并在良好条件下装运的证明。

（2）航空运单是承运人据以核收运费的账单　航空运单分别记载着属于收货人负担的费用，属于应支付给承运人的费用和应支付给代理人的费用，并详细列明费用的种类、金额，因此可作为运费账单和发票。承运人往往也将其中的承运人联作为记账凭证。

（3）航空运单是报关单证之一　出口时航空运单是报关单证之一。在货物到达目的地机场进行进口报关时，航空运单也通常是海关查验放行的基本单证。

（4）航空运单同时可作为保险证书　如果承运人承办保险或发货人要求承运人代办保险，则航空运单也可用来作为保险证书。

（5）航空运单是承运人内部业务的依据　航空运单随货同行，证明了货物的身份，运单上载有有关该票货物发送、转运、交付的事项，承运人会据此对货物的运输做出相应安排。

3. 航空运单的分类

航空运单主要分为两大类：

（1）航空主运单（Master Air Waybill，简称MAWB）　凡由航空运输公司签发的航空运单就称为主运单。它是航空运输公司据以办理货物运输和交付的依据，是航空公司和托运人订立的运输合同，每一批航空运输的货物都有自己相对应的航空主运单。

（2）航空分运单（House Air Waybill，简称HAWB）　集中托运人在办理集中托运业务时签发的航空运单被称作航空分运单。

在集中托运的情况下，除了航空运输公司签发主运单外，集中托运人还要签发航空分运单。在这中间，航空分运单作为集中托运人与发货人之间的货物运输合同，合同双方分别为发货人和集中托运人；而航空主运单作为航空运输公司与集中托运人之间的货物运输合同，当事人则为集中托运人和航空运输公司。货主（发货人）与航空运输公司没有直接的契约关系。不仅如此，由于在起运地货物由集中托运人将货物交付航空运输公司，在目的地由集中托运人或其代理从航空运输公司处提取货物，再转交给收货人，因而货主与航空运输公司也没有直接的货物交接关系。

4. 航空运单的内容

航空运单与海运提单类似，也有正面、背面条款之分，不同的航空公司也会有自己独特的航空运单格式。所不同的是，航运公司的海运提单可能千差万别，但各航空公司所使用的航空运单则大多借鉴IATA所推荐的标准格式，差别并不大。航空货运单示例见表11-2。下面就有关需要填写的主要栏目说明如下。

表11-2　航空货运单示例

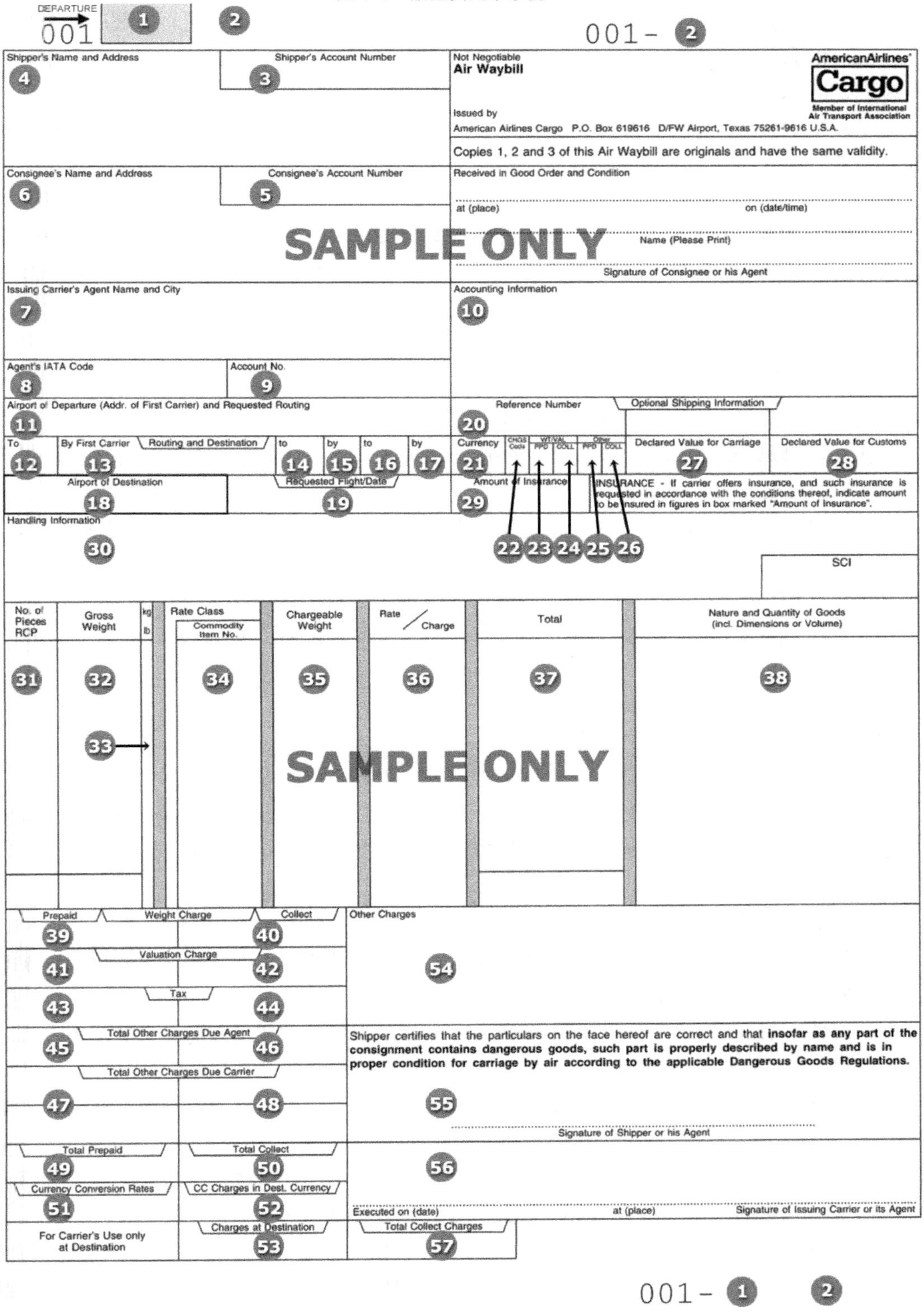
DEPARTURE 001 ① ②

001- ②

Shipper's Name and Address ④ | Shipper's Account Number ③

Not Negotiable
Air Waybill

Issued by
American Airlines Cargo P.O. Box 619616 D/FW Airport, Texas 75261-9616 U.S.A.

AmericanAirlines Cargo
Member of International Air Transport Association

Copies 1, 2 and 3 of this Air Waybill are originals and have the same validity.

Consignee's Name and Address ⑥ | Consignee's Account Number ⑤

Received in Good Order and Condition
at (place) on (date/time)
Name (Please Print)
Signature of Consignee or his Agent

SAMPLE ONLY

Issuing Carrier's Agent Name and City ⑦

Accounting Information ⑩

Agent's IATA Code ⑧ | Account No. ⑨

Airport of Departure (Addr. of First Carrier) and Requested Routing ⑪

Reference Number ⑳ | Optional Shipping Information

To ⑫ | By First Carrier ⑬ | Routing and Destination | to ⑭ | by ⑮ | to ⑯ | by ⑰

Currency ㉑ | CHGS Code ㉒ | WT/VAL PPD ㉓ COLL ㉔ | Other PPD ㉕ COLL ㉖ | Declared Value for Carriage ㉗ | Declared Value for Customs ㉘

Airport of Destination ⑱ | Requested Flight/Date ⑲ | Amount of Insurance ㉙

INSURANCE - If carrier offers insurance, and such insurance is requested in accordance with the conditions thereof, indicate amount to be insured in figures in box marked "Amount of Insurance".

Handling Information ㉚

SCI

No. of Pieces RCP ㉛ | Gross Weight ㉜ | kg lb ㉝ | Rate Class Commodity Item No. ㉞ | Chargeable Weight ㉟ | Rate / Charge ㊱ | Total ㊲ | Nature and Quantity of Goods (incl. Dimensions or Volume) ㊳

SAMPLE ONLY

Prepaid ㊴ | Weight Charge | Collect ㊵

Other Charges ㊼

Valuation Charge ㊶ ㊷

Tax ㊸ ㊹

Total Other Charges Due Agent ㊺ ㊻

Shipper certifies that the particulars on the face hereof are correct and that **insofar as any part of the consignment contains dangerous goods, such part is properly described by name and is in proper condition for carriage by air according to the applicable Dangerous Goods Regulations.**

㊹⁵⁵ 55

Signature of Shipper or his Agent

Total Other Charges Due Carrier ㊼ ㊽

Total Prepaid ㊾ | Total Collect ㊿

56

Currency Conversion Rates 51 | CC Charges in Dest. Currency 52

Executed on (date) at (place) Signature of Issuing Carrier or its Agent

For Carrier's Use only at Destination | Charges at Destination 53 | Total Collect Charges 57

001- ① ②

1）始发站机场：需填写IATA统一制定的始发站机场或城市的三字代码，这一栏应该和11栏相一致。航空公司代码也填写由IATA统一编制的，如我国的国际航空公司的代码就是999。

2）运单号。

3）发货人账号：只在必要时填写。

4）发货人姓名、住址（Shipper's Name and Address）：填写发货人姓名、地址、所在国家及联络方法。

5）收货人账号：同第3项一样只在必要时填写。

6）收货人姓名、住址（Consignee's Name and Address）：应填写收货人姓名、地址、所在国家及联络方法。与海运提单不同，因为航空运单不可转让，所以"凭指示"之类的字样不得出现。

7）承运人代理的名称和所在城市（Issuing Carrier's Agent Name and City）。

8）代理人的IATA代号。

9）代理人账号。

10）支付信息（Accounting Information）：此栏只有在采用特殊付款方式时才填写。

11）始发站机场及所要求的航线（Airport of Departure and Requested Routing）：这里的始发站应与第1栏填写的相一致。

12）、14）、16）去往（To）：分别填入第一（二、三）到达机场的IATA代码。

13）、15）、17）承运人（By）：分别填入第一（二、三）段运输的承运人。

18）目的地机场（Airport of Destination）：填写最终目的地机场的全称。

19）航班及日期（Requested Flight/Date）：填入货物所搭乘航班及日期。

20）托运人内部参考号码（Reference Number）：参考号码，一般不填。

21）货币（Currency）：填入ISO货币代码。

22）收费代号：表明支付方式。

23）、24）运费及声明价值费（Weight Charge/Valuation Charge，简称WT/VAL）。

此时可以有两种情况：预付（Prepaid，简称PPD）或到付（Collect，简称COLL）。如预付在23中填入"×"。需要注意的是，航空货物运输中运费与声明价值费支付的方式必须一致，不能分别支付。

25）、26）其他费用（Other）：也有预付和到付两种支付方式。

27）运输声明价值（Declared Value for Carriage）：在此栏填入发货人要求的用于运输的声明价值，如果发货人不要求声明价值，则填入"NVD（No Value Declared）"。

28）海关声明价值（Declared Value for Customs）：发货人在此填入对海关的声明价值，或者填入"NCV（No Customs Valuation）"，表明没有声明价值。

29）保险金额（Amount of Insurance）：只有在航空公司提供代保险业务而客户也有此需要时才填写。

30）操作信息（Handling Information）：一般填入承运人对货物处理的有关注意事项，如"Shipper's certification for live animals（托运人提供活动物证明）"等。

31）货物件数和运价组成点（No. of Pieces RCP，Rate Combination Point）：填入货物包装件数，如10包即填"10"。当需要组成比例运价或分段相加运价时，在此栏填入运价组成点机场的IATA代码。

32）毛重（Gross Weight）：填入货物总毛重。

33）重量单位：可选择公斤（kg）或磅（lb）。

运价等级（Rate Class）：针对不同的航空运价共有6种代码，它们是M（Minimum，起码运费）、C（Specific Commodity Rates，特种运价）、S（Surcharge，高于普通货物运价的等级货物运价）、R（Reduced，低于普通货物运价的等级货物运价）、N（Normal，45kg以下货物适用的普通货物运价）、Q（Quantity，45kg以上货物适用的普通货物运价）。

34）商品代码（Commodity Item No.）：在使用特种运价时需要在此栏填写商品代码。

35）计费重量（Chargeable Weight）：此栏填入航空公司据以计算运费的计费重量，该重量可以与货物毛重相同也可以不同。

36）运价（Rate/Charge）：填入该货物适用的费率。

37）运费总额（Total）：此栏数值应为起码运费值或者是运价与计费重量两栏数值的乘积。

38）货物的品名、数量，含尺码或体积[Nature and Quantity of Goods (Incl. Dimensions or Volume)]：货物的尺码应以厘米或英寸为单位，尺寸分别以货物最长、最宽、最高边为基础。体积则是上述三边的乘积，单位为立方厘米或立方英寸。

39）～44）分别记录运费、声明价值费和税款金额，有预付与到付两种方式。

45）～48）其他费用（Other Charges）：指除运费和声明价值附加费以外的其他费用。根据IATA规则各项费用分别用三个英文字母表示，其中前两个字母是某项费用的代码，如运单费就表示为AW（Air Waybill Fee），第三个字母是C或A，分别表示费用应支付给承运人（Carrier）或货运代理人（Agent）。

49）～50）需预付或到付的各种费用。

51）货币兑换比价。

52）目的站国家货币付费金额。

53）目的站的费用。

54）其他费用。

55）承运人或其代理人的签字。

56）到付费用总额。

八、航空货物运输相关国际公约

有关航空货物运输的方面的条约目前主要是《统一国际航空运输某些规则的公约》。

历史上，国际社会为促进、规范航空产业的发展，先后订立了1929年《华沙公约》、1955年《海牙议定书》、1961年《瓜达拉哈拉公约》、1971年《危地马拉协定书》以及1975年4个《蒙特利尔附加议定书》。以1929年《华沙公约》为基础的这8个文件，共同组成了“华沙体系”，主要内容包括航空运输的业务范围、运输票证、承运人的责任、损害赔偿标准等。

其中1929年9月12日订于波兰华沙的《统一国际航空运输某些规则的公约》（简称为《华沙公约》），其主要目的是统一国际航空运输的某些规则和责任制度，最大限度地减少国际航空运输中可能出现的法律冲突，其承运人承担赔偿责任的责任基础是推定过失责任制。

我国于1957年7月通知加入《华沙公约》，1958年10月对我国生效，1975年8月20日批准了《海牙议定书》。

随着航空运输业的发展，原有的“华沙体系”不再适应航空业的需要。1999年5月10日，“航空法国际会议”在蒙特利尔召开，大会于5月28日通过了《统一国际航空运输某些规则的公约》（简称“《1999年蒙特利尔公约》”），是在保留、巩固“华沙体系”基本结构的前提下，对华沙体制下的各项公约和议定书规定的国际航空运输规则和承运人责任制度进行重大修改的基础上形成的，是一个统一的、符合国际航运发展新形势的法律体系。我国人大常委会已于2005年2月28日批准该公约。

《1999年蒙特利尔公约》主要内容包括以下几个方面：

1. 适用范围

1）本公约适用于所有以航空器运送人员、行李或者货物而收取报酬的国际运输。本公约同样适用于航空运输企业以航空器履行的免费运输。

2）就本公约而言，“国际运输”系指根据当事人的约定，不论在运输中有无间断或者转运，其出发地点和目的地点是在两个当事国的领土内，或者在一个当事国的领土内，而在另一国的领土内有一个约定的经停地点的任何运输，即使该国为非当事国。就本公约而言，在一个当事国的领土内两个地点之间的运输，而在另一国的领土内没有约定的经停地点的，不是国际运输。

3）运输合同各方认为几个连续的承运人履行的运输是一项单一的业务活动，无论其形式是以一个合同订立或者一系列合同订立，就本公约而言，应当视为一项不可分割的运输，并不仅因其中一个合同或者一系列合同完全在同一国领土内履行而丧失其国际性质。

4）本公约同样适用于公约非缔约承运人履行的航空运输章节中规定的运输，除非该章另有规定。

2. 承运人的免责

经承运人证明，损失是由索赔人或者索赔人从其取得权利的人的过失或者其他不当作为、不作为造成或者促成的，应当根据造成或者促成此种损失的过失或者其他不当作为、不作为的程度，相应全部或者部分免除承运人对索赔人的责任。旅客以外的其他人就旅客死亡或者伤害提出赔偿请求的，经承运人证明，损失是旅客本人的过失或者其他不当作为、不作为造成或者促成的，同样应当根据造成或者促成此种损失的过失或者其他不当作为、不作为的程度，相应全部或者部分免除承运人的责任。

3. 货物损失

1）对于因货物毁灭、遗失或者损坏而产生的损失，只要造成损失的事件是在航空运输期间发生的，承运人就应当承担责任。

2）但是，承运人证明货物的毁灭、遗失或者损坏是由于下列一个或者几个原因造成的，在此范围内承运人不承担责任：① 货物的固有缺陷、质量或者瑕疵。② 承运人或者其受雇人、代理人以外的人包装货物的，货物包装不良。③ 战争行为或者武装冲突。④ 公共当局实施的与货物入境、出境或者过境有关的行为。

3）上述1）所称的航空运输期间，系指货物处于承运人掌管之下的期间。

4）航空运输期间，不包括机场外履行的任何陆路、海上或者内水运输过程。但是，此种运输是在履行航空运输合同时为了装载、交付或者转运而办理的，在没有相反证明的情况下，所发生的任何损失推定为在航空运输期间发生的事件造成的损失。承运人未经托运人同意，以其他运输方式代替当事人各方在合同中约定采用航空运输方式的全部或者部分运输的，此项以其他方式履行的运输视为在航空运输期间。

4．旅客死亡和伤害、行李损失

1）对于因旅客死亡或者身体受到伤害而产生的损失，只要造成死亡或者伤害的事故是在航空器上或者在上、下航空器的任何操作过程中发生的，承运人就应当承担责任。

2）对于因托运行李毁灭、遗失或者损坏而产生的损失，只要造成毁灭、遗失或者损坏的事件是在航空器上或者在托运行李处于承运人掌管之下的任何期间内发生的，承运人就应当承担责任。但是，行李损失是由于行李的固有缺陷、质量或者瑕疵造成的，在此范围内承运人不承担责任。关于非托运行李，包括个人物件，承运人对因其过错或者其受雇人或者代理人的过错造成的损失承担责任。

3）承运人承认托运行李已经遗失，或者托运行李在应当到达之日起21日后仍未到达的，旅客有权向承运人行使运输合同所赋予的权利。

4）除另有规定外，公约中“行李”一词系指托运行李和非托运行李。

5．延误

旅客、行李或者货物在航空运输中因延误引起的损失，承运人应当承担责任。但是，承运人证明本人及其受雇人和代理人为了避免损失的发生，已经采取一切可合理要求的措施或者不可能采取此种措施的，承运人不对因延误引起的损失承担责任。

6．旅客死亡或者伤害的赔偿

1）对于根据公约第十七条第一款（上述第4条第1）项）所产生的每名旅客不超过100 000特别提款权的损害赔偿，承运人不得免除或者限制其责任。

2）对于根据公约第十七条第一款（上述第4条第1）项）所产生的损害赔偿每名旅客超过100 000特别提款权的部分，承运人证明有下列情形的，不应当承担责任：损失不是由于承运人或者其受雇人、代理人的过失或者其他不当作为、不作为造成的，或者损失完全是由第三人的过失或者其他不当作为、不作为造成的。

7．管辖权

1）损害赔偿诉讼必须在一个当事国的领土内，由原告选择，向承运人住所地、主要营业地或者订立合同的营业地的法院，或者向目的地点的法院提起。

2）对于因旅客死亡或者伤害而产生的损失，诉讼可以向本条1）所述的法院之一提起，或者在这样一个当事国领土内提起，即在发生事故时旅客的主要且永久居所在该国领土内，并且承运人使用自己的航空器或者根据商务协议使用另一承运人的航空器经营到达该国领土或者从该国领土始发的旅客航空运输业务，并且在该国领土内该承运人通过其本人或者与其有商务协议的另一承运人租赁或者所有的处所从事其旅客航空运输经营。

3）就第二款而言，“商务协议”系指承运人之间就其提供联营旅客航空运输业务而订立的协议，但代理协议除外；“主要且永久居所”系指事故发生时旅客的那一个固定和永久的居住地。在此方面，旅客的国籍不得作为决定性的因素。

8. 诉讼时效

1）自航空器到达目的地点之日、应当到达目的地点之日或者运输终止之日起两年期间内未提起诉讼的，丧失对损害赔偿的权利。

2）上述期间的计算方法，依照案件受理法院的法律确定。

【思考题】

1. 简述公路集装箱运输的优越性。
2. 简述公路集装箱运输业务流程。
3. 航空货物运价有哪些种类？
4. 简述航空运单的分类。

第十二章

Chapter 12

国际多式联运货损事故处理

第一节 索赔的原则

货物的索赔和理赔是一项政策性较强、涉及面较广、情况复杂，并具有一定法律原则的涉外工作。因此，在实际工作中，应坚持实事求是、有根有据、合情合理、区别对待、讲究实效。

实事求是，就是应根据所发生事故的实际情况，分析造成事故的原因，确定损失程度和金额。对应该索赔的情况，必须坚持原则行使索赔权利。

有根有据，是处理货物索赔的基础，在向承运人或其他有关当事人提出索赔时，要进行深入细致的调查研究，应掌握造成货损事故的有力证据，并依据合同有关条款、国际惯例提出索赔。

合情合理，是在处理复杂事故时，应从所发生的事故中合理确定责任方应承担的责任和赔偿金额，必要时也可做出一些合理的让步，以便能使货损事故合理地、尽早地得以处理。

区别对待，就是应根据我国的对外政策、对方的态度和有关业务往来情况，根据不同对象，有理、有利、有节，即对不同对象采用不同方式区别对待，处理索赔。

讲究实效，是指在货损事故索赔中注重实际效果，充分注意保护自身的经济利益、政治利益，既要考虑当前利益，也要考虑长远利益，力求做到既挽回或减少经济损失，又有利于对外影响和业务发展。

国际贸易、运输中货物索赔的提出一般有这样几种情况：① 货物数量或件数短少或货物残损、灭失。② 货物的质变或货物实际状况与合同规定的要求不符。③ 承运人在货物运输途中没有适当地保管和照料货物。④ 货物的灭失、损害属保险人承保的责任范围内等。因此，根据货物发生灭失或损害的不同原因，受损方提出索赔的对象也是不同的。

一、向发货人（卖方）提出索赔

如果货物是由于下列原因造成灭失或损坏：

1）原装货物数量不足。

2）货物的品质与合同规定不符。

3）包装不牢致使货物受损。

4）未在合同规定的装运期内交货或装箱不当（发货人装箱）而致使货物受损。

5）唛头不清。

收货人凭有关部门、机构出具的鉴定证书向发货人（卖方）提出索赔。

二、向承运人提出索赔

如果货物是由于下列原因造成灭失或损坏：

1）在卸货港交付的货物数量少于提单中所记载的货物数量。

2）收货人持有正本清洁提单提取货物时，货物发生残损、缺少，且系承运人的过失。

3）货物的灭失或损害是由于承运人免责范围以外的责任所致等。

上述情况则由收货人或其他有权提出索赔的人凭有关部门、机构出具的鉴定证书向承运人提出索赔。

三、向保险公司提出索赔

如果货物的灭失或损害属于下列范围：

1）承保责任范围内，并在保险人责任期限内，保险人应予赔偿的损失。

2）承保责任范围内，由于自然灾害或意外原因等事故使货物遭受损害。

上述情况则由受损方凭有关证书、文件向保险公司提出索赔。

四、索赔应具备的条件

一项合理的索赔必须具备下列原则。

1. 提赔人要有正当提赔权

提出货物索赔的人原则上是货物所有人，或记名运输单据上记载的收货人，或合法的多式联运单据持有人，或可转让单据背书上指定的收货人，也可以是他们委托的代理人。在所运输的货物向保险公司投保的情况下，保险公司向损失方按保险合同赔偿损失、取得权益转让证书后，也具有提赔权。

2. 责任方必须负有实际赔偿责任

事实上，索赔方提出索赔并非都能得到赔偿，如属于承运人免责范围之内的，或属保险人承保责任外的货损，在很大程度上是不能得到赔偿的。

确定或证明责任方负有实际赔偿责任的文件通常包括：

1）装卸货记录。

2）货物检验报告。

3）交货记录。

4）残损记录。

5）合同责任条款等。

3. 索赔时应具备的单证

（1）索赔申请书　索赔申请书系表明受损方向责任方提出赔偿要求的正式文件，其主要内容包括：

1）索赔人的名称和地址。

2）运输工具的名称、班次、装货地、卸货地，以及货物的交接地点和时间等。

3）货物有关情况。

4）短缺或残损或灭失情况。

5）索赔日期、索赔金额、索赔理由。

6）在集装箱运输中，还应包括集装箱的规格、班次、装载情况以及运输单据号。

（2）运输合同以及证明运输合同的有关单据　运输合同以及证明运输合同的有关单据是划分责任方与受损方责任的主要依据。索赔人在提出索赔时，索赔人应出具合同以及证明合同的有关单据或其影印本，若合同双方另有约定，还应出具与货损有关的协议文件。

（3）货物残损检验证书　该证书是受损方针对所发生的货损原因不明或不易区别，或货损数量、程度不易确定，或需权威机构提供货损情况证明时，向检验机构申请对货物进行检验后出具的单证。

（4）货物残损单　货物残损单是对货物运输、装卸过程中货物残损所做的实际记录，受损方依据经责任方签署的货物残损单提出索赔。

（5）索赔清单　索赔清单主要列明货损事故所涉及的损坏、灭失和延迟损失的货物名称、规格、损坏程度、数量以及货损的金额等内容的一览表，货损的金额通常按货物的到岸价计算。

另外，提出索赔时应出具的单证还有商业发票、短损单、修理单等，集装箱运输还应出具装箱单、拆箱单等。

4. 赔偿的金额必须是合理的

合理的赔偿金额是以货损实际程度为基础的。但是，在实际中责任方则往往受赔偿责任限额的保护，如海运承运人的赔偿可享受提单中的赔偿责任限额，保险人的赔偿以保险金额为基础。

5. 在规定的期限内提出索赔

一项有效的索赔必须在规定的期限内提出，这就是通常所说的“索赔时效”，否则，货物的损害即使确由责任方的过失所致，索赔人提出的索赔在时效过后也很难得到赔偿。

第二节 海运货损事故处理

一、海运货损事故的确定

海运货损的索赔与理赔是一项政策性强、涉及面广的重要工作，直接影响到国家的信誉和企业的利益。根据国家的有关政策，按照运输合同，参照国际惯例，认真做好调查研究，正确对待和处理索赔和理赔，具有重大意义。

由于海上风险的存在和货物运输过程中涉及很多环节的作业的特点，海运经常发生货损、货差的情况。虽然可根据有关合同条款、法律、公约等规定，对所发生的货损事故进行处理，但是，在实际处理过程中，受损方与责任方之间往往会发生争议。一般而言，海运货损事故虽有可能发生于各个环节，但很大程度上是在最终目的地收货人收货时或收货后才被发现。当收货人提货时，如发现所提取的货物数量不足，外表状况或货物的品质与提单上记载的情况不符，则应根据提单条款的规定，将货物短缺或损坏的事实，以书面的形式通知承运人，或承运人在卸货港的代理人，以此表明提出索赔的要求。如果货物的短缺或残损不明显，也必须是在提取货物后规定时间内，向承运人或其代理人提出索赔通知。

在海运货损事故索赔或理赔中，提单、收货单、过驳清单、卸货报告、货物溢短单、货物残损单、装箱单、积载图等货运单证均可作为货损事故处理和明确责任方的依据，对海上承运人来说，为保护自己的利益和划清责任，应该妥善处理这些单证。通常，货运单证的批注是区分或确定货运事故责任方的原始依据，特别是在装货或卸货时，货运单证上的批注除确定承运人对货物负责的程度外，有时还直接影响到货主的利益，如能否持提单结汇、能否提出索赔等。

此外，海上风险多变，因而也是造成货运事故的主要原因之一。凡船舶在海上遭遇恶劣气候的情况下，为明确货损原因和程度，应核实航海日志、船方的海事声明或海事报告等有关资料和单证。

货运事故发生后，收货人与承运人之间未能通过协商对事故的性质和程度取得一致意见时，则应在共同同意的基础上，指定检验人对所有应检验的项目进行检验，检验人签发的检验报告是确定货损责任的依据。

二、提出索赔的程序

租船合同和提单是处理索赔与理赔的主要依据，它们都有专门的条款用来规定租船人和船东、托运人和承运人之间的关系以及各自的权利、义务、责任、豁免等事项。在班轮运输中，虽然各船公司的提单形式不一，条款多少不等，但一般均参照国际上通用的《海牙规则》的条款来拟定。在租船运输中，原则上是按照租船合同条款来处理索赔与理赔工作，但一般仍不背离《海牙规则》的基本精神。《海牙规则》《维斯比规则》《汉堡规则》以及各船公司的提单条款，一般都规定货损事故发生后，根据运输合同或根据提单有权提货的人可向承运人或其代理提出书面通知，声明保留索赔权，否则承运人或其代理人将免除责任。

无论是根据《海牙规则》还是航运习惯，一般都将交付货物时是否提出书面货损通知看作表明按提单记载事项将货物交付给收货人的推定证据。也就是说，即使收货人在接收货物时未提出书面通知，以后也可根据货运单证上的批注，或检验人的检验证书，作为相反的证据提出索赔，而且，即使收货人在收货时提出了书面通知，但在提出具体索赔时，也必须出具原始凭证，证明其所收到的货物不是清洁提单上所记载的在外表良好状况下接收装船的货物。因而，索赔方在提出书面索赔通知后，应尽快地备妥各种有关单证，然后向承运人或其代理人提出货损索赔要求。出口货物一旦发生灭失或损坏，通常由收货人向承运人或其代理人提出索赔。但是，当收货人根据货物保险条款从承保货物的保险人那里得到了赔偿后，保险人可代位（指代替收货人）向承运人或其代理人进行追偿。进口货物，可由货运代理人代表有关进出口公司以货方名义向承运人或其代理提出索赔。

三、索赔单证

作为举证的手段，索赔方出具的索赔单证不仅可证明货损的原因、种类、程度，还可确定最终责任方。海运中使用的主要货损索赔单证有以下几种：

1）索赔申请书或索赔清单。索赔方一旦正式向承运人递交索赔申请书或索赔清单，则意味着索赔方正式提出了索赔要求。因此，如果索赔方仅仅提出货损通知，而没有出具作为举证手段的货运单证和向承运人递交索赔申请书、索赔清单，事实上可解释为索赔方并没有提出正式索赔要求。

2）提单。在海运货损事故处理中，提单既是货物收据、交货凭证，又是确定承运人与收货人之间责任的最终证明，是收货人提出索赔依据的主要单证。

3）过驳清单或卸货报告。

4）货物残损单、货物溢短单或理货单、重理单。

货物残损单是对货物运输、装卸过程中货物残损所做的实际记录，受损方依据经责任方签署的货物残损单提出索赔。货物溢短单是在各区段运输交接时根据理货结果所做出的货物实际数量多出或短少情况的证明文件，一般由理货单位交接双方签署。重理单是对货物件数或其他方面有疑问时，承运人要求复查而做的单证，是复查结果的证明文件。

提出索赔时使用的其他单证还有：货物发票、修理单、装箱单、拆箱单等。

四、权益转让

货物在海上运输过程中一旦发生灭失或损害，此项货物灭失或损害系由承运人的过失造成时，通常由收货人向承运人提出索赔，但也有时收货人根据提货单或保险合同，直接向保险人提出赔偿。当收货人从保险人那里得到赔偿后，则通过签署一份权益转让证书，将向承运人提出的索赔权利转让给保险人，保险人凭以向承运人进行索赔。

五、担保与扣船

如货损由承运人的过失所造成，责任已明确，证据也充分，且损害金额较大。作为受损方，除做好一般正常的索赔工作所需要的各种手续外，为保证索赔得以顺利了结，可在船舶离港前采取保全措施，要求船方提供担保。这种担保分现金担保、银行担保、担保函三种方式。现金担保由承运人或船东保赔协会汇给索赔人一定数额的现金做担保，以后的索赔款项可在保证金内支付。银行担保和担保函都是书面担保形式，前者由银行出具，后者一般由船东保赔协会出具。如受损方认为通过正常途径不能取得担保，则可采取扣船措施，即在责任方（承运人）未提供担保前，向法院或有关当局申请扣押船舶，不准船舶离港，但在采取扣船措施时，必须慎重，以防因扣船措施不当而产生不良的影响及不必要的纠纷和经济损失。

六、索赔的受理与审核

索赔的受理与审核系承运人的一项理赔工作，是海上货物运输全过程中一个很重要的组成部分。货物运输质量的好坏直接关系到理赔工作，在运输质量好的情况下，索赔案件就会减少，理赔工作也会随之而减少。

一般来说，国外提赔人往往是通过国外代理提出索赔，由运输货物的承运人受理，承运人在国外的代理无权处理，除非经承运人委托或授权。

1. 分清责任

承运人在处理索赔时，首先应分清发生货损的原因和应承担的责任范围。当受损方向承运人提出某项具体索赔时，承运人可根据提单中有关承运人的免责条款解除责任。因此，在索赔和理赔过程中，往往会发生举证和反举证，原则上，受损方要想获得赔偿，必须予以举证，而责任方企图免除责任减少责任，则必须予以反举证和举证，反举证是分清货损责任的重要手段，有时在一个案件中会多次进行，直到最终确定责任。

2. 审核

审核是处理货损事故的一项仔细且重要的工作，在从事理赔工作时主要审核的内容有以下几种：

1）索赔的提出是否在规定的期限内，如果期限已过，提赔人是否已要求展期。

2）提出索赔所出具的单证是否齐全。

3）单证之间有关内容是否相符，如船名、航次、提单号、货号、品种、检验日期等。

4）货损是否发生在承运人的责任期限内。

5）船方有无海事声明或海事报告。

6）船方是否已在有关单证上签字确认。

7）装卸港的理货数量是否准确。

3. 承运人免责或减少责任应出具的主要单证

承运人对所发生的货损欲解除责任，或意图证明自己并无过失行为，则应出具有关单证，说明对所发生的货损不承担或少承担责任。除前述的收货单、理货计数单、货物溢短单、货物残损单、过驳清单等货运单证外，承运人还应提供以下几种报告：

1）积载检验报告。

2）舱口检验报告。

3）海事声明或海事报告。

4）卸货事故报告。

4. 索赔金的支付

通过举证与反举证，虽然已明确了责任，但在赔偿金额上未取得一致意见时，则应根据法院判决或决议支付一定的索赔金。关于确定损失金额的标准，《海牙规则》并没有做出规定，但在实际业务中大多以货物的CIF价作为确定赔偿金额的标准。

第三节　国内水运货损事故处理

一、货损事故记录编制

所谓“事故记录”，是对货运事故发生经过或事实的记录。编制该记录时必须认真严肃，并能反映事故的真实情况，以便作为分析事故原因，确定责任的依据。由交通部统一规定的事故记录有三种，即货运记录、港航内部记录和普通记录。

1. 货运记录

货运记录是记载承运人和货物托运人之间责任的记录。根据有关规定，货运记录的编制，除起运港对装船前发生的并由其负责受理赔偿的部分事故可由起运港编制外，其余的货运记录均由到达港编制。在实际中，当发生下列情况之一时，则应编制货运记录：

1）货物品名、件数、标志与运单记载标志不符。

2）货物灭失、短少、变质、污染、损坏。

3）有货无票或有票无货。

货运记录必须使用印有编号的规定格式，按每一运单编制，并由记录编制人及收货人共同签章。

2. 港航内部记录

港航内部记录是承运部门与各港之间的内部记录，主要记载事故的原始情况，对外不发生效力，不交给收货人。货物在装卸、运输、保管过程中遇有下列情况之一时，港口应在事故发生或发现的当时会同船方编制港航内部记录：

1）货物的灭失、损坏、污染、腐烂、变质。

2）件数溢短、单货分离、单货不符。

3）标志脱落或不清，包装破损或经过整修等。

虽然港航内部记录对外不发生效力，但它却是承运人内部各环节之间判明责任和采取保证质量措施的依据，同样具有重要作用。

3. 普通记录

普通记录是承运人向发货人或收货人提供证明的记录，不涉及承托双方之间的责任事项，遇有下列情况时，应编制普通记录：

1）货物发生损坏、灭失，按照约定或者按《国内水路货物运输规则》的规定，承运人可以免除责任的。

2）托运人随附在运单上的单证丢失。

3）托运人押运和舱面货物发生非承运人责任造成的损坏、灭失。

4）货物包装经过加固整理。

5）收货人要求证明与货物数量、质量无关的其他情况。

上述三种记录在不同的范围内起着不同的作用，是判明、检查与运输全过程有关的各方在履行各自的权利、义务和责任方面的重要书面依据。因此，对记录内容的填写力求准确、真实，并应按照统一规定的格式做具体、详细的记录。

二、货损事故的确定

货运事故一旦发生后，承运部门应查明事故真相、分析原因、划清责任，为货运事故处理提供可靠的依据，事故记录是进行调查的书面依据之一。此外，还必须查询有关资料，其内容和范围可视事故的性质和产生事故的条件来确定，主要包括在承运、中转、到达等各个环节上的有关内容记载（如交接清单、船图），以及有关货运单证上的批注、发货人事先声明等。

此外，在确定事故原因和损失程度方面，还可借助各种技术进行化验、测定、试验等。

三、货损事故的处理

货物抵目的港后，一旦发生货损货差，水运部门应负赔偿责任。但《国内水路货物运输规则》第四十八条规定：凡属于下列原因引起的货运事故，水运部门不承担任何赔偿责任。

1）不可抗力。

2）货物的自然属性和潜在缺陷。

3）货物的自然减量和合理损耗。

4）包装不符合要求。

5）包装完好但货物与运单记载内容不符。

6）识别标志、储运指示标志不符合本规则第十八条、第十九条规定。

7）托运人申报的货物重量不准确。

8）托运人押运过程中的过错。

9）普通货物中夹带危险、流质、易腐货物。

10）托运人、收货人的其他过错。

承运人在接到索赔人提出的赔偿要求时，则应审查：

1）索赔人提出索赔的时效。

2）索赔人的合法身份。

3）索赔应具有的单证等。

对经审查不合规定的赔偿要求，承运人则应向索赔人说明理由，并退回赔偿要求书。

承运人应当在约定期间或者在没有这种约定时在合理期间内将货物安全运送到约定地点。货物未能在约定或者合理期间内在约定地点交付的，为迟延交付。对由此造成的损失，承运人应当承担赔偿责任。承运人未能在规定期间届满的次日起60日内交付货物，有权对货物灭失提出赔偿请求的人可以认为货物已经灭失。

第四节　铁路货损事故处理

在铁路货物运输中，凡涉及铁路与发货人、收货人之间，或参加运送铁路间、铁路内部各单位间发生货物损害时，应在事故发生当日编制记录，作为分析事故原因、确定责任的原始证明和处理赔偿的依据。

一、铁路货运事故分类、分等

货物在铁路运输过程中（包括承运前保管和交付完毕后保管），发生灭失、短少、变质、污染、损坏以及严重的办理差错，在铁路内部均属于货运事故。

货运事故主要包括七类：

1）火灾。

2）被盗（有被盗痕迹）。

3）丢失（全批未到或部分短少，没有被盗痕迹的）。

4）损坏（破裂、变形、磨伤、摔损、部件破损、湿损）。

5）变质（腐烂、植物枯死、活动物非中毒死亡）。

6）污染（污损、染毒、活动物中毒死亡）。

7）其他（整车、整零车、集装箱车的票货分离和误运送、误交付、误编、伪编记录以及其他造成影响而不属于以上各类的事故）。

货运事故分为三等：

（1）重大事故

1）由于货物染毒或危险货物发生事故，造成人员死亡3人或死亡重伤合计5人以上的。

2）货物损失（包括其他直接损失，以下同）款额20万元以上的。

（2）大事故

1）由于货物染毒或危险货物发生事故，造成人员死亡不足3人或重伤2人以上的。

2）货物损失款额5万元以上未满20万元的。

（3）一般事故

1）不属于重大、大事故的事故。

2）货物损失款额在1 000元以上未满5万元的。

二、货运记录和普通记录

遇有下列情况之一，须在发现当日按批（车）编制货运记录：

1）发生《铁路货运事故处理规则》和《铁路货物运输管理规则》（以下简称《管规》）、《铁路货物运输规程》（以下简称《货规》）及其引申规则办法中所规定需要编制的情况时。

2）集装箱封印失效、丢失或封印站名、号码与票据记载不一致，集装箱箱体损坏发生货物损失时。

3）货车装载清单上有记载，或记载被划掉未加盖带有单位名称的人名章，而实际无票据无货物时。

4）货物运单、货票上记载的货物重量、件数、价格发生涂改，未按规定加盖戳记时。

5）集装货件外部状态损坏，货件散落时。

6）托运人组织装车、承运人组织卸车或换装，发生货物损失时。

7）托运人自备篷布发生丢失时。

8）一批货物中的部分货件补送或事故货物回送时。

9）发生无票据、无标记的货物和公安机关查获铁路运输中被盗、被诈骗货物移交车站时，以及沿途拾得的铁路运输货物和钱款交给车站处理时。

编制货运记录要如实记载事故货物及有关方面的当时现状，不得在记录中做事故责任的结论。货运记录各栏应逐项填记，事故详细情况栏应记明货车车体、门窗、施封或篷布的情况，货物包装及装载状态，事故货件装载位置，损失程度等。车站必须按统一顺序号连续使用货运记录用纸，并按编制日期和号码顺序登入“货运事故（记录、调查、赔偿）登记簿”内。

遇有下列情况之一，须在当日按批（车）编制普通记录：

1）发生《管规》规定需要编制的情况时。

2）事故涉及车辆技术状态时。

3）货车发生换装整理时。

4）托运人组织装车，收货人组织卸车，货车施封良好，篷布苫盖和敞车、平车、砂石车货物装载外观无异状，收货人提出货物有损失，要求车站证明交接现状时。

5）集装箱运输的货物，箱体完整、施封良好，货物发生损坏时，到站认为承运人有责任的，应编制货运记录。

6）依据其他有关规定，需要证明时。

编制普通记录要如实记载有关情况。货运记录和普通记录分为带号码与不带号码两种。带号码的货运记录每组一式三页，第一页为编制站存查页，第二页为调查页，第三页为货主页。带号码的普通记录每组一式两页，第一页为编制单位存查页，第二页为证明页，交给接方（包括收货人）。货运记录和普通记录号码均由铁路局或分局编印掌握。不带号码的货运记录和普通记录只限做抄件或货运员发现事故时报告用。货运记录和普通记录用纸均应建立请领、发放、使用制度。编制货运记录和普通记录须加盖站名公章或货运事故处理专用章，由参加检查货物（车）的有关人员加盖带有所属单位名称的人名章，同时注明其所属单位全称。记录有涂改时，在涂改处须加盖编制人员的名章。

三、中途站编制的货运记录

中途站编制的货运记录按下列规定处理：

1）自站责任的记录调查页留站存查，货主页随同运输票据或货物送到站处理。

2）他站责任的记录应自编制记录之日起3日内将调查页连同有关材料送责任站调查，货主页随同运输票据或货物送到站处理。

一批货物中部分货件发生事故时，须拴挂“事故货物标签”（格式一）继运到站，损坏的货件继运到站前应整修包装。

3）发生火灾、整车货物变质、活动物死亡，调查页分别按本条第1）、2）项处理。事故能在发现站（分局、铁路局）处理的，货主页留发现站（分局、铁路局）处理；事故不能在发现站（分局、铁路局）处理的，货主页随同运输票据送到站处理，但发现站（分局、铁路局）负责明确原因和损失程度。

四、到站编制的货运记录

到站编制的货运记录（包括附有发站和中途站编制的货运记录）按下列规定处理：

1）自站责任的记录，调查页留站存查；他站责任的记录，调查页送责任站调查，货主页交收货人。

2）遇附有发站或中途站编制的记录，卸车时应按照记录记载的情况，认真核对现货：

① 情况相符时，不再编制记录，货主页交收货人，另做抄件留存。

② 情况不符时，应重新编制记录，调查页送责任站调查，原记录货主页留存，重新编制记录的货主页交收货人。

③ 到站确认货物损坏不足1 000元时，调查页暂不送查，待赔偿后连同“货运事故赔款通知

书”一并送查责任站。

④ 货物发生损坏或部分灭失需要鉴定时，按《货规》第四十九条第四款办理。鉴定后，将鉴定材料补送责任站。鉴定期限从编制记录之日起，不应超过30日，特殊情况除外。

⑤ 货运记录送查后，收货人领取货物时表示无意见，应及时通知有关站结案。

⑥ 货运记录送查后，件数不足的货物补送齐全，在向收货人补交时收回记录货主页，并及时通知有关站结案。

五、货运记录送查

送查的货运记录，以“货运事故查复书”在编制记录之日起3日内送责任站调查。

货运记录送查时，按下列规定附送有关资料和实物：

1）使用施封环和铅饼施封的货车、集装箱发生货物被盗丢失，须附封印。

2）重新编制的记录，须附他站原记录抄件。

3）有站车交接记录的，须附站车交接记录抄件。

4）个人物品发生被盗、丢失事故，货票未附物品清单时，须附经过车站检查的现有货件数量和包装特征的清单。

5）整零车装载的货物发生事故，需要以运输票据封套、装载清单分析责任时，须附抄件或原件。

6）其他有关资料（可按规定后附），如车辆技术状态检查记录、机车火星网检查证明、“事故货物鉴定书”以及事故货件的现场照片等。

一辆货车内多批货物发生事故时，上述资料可附于其中损失最严重的货运记录内，其余记录应在附件栏内注明“封印及某某附件附于第××号货运记录内送查某某站”。

六、确定事故的赔偿

1. 赔偿请求的提出与受理

发货人、收货人均有权根据运输合同提出赔偿要求。发货人必须以书面形式向发送站提出赔偿要求时，该代理必须出示发货人或收货人的委托书，以证明这种赔偿请求权是合法的。委托书应该根据赔偿请求按铁路的法令和规章办理。

自赔偿请求提出之日（凭发信邮局戳记或铁路在收到提出的赔偿请求书出具的收据）起，铁路必须在180天内审查此项请求，并对赔偿请求人给予答复。

2. 索赔的依据及有关文件

索赔人在向铁路部门提出赔偿要求时，必须同时出具下列文件：

1）一旦货物发生全部灭失，由发货人提出赔偿时，发货人应出具运单副本，如由收货人提出赔偿时，则应同时出具运单副本或运单。

2）货物发生部分灭失或质变、毁损时，收货人、发货人均可提出索赔，同时应出具运单以及铁路到达站给收货人的商务记录。

3）货物发生运输延误时，应由收货人提出赔偿，并提交运单。

4）对于承运人多收运送费用的情况，发货人可按其已付的款额向承运人追回多收部分的费用，但同时应出具运单副本或铁路规定的其他有关文件。如由收货人提出追回多收费用的要求，则应根据其支付的运费为基础，同时还需出具运单。

在提出索赔的赔偿请求书上，除应附有运单或运单副本外，在适当情况下还需附商务记录，以及能证明货物灭失、损坏和货物价值的文件。

3. 索赔请求时效

凡根据运输合同向铁路部门提出的索赔，以及铁路对发货人、收货人关于支付运费、罚款的赔偿要求应在9个月内提出，有关货物运输延误的赔偿，则应在2个月内提出。上述时效的计算方法是：

1）关于货物损坏或部分灭失以及运输延误的赔偿，自货物交付之日或应交付之日起计算。

2）关于货物全部灭失的赔偿，自货物按期运到后30天内。

3）关于补充支付运费、杂费、罚款的要求，或关于退还此项款额的赔偿要求，则应自付款之日起计算，如未付款时，从货物交付之日起计算。

4）关于支付变卖货物的货款要求，则自变卖货物之日起计算。

第五节 公路货损事故处理

一、货损事故责任的确定

公路承运人对自货物承运时起至交付货物期间内所发生的货物灭失、损害系由于装卸、运输、保管以及交接过程中发生的运输延误、灭失、损坏、错运等负赔偿责任。

1. 责任范围

（1）货损　货损是指货物磨损、破裂、湿损、变形、污损、腐烂等。

（2）货差　货差是指货物发生短少、失落、错装、错卸、交接差错等。

（3）有货无票　有货无票是指货物存在而运单及其他票据未能随货同行或已遗失。

（4）运输过失　运输过失是指因误装、误卸，办理承运手续过程中的过失，或漏装过失等。

（5）运输延误　运输延误是指已接受承运的货物由于始发站未及时运出，或中途发生变故等原因，致使货物未能如期到达。

2. 免责范围

对下列原因造成的货损事故，公路承运人不承担赔偿责任：

1）由于自然灾害发生的货物遗失或损坏。

2）包装完整，但内容业已短少。

3）由于货物的自然特性所致。

4）因根据卫生机关、公安、税务机关有关规定处理的货物。

5）由托运人自行保管、照料所引起货物损害。

6）货物未过磅发生数量短少。

7）承托双方订有协议，并对货损有特别规定者。

二、货损事故记录的编制

货损货差商务事故记录的编制过程，一般根据下列要求进行编制：

1）事故发生后，由发现事故的运送站或就近站前往现场编制商务记录，如系重大事故，在有条件时还应通知货主一起前往现场调查，分析责任原因。

2）如发现货物被盗，应尽可能保持现场，并由负责记录的业务人员或驾驶员根据发现的情况会同有关人员做好现场记录。

3）对于在运输途中发生的货运事故，驾驶员或押运人应将事故发生的实际情况如实报告车站，并会同当地有关人员提供足够的证明，由车站编制一式三份的商务事故记录。

4）如货损事故发生于货物到达站，则应根据当时情况，会同驾驶员、业务人员、装卸人员编制商务记录。

三、货损事故的赔偿

受损方在提出赔偿要求时，首先应做好赔偿处理手续，具体做法包括以下几个方面：

1）向货物的发站或到站提出赔偿申请书。

2）提出赔偿申请的人必须持有有关票据，如行李票、运单、货票、提货联等。

3）在得到责任方给予赔偿的签章后，赔偿申请人还应填写“赔偿要求书”，连同有关货物的价格票证，如发票、保单、货物清单等，送交责任方。

在计算货损货差的金额时，主要有三种情况：

1）发货前的损失，应按到达地当天同一品类货物的计划价或出厂价计算，已收取的运费也应予以退还。

2）到达后损失，应按货物运到当天同一品类货物的调拨价计算赔偿。

3）对价值较高的货物，则应按一般商品调拨价计算赔偿。

第六节　保险理赔

一、保险合同下的保险索赔

1. 保单的主要内容

保险人与被保险人之间的保险合同形式习惯上是以保单来体现的。保单具有法律效力，对双方当事人均有约束。一份有效的保单必须载明以下基本内容：

1）当事人的名称和地址。

2）保险标的。

3）保险风险和事故的种类。

4）保险金额。

5）保险费。

6）保险责任开始的日期、时间和保险期限。

7）订立合同的日期。

除上述事项外，其他事项可由保险人和被保险人协商后加注在保险单上。

2. 被保险人应做的工作

在海运进出口贸易中，如果货物的灭失或损害系发生在保单规定的责任范围内，被保险人可向保险人提出补偿要求。被保险人在提出保险索赔时，应做好下列工作：

（1）损失通知　被保险人得知保险的货物业已发生损害，应立即通知保险人。保险人在接到损害通知后，应采取相应的措施，如对货物损害的程度进行检验；提出施救办法；确定保险责任；追查第三方责任等。检验完毕后应取得检验报告，作为保险人日后进行追偿的重要凭证。

（2）向承运人等有关方提出索赔　被保险人或其代理人在提货时发现货物受损，除向保险人报损外，还应立即通知承运人、海关、港务当局等有关方，并索取有关货损的证明。在所规定的期限内，及时向责任方提出索赔，同时保留追偿权利，必要时申请延长索赔时效。

（3）采取合理的施救措施　被保险的货物一旦发生货损事故，被保险人应对货物采取必要的施救措施，以防止损失进一步扩大。因抢救、阻止或为减少货损的措施而支付的合理费用，可由保险人负责，但以不超过该批被救货物的保险金额为限。

（4）备妥必要的索赔单证　被保险的货物经过检验，并办妥承运人等第三方的赔偿手续后，应立即向保险人或其代理人提出赔偿要求，在提出索赔时，通常提供下列单证：

1）保险单或保险凭证正本。

2）运输合同，包括海运提单或陆路运单。

3）货物的商业发票。

4）检验报告、海事报告记录。

5）有关货损、货差的证明。

6）索赔清单等。

总之，在保险理赔处理中，审核索赔方提出的索赔内容是一项很仔细且重要的工作，归纳起来，主要审核如下主要内容：

1）索赔单证、证书、文件是否齐全。

2）单证上的内容记载是否相符。

3）货损是否发生在承保责任范围内。

4）提单上有无批注。

5）有无海事声明、海事报告、检验报告、残损单等。

二、保险损害赔偿原则的确定

保险合同是保险人对承保责任范围内的保险标的发生损害时负责赔偿的合同。根据保险合同确定损害赔偿的基本原则是：

1）被保险人对保险标的必须具有保险权益，否则不能依据保险合同提出赔偿。

2）保险合同内的标的必须具有损害发生的事实，而且，所发生的损害与运输风险有关。

3）赔偿不是保险标的归还，而是在经济上给予补偿。

4）同一标的不能向两家以上不同的保险公司投保，否则属重复保险，保单无效。如果投保人在不了解具体做法的情况下，同时在两家以上保险公司投保，则应在从其中一家得到赔偿后做出声明，否则会构成欺骗行为。

在保险理赔中，很多货损事故索赔均涉及第三者的责任，此种索赔应遵循以下几个原则：

1）凡属发货人的过失所致，如货物残损、数量短缺、包装不牢等，则由收货人直接申请检验出证，并及时将商检证书和有关单证备妥，在规定的期限内向发货人提出索赔。

2）如货物的损害是由于承运人过失所致，收货人根据承运人的签证，申请检验出证，连同有关货运单证交卸货口岸的保险公司或船公司代理。

3）涉及国内装卸和运输部门责任的货损事故，收货人应立即向有关责任方取得货运记录，直接向其提出索赔，或向保险人提出索赔。

4）因在国内负责中转由于运输安排过失造成的货损货差事故，收货人应向责任方提出索赔，保险人不负责任。

【思考题】

1. 索赔的原则有哪些？
2. 海运索赔中所需的单证有哪些？
3. 什么是事故记录？
4. 铁路货运事故可以分为几类？

第十三章

Chapter 13

国际多式联运保险

第一节　国际多式联运保险概述

国际货物运输保险是一种对被保险货物遭受承保范围内的风险而受到损失时由保险人负赔偿责任的制度。它通常分为两种类型：一是运输货物保险；二是运输工具保险。前者包括海上、陆上和航空等运输货物保险以及国际货物多式联运保险等；后者包括船舶、火车、载货汽车、飞机以及船东互保等。此外，根据不同的标准可以将国际货物运输保险分为若干类别：按照运输工具分为水路运输险、陆上货运险、航空运输险、邮包险等；按照保险人承担的责任可以分为基本保险和综合保险。

国际货物运输保险是随着海上贸易的发展而产生和发展起来的。随着国际多式联运的不断发展，运输保险的内容、范围和方式也随之发生变化。运输保险已从原来的海上运输保险单一形式发展成为与现在的陆上运输、航空运输保险同时并存的综合运输保险体系。

一、基本概念

1. 保险关系人

（1）保险人　投保人是向保险人申请，与保险人就保险合同进行洽谈，签订保险合同，并负有交纳保险费义务的人。投保人可以是法人，也可以是自然人，但在大多数海上保险合同中，投保人是法人。投保人在投保时必须具有行为能力，没有行为能力的投保人签订的保险合同无效。在多数保险合同中，投保人与被保险人应该是同一人，但在海上货物运输保险合同中，投保人和被保险人经常是分离的。

（2）被保险人　被保险人是受保险合同保障的人，是在保险标的遭受保险事故后发生损害，因而有权按照保险合同向保险人请求赔偿的人。被保险人若不是投保人则不一定需要具有行为能力。

（3）保险人　保险人是保险合同的一方当事人，是按照保险合同规定收取保险费，并负责对保险标的发生保险事故后遭受的损失给予经济补偿的人。在海上保险业务中，保险人除劳合社的保险人外，一般都是法人。在我国，保险人必须具备的条件有：① 有符合《保险法》和《公司法》的企业章程。② 最低注册资本限额为2亿元人民币。③ 有具备任职专业知识和业务工作经验的高级管理人员。④ 有健全的组织机构和管理制度。⑤ 有符合要求的营业场所和与业务有关的其他设施。⑥ 经国家金融管理部门批准。

（4）保险代理人　保险代理人是根据代理合同或授权书，在指定地区以保险人的名义为保险人经营海上保险业务，并向保险人收取代理手续费的人。按照代理合同或授权书授予的不同权限，保险代理人可分为业务代理人、检验代理人和理赔代理人三类。在保险代理关系中，保险人应对保险代理人的越权代理行为承担民事责任，保险代理人所知道或所应知道的事项，均可推定为保险人所知。

（5）保险公证人　保险公证人是为投保人、被保险人或保险人办理对保险标的的查勘、鉴定、估价和保险赔款理算提供证明的人。不论是哪一方当事人，都有权委托保险公证人办理公证。保险公证人对由于自己工作的过失给当事人造成的损失承担赔偿责任。

2. 投保

投保就是从投保人角度看待的投保人与保险人达成保险合同的过程。一般包括以下步骤：

了解保险市场的概况，了解具体保险人的资信和相关的险种，选择险种，与保险人商谈合同条款，签订保险合同，交纳保费。

3. 订立保险合同

订立保险合同就是投保人和保险人就合同内容和条款进行磋商，最终达成一致，订立保险合同的过程。一般包括以下步骤：了解保险市场的概况，保险人和投保人相互了解对方的资信，介绍和选择险种，商谈具体的合同条款，签订保险合同。

4. 交纳保险费

交纳保险费就是投保人根据保险合同的规定，按期如数交纳保险费。

5. 分保险

保险金额与保险费之间存在巨大的差距，保险人有时无法单独承担一些价值巨大的保险标的的保险风险。为了能够实现这一类危险的分摊，人们采取分保险的方法，就是将一个保险标的的不同风险分散给多个保险人，或者把一类风险按保险金额分散到多个保险人。如果没有募集到足够的保险人分摊保险金额，则保险合同就不能成立。在这种情况下，投保人是一个或多个，而保险人则一定是多数。投保人要分别支付给每一个保险人保险费，或者委托其中一个保险人代为转交给其他保险人。在分保险的过程中，当事人之间只有一份保险合同。

6. 再保险

再保险是保险人为了减轻自身直接承保的危险，将其已经承保的保险风险的一部分或者大部分，依照合同的规定，转移给其他保险人或保险集团，并支付再保险费的做法。在此种情况下，原投保人与再保险人之间没有合同关系，而只与保险人（又称为再保险投保人）有原保险合同关系，保险人与再保险人之间有再保险合同关系，所以一般存在两份以上的保险合同。投保人只需交给保险人保险费就算履行了合同义务，此时保险人无论是否再保险成功都必须对全部保险风险承担责任。

7. 出险通知

出险通知是指当保险标的发生危险事故造成损失时，被保险人及时发给保险人的要求赔偿的书面文件。这份通知书应当清楚地载明出险的标的物，保单概况，出险的时间、地点和性质，可能的出险原因和经过，大概损失的情况和要求保险人到出险现场调查的邀请信。保险人接到出险通知后，应立即派人前往出险现场或者船舶出险后的第一到达港查看损失情况，办理勘验手续，以便为日后的理赔提供第一手的基础资料。被保险人不能及时提交保险人出险通知，并由此造成保险人无法确定真实损失情况的，保险人可以拒绝赔偿被保险人。

8. 理赔

理赔是指保险人依据保险合同或有关法律法规的规定，受理被保险人提出的保险赔偿请求，进行查勘、定损、理算和实行赔偿的业务活动，是保险法律制度中十分重要的一环，是保险人履行其义务的主要形式。为了使被保险人尽快获得经济补偿，保险人应积极主动地做好理赔工作。理赔必须遵循以保险合同为依据，遵守国际惯例和有关国际公约，及时、合理地做出赔偿的原则。海上保险的理赔一般是从接收出险通知开始，经过查勘、检验或委托检验、核实案情、理算赔偿金额和支付赔偿等阶段。

9. 委付

委付是指海上保险事故发生后，保险标的物的损失符合推定全损的构成要件时，被保险人请求将该标的物的全部权利和义务转移给保险人，从而获得全部赔偿的制度。委付制度与推定全损制度紧密相连。如果说我国《海商法》第二百四十六条规定的条件是推定全损成立的必要条件，则委付是推定全损成立的充分条件。因为如果保险人不接受委付，推定全损就没有意义，保险人仍将按部分损失理赔。我国《海商法》第二百四十九条规定："保险标的发生推定全损，被保险人要求保险人按照全部损失赔偿的，应当向保险人委付保险标的。保险人可以接受委付，也可以不接受委付，但是应当在合理的时间内将接受委付或者不接受委付的决定通知被保险人。"

10. 代位求偿原则

有时保险标的所遭受的保险事故是由第三人的行为引起的，被保险人当然有权利向肇事者就其侵权行为所致损失进行索赔。由于诉讼往往牵涉到许多方面，诉讼过程旷日持久，保险人为便利被保险人，就按照保险合同的约定先行赔付，同时取得被保险人在标的物上的相关权利，代被保险人向第三人进行索赔，这就是在国际保险业中普遍盛行的代位求偿原则。如我国《海商法》第二百五十二条第一款规定："保险标的发生保险责任范围内的损失是由第三人造成的，被保险人向第三人要求赔偿的权利，自保险人支付赔偿之日起，相应转移给保险人。"这就确立了我国海上保险业务中的代位求偿原则，符合国际上通行的做法。保险人的代位求偿权是由被保险人处传来的，应严格局限于被保险人原有的对第三人的权利，不能由于代位求偿而得到被保险人本来没有的权利。如同属被保险人的两艘船相撞，即使全部责任应由另一艘船承担，保险人也无权起诉另一艘船。

11. 近因原则

近因原则是为了明确事故与损失之间的因果关系、认定保险责任而专门设立的一项基本原则。它的含义是指保险人对于承保范围内的保险事故作为直接的、最接近的原因所引起的损失，承担保险责任，而对于承保范围以外的原因造成的损失，不负赔偿责任。

近因原则为海上保险人所重视的根源在于它对于海上保险具有普遍的意义。由于海上运输的复杂多变，导致从事海上运输的船舶或货物遭受损失的原因往往不是一个，而保险人出于其商业利益的需要，不可能将这些致损原因全部承保。于是，海上保险人根据海上事故的性质、发生概率及其与损害后果的关系，予以分类研究，设立不同的海上保险险种、险别，确立各自所承保的危险范围。当损失发生后，保险人从致损原因与损害后果之间的因果关系入手，认定直接造成损失或最接近损失后果的原因是否属于其承保范围，进而判断是否承担赔偿责任。由此可见，近因原则是确定保险人之保险责任的主要依据。虽然，近因原则在海上保险中广泛适用，但是，如何认定其致损的近因尚无统一标准，具体的论证方法多种多样，主要的有三种：一种是最近时间论，它将各种致损原因按发生的时间顺序进行排列，以最后一个作为近因；二是最后条件论，它区别于前一方法，是将致损所不可缺少的各个原因列出，以最后一个作为近因；三是直接作用论，即将对于致损具有最直接、最重要作用的原因作为近因，这一方法为大多数人所认可。

12. 损失补偿原则

损失补偿原则是指被保险人在保险合同约定的保险事故发生之后，保险人对其遭受的实际损失应当进行充分的补偿。其具体内容包括以下几个方面：

1）保险赔偿金额应当公平合理，充分补偿，协商一致。所谓公平合理，充分补偿，就是说保险人在保险事故发生后的具体赔偿数额应当有利于保险人和被保险人的双方利益。一方面，要充分补偿被保险人的实际损失，达到保险保障的目的；另一方面，不能使赔偿数额超过实际损失，使被保险人获取额外收益而损害保险人的合法权益。至于协商一致，则是说海上保险合同的保险金额作为保险赔偿的最高限额，应由保险人和被保险人根据保险标的的实际价值协商确定。而赔偿数额的计算方法也须双方协商一致才适用。

2）保险金额是计算赔偿数额的依据，一般不允许超值保险。

3）防止道德危险的发生。海上保险合同是对被保险人的保障措施，并非其牟利的手段，所以要防止道德危险的发生。保险人的赔偿责任依法律和海上保险合同予以限制。

13. 可保利益原则

可保利益原则是指只有对保险标的具有可保利益的投保人与保险人签订的海上保险合同才有法律效力，保险人才承担保险责任。其具体内容表现在以下两个方面，即可保利益是海上保险合同生效的依据和可保利益是保险人履行保险责任的前提。可保利益原则为大多数国家的海商法和保险法所确认，并将其作为海上保险合同成立的法定条件，当事人不得协商变更。

二、保险种类

1. 海上保险

海上保险是保险人和被保险人通过协商，对船舶、货物及其他海上标的所可能遭遇的风险进行约定，被保险人在交纳约定的保险费后，保险人承诺一旦上述风险在约定的时间内发生并对被保险人造成损失，保险人将按约定给予被保险人经济补偿的商务活动。海上保险属于财产保险的范畴，是对由于海上自然灾害和意外事故给人们造成的财产损失给予经济补偿的一项法律制度。

海上保险与一般财产保险的不同主要在于：海上保险的标的通常与海上航行有关，如船舶和船上的货物等；海上保险承保的风险除了一般陆上也存在的风险（如雷电、恶劣气候、火灾、爆炸等）之外，还有大量的海上所特有的风险（如触礁、搁浅、海水进舱等）；海上保险一般属于国际商务活动，因为在通常情况下，海上保险的当事人属于不同的国家，保险事故发生在异国他乡，大多牵涉到国际关系。

2. 陆运险

陆运险的责任范围与海洋运输货物保险中的水渍险相似，保险公司对被保险货物在运输途中遭受暴风、雷电、地震、洪水等自然灾害和由于运输工具遭受碰撞、倾覆、出轨，如有驳运过程，包括驳运工具搁浅、触礁、沉没、碰撞或由于遭受隧道坍塌、崖崩或失火、爆炸等意外事故所造成的全部或部分损失负责赔偿，即保险公司除承担上述陆运险的责任外，还对由于一般外来原因造成的货物短少、偷窃、渗漏、破碎等全部或部分损失赔偿。陆运险和陆运一切险的保险责任期限与海洋运输货物险相同，也采用“仓至仓条款”，但是最长至被保险货物运抵卸载车站起满60天为止。

3. 航空运输险

航空运输险和航空运输一切险，分别同陆运险和陆运一切险基本相同。其保险责任期限也采用“仓至仓条款”，但是航空运输险和航空运输一切险最长以被保险货物到达卸载地卸离飞机后满60天为止。

4. 邮包险

邮包险的承保责任范围是保险公司赔偿被保险邮包在运输途中，由于恶劣气候、雷电、地震、洪水等自然灾害，或由于运输工具搁浅、触礁、沉没、碰撞、倾覆、坠落、失踪、失火和爆炸等意外事故所造成的全部或部分损失，还包括海运途中共同海损的牺牲、分摊和救助费用。邮包一切险的承保责任范围是保险公司还对上述被偷窃、短少等全部或部分负责赔偿。邮包险和邮包一切险的承保责任期限是自保险货物离开保险单所载起运地点寄件人的处所运往邮局时开始生效，直至被保险邮包运达保险单所载明的目的地邮局，自邮局签发到货通知书当天午夜起算满15天为止，但在此期限内，邮包一经递交至收件人处所时，保险责任即行终止。

陆地、航空、邮包运输货物，除上述基本险别外，也可加保战争险、罢工险等特殊附加险。

三、国际集装箱多式联运保险

国际集装箱多式联运保险承保的是运输货物从一国（地区）到另一国（地区）之间的“位移”风险。由于所承保的保险标的在整个运输过程中，无论是地理位置，还是运输工具以及操作人员等均频繁变更，使得承保标的时刻暴露在众多的自然或人为的风险之中，因此与其他财产保险相比，多式联运运输保险具有事故发生频度高、运输保险人责任确定复杂等特点。

1. 国际集装箱多式联运保险涉及范围

国际集装箱多式联运的发展，在为货主提供便利的门到门服务的同时，也带来了一些诸如由于集装箱船舱面装载集装箱货物导致风险增大等问题。在集装箱多式联运下，保险利益所涉及的范围也有所变化，主要有：

（1）海运经营人　在某种意义上，由谁投保集装箱与谁拥有集装箱或对集装箱承担责任有关，如果该集装箱由船公司拥有，则应该由船公司进行投保，可采取的投保方式包括延长集装箱船舶保险期、扩大承保范围、单独的集装箱保险等。在实际保险业务中，单独的集装箱保险比延长船舶保险期应用得更为广泛。

（2）陆上运输经营人　陆上运输经营人通常是指国际货运代理人、公路承运人、铁路承运人等。当他们向货主或用箱人提供集装箱并提供全面服务时，必须对集装箱进行投保，以保护其巨额资金投人。

（3）租箱公司　在租箱业务中，不仅要确定租赁方式，而且还应确定由谁对集装箱进行投保。根据目前的实际情况看，无论是集装箱的长期租赁，还是程租，较为实际的做法是由租箱公司继续其保险，而向承租人收取费用。

（4）第三方责任　在集装箱多式联运过程中，除因箱子损坏而产生经济损失外，还有可能对第三方引起法律责任。由于对第三方的损失责任可能发生在世界上任何用箱地，因此其签订的保险单也必须是世界范围内的。

2. 国际多式联运经营人的责任限制与保险

国际多式联运公约对多式联运经营人的责任制采用了“修正的统一赔偿责任制”，即在责任原则方面采用统一责任制；而在责任限额方面采用网状责任制。关于责任限额，《联合国国际货物多式联运公约》（以下简称《多式联运公约》）第十九条规定：“如果货物的灭失或损坏已确定发生在多式联运的某一区段，而该区段适用的国际公约或强制性国家法律规定的赔偿限额高于多式联运公约的标准，则经营人的赔偿应以该国际公约或强制性国家法律予以确定。”在这种情况下，由于多式联运经营人对其分承运人的追偿请求不能适用《多式联运公约》，只能适用多式联运某运输区段所对应的单一运输国际公约，但《海牙规则》或《汉堡规则》等单一运输方式所适用的国际公约规定的赔偿责任却低于《多式联运公约》的规定。多式联运经营人的赔偿责任将会超过其分承运人，而且难以从其分承运人那里得到与其支付给索赔人（货主）数额相同的赔偿金额，为弥补此差额，多式联运经营人除提高运费外，只得向保险公司进行责任保险，以避免此类损失。因此，随着多式联运经营人责任的严格化和扩大化，以经营人的责任为对象的货物赔偿责任保险的保险费将会大幅度提高。

3. 货物保险和责任保险

运输保险可以分为两种形式：一种是由货主向货物保险公司投保的货物保险；另一种是由承运人（经营人）向互保协会投保的责任保险。在多式联运条件下，多式联运经营人应对多式联运全程负责，但多式联运经营人对于运输过程中造成的货物损坏或灭失的赔偿责任，通常都是以货物赔偿责任保险（简称责任保险）向保险公司或保赔协会投保。当然，多式联运经营人的多式联运责任保险所承担的风险取决于他签发的提单中所规定的责任范围，即货物保险承保的是货主所承担的风险，而责任保险所承保的则是多式联运经营人所承担的风险，两者之间既存在着互为补充的关系，也有共同承保货物运输风险的关系。

在货物保险中，保险费率是在考虑了该种货物的性质、数量、包装、运输船舶或其他运输工具的详细情况、运输区间、港口条件、季节和其他自然条件、签约人（被保险人）过去承保的得失等因素后，精确地计算出来的。由于签约人可以直接和保险人交涉保险条件和费率，所以他可以将商品的运费和保险费置于自己的管理之下，发生索赔时，只要损害是由保险所承保的危险造成的，就能迅速地从分布于世界各地、港口的理赔代理人那里得到保险金。

与此相对，在责任保险中，承运人以一定的赔偿责任限额为基础，将根据运输合同应由自己承担的责任，向保险人投保。因此，这种保险费率的确定，难以考虑各种货物和不同货主的差别，往往只能以承运人的责任限额和船舶吨位为基准统一决定。

第二节　海上运输货物保险

一、海上货物运输风险的种类

国际贸易货物在海上运输、装卸和储存过程中，可能会遭到各种不同风险，而海上货物运输保险人主要承保的风险有狭义的海上风险和外来风险。

1. 狭义的海上风险

狭义的海上风险是指海上发生的自然灾害和意外事故。自然灾害是指由于自然界的变异引起破坏力量所造成的灾害，如恶劣气候、雷电、海啸、地震、洪水、火山爆发等人力不可抗拒的灾害；意外事故是指由于意料不到的原因所造成的事故，如搁浅、触礁、沉没、碰撞、火灾、爆炸等。

自然灾害的类型主要有以下几种：

（1）恶劣气候　恶劣气候通常也称暴风雨，一般是指海上的飓风（八级以上）、大浪（3m以上的浪）、暴雨引起的船舶颠簸、倾斜，造成船体破裂，船上机器设备损坏，以及船上货物碰损破碎、混杂、包装破裂或是被水浸湿、冲走等。恶劣气候是货物在海运途中最容易遇到的风险。

（2）雷电　雷电是指船舶、货物因被雷电击中所直接造成的损失和由此引起火灾而致的损失，也包括船舶被雷电击中而破损致使海水进入船舱造成货物的损失。

（3）海啸　海啸是指由于海底地震、火山活动、海岸地壳变异或特大海洋风暴等引起的海水强烈震动而产生巨大浪潮，导致船舶、货物被淹没、冲击或损毁。

（4）地震　地震是指因地壳发生急剧的自然变异，使地面发生震动而导致船货的直接损失或由此引起的火灾、爆炸、淹没等损失。

（5）火山爆发　火山爆发是指由于强烈的火山活动，喷发固体、液体以及有毒气体造成的船货损失。

（6）洪水　洪水是指由于偶然的、意外的大量降水在短时间内汇集河槽而形成的特大径流造成的船货损失，包括山洪暴发、江河泛滥、潮水上岸或暴雨积水成灾造成海上航行的船舶及货物被淹没、浸泡、冲散及冲毁的损失。

意外事故的类型主要有以下几种：

（1）搁浅　搁浅是指船舶与海底、浅滩、堤岸在事先无法预料到的意外情况下发生触礁，并搁置一段时间，使船舶无法继续行进以完成运输任务；但规律性的潮汛涨落所造成的搁浅则不属于保险搁浅的范畴。

（2）触礁　触礁是指载货船舶触及水中岩礁或其他阻碍物。

（3）沉没　沉没是指船体全部或大部分已经没入水面以下，并已失去继续航行能力。若船体部分入水，但仍具航行能力，则不视作沉没。

（4）碰撞　碰撞是指船舶与船或其他固定的、流动的固定物猛力接触，如船舶与冰山、桥梁、码头、灯标等相撞等。

（5）火灾　火灾是指船舶本身、船上设备以及载运的货物失火燃烧。

（6）爆炸　爆炸是指船上锅炉或其他机器设备发生爆炸和船上货物因气候条件（如温度）影响产生化学反应引起的爆炸。

2. 外来风险

外来风险一般是指由于外来原因引起的风险，它可分为一般外来风险和特殊外来风险。

（1）一般外来风险　一般外来风险是指货物在运输途中由于偷窃、下雨、短量、渗漏、破碎、受潮、受热、霉变、串味、沾污、钩损、生锈、碰损等原因所导致的风险。

（2）特殊外来风险　特殊外来风险是指由于战争、罢工、拒绝交付等政治、军事、国家禁令及管制措施所造成的风险与损失，如因政治或战争因素，运送货物的船只被敌对国家扣留而造成交货不到，某些国家颁布的新政策或新的管制措施以及国际组织的某些禁令，都可能造成货物无法出口或进口而造成损失。

二、海损

被保险货物因遭受海上运输中的风险所导致的损失称之为海损或海上损失。海损按损失程度的不同，可分为全部损失和部分损失。

1. 全部损失

全部损失简称全损，是指被保险货物在海洋运输中遭受全部损失。从损失的性质看，全损又可分为实际全损和推定全损两种。

（1）实际全损　实际全损又称绝对全损，是指保险标的物在运输途中全部灭失或等同于全部灭失。在保险业务上构成实际全损主要有以下几种情况：

1）保险标的物全部灭失。例如，载货船舶遭遇海难后沉入海底，保险标的物实体完全灭失。

2）保险标的物的物权完全丧失已无法挽回。例如，载货船舶被海盗抢劫，或船货被敌对国扣押等，虽然标的物仍然存在，但被保险人已失去标的物的物权。

3）保险标的物已丧失原有商业价值或用途。例如，水泥受海水浸泡后变硬；烟叶受潮发霉后已失去原有价值。

4）载货船舶失踪，杳无音信已达相当一段时间。在国际贸易实务中，一般根据航程的远近和航行的区域来决定时间的长短。

（2）推定全损　推定全损是指保险货物的实际全损已经不可避免，或进行施救、复原的费用加上将货物运抵目的港的费用已超出保险补偿价值，这种损失即为推定全损。构成被保险货物推定全损的情况有以下几种情况：

1）保险标的物受损后，其修理费用超过货物修复后的价值。

2）保险标的物受损后，其整理和继续运往目的港的费用，超过货物到达目的港的价值。

3）保险标的物的实际全损已经无法避免，为避免全损所需的施救费用，将超过获救后标的物的价值。

4）保险标的物遭受保险责任范围内的事故，使被保险人失去标的物的所有权，而收回标的物的所有权，其费用已超过收回标的物的价值。

2. 部分损失

不属于实际全损和推定全损的损失为部分损失。部分损失按其性质可分为共同海损和单独海损。

（1）共同海损　根据1974年国际海事委员会制定的《约克-安特卫普规则》的规定：“载货船舶在海运上遇难时，船方为了共同安全，以使同一航程中的船货脱离危险，有意而合理地做出的牺牲或引起的特殊费用，这些损失和费用被称为共同海损。”构成共同海损的条件包括以下几个：

1）共同海损的危险必须是实际存在的，或者是不可避免的，而非主观臆测的。因为不是所有的海上灾难、事故都会引起共同海损。

2）必须是自愿地和有意识地采取合理措施所造成的损失或发生的费用。

3）必须是为船货共同安全采取的谨慎行为或措施时所做的牺牲或引起的特殊费用。

4）必须是属于非平常性质的牺牲或发生的费用，并且是以脱险为目的。

共同海损行为所做出的牺牲或引起的特殊费用，都是为使船主、货主和承运方不遭受损失而支出的，因此，不管其大小如何，都应由船主、货主和承运各方按获救的价值，以一定的比例分摊，这种分摊叫共同海损的分摊。在分摊共同海损费用时，不仅要包括未受损失的利害关系人，而且还需包括受到损失的利害关系人。共同海损分摊涉及的因素比较复杂，一般均由专门的海损理算机构进行理算。

（2）单独海损　单独海损是指保险标的物在海上遭受承保范围内的风险所造成的部分灭失或损害，即指除共同海损以外的部分损失。这种损失只能由标的物所有人单独负担。与共同海损相比较，单独海损的特点有以下几个：

1）它不是人为有意造成的部分损失。

2）它是保险标的物本身的损失。

3）单独海损由受损失的被保险人单独承担，但其可根据损失情况从保险人那里获得赔偿。

不论投保何种险种，由于海上风险而造成的全部损失和共同海损均属保险人的承保范围。对于推定全损的情况，由于货物并未全部灭失，被保险人可以选择按全损或按部分损失索赔。若按全损处理，则被保险人应向保险人提交委付通知，把残余标的物的所有权交付保险人，经保险人接收后，可按全损得到赔偿。

三、海上运输货物保险的种类

1. 基本险

海上运输货物基本险是海上运输货物保险的必选险种。基本险的承保责任期间采用的是“仓至仓条款”，即保险责任自被保险货物运离保险单所载明的起运地——发货人仓库或储存处所开始生效，包括正常运输过程中的海上、陆上、内河和驳船运输在内，直至该项货物到达保险单所载明目的地收货人的仓库或储藏处或被保险人用作分配、分派或非正常运输的其他储存处为止，但最长不超过被保险货物卸离海轮后60天。基本险又分成平安险、水渍险和一切险三种。

（1）平安险　平安险一词是我国保险业的习惯用语，来源于国际保险市场的“Free From Particular Average（FPA）”，原意是“不负责赔偿单独海损”，即保险人只对因海损事故和自然灾害造成的货物的全部损失承担赔偿责任，而不负责单独海损。但是目前的海上保险实务中，平安险不负单独海损责任的原则已经有所改变，保险人对于特定意外事故（如搁浅、触礁、沉没等）所引起的单独海损亦予以承保。概括起来，这一险别的责任范围主要包括以下几种：

1）被保险货物在运输途中由于恶劣气候、雷电、海啸、地震、洪水等自然灾害造成整批货物的全部损失或推定全损。

2）由于运输工具遭受搁浅、触礁、沉没、互撞，与流冰或其他物体碰撞以及失火、爆炸等意外事故造成货物的全部或部分损失。

3）在运输工具已经发生搁浅、触礁、沉没、焚毁等意外事故的情况下，货物在此前后又在海上遭受恶劣气候、雷电、海啸等自然灾害所造成的部分损失。

4）在装卸或转运时由于一件或数件货物落海造成的全部或部分损失。

5）被保险人对遭受承保责任内危险的货物采取抢救、防止或减少货损的措施而支付的合理费用，但以不超过该批货物的保险金额为限。

6）运输工具遭遇海难后，在避难港由于卸货所引起的损失，以及在中途港、避难港由于卸货、存仓以及运送货物所产生的特别费用。

7）共同海损的牺牲、分摊和救助费用。

8）运输合同订有“船舶互撞责任”条款，根据该条款规定，应由货方偿还船方的费用。

（2）水渍险　水渍险在我国保险业沿用已久，其英文是“With Particular Average（WPA）”，原意是“负责单独海损”。水渍险的责任范围除了包括上列“平安险”的各项责任外，还负责被保险货物由于恶劣气候、雷电、海啸、地震、洪水等自然灾害所造成的部分损失。在我国海上货物运输保险的水渍险中，保险人承保两个方面的保险责任：

1）承保上述平安险的各项损失和费用。

2）负责被保险货物由于恶劣气候、雷电、海啸、地震、洪水等自然灾害所造成的部分损失。

水渍险一般适用于不易损坏或不因生锈而影响使用的货物，如五金材料，旧的汽车、机械、机床、散装金属原料等。

（3）一切险　一切险源于英文“All Risk（AR）”，是海上货物运输保险基本险中承保范围最大的一种基本险别，其保险费率也最大。在我国海上货物运输保险的一切险中，保险人承保两个方面的保险责任：

1）承保上述平安险和水渍险的各项损失和费用。

2）负责被保险货物在运输途中由于一般外来原因所致的全部或部分损失，除对某些运输途耗的货物，经保险公司与被保险人双方约定在保险单上载明的免赔率外，保险公司均给予赔偿。

所谓一般外来原因所致的全部或部分损失是指一般风险所致的损失。随着国际贸易和海上航运业的发展，可能造成货损的外来原因在日益增多，如碰损、串味等。为适应投保人对外来原因致损货物的风险而寻求保险保障的要求，保险人设立了一系列附加险。所以，一切险实际上是平安险、水渍险和普通附加险（一般附加险）的合并。

（4）一般货物险的除外责任　在上述三种基本险别中，明确规定了除外责任，所谓除外责任是指保险公司明确规定不予承保的损失或费用。保险人对下列各项损失和费用，不负赔偿责任：

1）被保险人的故意行为或过失所造成的损失。

2）属于发货人所引起的损失。

3）在保险责任开始前，被保险货物已存在的品质不良或数量短缺所造成的损失。

4）被保险货物的自然损耗、本质缺陷、特性以及市价跌落、运输延迟所引起的损失或费用。

5）海洋运输货物战争险条款、罢工险条款规定的责任范围和除外责任。

由于上述除外责任均是基于被保险人的主观过错、商品本身的潜在缺陷以及运输途中必然发生的消耗等所造成的损失，所以保险人将这些风险排除在承保范围之外。

2. 附加险

附加险承保由外来风险所造成的损失，可分成一般附加险、特别附加险和特殊附加险。附加险不能单独投保，可在投保一种基本险的基础上，根据货运需要加保其中的一种或若干种。投保了一切险后，因一切险中已包括了所有一般附加险的责任范围，所以只需在特别附加险和特殊附加险中选择加保。

（1）一般附加险　一般附加险承保一般外来原因引起的货物损失，亦称普通附加险，它们包括在一切险之中。若投保了一切险，就无须另行加保；若投保了平安险或水渍险，则由被保险人根据货物特性和运输条件选择一种或几种附加险，经与保险人协议加保。

一般附加险中具体险种的适用范围和承保风险如下：

1）偷窃、提货不着险。偷窃、提货不着险中，保险人对被保险货物因被偷窃，以及被保险货物运抵目的地后整件未交的损失承担保险责任。但是，被保险人对于偷窃行为所致的货物损失，必须在提货后的规定天数内申请检验，而对于整件提货不着，被保险人必须取得责任方的有关证明文件，保险人才予赔偿。

2）淡水雨淋险。淡水雨淋险专门承保货物在运输途中由于淡水或雨水造成的损失，包括船上淡水舱、水管漏水以及舱汗所造成的货物损失。不过，保险人承担赔偿责任，要求被保险人必须在知道发生损失后的规定天数内申请检验，并要以外包装痕迹或其他证明为依据。

3）短量险。短量险负责对被保险货物在运输过程中，因包装破裂或散装货物发生数量损失或重量短缺的损失进行赔偿，但不包括货物在途的正常损耗。被保险人对于包装货物的短少，应当提供外包装发生破裂现象的证明；对于散装货物，则以装船重量和卸船重量之间的差额作为计算短量的依据。

4）混杂、沾污险。混杂、沾污险承保被保险货物在运输过程中，因与其他物质接触而被沾污或混进了杂质，影响货物质量所造成的损失。

5）渗漏险。渗漏险承保流质、半流质、油类货物在运输途中因容器损坏而引起的渗漏损失，以及用液体储运的货物（如酱渍菜等）因液体渗漏引起货物腐烂变质造成的损失。

6）碰损破碎险。碰损破碎险对于被保险货物在运输过程中，因震动、碰撞、受压造成货物破碎和碰撞损失负责赔偿。

7）串味险。串味险主要承保被保险货物因在运输过程中配载不当而受其他物品影响，引起的串味损失。一般用于易发生串味损失的食品、粮食、茶叶、中药材、香料、化妆品等货物。

8）受潮受热险。受潮受热险负责被保险货物在运输过程中，因气温骤变或船上通风设备失灵等原因使船舱内水汽凝结、发热或发潮导致的损失。

9）钩损险。钩损险承保被保险货物（一般是袋装、箱装或捆装货物）在运输过程中用钩子装卸，致使包装破裂或直接钩破货物所造成的损失及其对包装进行修理或调换所支出的费用。

10）包装破损险。包装破损险负责被保险货物在运输过程中因搬运或装卸不慎造成包装破裂所引起的货损，以及因继续运输安全的需要修补或调换包装所支出的费用。

11）锈损险。锈损险对被保险货物在运输过程中由于生锈而造成的损失承担赔偿责任，在海上保险实务中，保险人一般不就裸装的金属板、块、条、管等承保锈损险。

（2）特别附加险　特别附加险所承保的风险大多与国家的行政措施、政策法令、航海贸易习惯有关，它不包括在一切险范围，必须另行加保才能获得保障。特别附加险主要有以下几种：

1）交货不到险。交货不到险承保自被保险货物装上船舶时开始，在6个月内不能运到原定目的地交货。不论何种原因造成交货不到，保险人都按全部损失予以赔偿，但是，被保险人应将货物的全部权益转移给保险人。因为造成交货不到的原因并非运输上的，而是某些政治风险（如被另一国在中途港强迫卸货等），所以，被保险人在投保该险别时必须获得进口货物所有的一切许可手续，否则投保该险是无效的。交货不到险所承保的风险与提货不着险所承保的风险并不相同，提货不着险承保的是因运输方面的原因导致整件货物提货不着的损失，对于此种损失，交货不到险不予承保。此外，交货不到险对战争险项下应予负责的交货不到损失也不负责。

2）进口关税险。进口关税险承保的是被保险货物受损后，仍在目的港按完好货物缴纳进口关税而造成相应货损部分的关税损失，但是，保险人对此承担赔偿责任的条件是货物遭受的损失必须是保险单承保责任范围内的原因造成的。进口关税险的保险金额根据本国进口税率确定，并与货物的保险金额分开，在保险单上另行列出。而保险人在损失发生后，对关税损失部分的赔付以该保险金额为限。投保进口关税险，往往是针对某些国家规定，进口货物不论是否短少、残损均需按完好价值纳税而适用的。

3）舱面货物险。舱面货物险承保装载于舱面的货物被抛弃或海浪冲击落水所致的损失。一般来讲，保险人确定货物运输保险的责任范围和制定保险费率时，是以舱内装载运输为基础的，但有些货物因体积大或有毒性或有污染性或根据航运习惯必须装载于舱面，为对这类货物的损失提供保险保障，可以加保舱面货物险。加保该附加险后，保险人除了按基本险责任范围承担保险责任外，还要依舱面货物险对舱面货物被抛弃或受风浪冲击落水的损失予以赔偿。由于舱面货物处于暴露状态，易受损害，所以保险人通常只是在“平安险”的基础上加保舱面货物险，而不愿意在一切险的基础上加保舱面货物险，以免责任过大。

4）拒收险。拒收险承保被保险货物出于各种原因，在进口港被进口国政府或有关当局拒绝进口或没收而产生损失，保险人依拒收险对此承担赔偿责任。但是，投保拒收险的条件是被保险人在投保时必须持有进口所需的一切手续（特许证或许可证或进口限额）。如果被保险货物在起运后至抵达进口港之前的期间内，进口国宣布禁运或禁止进口的，保险人只负责赔偿将该货物运回出口国或转口到其他目的地所增加的运费，且以该货物的保险金额为限。同时，拒收险条款还规定：被保险人所投保的货物在生产、质量、包装、商品检验等方面，必须符合产地国和进口国的有关规定。如果因被保险货物的记载错误，商标或生产标志错误，贸易合同或其他文件存在错误或遗漏，违反产地国政府或有关当局关于出口货物规定而引起的损失，保险人概不承担保险责任。

5）黄曲霉素险。黄曲霉素险承保被保险货物（如花生、油菜籽等）在进口港或进口地经卫生当局检验证明，其所含黄曲霉素超过进口国限制标准，而被拒绝进口、没收或强制改变用途所造成的损失。按该险条款规定，经保险人要求，被保险人有责任处理被拒绝进口或强制改变用途的货物或者申请仲裁。黄曲霉素是一种致癌物质，发霉的花生、油菜籽通常含有此毒素。

6）出口货物到香港（包括九龙）或是澳门存仓火险责任扩展条款。出口货物到香港（包括九龙）或是澳门存仓火险责任扩展条款是对于被保险货物自内地出口运抵香港（包括九龙）或澳门，卸离运输工具，直接存放于保险单载明的过户银行所指定的仓库期间发生火灾所受的损失，承担赔偿责任。该附加险是一种保障过户银行权益的险种。因为，通过银行办理押汇，在货主未向银行归还贷款前，货物的权益属于银行，所以，在该保险单上必须注明过户给放款银行。相应地，货物在此期间到达目的港的，收货人无法提货，必须存入过户银行指定的仓库。保险单附加该险条款的，保险人承担火险责任。该附加险的保险期限，自被保险货物运入过户银行指定的仓库之时起，至过户银行解除货物权益之时，或者运输责任终止时起满30天时止，两者以先发生者为准。若被保险人在保险期限届满前向保险人书面申请延期的，在加缴所需保险费后可以继续延长。

（3）特殊附加险　特殊附加险主要包括战争险和罢工险，是当前国际海上货物运输保险中普遍适用的。罢工险与战争险的关系密切，一般被保险人在投保战争险的同时加保罢工险。

1）海上货物运输战争险。海上货物运输战争险是保险人承保战争或类似战争行为导致的货物损失的特殊附加险。被保险人必须投保货运基本险之后，才能经特别约定投保战争险。战争险的保险责任包括：直接由于战争、类似战争行为和敌对行为、武装冲突或海盗行为所致的损失；由于上述原因所引起的捕获、拘留、扣留、禁制、扣押所造成的损失；各种常规武器，包括水雷、鱼雷、炸弹所致的损失；由于上述原因所引起的共同海损的牺牲、分摊和救助费用。

我国海洋运输货物战争险的除外责任包括：由于敌对行为使用原子或热核制造的武器（如原子弹、氢弹等）所致的损失和费用；根据执政者、当权者，或其他武装集团的扣押、拘留引起的承保航程的丧失和挫折而提出的任何索赔。

战争险的保险责任期限以水面危险为限，即自货物在起运港装上海轮或驳船时开始，直到目的港离开海轮或驳船为止，如不卸离海轮或驳船，则从海轮到达到目的港的当天午夜起算满15天，保险责任自行终止。

2）海上货物运输罢工险　海上货物运输罢工险是保险人承保被保险货物因罢工等人为活动造成损失的特殊附加险。我国保险人对罢工险的保险责任范围包括：罢工者、被迫停工工人或参加工潮暴动与民众斗争的人员的行动所造成的直接损失；任何人的敌意行动所造成的直接损失；因上述行动或行为引起的共同海损的牺牲、分摊和救助费用。

海洋运输货物罢工险以罢工引起的间接损失为除外责任，即在罢工期间由于劳动力短缺或不能运输所致被保险货物的损失，或因罢工引起动力或燃料缺乏使冷藏机停止工作所致冷藏货物的损失。

3）其他海上运输专门保险。

① 冷藏货物险。海上运输冷藏货物险是专门适用于冷藏货物的海上货物运输保险。海上运输冷藏货物险分为冷藏险和冷藏一切险。它们的保险责任，分别为一般货物险中的水渍险和一切险加上由于冷藏机器停止工作连续24h以上造成的腐败或损失。

海上运输冷藏货物保险的除外责任，在一般海洋运输货物保险的除外责任的基础上增加了两项除外责任：被保险货物在运输过程中的任何阶段，因未存放在有冷藏设备的仓库或运输工具中，或辅助运输工具没有隔热设备所造成的货物腐败；被保险货物在保险责任开始时因未保持良好状态，包括整理加工和包扎不妥，冷冻上的不合规定及骨头变质所引起的货物腐败和损坏等。

② 散装桐油险。海上运输散装桐油保险是专门以散装桐油作为保险标的物的一种海上货物运输险种。它承保散装桐油在海上运输过程中，因遭受保险范围内的自然灾害或意外事故所造成的损失。海上运输散装桐油保险的保险责任范围，除了承担一般海洋运输货物保险的保险责任以外，还承保下述各项损失和费用：不论任何原因所致被保险桐油的短少、渗漏（超过保险单规定的免赔率部分）的损失（以每个油舱作为计算单位）；不论任何原因所致被保险桐油的沾污或变质的损失；被保险人因对遭受承保风险的桐油，采取抢救、防止或减少货损的措施所支出的合理费用，但以该批被救桐油的保险金额为限。散装桐油险的除外责任与一般海洋运输货物基本险的除外责任一致。

第三节　陆上、航空、邮包运输货物保险

一、陆上运输货物保险

陆上运输货物保险的承保对象是火车和汽车运输货物。结合陆上运输的特点，我国陆上运输货物保险的险别分为陆运险、陆运一切险和陆上运输冷藏货物险以及陆上运输货物战争险等。

1. 陆运险和陆运一切险

（1）陆运险的责任范围

1）被保险货物在运输途中遭受暴风、雷电、洪水、地震等自然灾害或由于运输工具遭受碰撞、倾覆、出轨或在驳运过程中因驳运工具遭受搁浅、触礁、沉没、碰撞，或由于遭受隧道坍塌、崖崩或失火、爆炸意外事故所造成的全部或部分损失。

2）被保险人对遭受承保责任内危险的货物采取抢救、防止或减少货损的措施而支付的合理费用，但以不超过该批被救货物的保险金额为限。

（2）陆运一切险的责任范围　除包括上列陆运险的责任外，陆运一切险还负责被保险货物在运输途中由于外来原因所致的全部或部分损失。

（3）陆上运输货物险的责任起讫　陆上运输货物险负“仓至仓”责任，自被保险货物运离

保险单所载明的起运地仓库或储存处所开始运输时生效，包括正常运输过程中的陆上和与其有关的水上驳运在内，直至该项货物运达保险单所载目的地收款人的最后仓库或储存处所或被保险人用作分配、分派的其他储存处所为止，如未运抵上述仓库或储存处所，则以被保险货物运抵最后卸载的车站满60天为止。陆上运输货物险的索赔时效，从被保险货物在最后目的地车站全部卸离车辆后计算，最多不超过两年。

（4）除外责任　陆上运输货物险对下列损失不负赔偿责任：

1）被保险人的故意行为或过失所造成的损失。

2）属于发货人责任所引起的损失。

3）在保险责任开始前，被保险货物已存在的品质不良或数量短缺所造成的损失。

4）被保险货物的自然损耗、本质缺陷、特性以及市价跌落、运输延迟所引起的损失或费用。

5）保险公司陆上运输货物战争险条款和货物运输罢工险条款规定的责任范围和除外责任。

（5）被保险人的义务　被保险人应按照以下规定的应尽义务办理有关事项：

1）当被保险货物运抵保险单所载目的地以后，被保险人应及时提货，当发现被保险货物遭受任何损失，应立即向保险单上所载明的检验、理赔代理申请检验，如发现被保险货物整件短少或有明显残损痕迹，应立即向承运人、受托人或有关当局索取货损货差证明，如果货损货差是由于承运人、受托人或其他有关方面的责任所造成，应以书面方式向他们提出索赔，必要时还需取得延长时效的认证。

2）对遭受承保责任内危险的货物，应迅速采取合理的抢救措施，防止或减少货物损失。

3）在向保险人索赔时，应提供下列单证：保险单正本、提单、发票、装箱单、磅码单、货损货差证明、检验报告及索赔清单，如涉及第三者责任还须提供向责任方追偿的有关函电及其他必要单证或文件。

2. 陆上运输冷藏货物险

陆上运输冷藏货物险是陆上运输货物保险中的一种专门保险，具有基本险的性质。保险人除负责陆运险所列举的自然灾害和意外事故所造成的全部损失和部分损失外，还负责赔偿由于冷藏机器或隔热设备在运输途中损坏所造成的被保险货物解冻溶化而腐败的损失。

（1）陆上运输冷藏货物险的责任范围

1）被保险货物在运输途中由于下列原因造成的全部或部分损失：

① 暴风、雷电、地震、洪水。

② 陆上运输工具遭受碰撞、倾覆或出轨。

③ 在驳运过程中驳运工具的搁浅、触礁、沉没、碰撞。

④ 隧道坍塌、崖崩、失火、爆炸。

2）被保险货物在运输途中由于冷藏机器或隔温设备的损坏或者车厢内贮存冰块的溶化所造成的解冻溶化而腐败的损失。

3）被保险人对遭受承保责任内危险的货物采取抢救、防止或减少货损的措施而支付合理费用，但以不超过该批被救货物的保险金额为限。

（2）除外责任　陆上运输冷藏货物险对于下列损失不负赔偿责任：

1）被保险人的故意行为或过失所造成的损失。

2）属于发货人责任所引起的损失。

3）被保险货物在运输过程中的任何阶段，因未存放在有冷藏设备的仓库或运输工具中或辅助运输工具没有隔温设备或车厢内没有贮存足够的冰块所致的货物腐败。

4）被保险货物在保险责任开始时因未保持良好状态，包括整理加工和包扎不妥，冷冻上的不合规定及骨头变质所引起的货物腐败和损失。

5）被保险货物的自然损耗、本质缺陷、特性及市价跌落、运输延迟所引起的损失和费用。

6）陆上运输货物战争险条款和货物运输罢工险条款所规定的责任范围和除外责任。

（3）陆上运输冷藏货物险的责任起讫　陆上运输冷藏货物险责任自被保险货物运离保险单所载地点的冷藏仓库装入运送工具开始运输时生效，包括正常陆运和与其有关的水上驳运在内，直至该项货物到达保险单所载明的目的地收货人仓库为止，但最长保险责任以被保险货物到达目的地车站10天为限。陆上运输冷藏货物险的索赔时效，从被保险货物在最后目的地车站全部卸离车辆后起算，最多不超过两年。

（4）被保险人的义务　陆上运输冷藏货物险的被保险人的义务与陆上运输货物险的被保险人的义务基本相同。

3. 陆上运输货物战争险

陆上运输货物战争险是陆上运输货物险的一种附加险，只有在投保了陆运险或陆运一切险的基础上，经过投保人与保险人协商并经保险人同意后方可加保。陆上运输货物战争险目前只限于铁路运输，若使用汽车运输，不能投保。

（1）陆上运输货物战争险的责任范围　陆上运输货物战争险负责赔偿直接由于战争、类似战争行为和敌对行为、武装冲突所致的损失以及各种常规武器，包括地雷、炸弹所致的损失。

（2）除外责任　陆上运输货物战争险对于下列损失不负赔偿责任：

1）由于敌对行为使用原子或热核制造的武器所致的损失和费用。

2）根据执政者、当权者或其他武装集团的扣押、拘留引起的承保运程的丧失和挫折而提出的任何索赔要求。

（3）责任起讫

1）陆上运输货物战争险的责任自被保险货物装上保险单所载起运地的火车时开始到卸离保险单所载目的地的火车时为止，如果被保险货物不卸离火车，保险责任最长期限以火车到达目的地的当日午夜起算满48h为止。

2）如在运输中途转车，不论货物在当地卸载与否，保险责任以火车到达该中途站的当日午夜起算满10天为止，如货物在上述期限内重行装车续运，保险恢复有效。

3）如运送契约在保险单所载目的地以外的地点终止时，该地即视为保险单的目的地，陆上运输货物战争险责任到卸离保险单所载目的地的火车时为止，如果被保险货物不卸离火车，陆上运输货物战争险责任最长期限以火车到达目的地的当日午夜起算满48h为止。

二、航空运输货物保险

1. 航空运输险和航空运输一切险

（1）责任范围　航空运输险的责任范围如下：

1）被保险货物在运输途中遭受雷电、火灾、爆炸或由于飞机遭受恶劣气候或其他危难事故而被抛弃，或由于飞机遭受碰撞、倾覆、坠落或失踪等意外事故所造成的全部或部分损失。

2）被保险人对遭受承保责任内危险的货物采取抢救，防止或减少货损的措施而支付的合理费用，但以不超过该批被救货物的保险金额为限。

航空运输一切险的责任范围除包括上列航空运输险的责任外，还负责被保险货物由于外来原因所致的全部或部分损失。

（2）除外责任　航空运输险和航空运输一切险对下列损失，不负赔偿责任：

1）被保险人的故意行为或过失所造成的损失。

2）属于发货人责任所引起的损失。

3）保险责任开始前，被保险货物已存在的品质不良或数量短差所造成的损失。

4）被保险货物的自然损耗、本质缺陷、特性以及市价跌落、运输延迟所引起的损失或费用。

5）航空运输货物战争险条款和货物运输罢工险条款规定的责任范围和除外责任。

（3）责任起讫　航空运输险和航空运输一切险的保险责任，采用“仓至仓条款”确定起讫期限，即自被保险货物运离保险单所载明的起运地仓库或储存处所开始运输时生效，包括正常运输过程中的运输工具在内，直至该项货物运达保险单所载明目的地收货人的最后仓库或储存处所或被保险人用作分配、分派或非正常运输的其他储存处所为止，如未运抵上述仓库或储存处所，则以被保险货物在最后卸载地卸离飞机后满30天为止，如在上述30天内被保险的货物需转送到非保险单所载明的目的地时，则以该项货物开始转运时终止。

若由于被保险人无法控制的运输延迟、绕道、被迫卸货、重行装载、转载或承运人运用运输契约赋予的权限所做的任何航行上的变更或终止运输契约，致使被保险货物运到非保险单所载目的地时，在被保险人及时将获知的情况通知保险人，并在必要时加缴保险费的情况下，保险仍继续有效，保险责任按下述规定终止：

1）被保险货物如在非保险单所载目的地出售，保险责任至交货时为止，但不论任何情况，均以被保险的货物在卸载地卸离飞机后满30天为止。

2）被保险货物在上述30天期限内继续运往保险单所载原目的地或其他目的地时，保险责任仍按上款的规定终止。

航空运输险和航空运输一切险的索赔时效，从被保险货物在最后卸载地卸离飞机后起计算，最多不超过2年。

（4）被保险人的义务　航空运输险和航空运输一切险的被保险人的义务与陆上运输货物险的被保险人的义务基本相同。

2. 航空运输货物战争险

航空运输货物战争险是航空运输货物险的一种特殊附加险，只有在投保了航空运输险或航空运输一切险的基础上方可加保。

（1）责任范围　航空运输货物战争险负责赔偿由于战争、类似战争行为和敌对行为、武装冲突以及各种常规武器，包括炸弹所造成的货物损失。

（2）除外责任　航空运输货物战争险对由于敌对行为使用原子或热核制造的武器所致的损失和费用，以及根据执政者、当权者或其他武装集团的扣押、拘留引起的承保航程的丧失和挫折而提出的任何索赔不负赔偿责任。

（3）责任起讫　航空运输货物战争险责任自被保险货物装上保险单所载起运地的飞机时开始，到卸离保险单所载目的地的飞机为止，如果被保险货物不卸离飞机，保险责任最长期限以飞机到达目的地的当日午夜起算满15天为止，如被保险货物在中途港转运，保险责任以飞机到达转运地的当日午夜起算满15天为止，装上续运的飞机时，保险责任再恢复有效。

三、邮包运输货物保险

1. 邮包险和邮包一切险

（1）责任范围　邮包险的责任范围如下：

1）被保险邮包在运输途中由于恶劣气候、雷电、海啸、地震、洪水等自然灾害或由于运输工具遭受搁浅、触礁、沉没、碰撞、倾覆、出轨、坠落、失踪，或由于失火、爆炸等意外事故所造成的全部或部分损失。

2）被保险人对遭受保险责任内危险的货物采取抢救、防止或减少货损的措施而支付的合理费用，但以不超过该批获救货物的保险金额为限。

邮包一切险的责任范围除包括上述邮包险的各项责任外，还负责被保险邮包在运输途中由于外来原因所致的全部或部分损失。

（2）除外责任　邮包险和邮包一切险对因被保险人的故意行为或过失所造成的损失；由于发货人责任所引起的损失；在保险责任开始前，被保险邮包已存在的品质不良或数量短差所造成的损失；被保险邮包的自然损耗、本质缺陷、特性以及市价跌落、运输延迟所引起的损失或费用；邮包战争险条款和货物运输罢工险条款规定的责任范围和除外责任，均不负赔偿责任。

（3）责任起讫　邮包险和邮包一切险的责任自被保险邮包离开保险单所载起运地点寄件人的处所运往邮局时开始生效，直至该项邮包运达保险单所载目的地邮局，自邮局签发到货通知书当日午夜起算满15天终止，但在此期限内邮包一经递交至收件人的处所时，保险责任即行终止。邮包险和邮包一切险保险索赔时效，从被保险邮包递交收件人时起算，最多不超过2年。

（4）被保险人的义务　被保险人应按照以下规定的应尽义务办理有关事项：

1）当被保险邮包运抵保险单所载明的目的地以后，被保险人应及时提取包裹，当发现被保险邮包遭受任何损失，应立即向保险单上所载明的检验、理赔代理人申请检验，如发现被保险邮包整件短少或有明显残损痕迹，应立即向邮局索取短、残证明，并应以书面方式向他们提出索赔，必要时还须取得延长时效的认证。

2）对遭受承保责任内危险的邮包，应迅速采取合理的抢救措施，防止或减少邮包的损失，被保险人采取此项措施，不应视为放弃委付的表示，保险公司采取此项措施，也不得视为接受委付的表示。

3）在向保险人索赔时，必须提供下列单证：保险单正本、邮包收据、发票、装箱单、磅码单、货损货差证明、检验报告及索赔清单，如涉及第三者责任，还须提供向责任方追偿的有关函电及其他必要单证或文件。

2. 邮包战争险

邮包战争险是一种附加险，只有在投保了邮包险和邮包一切险的基础上，经过投保人与保险人协商并经保险人同意后方可加保。

（1）责任范围　邮包战争险的责任范围包括：由于战争、类似战争行为、敌对行为、武装冲突或海盗行为以及常规武器，包括水雷、鱼雷、炸弹所致的损失。此外，保险公司应负责被保险人对遭受以上承保责任内危险的物品采取抢救、防止或减少损失的措施而支付的合理费用。

（2）除外责任　邮包战争险对于由于敌对行为使用原子或热核制造的武器所致的损失和费用，以及根据执政者、当权者或其他武装集团的扣押、拘留引起的承保航程的丧失和挫折而提出的任何索赔，均不负赔偿责任。

3. 责任起讫

邮包战争险责任自被保险邮包经邮局收讫后自储存处所开始运送时生效，直至该项邮包运达本保险单所载目的地邮局送交收件人为止。

第四节　集装箱保险

一、集装箱保险

集装箱保险一般分为全损险和综合险，被保险集装箱发生损失时，保险公司按承保险别和相关条款规定负责赔偿。集装箱保险是赔偿因集装箱箱体的灭失、损坏而产生的经济损失的保险，一般是由集装箱所有人作为投保人，而在租赁集装箱情况下，则由租借人作为准所有人签订合同，另外，租借人也可以把其对所有人的赔偿责任加以投保，此时，租借人须签订赔偿责任保险的特约。

1. 责任范围

集装箱全损险的责任范围为集装箱的全部损失，集装箱的推定全损以及共同海损和救助费用的分摊。

集装箱综合险的责任范围如下：

1）集装箱的全部损失或部分损失（但集装箱的机器部分损失按下款规定办理）。

2）由于运输船舶的沉没、触礁、搁浅、碰撞引起的（包括同冰碰撞）或陆上或空中运输工具的碰撞、倾覆及其他意外事故或外来的火灾、爆炸造成的集装箱的机器部分损失。不论是承保全损险或综合险，保险公司对共同海损分摊、救助和集装箱受损后，被保险人立即采取的有效抢救措施和防止损失扩大而支付的合理费用也负责补偿，但对上述抢救和防损费用的补偿金额以不超过被救集装箱的保险金额为限。

2. 除外责任

保险公司对下列损失、费用不负责赔偿：

1）由于集装箱不符合国际标准，或由于其内在缺陷和特性，或工人罢工，或延迟所引起的损失和费用。

2）正常磨损及其修理费用。

3）集装箱战争险条款规定的承保责任和除外责任。

4）与投保集装箱经营有关的或由其引起的第三者责任和费用。

3. 责任起讫

集装箱保险是定期保险，起止时间以保险单规定为准。

4．退保

集装箱保险保险双方均可用30天事先通知的方式取消，如由被保险人提出在保险期限内退保，应按本公司短期费率计算退费（不满一个月按一个月计）。

5．损失处理

被保险集装箱发生损失时，被保险人应立即通知保险公司或就近的保险公司检验代理人并采取一切可能措施，以减少损失。属于保险责任范围以内的修理应事先取得保险公司同意，如损失应由船方、其他受托人或任何第三者负责时，应办好向这些责任方追偿的一切手续。

6．被保险人应尽义务

每一集装箱作为一个单独保险单位，各有明确的唛头标记，被保险人对投保的集装箱应定期做好维修和保养工作。

7．赔款

在集装箱全损时，保险公司按保额全部赔付；集装箱发生部分损失时，保险公司按合理的修理费用扣除免赔额后赔付，如果后者超过保险金额时，可作为推定全损处理。被保险人在收取赔款时，必须将向船方、其他受托人或任何第三者责任方的追偿权利转给保险公司。

8．争议处理

被保险人和保险公司之间发生的一切争议，应本着实事求是、公平合理的原则，协商解决。

二、集装箱战争险

1．责任范围

当被保险集装箱装在海轮、其他船舶或飞机上时，由于下列原因造成的损失、费用和责任，保险公司负责赔偿：

1）战争、敌对行为或武装冲突。

2）由于1）引起的拘留、扣押、没收或封锁，但是这种赔案必须从发生日起满三个月后才能受理。

3）各种常规武器，包括水雷、鱼雷或炸弹。

由于上述1）、3）原因所引起的共同海损的牺牲、分摊和救助费用，保险公司也负责赔偿。

2．除外责任

保险公司对凡属于集装箱保险条款责任范围的事故和集装箱所有人国家的政府行使的拘留、扣押、没收或征用导致的损失、费用，由于原子弹、氢弹等核武器所造成的损失，均不负责赔偿。

3．保险责任终止规定

保险公司有权在任何时候向被保险人发出注销战争险责任的通知，在发出通知后14天期满时终止战争险责任。

三、集装箱所有人对第三者的赔偿责任险

集装箱所有人或租借人，当因集装箱的有关事故而使他人的身体遭受伤害或财物受到损坏时，在法律上负有赔偿的义务，通过集装箱所有人对第三者的赔偿责任险，可以使集装箱所有人或租借人因之而受到的损失得到赔偿。另外，施救费用、为保全权利的费用，以及得到保险人同意的有关诉讼、仲裁等费用也可以得到赔偿。此种保险分两种情形：① 只

承保集装箱所有人或租借人的赔偿责任；② 承保包括集装箱所有人的责任在内的集装箱经营人的赔偿责任。但是无论是上述哪一种情形，一旦判明是集装箱制造者对集装箱自身的制造缺陷所造成的责任，则该保险不予赔偿。此外，对于清除集装箱内部残骸的费用及消毒费用等，可以依据保险特约对依法必须支付的费用损失加以保险，如果在集装箱经营人的货物损害赔偿责任保险合同中加订特约，则对于集装箱内部的货物进行特别检疫消毒所需费用也可以得到赔偿。

集装箱所有人对第三者的赔偿责任险对于因合同而加重的赔偿责任，从事被保险人方面业务的工作人员所遭受的身体伤害，被保险人所有、使用管理的财物或由被保险人所运输的货物的损害，由被保险人的故意或重大过失，由战争、暴动、叛乱、罢工等危险所造成的损害，由地震、火山爆发、洪水、涨潮等天灾所造成的损害，由与核动力相关的放射性污染等所造成的损害，均不负赔偿责任。

四、集装箱承运人（包括多式联运经营人）的货物损害赔偿责任保险

通常，船舶所有人在船舶航行过程中，对第三者的赔偿责任以及货物赔偿责任，一直是由船东保赔协会受理的，但是，随着集装箱运输的发展，集装箱运输过程中的各种责任保险仅仅由保赔协会负责是不够的。因此，集装箱承运人（包括多式联运经营人）对于货物损害投保赔偿责任险具有一定的作用，尤其是对于没有自己的保赔协会的货运代理人，其作为集装箱的所有人或租借人应负的责任，可以通过保险加以更为全面的保护。

当货主采用集装箱进行货物运输，并由其投保海上运输货物保险时，根据货物保险条款规定，在货主所得到的赔偿中，如有承运人的赔偿责任，货物保险人可以根据代位求偿原则向承运人索赔，此时，集装箱承运人（包括多式联运经营人）投保的货物损害赔偿责任保险便发挥了它的作用。它使得货物运输中的危险与责任通过货物保险和责任保险得到充分的保险保障。货物损害赔偿责任保险不能单独投保，一般都是与集装箱保险一起投保。

集装箱承运人（包括多式联运经营人）的货物损害赔偿责任保险通常涉及以下几个方面的问题：

1. 货物损害赔偿责任保险的标准条款

作为集装箱多式联运经营人的承运人，根据法律及运输合同的规定，负有对货主赔偿货物灭失或损坏的责任，因此承运人会遭受损失。集装箱承运人（包括多式联运经营人）的货物损害赔偿责任保险就是承保这种损失以及与之相关的各种费用、责任的保险。对于此种保险，通常是通过货物损害赔偿责任保险标准条款进行受理的。

2. 保险费率

以集装箱运输为前提的国际多式联运的货物赔偿责任保险，影响保险费率的因素较为复杂的，往往由主要运输区域、运输区间和经由路线以及货物的种类，被保险人签发使用的单证中规定的具体的责任内容，被保险人的集装箱数量以及集装箱的类型等因素决定。

3. 多式联运经营人与实际承运人之间的内部求偿关系

货物赔偿责任保险所保的是联运单证所规定的承运人的责任，但是，如果多式联运经营人与为其提供服务的实际承运人之间有内部求偿关系的话，视其求偿关系，实际承运人也应相应地投保其对经营人的货物损失赔偿责任保险。在联运单证中，从多式联运经营人与实际承运人之间的内部求偿关系出发，对货主做了如下关于求偿方面的规定，即实际承

运人与多式联运经营人享受同一免责事项，货主就多式联运合同中规定的承运人的责任提起诉讼时，只能以多式联运经营人为对象。

4. 特殊责任

保险公司也可对集装箱货物的错送与误投的赔偿责任、业务上的过失赔偿责任等予以承保。

第五节 船舶保险

船舶保险是以船舶（包括其船壳、救生艇、机器、设备、仪器、索具、燃料和物料）为保险标的的保险业务。船舶保险分为基本险、附加险和特殊附加险三种，又可分为国内船舶保险和远洋船舶保险两大类。国内船舶保险的保险船舶范围为凡中华人民共和国国家、集体、个人所有或与他人共有的机动船舶与非机动船舶，但建造或修理中的船舶、试航的船舶、石油钻探船、失去航行能力的船，以及从事捕捞作业的渔船，都不在保险范围内。

一、船舶全损险和一切险

1. 责任范围

（1）船舶全损险　船舶全损险是船舶保险的一个基本险种，该保险承保由于下列原因所造成的被保险船舶的全损：

1）自然灾害和意外事故。自然灾害是指来自于自然现象的人力不可抗拒的灾害事故，包括地震、火山爆发、闪电等；而意外事故则是被保险人意料之外的损害事故，专指船舶搁浅、碰撞、触礁、沉没、失踪、火灾、爆炸等。

2）来自船外的暴力盗窃或海盗行为。此类海上风险过去被列为战争险的责任范围，随着海上航运的发展和船舶保险提供保险保障的需要，现在国际上各个船舶保险条款均把其列入承保范围，并扩大了风险范围。只要是来自船外的暴力盗窃，不论是否属于海盗行为引起的损失，保险人均予赔偿。

3）抛弃货物。抛弃货物是指在被保险船舶遭遇海上危险时，抛弃货物所引起的船舶灭失或损坏，例如因抛货使船舶失去稳定性而倾覆沉没，并构成实际全损或推定全损。

4）核装置或核反应堆发生的故障或事故。在现代海上航运中，核动力的应用日益广泛，相应地，由此发生故障或事故致使被保险船舶全损的危险必然存在，故已成为船舶保险的保险责任的组成部分。

5）船舶机件和船壳的潜在缺陷。由合格的检验人员按照正常的检验方法不能发现的瑕疵即为船舶机件或船壳的潜在缺陷，因此导致被保险船舶的全损，保险人承担保险责任。

6）有关人员的过错造成被保险船舶的全损。装卸或移动货物或燃料时发生的意外事故，船长、船员有意损害被保险人利益的行为，船长、船员或引水员、修船人员及租船人的疏忽行为，任何政府当局为了防止或减轻因承保风险造成被保险船舶损坏引起的污染（如油污风险）所采取的行动等，但前述损失原因应不是由于被保险人、船东或管理人未恪尽职责所致的。

（2）船舶一切险　船舶一切险是船舶营运保险的一个基本险种，投保人在投保时可以选择使用。在船舶一切险下，保险人承保的保险责任大于船舶全损险，因而其保险费率大于船舶全损险。

船舶一切险下保险人承担船舶全损险规定的各种原因造成被保险船舶的全部和部分损失，以及下列责任和费用：

1）碰撞责任。碰撞责任是船舶保险责任的扩展，实质上是保险人承保被保险人依法在船舶碰撞中向第三人所负的损害赔偿责任，即负责因被保险船舶与其他船舶碰撞或触碰任何固定的、浮动的物体或其他物体而引起被保险人应负的法律赔偿责任，包括：被碰撞船舶的损失或修理费用，被碰撞船舶所载货物的灭失及费用，由于被碰撞船舶或其所载财产造成的污染或沾污而产生的责任和费用等。但保险人对于船舶碰撞引起的人身伤亡或疾病，被保险船舶所载的货物或财物或其所承诺的责任；清除障碍物、残骸、货物或任何其他物品；任何浮动的、固定的财产或物体的污染或沾污（包括预防措施或清除费用），但与被保险船舶发生碰撞的其他船或其所载财产的污染或沾污不在此限；任何固定的、浮动的物体以及其他物体的延迟或丧失使用的间接费用等，均不负赔偿责任。此外，当被保险船舶与其他船舶碰撞双方均有过失时，除一方或双方船东责任受法律限制外，本款下的赔偿应按交叉责任的原则计算。当被保险船舶碰撞物体时，亦适用此原则。本款下保险人的责任（包括法律费用）是本保险其他条款项下责任的增加部分，但对每次碰撞所负的责任不得超过船舶的保险金额。

2）共同海损和救助。共同海损和救助条款是船舶保险合同中有关处理共同海损的基本条款。一般是规定保险人对于共同海损的牺牲、分摊和救助费用的赔偿范围及共同海损的理算规则的适用。我国船舶保险条款没有独立的共同海损条款，故把有关共同海损的内容规定在保险责任范围之列。按其规定，保险人负责赔偿被保险船舶的共同海损、救助、救助费用的分摊部分。如果被保险船舶发生共同海损牺牲的，被保险人可获得对这种损失的全部赔偿，而无须被保险人先行向其他各方索取分摊额。共同海损的理算应按有关合同规定或适用的法律或惯例理算，如运输合同无此规定，应按《北京理算规则》或其他类似规则规定办理。当所有分摊方均为被保险人或当被保险船舶空载航行并无其他分摊利益方时，共同海损理算应按《北京理算规则》（第五条除外）或明文同意的类似规则办理。

3）施救费用。施救费用是指由于承保风险造成船舶处于危险之中，被保险人为了防止或减少其在船舶保险中可以得到赔偿的损失而进行施救所支出的合理费用，保险人予以赔偿。本款不适用于共同海损、救助或救助费用，也不适用于本保险中另有规定的开支。此外，保险人对此承担的赔偿责任是在船舶保险其他条款规定的赔偿责任之外，但不得超过船舶的保险金额。

2. 除外责任

海上船舶保险中，保险人在该船舶保险中，对于下列原因造成的损失、费用和责任，不予负责：

1）不适航。不适航，包括人员配备不当、装备或装载不妥，但以被保险人在船舶开航时，知道或应该知道此种不适航为限。此规定的目的是为了促使船方重视船舶的适航性，减少船舶受损的风险，被保险船舶在开航时不适航，而船东不知道的，保险人应承担保险责任。

2）被保险人及其代表的疏忽或故意行为。由于被保险人及其代表的疏忽或故意行为所造成的损失。被保险人通常是指船东或实际行使船东权利来调动和使用船舶的人（如船舶经营人），而被保险人的代表则指负责专门业务，指挥船舶经营运输的人，如航运、调度、船技、海监部门的工作人员。由于被保险人及其代表的疏忽或故意造成被保险船舶的损失，不属于海上航运的意外事故，保险人不承担赔偿责任。

3）被保险人克尽职责应予发现的被保险船舶的正常磨损、锈蚀、腐烂或保养不周，或材料缺陷，包括不良状态部件的更换或修理。由于被保险船舶的正常磨损、锈蚀、腐烂等是船舶正常营运的必然现象，而保养不周是被保险人未恪尽职责，更换或修理被保险船舶是保持船舶适航的必要条件，这些均不属海上风险，保险人不承担责任。

4）船舶战争、罢工险条款承保和除外的责任范围。

3. 免赔额

承保风险所致的部分损失赔偿，每次事故要扣除保险单规定的免赔额，但不包括碰撞责任、救助、共损、施救的索赔。恶劣气候造成两个连续港口之间单独航程的损失索赔应视为一次意外事故。本款不适用于船舶的全损索赔以及船舶搁浅后专为检验船底引起的合理费用。

4. 海运条款

海运条款是船舶保险合同中的一个基本条款。我国参照国际海上保险惯例，亦在船舶保险条款中规定了海运条款。其主要目的是要求被保险船舶不能从事海上拖带或救助服务；不得与他船（非港口或沿海使用的小船）在海上直接装卸货物，包括驶近、停靠和离开；禁止被保险船舶从事为拆船或为拆船出售目的的航行。在此限制范围内，除非被保险人事先征得保险人的同意，并接受修改后的承保条件及加付所需的保险费，或者对于为了拆船或为拆船而出售的航行另行投保航次保险时，保险人承担保险责任，否则，因此造成的损失和对第三人的责任，保险人不负责任。

5. 保险期限

船舶全损险和一切险分定期保险和航次保险。

（1）定期保险　期限最长为一年，起止时间以保险单上注明的日期为准。保险到期时，如被保险船舶尚在航行中或处于危险中或在避难港或中途港停靠，经被保险人事先通知保险人并按日比例加付保险费后，保险继续负责到船舶抵达目的港为止。保险船舶在延长时间内发生全损，需加交6个月保险费。

（2）航次保险　按保单订明的航次为准，起止时间按下列规定办理：

1）不载货船舶，自起运港解缆或起锚时开始至目的港抛锚或系缆完毕时终止。

2）载货船舶，自起运港装货时开始至目的港卸货完毕时终止，但自船舶抵达目的港当日午夜零点起最多不得超过30天。

6. 保险终止

1）一旦被保险船舶按全损赔付后，保险即自动终止。

2）当船舶的船级社变更，或船舶等级变动、注销或撤回，或船舶所有权或船旗改变，或转让给新的管理部门，或光船出租或被征购或被征用，除非事先书面征得保险人的同意，保险应自动终止，但船舶有货载或正在海上时，经要求，可延迟到船舶抵达下一个港口或最后卸货港或目的港。

3）当货物、航程、航行区域、拖带、救助工作或开航日期方面违背保险单特款规定时，被保险人在接到消息后，应立即通知保险人并同意接收修改后的承保条件及所需附加的保险费，保险仍继续有效，否则，保险应自动终止。

7. 保费和退费

退费条款是规定保险费退还事宜的条款，在船舶保险合同中是普遍适用的基本条款。

（1）定期险　全部保费应在承保时付清，如保险人同意，保费也可分期交付，但被保险船舶在承保期限内发生全损时，未交付的保费要立即付清。

船舶全损险和一切险在下列情况下可以办理退费：

1）被保险船舶退保或保险终止时，保险费应自保险终止日起，可按净保费的日比例计算退还给被保险人，但此款不适用于保险终止条款的第三种情况。

2）被保险船舶无论是否在船厂修理或装卸货物，在保险人同意的港口或区域内停泊超过30天时，停泊期间的保费按净保费日比例的50%计算，但本款不适用船舶发生全损，如果本款超过30天的停泊期分属两张同一保险人的连续保单，停泊退费应按两张保单所承保的天数分别计算。

（2）航次保险　自保险责任开始一律不办理退保和退费。

8. 招标

招标条款是船舶保险合同中有关被保险船舶的招标修理及其损失补偿的基本条款。该条款规定了保险人和被保险人在船舶招标修理过程中的权利和义务，以及保险人的补偿范围。

招标的具体内容包括如下几个方面：

1）当被保险船舶受损并要进行修理时，被保险人要像一个精打细算未投保的船东，对受损船的修理进行招标以接受最有利的报价。

2）保险人也可对船舶的修理进行招标或要求再次招标，此类投标经保险人同意而被接受时，保险人补偿被保险人按保险人要求而发出招标通知日起至接收投标时止所支付的燃料、物料及船长、船员的工资和给养，但此种赔偿不得超过船舶当年保险价值的30%。

3）被保险人可以决定受损船舶的修理地点，如被保险人未像一个精打细算未投保的船东那样行事，保险人有权对船东决定的修理地点或修理厂商行使否决权或从赔款中扣除由此而增加的任何费用。

9. 被保险人的义务

1）被保险人一经获悉被保险船舶发生事故或遭受损失，应在48h内通知保险人，如船在国外，还应立即通知距离最近的保险代理人，并采取一切合理措施避免或减少本保险承保的损失。

2）被保险人或保险人为避免或减少保险承保的损失而采取措施，不应视为对委付的放弃或接收或对双方任何其他权利的损害。

3）被保险人与有关方面确定被保险船舶应负的责任和费用时，应事先征得保险公司的同意。

4）被保险人要求赔偿损失时，如涉及第三者责任或费用，被保险人应将必要的证件移交给保险人，并协助保险人向第三方追偿。

10. 索赔和赔偿

（1）索赔有效期 被保险事故或损失发生后，被保险人在两年内未向保险人提供有关索赔单证时，保险人不予赔偿。

（2）全损

1）被保险船舶发生完全毁损或者严重损坏不能恢复原状，或者被保险人不可避免地丧失该船舶，作为实际全损。

2）被保险船舶在预计到达目的港日期，超过两个月尚未得到它的行踪消息视为实际全损。

3）当被保险船舶实际全损已不能避免，或者恢复、修理、救助的费用或者这些费用的总和超过保险价值时，在向保险人发出委付通知后，可视为推定全损。不论保险人是否接受委付，以不超过保险金额为限赔偿，如保险人接受了委付，保险标的属保险人所有。

（3）部分损失

1）对本保险项下海损的索赔，以新换旧均不扣减。

2）保险人对船底的除锈或喷漆的索赔不予负责，除非与海损修理直接有关。

3）船东为使船舶适航做必要的修理或通常进入船坞时，被保险船舶也需就所承保的损坏进坞修理，进出船坞和船坞的使用时间费用应平均分摊。

如船舶仅为本保险所承保的损坏必须进坞修理时，被保险人于船舶在坞期间进行检验或其他修理工作，只要被保险人的修理工作不曾延长被保险船舶在坞时间或增加任何其他船坞的使用费用，保险人不得扣减其应支付的船坞使用费用。

4）被保险人为获取和提供资料及文件所花费的时间和劳务，以及被保险人委派或以其名义行事的任何经理、代理人、管理或代理公司等的佣金或费用，本保险均不给予补偿，除非经保险人同意。

5）凡保险金额低于约定价值或低于共同海损或救助费用的分摊金额时，保险人对本保险承保损失和费用的赔偿，按保险金额在约定价值或分摊金额所占的比例计算。

6）被保险船舶与同一船东所有，或由同一管理机构经营的船舶之间发生碰撞或接受救助，应视为第三方船舶一样，保险人予以负责。

上述第6）款又可称为姐妹船条款，姐妹船条款是对属于同一个所有人的船舶之间相撞造成的损失进行赔付的基本条款。理论上说，同一主体本身不存在侵权行为，也无所谓赔偿责任，所以保险人不应承担保险责任，但同一所有人的不同船舶之间如果发生碰撞，也会造成巨大损失。基于保险的目的和职能，为稳定海上航运的正常秩序，扩大船舶保险的保障作用，吸引保户，保险人往往在船舶保险合同上规定姐妹船条款，承担被保险船舶的碰撞赔偿和救助报酬的保险责任。该条款为国际保险市场广为采用，我国船舶保险条款未规定独立的姐妹船条款，故在此处做了类似规定。

11. 争议的处理

被保险人与保险人之间所发生的一切争议，需要仲裁或诉讼时，仲裁或诉讼的地点一般在被告方所在地。

12. 其他条款

（1）航行区域条款　航行区域条款是船舶保险合同限制被保险船舶的航行范围的特约条款。海上运输涉及世界各个水域，但是，由于船舶航行的航线、区域、季节的不同，其所受的海上风险也不一样。因此，为了避免特殊风险，保险人和被保险人特别约定被保险船舶在某些区域或在一定时间的某些地区不能驶入，例如，一些保险公司承保中国的远洋船舶时，往往在保险单上规定航行区域为世界各地，但是，波罗的海、斯德哥尔摩、塔林一线以北海域，每年11月15日至翌年5月5日期间不得驶入。因为，这一时间在这一区域为冰冻季节，船舶航行有可能遭遇冰山碰撞的危险。如果被保险船舶未经保险人同意，在航行区域条款所禁止的时间驶入禁止区域而发生的损失，保险人不承担保险责任。当然，被保险船舶在事先征得保险人同意，并加交保险费后驶入禁行区的除外。

（2）自动复原条款　自动复原条款的全称为“自动恢复保额条款”，是船舶保险中的特别附加条款。自动复原条款规定，被保险人对于被保险船舶的损坏予以修理或重置后，保险标的的价值又恢复到原来完好状态的水平，其保险金额自动恢复为船舶保险合同原来的金额。当然，被保险人应按日比例补交自发生损失之日起至保险终止时的保险金额恢复部分的保险费。

（3）双重价值条款　双重价值条款是海上船舶保险合同的一项特约条款。该条款根据双方当事人的协商，规定了被保险船舶的两种保险价值，分别作为处理全损理赔和部分损失理赔的依据。由于在海上船舶保险关系中，保险标的物价值较高，被保险人希望降低保险金额，少付保险费，而保险人则希望按保险价值投保，多收保险费。为了解决这一矛盾，双方当事人可以在船舶保险合同中约定双重价值条款。如果发生被保险船舶全损时，按低的保险金额计付赔偿金额；如果发生被保险标的的部分损失，则按高的保险金额赔付。订有此类特约条款的船舶保险合同按船舶保险的全损险和一切险之间的折中费率计收保险费。

（4）无惯例扣减条款　无惯例扣减条款是船舶保险合同中有关保险人放弃“以新换旧”扣减权利的条款。按照海上保险的习惯，保险人对于被保险船舶的共同海损和单独海损进行赔付时，有权对修理船舶时所更换的新部件超过旧部件的部分价值扣减，但是，若船舶保险合同规定了无惯例扣减条款时，则保险人放弃了这一扣减权利，对于修理船舶新换的部件全部赔偿，不扣除折旧。

二、船舶战争险和罢工险

船舶特殊附加险主要是指战争险和罢工险。按国际船舶保险市场的习惯，已投保战争险，再加保罢工险时一般不再加收保险费，所以一般被保险人同时投保战争险和罢工险。

1. 船舶战争、罢工险的保险责任

作为船舶保险的附加险，船舶战争险、罢工险专门承保因战争、罢工造成被保险船舶的损失，该险种承保责任包括下述原因造成被保险船舶的损失、碰撞责任、共同海损和救助或施救费用：

1）战争、内战、革命、叛乱或由此引起的内乱或敌对行为。

2）捕获、扣押、扣留、羁押、没收或封锁（但是，必须从发生之日起满6个月保险人才予受理）。

3）各种战争武器，包括水雷、鱼雷、炸弹。

4）罢工、被迫停工或其他类似事件。

5）民变、暴动或其他类似事件。

6）任何人怀有政治动机的恶意行为。

2. 船舶战争、罢工险的除外责任

保险人在该船舶附加险中，对由下列原因引起的被保险船舶的损失、责任或费用，不承担保险责任：

1）原子弹、氢弹或核武器的爆炸（此处主要指的是将上述武器用于消灭对方之目的的爆炸，不包括核武器试验）。

2）由被保险船舶的船籍国或登记国的政府或地方当局所采取的或命令的捕获、扣押、羁押或没收（因为，这些行为多出于政治原因，已超出战争风险的范围）。

3）被征用或被征购。

4）联合国安理会常任理事国之间爆发的战争（不论宣战与否）。

【思考题】

1. 海上运输货物保险的基本险有哪几种？
2. 什么是共同海损？
3. 何谓海上风险？分别列举其包括的主要风险。
4. 简述代位求偿原则。

第十四章
Chapter 14
联合国国际货物多式联运公约

第一节 国际多式联运经营人的法律责任

一、国际多式联运经营人的定义

《联合国国际货物多式联运公约》第一部分总则中规定：多式联运经营人是指本人或通过其代表与发货人订立多式联运合同的任何人，他是事主，而不是发货人的代理人或代表或参加多式联运的承运人的代理人或代表，并且负有履行合同的责任。

国际多式联运经营人既不是发货人的代理或代表，也不是承运人的代理或代表，它是一个独立的法律实体。国际多式联运经营人具有双重身份，对货主来说国际多式联运经营人是承运人，它与发货人订立多式联运合同，是多式联运中的契约承运人。对实际承运人来说，多式联运经营人又是托运人，它与自己不承担区段的其他承运人订立分运或分包运输合同以完成其他区段的运输。当然，多式联运经营人也可以本人身份参加多式联运全程运输中某一个或一个以上区段的实际运输，作为该区段的实际承运人，对自己承担的区段的货物运输负责。

因此，在国际多式联运的全过程中，多式联运经营人是以双重身份出现的。多式联运经营人既是发货人也是收货人。它一方面与货主签订多式联运合同，另一方面又与实际承运人签订运输合同。多式联运经营人不论以何种身份出现，都是以本人身份而不是以货方或承运人的代理人身份出现，作为总承运人对全程运输负责，对货物灭失、损坏、延迟交付等均承担责任。

二、国际多式联运经营人的类型

多式联运经营人可以分为两种：一种为承运人型多式联运经营人，另一种为无船承运人型多式联运经营人。

1. 承运人型多式联运经营人

承运人型多式联运经营人是指拥有一种或一种以上的运输工具，并实际参加联运全程中一个或多个区段运输的经营人。这类多式联运经营人一般由某一种运输方式的承运人发展而来，例如由海运、陆运或航空运输企业发展而来，如一些船公司作为多式联运经营人，在接收货物后，不但要负责海上运输，还须安排汽车、火车与飞机的运输，多式联运经营人往往将这些内陆运输再委托给其他相应运输方式的承运人来运输，对交接过程中可能产生的装卸和包装储藏业务也委托给有关行业办理。承运人型多式联运经营人必须对货主负整个运输过程中产生的责任。

2. 无船承运人型多式联运经营人

无船承运人型多式联运经营人是指本人不拥有任何一种运输工具，在联运全程中各区段的运输都要通过与其他实际承运人订立分运合同来完成的经营人。这类多式联运经营人一般由货运代理人或仓储公司等与运输有关的企业发展而成。无船承运人型多式联运经营人接收货物后，将运输委托给各种方式运输承运人进行，但其对货主仍应负责。尽管这类多式联运经营人没有自己的运输工具，但由于在长期工作中与各有关方已建立了良好的业务关系，所以在组织联运全程方面具有一定的优势。

三、国际多式联运经营人的责任制

多式联运中货物的全程运输是由多式联运经营人和各区段的实际承运人共同完成的。在多式联运的两种或两种以上的不同运输方式中，每一种方式所在区段适用的法律对承运人责任的规定往往是不同的，所以对多式联运经营人赔偿责任的分析，首先必须确定责任制，即其应承担的责任范围。在目前的国际集装箱多式联运中，经营人所负的责任范围主要有以下三种类型。

1. 统一责任制（Uniform Liability System）

统一责任制（又称同一责任制）就是多式联运经营人对货主负有不分区段的统一原则责任，也就是说在多式联运中由多式联运经营人对整个多式联运过程按单一规范负统一的责任。即经营人对全程运输中货物的灭失、损坏或延期交付负全部责任，无论事故责任是明显的，还是隐蔽的；是发生在海运段，还是发生在内陆运输段，均按一个统一原则由多式联运经营人统一按约定的限额进行赔偿。统一责任制是最符合多式联运特点的责任制度，由于其采取了一种法律规范，使得经营人和货方之间的法律关系明确，消除了由于各区段承运人相互推卸责任所带来的隐患。责任制对联运经营人来说责任负担相对较重。

2. 网状责任制（Network Liability System）

网状责任制是指多式联运经营人对整个运输全过程负责，而各区段的实际承运人仅对自己完成的运输区段负责，但对货物的灭失、损坏或延期交付的赔偿，则根据各运输方式所适用的法律规定进行处理，如海上区段按《海牙规则》处理，铁路区段按《国际铁路货物运送公约》处理，公路区段按《国际公路货物运输合同公约》处理，航空区段按《华沙公约》处理。在不适用上述国际法时，则按相应的国内法规定处理。同时，赔偿限额也是按各区段的国际法或国内法的规定进行赔偿，对不明区段的货物隐蔽损失，或推定该货损发生在海上，按相关海上运输规则、法律处理，或按双方约定的原则处理。

在多式联运实际业务中，大部分多式联运经营人采用的责任形式都是网状责任制。相对于统一责任制而言，网状责任制减轻了多式联运经营人的风险责任，对于保护刚刚起步的我国多式联运经营人的积极性，保证我国多式联运业务顺利、健康地发展具有一定积极意义。此外，由于我国各运输区段如海上、公路、铁路等均有成熟的运输管理法规可以遵循，采用网状责任制，各运输区段所适用的法规可保持不变。但采用网状责任制易在责任判定、赔偿限额等方面产生较大分歧。

3. 修正统一责任制（Modified Uniform Liability System）

修正责任制是介于统一责任制与分段责任制之间的责任制，又称混合责任制，即在责任范围方面与统一责任制相同，而在赔偿限额方面与分段责任制相同。《联合国国际货物多式联运公约》对于多式联运经营人的责任制形式采用了修正统一责任制。根据这一责任形式，多式联运经营人对货损的处理，不管是否能确定造成货损的实际运输区段，都将适用《联合国国际货物多式联运公约》中的相关规定。但多式联运公约第十九条又规定：如果货物的灭失或损坏发生于多式联运的某一特定区段，而对这一区段适用的一项国际公约或强制性国家法律规定的赔偿责任限额高于本公约规定的赔偿责任限额，则多式联运经营人对这种灭失或损坏的赔偿，应按照该国际公约或强制性国家法律予以确定。根据这一规定，一旦发生货物的灭失或损坏，多式联运经营人对货损的赔偿首先要依据所适用的法律规定来确定所适用的责任制形式。

《联合国国际货物多式联运公约》中采用的修正统一责任制，使国际多式联运中出现了双层赔偿责任关系，即多式联运经营人与货主（托运人）之间的赔偿责任关系，以及多式联运经营人与其分包人之间的赔偿责任关系。前者的赔偿责任关系受制于多式联运公约的规定。由于多式联运公约的强制性，这一规定中多式联运经营人不能放弃或降低赔偿责任限制，也不能将自己承担的责任转嫁货主。而对多式联运经营人与其分包人的赔偿责任，多式联运公约并未做任何规定，这在国际多式联运实务中容易产生纠纷。

四、国际多式联运经营人的责任期间

责任期间（Period of Responsibility）是指行为人履行义务、承担责任在时间上的范围。不言而喻，承运人责任期间的长短，也在一定程度上体现了承运人承担义务的多少和责任的轻重。《联合国国际货物多式联运公约》中规定："多式联运经营人对多式联运货物的责任期间为接收货物时起至交付货物时止"。这一规定表明，不论货物的接收地和目的地是港口还是内陆，不论多式联运合同中规定的运输方式如何，也不论多式联运的经营人是否将部分或全部运输任务委托给他人履行，多式联运经营人都必须对货物全程运输负责，包括货物在两种运输方式交换的过程。这个规定与我国《海商法》以及《汉堡规则》关于承运人责任期间的规定完全相同。在国际集装箱多式联运中，海上承运人在很多情况下演变成了契约承运人，即与货物托运人订有多式联运合同的多式联运经营人，此外，其他运输方式的承运人也可以充当多式联运经营人。

1. 单一运输公约下承运人的责任期间

对于海上承运人的责任期间，根据《海牙规则》的规定，承运人的责任期间是"自货物装上船时起至卸下船时止"这一段时间，就是说货物的灭失或损坏系在该期间产生的，才适用《海牙规则》。然而在实际业务中，由于人们对"装上船"和"卸下船"的理解存在一定差异，因而《海牙规则》的这一规定不是特别明确。故在实际业务中，大多数船公司的提单，都以"钩到钩"作为承运人的责任期间。

"钩到钩原则"规定，在使用装运船舶起重机起吊货物时，对于货物的风险，承运人只在货物被吊离地面时起至货物被吊离船落地时止这一段时间内负责。由于"钩到钩原则"所表示的责任期间在《海牙规则》规定的范围内，因此这样的规定是有效的。当然，在使用不同装卸设备时，"钩到钩原则"有相应不同的具体定义。《海牙规则》又进一步规定："对货物没有装上船或货物已从船上卸下后，承运人的权利、义务不受本规则的限制，承托双方自由协商，即使其责任或权利大于本规则，也为法律所许可"。

此外，《海牙规则》中所规定的承运人的责任期间并非绝对的，还要受有些国家国内法的规定和港口惯例的约束。有些国家为了保护货主的利益，以法律、港口规章或惯例的形式，要求承运人负更多的责任。承运人可以与港口、仓储经营人订立合同，对于他们的过失造成的货物损失保留追偿的权利。

《汉堡规则》延长了承运人的责任期间，规定："承运人对货物的负责时间包括货物在装船港、运输途中和卸船港承运人掌握的整个期间"。也就是说，从收到货物时起到交付货物时止。

当然，收货和交货都有区域限制，在港口以外收交货物的，就不能以此收交为责任期间的开始和结束。《汉堡规则》的这一规定，突破了《海牙规则》对承运人的最低责任期间，向装卸前后两个方向发展，在一定程度上加重了承运人的责任。根据《汉堡规则》的规定，无论货物的灭失或损坏发生在哪一区域，只要是在承运人掌管期间发生的，收货人均可向承运人提出赔偿要求，即使是实际上的货物灭失或损坏并非属于承运人的责任。当然，这并不排除承运人向有关责任人行使追偿的权利。

至于其他国际货物运输公约，如《国际公路货物运输合同公约》《国际铁路货物运送公约》《国际航空货物运输公约》（即《华沙公约》）等对承运人责任期间的规定，与《汉堡规则》的规定大体相同，即承运人的责任期间为：从承运人接管货物时起至交付货物后止，差别主要在于接管和交付货物的方式与地点。由于在货物运输实务中，接管和交付货物的方式涉及实际责任期间的长短和风险的大小，因此各货运公司通常都在其章程、运输条件中予以明确规定。

2.《联合国国际货物多式联运公约》对承运人责任期间的规定

《联合国国际货物多式联运公约》根据集装箱运输下，货物在货主仓库、工厂以及集装箱货运站、码头堆场进行交接的特点，对多式联运经营人规定的责任期间是："多式联运经营人对于货物的责任期间，自其接管货物之时起至交付货物时止"。

《联合国国际货物多式联运公约》规定，多式联运经营人接管货物有两种形式：

1）从托运人或其代表处接管货物。

2）根据接管货物地点适用的法律或规章，货物必须交其运输的管理当局或其他第三方。

在实际业务中，上述第一种接管货物方式比较常见。第二种接管货物的方式中，即使多式联运公约规定多式联运经营人的责任从接管货物时开始，但在从港口当局手中接收货物的情况下，若货物的灭失或损坏系在当局保管期间发生的，多式联运经营人可以不负责任。

《联合国国际货物多式联运公约》对交付货物规定的形式有三种：

1）将货物交给收货人。

2）如果收货人不向多式联运经营人提取货物，则按多式联运的合同或按照交货地点适用的法律或特定行业惯例，将货物置于收货人支配之下。

3）将货物交给根据交货地点适用法律或规章必须向其交付的当局或其他第三方。

在收货人不向多式联运经营人提取货物的情况下，多式联运经营人可按上述第二、三种交货形式交货，责任同样即告终止。在实践中，经常会发生这种情况，如收货人并不急需该批货物，为了节省仓储费用等情况，都有可能造成收货人延迟提货。因此，多式联运公约的这种规定不仅是必要的，也是合理的。

《联合国国际货物多式联运公约》在其责任期间规定中指的多式联运经营人，包括他的受雇人、代理人或为履行多式联运合同而使用其服务的任何其他人；所指的发货人和收货人，也包括他们的受雇人或代理人。

第二节　《联合国国际货物多式联运公约》

《联合国国际货物多式联运公约》起草于1965年，1969年3月在东京召开的国际海事委员会第28届大会上通过公约草案，称为《东京规则》。1973年10月起，联合国贸易与发展会议设立政府间筹备组负责重新起草联运公约草案，其中特别强调对发展中国家的照顾及对联运方式内涵的修改。1979年3月完成公约起草工作，1980年5月24日在日内瓦召开的由84个联合国贸易和发展会议成员国参加的国际多式联运会议上通过。该公约将在30个国家批准和加入一年后生效，目前尚未生效。我国于1979年第五届政府间筹备组会议起开始派代表小组参加公约的起草工作，并在公约的最后文件上签了字。公约共8章40条。公约的主要内容如下。

一、公约的适用范围与管理

公约的第二条规定：适用于两国境内各地之间的所有多式联运合同，但多式联运合同规定的多式联运经营人接管货物或交付货物的地点必须位于缔约国境内。公约第三、四条明确规定：受本公约制约的多式联运合同一经签订，本公约各项规定即强制适用于此种合同。公约不得影响任何国际公约或国家法律中有关运输业务的管理和控制的适用，或与之相抵触。此外，公约不得影响各缔约国在国家一级对管理多式联运业务和多式联运经营人的权利，包括就下列事项采取措施的权利：多式联运经营人、托运人、托运人组织以及各国主管当局之间就运输条件，特别是在引用新技术，开始新的运输业务之前进行协商；颁发多式联运经营人的许可证；参加运输；为了本国的经济和商业利益而采取一切其他措施。公约还明确规定，多式联运经营人除了应遵守本公约的规定外，还应遵守其业务所在国的法律。

二、多式联运经营人的赔偿责任

1. 多式联运经营人的责任期间

公约第十四条规定：多式联运经营人的责任期间自接管货物之日起到交付货物之日为止。

2. 多式联运经营人的赔偿责任原则

对承运人赔偿责任的基础，目前，各运输公约的规定不一，但大致可分为过失责任制和严格责任制两种。严格责任制是指排除了不可抗力等有限的免责事由外，不论有无过失，承运人对于货物的灭失或损坏均负责赔偿。《国际铁路货物运输公约》《国际公路货物运输合同公约》等都采用了该种责任制。过失责任制是当承运人和其受雇人在有过失时负赔偿责任。这种责任制为《海牙规则》和《华沙公约》所采用。但海运过失责任制并不是完全过失，它附有一部分除外规定，如航行过失（船舶碰撞、触礁、搁浅），1978年通过的《汉堡规则》实行过失推定原则，这才实现了相对较完整的过失责任制。公约在赔偿责任基础实行推定过失责任原则，这与《汉堡规则》类似。

多式联运公约对多式联运经营人规定的赔偿责任基础包括：多式联运经营人对于货物的灭失、损坏和延迟交付所引起的损失，如果造成灭失、损坏或延迟交付的事故发生于货物由其掌管期间，应负赔偿责任，除非多式联运经营人证明其本人、受雇人或代理人或其他人为避免事故的发生及其后果已采取一切能符合要求的措施；如果货物未在明确约定的时间交付，或者如无此种协议，未在按照具体情况对一个勤勉的多式联运经营人所能合理要求的时间内交付，即为延迟交付；如果货物未在按照上述条款确定的交货日期届满后连续90日内交付，索赔人即可认为这批货物业已灭失。

多式联运经营人对于在责任期间所发生的货物灭失、损坏或延迟交付引起的损失应负赔偿责任，包括他的受雇人、代理人或为履行多式联运合同而使用其服务的任何其他人。除非多式联运经营人证明其本人、受雇人或代理人为避免事故的发生及其后果已采取一切所能合理要求的措施，否则，便推定损坏是由于其本人、受雇人或代理人的过错行为所致，并由其负赔偿责任。

在国际货物运输中，一般的国际货运公约对延迟交货均有相应的规定，如有关铁路货运、公路货运、航空货运方面的公约等，对延迟交货的规定较明确。但有的对此则无明确规定，如海上运输，由于影响海上运输的因素很多，较难确定在什么情况下构成延迟交货，因此《海牙规则》对延迟交货未做任何规定。

在运输实务中，延迟交货的情况一旦发生，收货人通常会采取以下处理办法：接收货物，再提出由于延迟交货而引起的损失赔偿；拒收货物，并提出全部赔偿要求。在上述第一种情况下，收货人提出的仅是由于运输延误而引起的损失赔偿。第二种情况的发生通常是指延迟交货超过多式联运公约规定的期限，即超过“确定的交货日期届满后连续90日”仍未交货，收货人则可认为该货物已经灭失。对此，收货人必须以书面形式通知多式联运经营人，否则，多式联运经营人对延迟交货造成的损失不予赔偿。

3. 多式联运经营人的赔偿责任限制

在现有的国际货运公约中，对于承运人的赔偿责任限制（Limitation of Liability）采用的赔偿标准都不尽相同。《海牙规则》采用的是单一标准的赔偿方法，即只对每一件或每一货运单位负责，而不对毛重每千克负责。这种规定方法在实际应用中存在较大缺陷，不符合国际贸易和运输业发展的需要。为此，1968年制定的《维斯比规则》将双重标准的赔偿方法列入公约，即既对每一件或每一货运单位负责，又对毛重每千克货物负责。同时，对集装箱、托盘或类似的成组工具在集装或成组时的赔偿也做了规定，1978年制定的《汉堡规则》也采用了这种赔偿方法。公约在这方面与《汉堡规则》的规定相类似，也将这种双重赔偿标准列入了公约中。不同的是，公约不仅规定了双重标准的赔偿方法，同时也规定了单一标准的赔偿方法。多式联运公约按国际惯例规定多式联运经营人和托运人之间可订立协议，制定高于公约规定的经营人的赔偿限额。在没有这种协议的情况下，多式联运经营人按下列赔偿标准赔偿：

1）多式联运经营人对货物的灭失或损坏造成的损失负赔偿责任，按灭失或损坏的货物的每包或其他货运单位计不得超过920特别提款权，或按毛重每公斤计不得超过2.75特别提款权，两者以较高者为准。

2）关于对集装箱货物的赔偿，公约基本上与《维斯比规则》相关规定类似，即如果货物是用集装箱、货盘或类似的装运工具集装，经多式联运单据列明装在这种装运工具中的包数或货运单位数视为计算限额的包数或货运单位数，否则，这种装运工具中的货物应视为一个货运单位。

3）如果装运工具本身灭失或损坏，而该装运工具并非为多式联运经营人所有或提供，则应视为一个单独的货运单位。

4）多式联运合同如果不包括海上或内河运输，则多式联运经营人的赔偿责任按灭失或损坏货物毛重每公斤计不得超过8.33特别提款权。

公约采用不包括海运或内河运输在内时的单一标准赔偿方法，有利于与除海上或内河运输外的其他运输方式下承运人的赔偿责任制保持一致，以避免问题的复杂化。因为，《华沙公约》《国际铁路货物运输公约》及《国际公路货物运输合同公约》都采用的是毛重每千克单一标准的赔偿方法。

5）多式联运公约对运输延误的赔偿是建立在运费基础上的，与运费基数成正比。延迟交付货物造成损失所负的赔偿责任限额为该货物应付运费的2.5倍，但不得超过多式联运合同规定的应付运费的总额，即如延迟交付货物的运费没有超过运费总额的40%，则按该票延误货物的运费乘上2.5倍，反之，如果超过运费总额的40%，2.5倍的标准失效，其最高运输延误赔偿不超过多式联运合同规定的应付运费的总额。

6）多式联运经营人赔偿责任的总和（同时发生货损和延迟交付）不得超过按货物全部灭失所计算的赔偿责任限额。

7）如果货物的灭失或损坏发生于多式联运的某一特定阶段，而对这一阶段适用的一项国际公约或强制性国家法律规定的赔偿限额高于上述各款所得出的赔偿限额，则应按照该公约或强制性国家法律予以确定赔偿限额。公约之所以规定这一赔偿标准，是因为上述第1）项赔偿标准的限额有时会显得较低，第2）项赔偿标准在一定程度上对货主不利，比如海空联运时，空运赔偿限额按《华沙公约》是较高的，但采用多式联运公约的有关标准赔偿却较低，故按区段赔偿实际上可弥补第1）项赔偿标准的不足。

4．非合同赔偿责任

公约的第二十条是对非合同赔偿责任的规定。公约该条的第一款规定：本公约规定的辩护理由和赔偿责任限制，应适用于因货物灭失、损坏或延迟交付造成损失而对多式联运经营人提起的任何诉讼，不论这种诉讼是以合同、侵权行为或其他为根据。在一些国家的法律规定中，允许受损方享有双重诉讼请求权，即受损方既可根据合同提出诉讼，也可根据侵权行为提起诉讼。在这种情况下，多式联运经营人将受到双重诉讼，而这种不同的诉讼，将使多式联运经营人不能享受公约中他应享受的责任限制，随之诉讼时效也不适用了，如果是这样，将使公约的制定失去实际意义。根据公约第二十条第一款的规定，无论是根据违约行为提起诉讼，还是根据侵权行为或其他理由提起诉讼，都将适用本公约的规定，而且，必须按本公约规定的责任限制、诉讼时效执行。

公约第二十条第二款规定：如果有关货物灭失、损坏或迟延交付造成的诉讼是对多式联运经营人的受雇人或代理人，或对联运人为履行多式联运合同而使用其服务的其他人提起，该受雇人或代理人如能证明他是在受雇范围内行事，该其他人如能证明他是在履行合同的范围内行事，则该受雇人、代理人或其他人应有权援用多式联运经营人按本公约有权援用的抗辩和赔偿责任限制。该款是关于多式联运经营人的受雇人或代理人是否有权援用本公约的辩护理由和赔偿责任限制的规定，该规定实质上是著名的“喜马拉雅条款”的适用。

5．多式联运经营人赔偿责任限制权利的丧失

如经证明，货物的灭失、损坏或迟延交付是由于多式联运经营人有意造成或明知可能造成而轻率地行为或不为所引起，则多式联运经营人无权享受本公约所规定的赔偿责任限制的利益。此外，如经证明，货物的灭失、损坏或迟延交付是由于多式联运经营人的受雇人或代理人，或

为履行多式联运合同而使用其服务的其他人有意造成或明知可能造成而轻率地行为或不为所引起，则该受雇人、代理人或其他人无权享受本公约所规定的赔偿责任限制的利益。在上述情况下，多式联运经营人赔偿责任限制权利丧失。

三、发货人的责任与义务

公约第一条第五款中对发货人的定义做出如下规定：发货人是指其本人或以其名义或其代表同多式联运经营人订立多式联运合同的任何人，或指其本人或以其名义或其代表按照多式联运合同将货物实际交给多式联运经营人的任何人。

1）发货人应保证在多式联运单据中所提供的货物品类、标志、件数、重量和数量、危险货物的危险特性等事项均准确无误。

2）发货人必须赔偿多式联运经营人因上述第一款中所指各事项的不准确或不当而造成的损失。即使发货人已将多式联运单据转让，仍须负赔偿责任。多式联运经营人的这种获取赔偿的权利，并不限制他按照多式联运合同对发货人以外的其他任何人应负的赔偿责任。

3）如果多式联运经营人遭受的损失是由于发货人的过失或疏忽或者他的受雇人或代理人在其受雇范围内行事时的过失或疏忽所造成，发货人对这种损失应负赔偿责任；如果损失是由于发货人的受雇人或代理人本身的过失或疏忽所造成，该受雇人或代理人对这种损失应负赔偿责任。

4）发货人应以合适的方式在危险货物上加明危险标志或标签。发货人将危险货物交给多式联运经营人或其任何代表时，应告知货物的危险特性，必要时还须告知应采取的预防措施。如果发货人未做此种告知，并且多式联运经营人又没有以其他方式知道货物的危险特性，发货人对多式联运经营人由于载运这类货物而遭受的一切损失应负赔偿责任；多式联运经营人可视情况需要，随时将货物卸下、销毁或使其无害而无须给予赔偿。

四、收货人的义务与责任

公约第一条第六款中对收货人的定义做出如下规定：收货人是指有权提取货物的人。公约规定，货物运到合同规定的交货地点后，收货人应及时提取货物。如果收货人不向多式联运经营人提取货物，按公约第十四条第二款规定：按多式联运合同或按交货地点适用的法律或特定行业惯例，多式联运经营人可以将货物置于收货人支配之下；或者将货物交给根据交货地点适用的法律或规章必须向其交付的当局或其他第三方，这时，多式联运经营人即已履行其交货义务。

五、多式联运单据

1）公约对多式联运单据的内容及填写做了如下规定，即多式联运单证应当载明下列事项：

① 货物品类、识别货物所必需的主要标志、对危险货物的危险特性的明确声明、包数或件数、货物的毛重或以其他方式表示的数量，所有这些事项由发货人提供。

② 货物外表状况，多式联运经营人的名称和主要营业地。

③ 发货人名称，收货人的名称，如已由发货人指定。

④ 多式联运经营人接管货物的地点和日期。

⑤ 交货地点，在交付地点交货的日期或期间，如双方有明确协议。

⑥ 表示该多式联运单证为可转让或不可转让的声明。

⑦ 多式联运单证的签发地点和日期，多式联运经营人或经其授权的人的签字。

⑧ 如双方有明确协议，每种运输方式的运费，或者应由收货人支付的运费，包括用以支付的货币，或者关于运费由收货人支付的其他说明，预期经过的路线、运输方式和转运地点，如在签发多式联运单证时已经确知。

⑨ 多式联运单证应载有一项声明，规定国际多式联运必须遵守本公约的各项规定，本公约的各项规定将使任何背离本公约并损害发货人或收货人的规定成为无效的规定。

⑩ 如不违背多式联运单证签发的国家的法律，双方同意列入多式联运单证的任何其他事项。

2）如果多式联运经营人或其代表知道或有合理的根据怀疑多式联运单据所列货物的品类、主要标志、包数或件数、重量或数量等事项没有准确地表明实际接管货物的状况，或无适当方法进行核对，则该多式联运经营人或其代表应在多式联运单据上做出保留，注明不符之处、怀疑的根据或无适当核对方法。如果多式联运经营人或其代表未在多式联运单据上对货物的外表状况加以批注，则应视为该单据注明货物的外表状况良好。

3）公约第五～十二条对多式联运单据做了如下规定：

① 多式联运经营人接管货物时，应签发一项多式联运单据，该单据应依发货人的选择，或为可转让单据或为不可转让单据。

② 多式联运单据应由多式联运经营人或经他授权的人签字。

③ 多式联运单据上的签字如不违背签发多式联运单据所在国的法律，可以是手签、手签笔迹的复印、盖章、符号或用任何其他机械或电子仪器打出。

④ 多式联运单据以可转让的方式签发时，应列明按指示或向持票人交付，如列明按指示交付，须经背书后转让；如列明向持票人交付，无须背书即可转让；如签发一套一份以上的正本，应注明正本份数；如签发任何副本，每份副本均应注明“不可转让副本”字样。只有交出可转让多式联运单据，并在必要时经正式背书，才能向多式联运经营人或其代表提取货物；如签发一套一份以上的可转让多式联运单据正本，而多式联运经营人或其代表已正当地按照其中一份正本交货，该多式联运经营人便已履行其交货责任。

⑤ 多式联运单据以不可转让的方式签发时，应指明记名的收货人。多式联运经营人将货物交给此种不可转让的多式联运单证所指明的记名收货人或经收货人正式指定的其他人后，该多式联运经营人即已履行其交货责任，此种指定原则上应当是书面的。

⑥ 多式联运单据的证据效力。除对单据准许保留的事项做出保留的部分之外，多式联运单据应是该单据所载明的货物由多式联运经营人接管的初步证据；如果多式联运单据以可转让方式签发，而且已转让给善意信赖该单据所载明的货物状况的、包括收货人在内的第三方，则多式联运经营人提出的反证不予接受。如果多式联运经营人意图诈骗，在多式联运单据上列入有关货物的不实资料，或漏列按规定应载明的任何资料，则该联运人不得享有本公约规定的赔偿责任限制，而须负责赔偿包括收货人在内的第三方因信赖该多式联运单据所载明的货物状况行事而遭受的任何损失、损坏或费用。

六、索赔与诉讼

1. 灭失、损坏或延迟交货的通知

公约第二十四条就灭失、损坏或延迟交货的通知的相关规定如下：

1）如果货物存在着明显的灭失或损坏，收货人应不迟于在货物交给他的次一工作日，将说明此种灭失或损坏的一般性质的书面通知送交多式联运经营人；如果货物灭失或损坏不明显，收货人应在收到货物之日后连续6日内提出书面通知。在上述规定时间内若未提出书面通知，则此种货物的交付即为多式联运经营人交付多式联运单据所载明的货物的初步证据。

2）如果货物的状况在交付收货人时已经当事各方或其授权的代表在交货地点联合调查或检验，则无须就调查或检验所证实的灭失或损坏送交书面通知。遇有任何实际的或预料的灭失或损坏时，多式联运经营人和收货人必须为检验和清点货物相互提供一切合理的便利。

3）对延迟交货造成损失的索赔，收货人必须在收到货后连续60日内向多式联运经营人送交书面通知。否则多式联运经营人对延迟交货所造成的损失无须给予赔偿。

4）多式联运经营人应不迟于在灭失或损坏的事故发生后连续90日内，或在按照公约第十四条第二款中的交付货物规定交付货物后连续90日内（以较迟者为准），将说明此种灭失或损坏的一般性质的灭失或损坏书面通知送交发货人。未送交这种通知，即为多式联运经营人未由于发货人、其受雇人或代理人的过失或疏忽而遭受任何灭失或损害的初步证据。

2. 诉讼时效

1）根据本公约，有关国际多式联运的任何诉讼如果在2年期间内没有提起诉讼或交付仲裁，即失去时效。但是，如果在货物交付之日或应当交付之日后6个月内，没有提出书面索赔通知，说明索赔的性质和主要事项，则此期限届满后即失去诉讼时效。

2）时效期间自多式联运经营人交付货物或部分货物之日的次日起算，如货物未交付，则自货物应当交付的最后一日的次日起算。

3）被索赔方可在时效期间内随时向索赔人提出书面声明，要求延长时效期间，此种期间可用另一次声明或多次声明再度延长。

4）如果另一适用的国际公约有相反规定，根据本公约被认定负有赔偿责任的人，即使在上述各款规定的时效期间届满后，仍可在起诉地国家法律所许可的期限内提起追偿诉讼，但所许可的限期，自提起此种追偿诉讼的人已解决对其提出的索赔，或在对其本人的诉讼中接到诉讼传票之日起算，不得少于90日。

3. 仲裁

公约规定，当事人可用书面载明的协议，规定将根据本公约发生的有关国际多式联运的任何争议提交仲裁。

仲裁应依索赔人的选择，在下列地点之一提起：

1）下列各地所在国中的任一地点：

① 被告的主要营业地，或者如无主要营业地，则被告的习惯住所地。

② 订立多式联运合同的地点，而且合同是通过被告在该地的营业所、分支或代理机构订立。

③ 为国际多式联运接管货物的地点或交付货物的地点。

2）仲裁条款或协议中为此目的所指定的任何其他地点。

七、管辖权

公约第二十六条规定，原告有权选择有管辖权的法院提起诉讼，并规定下列地点所在国有管辖权：

1）被告主要营业所，或者被告的经常居所。

2）订立多式联运合同的地点，而且合同是通过被告在该地的营业所、分支或代理机构订立。

3）货物接管地或交付地。

4）多式联运合同中指定并在多式联运单据中载明的任何其他地点。

【思考题】

1. 简述国际多式联运的定义。
2. 何谓国际多式联运经营人的法律责任？
3. 简述联合国国际货物多式联运公约的主要内容。

第十五章

Chapter 15

国际多式联运相关法规

第一节 《联合国国际贸易和发展会议/国际商会多式联运单证规则》

该规则是1991年由联合国国际贸易和发展会议与国际商会共同制定，是一项民间规则，供当事人自愿采纳。其主要内容如下。

1. 规则的适用

规则第一条就规则的适用做出说明：本规则经当事人选择后适用，一经适用就超越任何与本规则抵触的多式联运合同附加条款，除非这些条款增加多式联运经营人的责任或义务。

2. 载入多式联运单证的资料的证据效力

载入多式联运单证的资料应当是多式联运经营人按照此种资料接管货物的初步证据，除非已有相反的注明，例如“托运人的重量、装载和计数”“托运人装载的集装箱”或类似表述已在单证上以印就文本或批注做出。

在多式联运单证已经转让或者等同的电子数据交换信息已经传输给收货人并经其接收，收货人又是善意信赖并据以行动的情况下，多式联运经营人提出的反证不予接受。

3. 多式联运经营人的责任

（1）多式联运经营人责任期间　规则规定：多式联运经营人责任期间自其接管货物之时起到交付货物之时为止。

（2）多式联运经营人为其受雇人、代理人和其他人负担的赔偿责任　多式联运经营人应当对其受雇人或代理人在其受雇范围内行事时的行为或不为负赔偿责任，或对其为履行多式联运合同而使用其服务的任何其他人的行为或不为负赔偿责任，一如其自己的行为或不为一样。

（3）多式联运经营人为保证货物的交付，负责履行或安排履行下列必要的事项：

1）如多式联运单证是以可转让方式“向持单人交付”签发的，则应向提交一份正本单证的人交付货物。

2）如多式联运单证是以可转让方式“按指示交付”签发的，则应向提交一份经背书的单证的人交付货物。

3）如多式联运单证是以可转让方式“向记名人交付”签发的，则应向提交一份正本单证和本人身份证明的人交付货物，如果此种单证已以“按指示交付”或空白背书转让的，2）项规定应予适用。

4）如多式联运单证以不可转让方式签发的，向单证上记名的收货人凭其身份证明交付货物。

5）没有签发单证的，应向托运人所指示的人交付，或者向按多式联运合同已获得托运人或收货人的权利的人所做出的此种指示的人交付货物。

4. 多式联运经营人的赔偿责任基础

除规则规定的免责事项外，多式联运经营人应当对货物的灭失、损坏和延迟交付负赔偿责任，如果造成货物的灭失、损坏或延迟交付的事故发生在规则所规定的货物由其掌管的期间，除非多式联运经营人证明，其本人、受雇人、代理人或规则所规定的任何其他人对造成此种灭失或损坏或延迟交付没有过失或疏忽。但是，多式联运经营人不应当对货物延迟交付所造成的损失负赔偿责任，除非托运人对如期交付的利益做出声明，并经多式联运经营人接受。

5. 延迟交付与灭失

货物未在明确协议的时间内交付的，或者虽无此种协议，但未在按照具体情况，对一个勤勉的多式联运经营人所能合理要求的时间内交付的，即为延迟交付。

如果货物未在按照上述规定确定交付日期届满后连续90日内交付，在无相反证据的情况下，索赔人即可认为该货物已经灭失。

6. 海上或内河运输的免责条款

多式联运经营人对在海上或内河运输中由于下列原因造成的货物灭失或损坏以及延迟交付不负赔偿责任：

1）承运人的船长、船员、引航员或受雇人在驾驶和管理船舶中的行为疏忽或过失。

2）火灾，除非由于承运人的实际过失或私谋所造成。

但是，只要货物的灭失或损坏是由于船舶不适航所造成的，多式联运经营人就要证明，他已经谨慎处理以使船舶在航次开始时适航。

7. 多式联运经营人的赔偿责任限制

1）除非在多式联运经营人接管货物之前，已由托运人对货物的性质和价值做出声明并已在单证上注明，多式联运经营人在任何情况下对货物灭失或损坏的赔偿额不得超过每件或每单位666.67SDR（特别提款权）或者毛重2SDR/kg，以其高者为准。

2）如果一个集装箱、货盘或类似运载工具载有一件或一个单位以上的货物，则在多式联运单证上列明的装载在此类运载工具中的件数或货运单位数即视为计算限额的件数或货运单位数，未按上述要求列明者，此种运载工具应作为该件或单位。

3）尽管有上述规则，如果按照多式联运合同，多式联运不涉及海上或内河运输的，多式联运经营人的赔偿责任以不超过灭失或损坏货物毛重每公斤8.33SDR为限。

4）如果货物的灭失或损坏发生在多式联运中的某一特定区段，而适用于该区段的国际公约或强制性的国家法律规定了另一项责任限额，如同对这一特定区段订有单独的运输合同一样，则多式联运经营人对此种灭失或损坏的赔偿责任限制应当按照此种公约或强制性国家法律的规定计算。

5）如果多式联运经营人对于延迟交付引起的损失或者非属货物灭失或损坏的间接损失负有赔偿责任，则其赔偿责任应当以不超过根据多式联运合同计收的多式联运运费为限。

6）多式联运经营人的赔偿责任总额不超过货物全部灭失的责任限额。

8. 多式联运经营人责任限制权利的丧失

如经证明货物的灭失或损坏或延迟交付是由于多式联运经营人本人故意造成，或者知道可能造成而毫不在意的行为或不为所引起的，则多式联运经营人就丧失享受赔偿责任限制的权利。

9. 托运人的责任

1）托运人应保证在多式联运单证中所提供的货物品类、标志、件数、重量和数量以及危险货物的危险性等事项均准确无误，否则，托运人应当向多式联运经营人赔偿因上述事项的不正确或不适当而引起的任何损失。

2）即使托运人已将多式联运单证转让，托运人仍应负赔偿责任。

10. 货物灭失或损坏的通知

1）除非收货人在货物交付时将说明灭失或损坏的一般性质的货物灭失或损坏书面通知送交多式联运经营人，否则，此种货物的交付即为多式联运经营人已将多式联运单证所载明的货物交付给收货人的初步证据。

2）在货物的灭失或损坏不明显时，如果在货物交付收货人之日后连续6日内未送交书面通知，则应当适用上述初步证据的效力。

11. 诉讼时效

除另有明确协议外，除非在9个月内提起诉讼，多式联运经营人应当被解除按本规则规定的赔偿责任，上述时限从货物交付之日或货物应当交付之日起算。若货物由延迟交付转为灭失，由于未交付货物，收货人有权视为货物灭失之日起算。

12. 规则对侵权行为的适用

本规则适用于对多式联运经营人提出的有关履行多式联运合同的所有索赔，不论其索赔基于合同还是侵权行为。

13. 规则适用对象

本规则适用于向多式联运经营人的受雇人、代理人或者为了履行多式联运合同所使用为其服务的其他人提出的有关履行多式联运合同的索赔，不论索赔基于合同还是侵权行为。多式联运经营人，其受雇人、代理人以及其他人的赔偿责任总额，不得超过规则赔偿责任限制中所规定的赔偿责任限额。

第二节 《国际集装箱多式联运管理规则》

为了加强国际集装箱多式联运的管理，促进通畅、经济、高效的国际集装箱多式联运的发展，满足对外贸易发展的需要，1997年中华人民共和国交通部、铁道部根据《中华人民共和国海商法》《中华人民共和国铁路法》和交通部、铁道部有关规定制定了《国际集装箱多式联运管理规则》（以下简称规则）。该规则适用于水路、公路、铁路的国际集装箱多式联运。其中的主要规定如下。

1. 托运人责任

规则第四章对托运人责任做出明确规定：

1）托运人将货物交给多式联运经营人，所提供货物的名称、种类、包装、件数、重量、尺寸、标志等应准确无误，如系特殊货物还应说明其性质和注意事项。

2）由于下列原因所致造成货物灭失、损坏或对多式联运经营人造成损失，托运人应自行负责或承担赔偿责任：

① 箱体、封志完好，货物由托运人装箱、计数、施封或货物装载于托运人的自备箱内。

② 货物品质不良或外包装完好而内装货物短损、变质。

③ 运输标志不清，包装不良。

3）由于托运人的过失和疏忽对多式联运经营人或第三方造成损失，即使托运人已将多式联运单据转让，仍应承担赔偿责任。多式联运经营人取得这种赔偿权利，不影响其根据多式联运合同对托运人以外的任何人应负的赔偿责任。

4）托运人托运危险货物，应当依照该种货物运输的有关规定执行，并妥善包装、粘贴或拴挂危险货物标志和标签，将其正式名称和性质以及应采取的安全防护措施书面通知多式联运经营人，由于未通知或通知有误的，多式联运经营人可以根据情况将货物卸下、销毁或者采取相应的处理手段，而不负赔偿责任。托运人对多式联运经营人因运输该种货物所受到的损失，应当负赔偿责任。

多式联运经营人知道危险货物的性质并已同意装运的，在发现该种货物对于运输工具、人员或者其他货物构成实际危险时，仍然可将货物卸下、销毁或者使之不能发生危害。多式联运经营人的责任适用于所发生区段的有关法律、法规。

2. 多式联运经营人的责任

规则第五章对托运人责任做出明确规定：

1）多式联运经营人签发多式联运单据后，即表明多式联运经营人已收到货物，对货物承担多式联运责任，并按多式联运单据载明的交接方式，办理交接手续。

2）多式联运经营人对货物的责任期间自接收货物时起至交付货物时止。接收是指货物已交给多式联运经营人运送，并由其接管。交付是指按多式联运合同将货物交给收货人或根据交付地适用的法律或贸易做法将货物置于收货人的支配下或必须交给的当局、第三方。

3）多式联运经营人在接收货物时已知道或有合理的根据怀疑托运人陈述或多式联运单据上所列货物内容与实际接收货物的状况不符，但无适当方法进行核对时，多式联运经营人有权在多式联运单据上做出保留、注明不符之处、怀疑的根据或无适当核对方法的说明。多式联运经营人未在多式联运单据上对货物或集装箱的外表状况加以批注，则应视为他已收到外表状况良好的货物或集装箱。

4）除依照规定做出保留外，多式联运经营人签发的多式联运单据是多式联运经营人已经按照多式联运单据所载状况收到货物的初步证据。

5）多式联运经营人有义务按多式联运单据中收货人的地址通知收货人货物已抵达目的地。

6）收货人按多式联运单据载明的交接方式接收货物，在提货单证上签收，多式联运经营人收回正本多式联运单据后，多式联运经营人的责任即告终止。

7）货物的灭失、损坏或延迟交付发生在多式联运经营人责任期间内，多式联运经营人应依法承担赔偿责任。货物在明确约定的交货日期届满后，连续60日仍未交付，收货人则可认为该批货物已灭失。货物的灭失、损坏或延迟交付发生于多式联运的某一区段的，多式联运经营人的赔偿责任和责任限额适用该运输区段的有关法律、法规。货物的灭失、损坏不能确定所发生的区段时，多式联运经营人承担赔偿责任的赔偿责任限制为：多式联运全程中包括海运的适用于《中华人民共和国海商法》，多式联运全程中不包括海运的适用于有关法律、法规的规定。

8）货物的延迟交付不能确定所发生的区段时，多式联运经营人对延迟交付承担的赔偿责任限制，在多式联运全程中包括海运段的，以不超过多式联运合同计收的运费数额为限。货物的灭失或损坏和延迟交付同时发生的，多式联运经营人的赔偿责任限额按货物的灭失或损坏处理。

9）因货物灭失、损坏或延迟交付造成损失而对多式联运经营人提起的任何诉讼，不论这种诉讼是根据合同还是侵权行为或其他理由提起的，均适用上述第7）、8）点中规定的赔偿责任限制。

10）由于货物灭失、损坏或延迟交付造成损失而对多式联运经营人的受雇人提起诉讼，该受雇人如能证明其是在受雇范围内行事，则该受雇人有权援用多式联运经营人的辩护理由和赔偿责任限制。

11）如能证明货物的灭失、损坏或延迟交付是多式联运经营人有意造成或明知有可能造成而毫不在意的行为或不行为所致，多式联运经营人则无权享受上述第7）、8）点中所规定的赔偿责任限制。

12）多式联运经营人可以与有关各方签订协议，具体商定相互之间的责任、权利和义务及有关业务安排等事项，但不得影响多式联运经营人对多式联运全程运输承担的责任，法律、法规另有规定者除外。

3. 书面通知、诉讼

（1）书面索赔通知提出时效

1）多式联运经营人向收货人交付货物时，收货人未将货物灭失或者损坏的情况书面通知多式联运经营人的，此项交付视为多式联运经营人已经按照多式联运单据的记载交付以及货物状况良好的初步证据。货物灭失或者损坏的情况非显而易见的，整箱货物交付的次日起连续15日内，货物拆箱交付的次日起连续7日内，收货人未提交书面通知的，适用前款规定。

2）货物交付时，如收货人已经会同多式联运经营人对货物的状况进行联合调查或检验，无须就查明的灭失或损坏的情况提交书面通知。

3）多式联运经营人自向收货人交付货物的次日起连续60日内，未收到收货人就货物因延迟交付造成经济损失而提交书面通知的，不负赔偿责任。

4）本条有关书面通知提出时间，并不妨碍在所确定货物灭失、损坏发生区段法规所适用的书面通知提出的时效。

（2）诉讼时效

1）多式联运全程包括海运段的，对多式联运经营人诉讼时效为1年；多式联运全程未包括海运段的，按民法通则的规定，对多式联运经营人的诉讼时效为2年。

2）时效从多式联运经营人交付或应当交付货物的次日起计算。

3）本条诉讼时效的规定不妨碍索赔人在能确定货物发生灭失、损坏区段时，根据该区段法规所规定的有权提起的诉讼时效。

4）多式联运经营人对第三人提起追偿要求的时效期限为90日，自追偿的请求人解决原赔偿请求之日起或者收到受理对其本人提起诉讼的法院的起诉副本之日起计算。

第三节　我国进出口集装箱货物的监管办法

国际集装箱货物在采用多式联运进行运输时，都要涉及买卖双方国家和过境国家海关对货物进出国境和过境的查验、管理的问题。在1980年联合国通过的《联合国国际货物多式联运公约》中，对于国际多式联运货物的海关过境规定了专门的条款。联合国政府间海事协商组织（1982年5月更名为“国际海事组织”）于1972年在日内瓦召开国际集装箱运输会议，通过了《1972年集装箱海关公约》和《国际集装箱安全公约》。为了适应进、出口集装箱运输业务的发展，加强海关对进、出口集装箱和所装货物及物品的监管，我国海关已实施《中华人民共和国海关对进出口集装箱和所装货物的监管办法》（以下简称《监管办法》）。《监管办法》的部分主要内容如下。

一、总则相关规定

1）装运进、出口货物的集装箱，应有加封装置，并符合海关监管要求。

2）承载进、出口集装箱货物的运输工具负责人或者其代理人，应向海关申报，并在交验的进、出口载货清单（舱单）或者装载清单、交接单、运单上，列明所载集装箱件数、箱号、尺码、货物的品名、数（重）量、收发货人、提单或者装货单号等有关内容，并附交每个集装箱的装货清单。

3）未办海关手续的进口集装箱货物和已办海关手续的出口集装箱货物，应存放在经海关同意的仓库场所。保管集装箱货物的单位，应负责保护集装箱封志的完整，未经海关同意，不得擅自开启封志、装入或者取出货物，不得将集装箱货物移离海关监管的仓库场所。

二、对集装箱货物的监管

1）进、出口集装箱货物的收、发货人或者其代理，应在进、出境地向海关办理报关手续，并按规定递交进、出口货物、物品的申报单证和其他有关单证。如果要求在到达地或者起运地海关办理相关手续时，须报请进境地或者起运地海关同意，并按“海关监管货物”办理手续，海关认为必要时，可对有关集装箱施加海关封志。

2）海关对集装箱货物进行查验时，收货人、发货人、集装箱经营人或者其代理人应当到场，并且按照海关要求负责开箱、拆包、搬运等事项。进、出口集装箱货物，经海关放行后方准提取、装运或者继续发运。经海关放行的进、出口集装箱货物，海关认为必要时，可以进行复查，或者调阅有关交接、验收等单证和账册。

3）收货人、发货人或其代理人，因故要求海关关员在非设关地点或者海关监管区域以外办理验放手续时，应报请进境地或者就近地海关核准（对进口集装箱验物，就近地海关核准后，应将核准情况通知进口地海关），按规定交纳规费，免费提供往返交通工具和安排住宿。

4）经有关单位申请并经海关同意，在集装箱中转站和拆、装箱点设置海关机构或者派驻人员时，有关单位应免费提供必要的办公和住宿处所。

三、对集装箱箱体的监管

1）从国外购买和出售给国外的集装箱进、出口时，不论装货与否，均应由集装箱的收、发货人或者其代理人单独填写报关单向进、出境地海关办理报关纳税手续。

2）购买进口的和国内生产的集装箱在投入国际运输时，集装箱所有人应向海关办理注册、登记手续。

3）暂时进口的外国集装箱（包括租赁的），不论装货与否，进口和复运出口时，均应由进口经营单位或者其代理人单独填写进、出口货物报关单向海关申报，并且具保函保证于3个月内复运出口。如因特殊情况不能按期复运出口，可提出申请，经海关核准予以适当延长，在规定的期限内仍不能复运出口的，应向海关补办进口纳税手续。

4）对向海关办理注册登记手续的集装箱，由海关在集装箱适当部位刷贴“中国海关”标志，再次进出口时，可凭此免办有关手续。

四、监管附则

1）对违反本办法的任何事由，由海关按《中华人民共和国海关法》的有关规定进行处理；对利用集装箱货物进行走私违法活动和伪装“中国海关”标志的，应从严处理。

2）对进出境的集装箱汽车（即货柜车）所装货物的监管，比照本办法处理。

3）各地海关可根据本办法，结合当地实际制定实施细则。

第四节 《进出境集装箱检验检疫管理办法》

为加强进出境集装箱检验检疫管理工作，根据《中华人民共和国进出口商品检验法》《中华人民共和国进出境动植物检疫法》《中华人民共和国国境卫生检疫法》《中华人民共和国食品卫生法》及有关法律法规的规定，原国家出入境检验检疫局于2000年制定实施了《进出境集装箱检验检疫管理办法》（以下简称《管理办法》）。自此管理办法实施起，原国家商检局发布的《集装箱检验办法》、原国家动植物检疫局发布的《进出境集装箱动植物检疫管理的若干规定》、原国家卫生检疫局发布的《关于实施<进境、出境集装箱卫生管理规定>的要求》同时废止。管理办法的部分主要内容如下。

一、总则相关内容

1）管理办法所称进出境集装箱是指国际标准化组织所规定的集装箱，包括出境、进境和过境的实箱及空箱。

2）国家出入境检验检疫局（现为中华人民共和国国家质量监督检验检疫总局）主管全国进出境集装箱的检验检疫管理工作。其设在各地的出入境检验检疫机构（以下简称检验检疫机构）负责所辖地区进出境集装箱的检验检疫和监督管理工作。

3）集装箱进出境前、进出境时或过境时，承运人、货主或其代理人（以下简称报检人），必须向检验检疫机构报检，检验检疫机构按照有关规定对报检集装箱实施检验检疫。

4）过境应检验集装箱，由进境口岸检验检疫机构实施查验，离境口岸检验检疫机构不再检验检疫。

二、进境集装箱的检验检疫规定

1）进境集装箱应按有关规定实施下列检验检疫：

① 所有进境集装箱应实施卫生检疫。

② 来自动植物疫区的，装载动植物、动植物产品和其他检验检疫物的，以及箱内带有植物性包装物或铺垫材料的集装箱，应实施动植物检疫。

③ 法律、行政法规、国际条约规定或者贸易合同约定的其他应当实施检验检疫的集装箱，按有关规定、约定实施检验检疫。

2）进境集装箱报检人应当在办理海关手续前向进境口岸检验检疫机构报检，未经检验检疫机构许可，不得提运或拆箱。

3）进境集装箱报检时，应提供集装箱数量、规格、号码、到达或离开口岸的时间、装箱地点和目的地、货物的种类、数量和包装材料等单证或情况。

4）检验检疫机构受理进境集装箱报检后，对报检人提供的相关材料进行审核，并将审核结果通知报检人。

5）在进境口岸结关的以及国家有关法律法规规定必须在进境口岸查验的集装箱，在进境口岸实施检验检疫或作卫生除害处理。

6）装运经国家批准进口的废物原料的集装箱，应当由进境口岸检验检疫机构实施检验检疫。经检验检疫符合国家环保标准的，签发检验检疫情况通知单；不符合国家环保标准的，出具检验检疫证书，并移交当地海关、环保部门处理。

7）进境集装箱及其装载的应检货物经检验检疫合格的准予放行；经检验检疫不合格的按有关规定处理。

8）过境集装箱经查验发现有可能中途撒漏造成污染的，报检的人应按进境口岸检验检疫机构的要求，采取密封措施；无法采取密封措施的不准过境，发现被污染或危险性病虫害的，应作卫生除害处理或不准过境。

三、出境集装箱的检验检疫

1）出境集装箱应按有关规定实施下列检验检疫：

① 所有出境集装箱应实施卫生检疫。

② 装载动植物、动植物产品和其他检验检疫物的集装箱应实施动植物检疫。

③ 装运出口易腐烂变质食品、冷冻品的集装箱应实施适载检验。

④ 输入国要求实施检验检疫的集装箱，按要求实施检验检疫。

⑤ 法律、行政法规、国际条约规定或贸易合同约定的其他应当实施检验检疫的集装箱按有关规定、约定实施检验检疫。

2）出境集装箱应在装货前向所在地检验机构报检，未经检验检疫机构许可，不准装运。

3）装载出境货物的集装箱，出境口岸检验检疫机构凭起运地检验检疫机构出具的检验检疫证单验证放行，法律、法规另有规定的除外。

4）在出境口岸装载拼装货物的集装箱，由出境口岸检验检疫机构实施检验检疫。

四、进出境集装箱的卫生除害处理

1）进出境集装箱有下列情况之一的，应当做卫生除害处理：

① 来自检疫传染病或监测传染病疫区的。

② 被传染病污染的或可能传播检疫传染病的。

③ 携带有与人类健康有关的病媒昆虫或啮齿动物的。

④ 检疫发现有国家公布的一、二类动物传染病、寄生虫病名录及植物危险性病、虫、杂草名录中所列病虫害和对农、林、牧、渔业有严重危险的其他病虫害的；发现超过规定标准的一般性病虫害的。

⑤ 装载废旧物品或腐败变质有碍公共卫生物品的。

⑥ 装载尸体、棺柩、骨灰等特殊物品的。

⑦ 输入国家或地区要求做卫生除害处理的。

⑧ 国家法律、行政法规或国际条约规定必须做卫生除害处理的。

2）对集装箱及其所载货物实施卫生除害处理时应当避免造成不必要的损害。

3）用于集装箱卫生除害处理的方法、药物须经国家检验检疫局认可。

五、监督管理

1）从事进出境集装箱清洗、卫生除害处理的单位须经检验检疫机构考核认可，接受检验检疫机构的指导和监督。

2）检验检疫机构对装载法检商品的进出境集装箱实施监督管理。监督管理的具体内容包括查验集装箱封识、标志是否完好，箱体是否有损伤、变形、破口等。

第五节 《中华人民共和国海关法》

一、进出境运输工具的相关规定

1）进出境运输工具到达或者驶离设立海关的地点时，运输工具负责人应当向海关如实申报，交验单证，并接受海关监管和检查。停留在设立海关的地点的进出境运输工具，未经海关同意，不得擅自驶离。进出境运输工具从一个设立海关的地点驶往另一个设立海关的地点的，应当符合海关监管要求，办理海关手续，未办结海关手续的，不得改驶境外。

2）进境运输工具在进境以后向海关申报以前，出境运输工具在办结海关手续以后出境以前，应当按照交通主管机关规定的路线行进；交通主管机关没有规定的，由海关指定。

3）进出境船舶、火车、航空器到达和驶离时间、停留地点、停留期间更换地点以及装卸货物、物品时间，运输工具负责人或者有关交通运输部门应当事先通知海关。

4）运输工具装卸进出境货物、物品或者上下进出境旅客，应当接受海关监管。货物、物品装卸完毕，运输工具负责人应当向海关递交反映实际装卸情况的交接单据和记录。上下进出境运输工具的人员携带物品的，应当向海关如实申报，并接受海关检查。

5）海关检查进出境运输工具时，运输工具负责人应当到场，并根据海关的要求开启舱室、房间、车门；有走私嫌疑的，应当开拆可能藏匿走私货物、物品的部位，搬移货物、物料。海关根据工作需要，可以派员随运输工具执行职务，运输工具负责人应当提供方便。

6）进境的境外运输工具和出境的境内运输工具，未向海关办理手续并缴纳关税，不得转让或者移作他用。

7）进出境船舶和航空器兼营境内客、货运输，应当符合海关监管要求。进出境运输工具改营境内运输，需向海关办理手续。

8）沿海运输船舶、渔船和从事海上作业的特种船舶，未经海关同意，不得载运或者换取、买卖、转让进出境货物、物品。

9）进出境船舶和航空器，由于不可抗力的原因，被迫在未设立海关的地点停泊、降落或者抛掷、起卸货物、物品，运输工具负责人应当立即报告附近海关。

二、进出境货物的相关规定

1）进口货物自进境起到办结海关手续止，出口货物自向海关申报起到出境止，过境、转运和通运货物自进境起到出境止，应当接受海关监管。

2）进口货物的收货人、出口货物的发货人应当向海关如实申报，交验进出口许可证件和有关单证。国家限制进出口的货物，没有进出口许可证件的，不予放行，具体处理办法由国务院规定。

进口货物的收货人应当自运输工具申报进境之日起14日内，出口货物的发货人除海关特准的以外应当在货物运抵海关监管区后、装货的24h以前，向海关申报。进口货物的收货人超过前款规定期限向海关申报的，由海关征收滞报金。

3）办理进出口货物的海关申报手续，应当采用纸质报关单和电子数据报关单的形式。

4）海关接受申报后，报关单证及其内容不得修改或者撤销，但符合海关规定情形的除外。

5）进口货物的收货人经海关同意，可以在申报前查看货物或者提取货样，需要依法检疫的货物，应当在检疫合格后提取货样。

6）进出口货物应当接受海关查验。海关查验货物时，进口货物的收货人、出口货物的发货人应当到场，并负责搬移货物，开拆和重封货物的包装，海关认为必要时，可以径行开验、复验或者提取货样。海关在特殊情况下对进出口货物予以免验，具体办法由海关总署制定。

7）除海关特准的外，进出口货物在收发货人缴清税款或者提供担保后，由海关签印放行。

8）进口货物的收货人自运输工具申报进境之日起超过3个月未向海关申报的，其进口货物由海关提取依法变卖处理，所得价款在扣除运输、装卸、储存等费用和税款后，尚有余款的，自货物依法变卖之日起一年内，经收货人申请，予以发还，其中属于国家对进口有限制性规定，应当提交许可证件而不能提供的，不予发还。逾期无人申请或者不予发还的，上缴国库。

确属误卸或者溢卸的进境货物，经海关审定，由原运输工具负责人或者货物的收发货人自该运输工具卸货之日起3个月内，办理退运或者进口手续，必要时，经海关批准，可以延期3个月。逾期未办手续的，由海关按前款规定处理。

前两款所列货物不宜长期保存的，海关可以根据实际情况提前处理。

收货人或者货物所有人声明放弃的进口货物，由海关提取依法变卖处理；所得价款在扣除运输、装卸、储存等费用后，上缴国库。

9）经海关批准暂时进口或者暂时出口的货物，应当在6个月内复运出境或者复运进境，在特殊情况下，经海关同意，可以延期。

10）经营保税货物的储存、加工、装配、展示、运输、寄售业务和经营免税商店，应当符合海关监管要求，经海关批准，并办理注册手续。

保税货物的转让、转移以及进出保税场所，应当向海关办理有关手续，接受海关监管和查验。

11）企业从事加工贸易，应当持有关批准文件和加工贸易合同向海关备案，加工贸易制成品单位耗料量由海关按照有关规定核定。

加工贸易制成品应当在规定的期限内复出口。其中使用的进口料件，属于国家规定准予保税的，应当向海关办理核销手续；属于先征收税款的，依法向海关办理退税手续。

加工贸易保税进口料件或者制成品因故转为内销的，海关凭准予内销的批准文件，对保税的进口料件依法征税；属于国家对进口有限制性规定的，还应当向海关提交进口许可证件。

12）经国务院批准在中华人民共和国境内设立的保税区等海关特殊监管区域，由海关按照国家有关规定实施监管。

13）进口货物应当由收货人在货物的进境地海关办理海关手续，出口货物应当由发货人在货物的出境地海关办理海关手续。

经收发货人申请，海关同意，进口货物的收货人可以在设有海关的指运地、出口货物的发货人可以在设有海关的起运地办理海关手续，上述货物的转关运输，应当符合海关监管要求，必要时，海关可以派员押运。

经电缆、管道或者其他特殊方式输送进出境的货物，经营单位应当定期向指定的海关申报和办理海关手续。

14）过境、转运和通运货物，运输工具负责人应当向进境地海关如实申报，并应当在规定期限内运输出境。

海关认为必要时，可以查验过境、转运和通运货物。

15）海关监管货物，未经海关许可，不得开拆、提取、交付、发运、调换、改装、抵押、质押、留置、转让、更换标记、移作他用或者进行其他处置。

海关加施的封志，任何人不得擅自开启或者损毁。

人民法院判决、裁定或者有关行政执法部门决定处理海关监管货物的，应当责令当事人办结海关手续。

16）经营海关监管货物仓储业务的企业，应当经海关注册，并按照海关规定，办理收存、交付手续。

在海关监管区外存放海关监管货物，应当经海关同意，并接受海关监管。

违反前两款规定或者在保管海关监管货物期间造成海关监管货物损毁或者灭失的，除不可抗力外，对海关监管货物负有保管义务的人应当承担相应的纳税义务和法律责任。

17）进出境集装箱的监管办法、打捞进出境货物和沉船的监管办法、边境小额贸易进出口货物的监管办法，以及本法未具体列明的其他进出境货物的监管办法，由海关总署或者由海关总署会同国务院有关部门另行制定。

18）国家对进出境货物、物品有禁止性或者限制性规定的，海关依据法律、行政法规、国务院的规定或者国务院有关部门依据法律、行政法规的授权做出的规定实施监管。具体监管办法由海关总署制定。

19）进出口货物的原产地按照国家有关原产地规则的规定确定。

20）进出口货物的商品归类按照国家有关商品归类的规定确定。

海关可以要求进出口货物的收发货人提供确定商品归类所需的有关资料，必要时，海关可以组织化验、检验，并将海关认定的化验、检验结果作为商品归类的依据。

21）海关可以根据对外贸易经营者提出的书面申请，对拟做进口或者出口的货物预先做出商品归类等行政裁定。

进口或者出口相同货物，应当适用相同的商品归类行政裁定。

海关对所做出的商品归类等行政裁定，应当予以公布。

22）海关依照法律、行政法规的规定，对与进出境货物有关的知识产权实施保护。

需要向海关申报知识产权状况的，进出口货物收发货人及其代理人应当按照国家规定向海关如实申报有关知识产权状况，并提交合法使用有关知识产权的证明文件。

23）自进出口货物放行之日起3年内或者在保税货物、减免税进口货物的海关监管期限内及其后的3年内，海关可以对与进出口货物直接有关的企业、单位的会计账簿、会计凭证、报关单证以及其他有关资料和有关进出口货物实施稽查。具体办法由国务院规定。

三、进出境物品的相关规定

1）个人携带进出境的行李物品、邮寄进出境的物品，应当以自用、合理数量为限，并接受海关监管。

2）进出境物品的所有人应当向海关如实申报，并接受海关查验。海关加施的封志，任何人不得擅自开启或者损毁。

3）进出境邮袋的装卸、转运和过境，应当接受海关监管。邮政企业应当向海关递交邮件路单，邮政企业应当将开拆及封发国际邮袋的时间事先通知海关，海关应当按时派员到场监管查验。

4）邮运进出境的物品，经海关查验放行后，有关经营单位方可投递或者交付。

5）经海关登记准予暂时免税进境或者暂时免税出境的物品，应当由本人复带出境或者复带进境。过境人员未经海关批准，不得将其所带物品留在境内。

6）进出境物品所有人声明放弃的物品、在海关规定期限内未办理海关手续或者无人认领的物品以及无法投递又无法退回的进境邮递物品，由海关依照本法第三十条的规定处理。

7）享有外交特权和豁免的外国机构或者人员的公务用品或者自用物品进出境，依照有关法律、行政法规的规定办理。

第六节　《TIR公约》

《TIR公约》（全称为《根据国际公路运输手册进行国际货物运输的海关公约》）最早是欧洲经济委员会于1959年制定的，主要是针对使用集装箱进行货物运输而制定的报关公约。《TIR公约》由前言、正文（共六章五十条）、结束语、9个附件以及署名议定书组成，其目的是为了便于公路车辆开展国际货物运输。该公约及其附件的主要精神是：缔约国对铅封的集装箱货物，在由公路车辆运输时免除其经由地海关进口税或出口税征收，或免除缴纳担保金，原则上免除经由地海关的检查。但上述利益的享受，公路车辆或集装箱必须具备以下条件：符合规定的技术标准，并于事先已得到批准；在发货地由海关加封；运输时应办理并获取“国际运输手册”（TIR手册）的担保手续。当货物在经由国发生事故时，TIR手册作为保证，对事故发生国的海关支付关税，同时，负责缴纳在该手册担保下进行运输时发生的税款、罚款等。由于集装箱运输技术的发展，在实际运输业务中出现了《TIR公约》未包括的内容，于是经修改后的《TIR公约》于1975年通过，并于同年12月生效。

1. 有关定义解释

（1）国际公路运输业务　国际公路运输业务是《TIR公约》所规定的全程运输，即从起运地海关至目的地的海关的货物运输。

（2）进出口关税和税费　进出口关税和税费是指关税和所有其他对货物进出口所征收的一切税费。

（3）公路车辆　公路车辆不仅指所有机动公路车辆，也指连接公路车辆的拖车和半挂车。

（4）起运地海关　起运地海关是指缔约国内任何一个海关，是为一批国际公路运输货载或其中一部分货载办理国际运输起运手续的海关。

（5）目的地海关　目的地海关是指缔约国内的任何一个海关，是为一批货载或其中一部分货载办理国际公路到达手续的海关。

（6）经由地海关　经由地海关是指公路车辆、组合车辆或集装箱在国际公路运输过程中途经缔约国，为其办理进出口手续的任何一个海关。

2. 适用范围

《TIR公约》适用于货物起运地海关和目的地海关在同一缔约国内或在不同缔约国内，以公路车辆、组合车辆或集装箱为工具，通过一国或一国以上的边境，且中途无经换装的货物运输，此运输全过程中其中有一部分运输系在公路上进行的。在运输全过程中，各经由地海关不得对根据国际公路运输的货物征收进出口关税和税费，或要求其后缴纳进出口关税和有关税费的担保金，一般情况下，根据国际公路运输使用封闭式的公路车辆、组合车辆或集装箱载运的货物一般不受经由地海关的检查。

3．国际公路运输手册担保下的运输过程

凡在国际公路运输手册担保下，为货物承运暂时进口的公路车辆、组合车辆或集装箱无须海关特殊证书，也无须任何担保，但上述规定并不妨碍缔约国在目的地海关要求履行规定的手续，以便在国际公路运输业务完成后，保证公路车辆、组合车辆，或集装箱再出口。

对每一公路车辆或集装箱应单独制作一份国际公路运输手册，但对每一组合车辆，或装载于同一公路车辆或组合车辆的几个集装箱，也可制作一份国际公路运输手册。

国际公路运输手册的有效期仅为一个运输过程，有关国际公路运输手册上可撕下的担保证的份数，应至少满足本次运输过程中海关进行验收和完成卸货作业之需要。

国际公路运输全过程中可能涉及几个起运地海关，或目的地海关，但除非有缔约国或有关方的授权，否则：

1）起运地海关只能位于一个国家之内。

2）目的海关最多位于两个国家之内。

3）起运地和目的地海关的总数不得超过4个。

对在缔约国本国境内的运输，海关当局可规定一个时间限制，并要求公路车辆、组合车辆或集装箱按照指定的路线进行运输。

当公路运输通过经由地海关和目的地海关时，公路车辆、组合车辆或集装箱应随同所载货物以及有关国际公路运输手册一起出示，以便海关当局进行监管。一般情况下，只要运输车辆或集装箱的铅封完好无损，各缔约国的经由地海关一般应接受其他缔约国海关的铅封，如海关当局认为有监管必要时，可加上自己的铅封。

如海关当局在运输途中，或在经由地对公路车辆、组合车辆或集装箱所装载的货物进行检查，该海关当局应有该国使用的国际公路运输手册的担保证、有关的存根和国际公路运输手册的担保证，并加注新加的铅封和已采取监管措施的详细情况。

如果国际公路运输手册担保下的运输，其中某一区段运输在非缔约国境内进行时，则国际公路运输业务中止于该区段运输。在海关铅封以及识别标志完好无损，且此项运输在缔约国国内继续进行时，该缔约国海关当局应接受国际公路运输手册，以恢复国际公路运输业务。在上述情况下，中止或恢复国际公路运输业务的地方海关则视为经由地出口海关和经由地进口海关。

当国际公路运输的货物到达目的地海关后，或当时货物已置于另一海关监管之下，或为了需要而结关，则国际公路运输手册即应注销。

第七节 《中华人民共和国进出口商品检验法》

一、进口商品检验的相关规定

1）本法规定必须经商检机构检验的进口商品的收货人或者其代理人，应当向报关地的商检机构报检，海关凭商检机构签发的货物通关证明验放。

2）本法规定必须经商检机构检验的进口商品的收货人或者其代理人，应当在商检机构规定的地点和期限内，接受商检机构对进口商品的检验。商检机构应当在国家商检部门统一规定的期限内检验完毕，并出具检验证单。

3）本法规定必须经商检机构检验的进口商品以外的进口商品的收货人，发现进口商品质量不合格或者残损短缺，需要由商检机构出证索赔的，应当向商检机构申请检验出证。

4）对重要的进口商品和大型的成套设备，收货人应当依据对外贸易合同约定在出口国装运前进行预检验、监造或者监装，主管部门应当加强监督，商检机构根据需要可以派出检验人员参加。

二、出口商品检验的相关规定

1）本法规定必须经商检机构检验的出口商品的发货人或者其代理人，应当在商检机构规定的地点和期限内，向商检机构报检。商检机构应当在国家商检部门统一规定的期限内检验完毕，并出具检验证单。对本法规定必须实施检验的出口商品，海关凭商检机构签发的货物通关证明验放。

2）经商检机构检验合格发给检验证单的出口商品，应当在商检机构规定的期限内报关出口，超过期限的，应当重新报检。

3）为出口危险货物生产包装容器的企业，必须向商检机构申请进行包装容器的性能鉴定。生产出口危险货物的企业，必须向商检机构申请进行包装容器的使用鉴定，使用未经鉴定合格的包装容器的危险货物，不准出口。

4）对装运出口易腐烂变质食品的船舱和集装箱，承运人或者装箱单位必须在装货前申请检验，未经检验合格的，不准装运。

三、监督管理的相关规定

1）商检机构对本法规定必须经商检机构检验的进出口商品以外的进出口商品，根据国家规定实施抽查检验，国家商检部门可以公布抽查检验结果或者向有关部门通报抽查检验情况。

2）商检机构根据便利对外贸易的需要，可以按照国家规定对列入目录的出口商品进行出厂前的质量监督管理和检验。

3）为进出口货物的收发货人办理报检手续的代理人应当在商检机构进行注册登记，办理报检手续时应当向商检机构提交授权委托书。

4）国家商检部门可以按照国家有关规定，通过考核，许可符合条件的国内外检验机构承担委托的进出口商品检验鉴定业务。

5）国家商检部门和商检机构依法对经国家商检部门许可的检验机构的进出口商品检验鉴定业务活动进行监督，可以对其检验的商品抽查检验。

6）国家商检部门根据国家统一的认证制度，对有关的进出口商品实施认证管理。

7）商检机构可以根据国家商检部门同外国有关机构签订的协议或者接受外国有关机构的委托进行进出口商品质量认证工作，准许在认证合格的进出口商品上使用质量认证标志。

8）商检机构依照本法对实施许可制度的进出口商品实行验证管理，查验单证，核对证货是否相符。

9）商检机构根据需要，对检验合格的进出口商品，可以加施商检标志或者封识。

10）进出口商品的报检人对商检机构做出的检验结果有异议的，可以向原商检机构或者其上级商检机构以至国家商检部门申请复验，由受理复验的商检机构或者国家商检部门及时做出复验结论。

11）当事人对商检机构、国家商检部门做出的复验结论不服或者对商检机构做出的处罚决定不服的，可以依法申请行政复议，也可以依法向人民法院提起诉讼。

12）国家商检部门和商检机构履行职责，必须遵守法律，维护国家利益，依照法定职权和法定程序严格执法，接受监督。国家商检部门和商检机构应当根据依法履行职责的需要，加强队伍建设，使商检工作人员具有良好的政治、业务素质。商检工作人员应当定期接受业务培训和考核，经考核合格，方可上岗执行职务。商检工作人员必须忠于职守，文明服务，遵守职业道德，不得滥用职权，谋取私利。

13）国家商检部门和商检机构应当建立健全内部监督制度，对其工作人员的执法活动进行监督检查。商检机构内部负责受理报检、检验、出证放行等主要岗位的职责权限应当明确，并相互分离、相互制约。

14）任何单位和个人均有权对国家商检部门、商检机构及其工作人员的违法、违纪行为进行控告、检举，收到控告、检举的机关应当依法按照职责分工及时查处，并为控告人、检举人保密。

第八节 《中华人民共和国国境卫生检疫法》

一、集装箱卫生检疫管理的重要性和必要性

由于集装箱运输中出现携带昆虫、老鼠动物和严重的卫生问题，以及对卫生管理必要性和重要性的认识，我国卫生部早在1984年就开始了研究集装箱的卫生检疫管理问题，因此在制定《中华人民共和国国境卫生检疫法》（以下简称《检疫法》）时将运输设备的检疫管理写入该法的第四条中，该法于1986年12月2日经六届全国人大第十八次常委会通过，并1987年5月1日起施行。

二、集装箱卫生管理的法律依据

世界卫生大会制定和颁布的《国际卫生条例》和我国政府制定的《中华人民共和国国境卫生检疫法》及其《实施细则》对进出境集装箱卫生管理做了明确的规定，已形成了一套比较完整的进、出境集装箱卫生管理的法律，使我国国境卫生检疫机关在管理进出境集装箱时有法可依。

《中华人民共和国国境卫生检疫法》第四条规定“入出境人员、载货工具、运输设备，以及可能传播检疫传染病的行李、货物、邮包等物品都应当接受检疫，经国境卫生检疫机关许可，方准入境或者出境”。该条的“运输设备”即指集装箱，它在检疫法中已明确被定为检疫管理对象，明确必须经卫生检疫机关许可方能入境或出境。《中华人民共和国境卫生检疫法实施细则》（以下简称《检疫法实施细则》）是根据《检疫法》制定的，于1989年2月10日经国务院批准，1989年3月6日公布实施，2010年4月修订。《检疫法实施细则》第四条重述了《检疫法》第四条的内容；第十条规定了进出境集装箱必须申报接受检疫，对必须接受卫生处理的四种情况做出了方便货主的管理办法，规定了放行措施。第五十四条规定了处理集装箱的执行者，第一百零九条第二款、第十款和第一百一十条规定的处罚办法涉及集装箱。因此对集装箱的卫生管理从某种程度上说已形成一套法规。

三、进出境集装箱卫生检疫管理的具体规定

为加强进出境集装箱检验检疫管理工作，国家出入境检验检疫局根据《中华人民共和国进

出口商品检验法》《中华人民共和国进出境动植物检疫法》《中华人民共和国国境卫生检疫法》《中华人民共和国食品卫生法》及有关法律法规的规定，制定了《进出境集装箱检验检疫管理办法》，自2000年2月1日起施行。其主要规定包括以下内容：

1）本办法所称进出境集装箱是指国际标准化组织所规定的集装箱，包括出境、进境和过境的实箱及空箱。

2）集装箱进出境前、进出境时或过境时，承运人、货主或其代理人(以下简称报检人)，必须向检验检疫机构报检。检验检疫机构按照有关规定对报检集装箱实施检验检疫。

3）过境应检集装箱，由进境口岸检验检疫机构实施查验，离境口岸检验检疫机构不再检验检疫。

4）进境集装箱应按有关规定实施下列检验检疫：

①所有进境集装箱应实施卫生检疫；

②来自动植物疫区的，装载动植物、动植物产品和其他检验检疫物的，以及箱内带有植物性包装物或辅垫材料的集装箱，应实施动植物检疫；

③法律、行政法规、国际条约规定或者贸易合同约定的其他应当实施检验检疫的集装箱，按有关规定、约定实施检验检疫。

5）进境集装箱报检人应当在办理海关手续前向进境口岸检验检疫机构报检，未经检验检疫机构许可，不得提运或拆箱。

6）进境集装箱报检时，应提供集装箱数量、规格、号码、到达或离开口岸的时间、装箱地点和目的地、货物的种类、数量和包装材料等单证或情况。

7）检验检疫机构受理进境集装箱报检后，对报检人提供的相关材料进行审核，并将审核结果通知报检人。

8）在进境口岸结关的以及国家有关法律法规规定必须在进境口岸查验的集装箱，在进境口岸实施检验检疫或做卫生除害处理。

指运地结关的集装箱，进境口岸检验检疫机构受理报检后，检查集装箱外表(必要时进行卫生除害处理)，办理调离和签封手续，并通知指运地检验检疫机构，到指运地进行检验检疫。

9）装运经国家批准进口的废物原料的集装箱，应当由进境口岸检验检疫机构实施检验检疫。经检验检疫符合国家环保标准的，签发检验检疫情况通知单；不符合国家环保标准的，出具检验检疫证书，并移交当地海关、环保部门处理。

10）进境集装箱及其装载的应检货物经检验检疫合格的，准予放行；经检验检疫不合格的，按有关规定处理。

11）过境集装箱经查验发现有可能中途撒漏造成污染的，报检人应按进境口岸检验检疫机构的要求，采取密封措施；无法采取密封措施的，不准过境。发现被污染或危险性病虫害的，应做卫生除害处理或不准过境。

12）出境集装箱应按有关规定实施下列检验检疫：

① 所有出境集装箱应实施卫生检疫；

② 装载动植物、动植物产品和其他检验检疫物的集装箱应实施动植物检疫；

③ 装运出口易腐烂变质食品、冷冻品的集装箱应实施适载检验；

④ 输入国要求实施检验检疫的集装箱，按要求实施检验检疫；

⑤ 法律、行政法规、国际条约规定或贸易合同约定的其他应当实施检验检疫的集装箱按有关规定、约定实施检验检疫。

13）出境集装箱应在装货前向所在地检验检疫机构报检，未经检验检疫机构许可，不准装运。

14）装载出境货物的集装箱，出境口岸检验检疫机构凭起运地检验检疫机构出具的检验检疫证单验证放行。法律、法规另有规定的除外。

15）在出境口岸装载拼装货物的集装箱，由出境口岸检验检疫机构实施检验检疫。

16）进出境集装箱有下列情况之一的，应当做卫生除害处理：

① 来自检疫传染病或监测传染病疫区的；

② 被传染病污染的或可能传播检疫传染病的；

③ 携带有与人类健康有关的病媒昆虫或啮齿动物的；

④ 检疫发现有国家公布的一、二类动物传染病、寄生虫病名录及植物危险性病、虫、杂草名录中所列病虫害和对农、林、牧、渔业有严重危险的其他病虫害的；发现超过规定标准的一般性病虫害的；

⑤ 装载废旧物品或腐败变质有碍公共卫生物品的；

⑥ 装载尸体、棺柩、骨灰等特殊物品的；

⑦ 输入国家或地区要求做卫生除害处理的；

⑧ 国家法律、行政法规或国际条约规定必须做卫生除害处理的。

17）对集装箱及其所载货物实施卫生除害处理时应当避免造成不必要的损害。

18）用于集装箱卫生除害处理的方法、药物须经国家检验检疫局认可。

19）从事进出境集装箱清洗、卫生除害处理的单位须经检验检疫机构考核认可，接受检验检疫机构的指导和监督。

20）检验检疫机构对装载法检商品的进出境集装箱实施监督管理。监督管理的具体内容包括查验集装箱封识、标志是否完好，箱体是否有损伤、变形、破口等。

21）检验检疫机构在对进出境集装箱实施检验检疫工作时，有关单位和个人应当提供必要的工作条件及辅助人力、用具等。

【思考题】

1. 《中华人民共和国海关对进出口集装箱和所装货物的监管办法》对于集装箱货物的监管的具体措施有哪些？

2. 简述《TIR公约》的主要内容。

3. 进口商品检验的相关规定有哪些？